Justicia transicional y Derecho Penal Internacional

BIBLIOTECA UNIVERSITARIA
Ciencias Sociales y Humanidades

Filosofía política y del derecho

Justicia transicional y Derecho Penal Internacional

Kai Ambos
Francisco Cortés Rodas
John Zuluaga
(Coordinadores)

Autores

Alejandro Aponte
Camila de Gamboa Tapias
Cornelius Prittwitz
Christoph Burchard
Francisco Cortés Rodas
Gabriel Ignacio Gómez
Gianfranco Casuso
Gustavo Duncan
Gustavo Leyva

John Zuluaga
Jorge Giraldo
Juan Felipe Lozano
Kai Ambos
Luis Eduardo Hoyos
Luís Greco
Miguel Giusti
Valeria Mira

Siglo del Hombre Editores

CEDPAL
GEORG-AUGUST-UNIVERSITÄT GÖTTINGEN

Konrad Adenauer Stiftung
Programa Estado de Derecho para Latinoamérica

UNIVERSIDAD DE ANTIOQUIA
Instituto de Filosofía

Unterstützt von / Supported by
Alexander von Humboldt
Stiftung / Foundation

Justicia transicional y derecho penal internacional / Francisco Cortés Rodas, Kai Ambos, John Zuluaga, coordinadores. – Bogotá: Siglo del Hombre Editores, Centro de Estudios de Derecho Penal y Procesal Penal Latinoamericano (CEDPAL) de la Georg-August-Universität Göttingen, Instituto de Filosofía de la Universidad de Antioquia, Fundación Konrad Adenauer-Programa Estado de Derecho para Latinoamérica y Alexander von Humboldt Stiftung/Foundation, 2018.
408 páginas; 21 cm. – (Colección filosofía política y del derecho)

1. Derecho penal internacional 2. Justicia transicional 3. Conflicto armado 4. Amnistía
I. Cortés Rodas, Francisco, 1959-   , autor II. Ambos, Kai, 1965-   , autor III. Zuluaga, John, 1981-   , autor IV. Serie.

341.77 cd 21 ed.
A1591877

CEP-Banco de la República-Biblioteca Luis Ángel Arango

La presente edición, 2018

Con el auspicio del Centro de Estudios de Derecho Penal y Procesal Penal Latinoamericano (CEDPAL) de la Georg-August-Universität Göttingen (Alemania).

© Kai Ambos, Alemania
© Francisco Cortés Rodas, Colombia
© John Zuluaga Taborda, Colombia

© Centro de Estudios de Derecho Penal y Procesal Penal Latinoamericano (CEDPAL)
www.cedpal.uni-goettingen.de/

© Fundación Konrad Adenauer – Programa Estado de Derecho para Latinoamérica
http://www.kas.de/rspla/es/

© Alexander von Humboldt Stiftung/Foundation
https://www.humboldt-foundation.de/web/home.html

© Instituto de Filosofía de la Universidad de Antioquia.
http://www.udea.edu.co/wps/portal/udea/web/inicio/institucional/unidades-academicas/institutos/filosofía

© Siglo del Hombre Editores
http://libreriasiglo.com

Carátula
Amarilys Quintero

Armada electrónica
Ángel David Reyes Durán

ISBN: 978-958-665-504-0
ISBN PDF: 978-958-665-506-4
ISBN EPUB: 978-958-665-505-7

Impresión
Editora Géminis Ltda.
Carrera 37 n.° 12-42, Bogotá D.C.

Impreso en Colombia-Printed in Colombia

CONTENIDO

SEGUNDA PARTE
JUSTICIA TRANSICIONAL Y DERECHO PENAL INTERNACIONAL

TERCERA PARTE
LA JUSTICIA TRANSICIONAL EN PERSPECTIVA COMPARADA

CUARTA PARTE
REPARACIÓN, RESPONSABILIDAD
Y RECONCILIACIÓN

LISTA DE SIGLAS Y ABREVIATURAS

AL	Acto Legislativo
arts.	artículos
Br.J.Am.Leg. Studies	British Journal of American Legal Studies (revista internacional)
CC	Corte Constitucional (Colombia)
cfr.	confróntese, compárese, véase
CADH	Convención Americana de Derechos Humanos
CIDH	Corte Interamericana de Derechos Humanos
CLH	Crímenes de Lesa Humanidad
coord.	coordinador
Cornell Int'l.L.J.	Cornell International Law Journal (revista internacional)
CVR o TRC	Comisión (o Comisiones) de Verdad y Reconciliación
DD.HH.	Derechos Humanos
DIH	Derecho Internacional Humanitario
DPI	Derecho Penal Internacional
eds.	editores
et. al.	y otros

Ethics&Int.Aff	Ethics & Internacional Affairs (revista internacional)
EJIL	European Journal of International Law (revista internacional)
EU-AuslÜbK	EU-Auslieferungsübereinkommen (Convenio europeo sobre extradición)
FARC-EP	Fuerzas Armadas Revolucionarias de Colombia – Ejército del Pueblo
FGN	Fiscalía General de la Nación
Fletcher F. WorldAff	The Fletcher Forum of World Affairs (revista internacional)
GAOML	Grupo(s) Armado(s) Organizado(s) al Margen de la Ley
GeoWashILR	The George Washington International Law Review (revista internacional)
GIZ	Deutsche Gesellschaft für Internationale Zusammenarbeit (Agencia Internacional de Cooperación Alemana)
Harv. L. Rev.	Harvard Law Review (revista internacional)
Ibíd	Ibídem: en el mismo lugar
ICLR	International and Comparative Law Review (revista internacional)
ICRC Int. Rev.	International Review of the Red Cross (revista internacional)
ICTJ	International Centre for Transitional Justice
JEP	Jurisdicción Especial para la Paz
JICJ	Journal of International Criminal Justice (revista internacional)
JTr	Justicia Transicional
LJP	Ley de Justicia y Paz (Ley 975 de 2005)
LJIL	Leiden Journal of International Law (revista internacional)
Mich. J. Int'l L.	The Michigan Journal of International Law (revista internacional)

Minn. L. Rev.	Minnesota Law Review (revista internacional)
MJP	Marco Jurídico para la Paz
M.P.	Magistrado Ponente
Nw. U. L. Rev.	Northwestern University Law Review (revista internacional)
nm.	número/s marginal/es
No.	número
Num.	numeral
ONU	Organización de las Naciones Unidas (también UN)
p.	página
párr.	párrafo(s)
para.	parágrafo(s)
Polit. Stud.	Political Studies (revista internacional)
ProFis	Apoyo a la Fiscalía General de la Nación en el contexto de la Ley de Justicia y Paz —un ejemplo de justicia transicional— (GIZ)
pp.	páginas
Rad.	Radicado
Res.	Resolución
s.	siguiente
ss.	siguientes
SAI	Sala de Amnistía e Indulto (JEP)
SDSJ	Sala de Definición de Situaciones Jurídicas (JEP)
SIVJRNR	Sistema Integral de Verdad, Justicia, Reparación y No Repetición
SRVRDHC	Sala de Reconocimiento de Verdad y Responsabilidad, Determinación de Hechos y Conductas (JEP)
Stan. J. Int'l L.	Stanford Journal of International Law (revista internacional)
Tul. Journal of Int'l & Com. Law	Tulane Journal of International and Comparative Law (revista internacional)

vol.	volumen
U.C. Davis L. Rev.	U.C. Davis Law Review (revista internacional)
UCDavisJIL&Pol'y	UC Davis Journal of International Law & Policy (revista internacional)
U. Chi. L. Rev.	The University of Chicago Law Review (revista internacional)
UCLAJIL&ForAff	UCLA Journal of International Law and Foreign Affairs (revista internacional)
UdeA	Universidad de Antioquia (Medellín, Colombia)
UNYB	Max Planck Yearbook of United Nations Law (revista internacional)
U. Pa. J. Int'l L.	University of Pennsylvania Journal of International Law (revista internacional)
Virginia Journal of Int'l L.	Virginia Journal of International Law (revista internacional)
Wilson Int'l Ctr. For Scholars	Woodrow Wilson International Center for Scholars
ZIS	Zeitschrift für Internationale Strafrechtsdogmatik (revista jurídica alemana) <www.zis-online.com>
ZStW	Zeitschrift für die gesamte Strafrechtswissenschaft (revista jurídica alemana)

PRESENTACIÓN DEL CEDPAL

El Centro de Estudios de Derecho Penal y Procesal Penal Latinoamericano (CEDPAL) es una entidad autónoma del Instituto de Ciencias Criminales de la Facultad de Derecho de la Universidad Georg-August de Göttingen y parte integrante del Departamento de Derecho Penal Extranjero e Internacional. Fue fundado por la resolución del Rectorado de la Universidad del 10 de diciembre de 2013 basada en la decisión del Consejo de la Facultad de Derecho del 6 de noviembre de 2013. Su objetivo es promover la investigación en ciencias penales y criminológicas en América Latina y fomentar, a través de diferentes modalidades de oferta académica, la enseñanza y capacitación en estas áreas. El Centro está integrado por una Dirección, una Secretaría Ejecutiva y un Consejo Científico, así como por investigadores adscriptos y externos (más información en: http://cedpal.uni-goettingen.de). Una de las actividades principales del Centro es el desarrollo de proyectos de investigación y extensión académica.

En este libro presentamos las ponencias del simposio internacional *Justicia transicional y Derecho Penal Internacional. Dimensiones filosófica y jurídica*, que a su vez presentaron los resultados de proyectos de investigación sobre diferentes temas relacionados con el proceso de paz en Colombia, tanto desde una perspectiva jurídica como filosófica.

Las versiones preliminares de los trabajos han sido presentadas y discutidas en el simposio, organizado y financiado por el CEDPAL, el Instituto de Filosofía de la Universidad de Antioquia, la Fundación Alexander von Humboldt y el Programa Estado de Derecho para Latinoamérica de la Fundación Konrad Adenauer —dos prestigiosas fundaciones alemanas que promueven la excelencia y la cooperación académica entre investigadores del mundo entero—. El respaldo de la Fundación Humboldt se expresó en la aceptación de este evento como un Humboldt Kollege, es decir, como un coloquio académico que recibió el reconocimiento institucional y financiero de la fundación. El evento fue llevado a cabo en la Universidad de Antioquia (Medellín, Colombia) durante los días 8, 9 y 10 de marzo de 2017.

Con posterioridad, los autores presentaron la versión definitiva de sus trabajos teniendo en cuenta las observaciones hechas por los participantes. Esa versión final fue sometida a la evaluación del CEDPAL y del Instituto de Filosofía de la Universidad de Antioquia.

Deseamos agradecer a las personas e instituciones que hicieron posible la publicación de esta obra y la realización del seminario de discusión. Particularmente a la Fundación Alexander von Humboldt y al Programa Estado de Derecho para Latinoamérica de la Fundación Konrad Adenauer, especialmente a su directora, la Dra. Marie-Christine Fuchs.

Deseamos expresar nuestro agradecimiento igualmente al rector de la Universidad de Antioquia, Doctor Mauricio Alviar, y a los demás miembros del equipo rectoral, por el apoyo brindado. Nuestro principal agradecimiento va dirigido, como es natural, a los colegas participantes en el coloquio y coautores de esta publicación. Gracias por sus valiosas contribuciones a la discusión de los trabajos y por hacer de este libro un aporte para la paz de Colombia.

Kai Ambos
Director General del CEDPAL
Oxford (Reino Unido) y Göttingen (Alemania), marzo de 2018

PRESENTACIÓN DEL PROGRAMA ESTADO DE DERECHO PARA LATINOAMÉRICA DE LA FUNDACIÓN KONRAD ADENAUER

Para el Programa Estado de Derecho para Latinoamérica de la Fundación Konrad Adenauer es un honor y un gran placer haber participado y apoyado —y hoy poder presentar— esta obra surgida en el marco del simposio internacional sobre *Justicia transicional y Derecho Penal Internacional*, realizado en Medellín entre el 8 y el 10 de marzo de 2017. En esta importante actividad, que organizamos conjuntamente con el Centro de Estudios de Derecho Penal y Procesal Penal Latinoamericano de la Universidad de Gotinga en Alemania, CEDPAL, con el Instituto de Filosofía de la Universidad de Antioquia y con la Fundación Alexander von Humboldt, tuvimos expertos invitados de Alemania, Brasil, Colombia, México y Perú, para tratar desde una perspectiva jurídico-filosófica, y desde diversos puntos de vista y experiencias nacionales, el tema de la justicia transicional, tan crucial para la actualidad colombiana y latinoamericana.

Presente en Latinoamérica desde hace casi 30 años, el Programa Estado de Derecho desde sus inicios ha seguido de cerca los diálogos entre el Gobierno colombiano y la guerrilla de las FARC-EP, en tanto se trata de un tema que reviste la mayor importancia para esta sociedad y en general para la estabilidad y desarrollo de la región. Desde una perspectiva jurídico-política tratamos de hacer un aporte humilde pero decidido a la promoción, enseñanza y divulgación de los sistemas de justicia transicional desde una perspectiva comparada. Este ha sido un asunto altamente conflictivo en Colombia en los últimos años, y nuestra idea al respecto es la construcción de un diálogo objetivo, honesto, imparcial y fáctico, así como la de hacer una contribución para que cese la polarización mediante el conocimiento de las raíces, orígenes y funcionamiento de la justicia transicional en el Derecho Penal Internacional.

Temas como la reconciliación de un país después de la terminación de una dictadura o de un conflicto armado, y la persecución de los victimarios, están estrechamente vinculados con la historia muchas veces dolorosa de Alemania, país en el que la Fundación Konrad Adenauer tiene su sede principal. El Juicio de Núremberg, que hizo historia como el prototipo de una jurisdicción especial de justicia transicional, no ha sido la única experiencia con este tipo de sistemas en ese país, si se tiene en cuenta el juicio de los Tiradores del Muro de Berlín, el caso más protagónico de los crímenes atroces y de los abusos del poder público ocurridos durante los casi 30 años del régimen socialista de la antigua República Democrática Alemana.

Consideramos que Colombia puede aprender tanto de esas experiencias, como de las de Kosovo, Irlanda del Norte y Sudáfrica. Además, la mayoría de las sociedades latinoamericanas experimentaron en las últimas cuatro décadas situaciones permanentes de violencia y conflictos armados internos, por causa de graves condiciones de injusticia y desigualdad económica y social, del contexto imperante de la aplicación de la Doctrina de Seguridad Nacional, de la Guerra Fría y de intereses geopolíticos en esta región. Con el retorno de los civiles a la conducción del Estado o con la terminación de los conflictos armados, surgieron debates cruciales, no solo de carácter jurídico-político, para enfrentar un pasado violento y construir una sociedad democrática y en paz.

Por ser regional, el Programa Estado de Derecho siempre ha estado comprometido con abordar los temas jurídico-políticos teniendo en cuenta a los vecinos latinoamericanos y las experiencias de los países europeos. En el caso de la justica transicional, estamos convencidos de que entender cómo funcionaron experiencias similares en otros países latinoamericanos, cómo interactuaron en esos contextos las instituciones y los actores nacionales con el Derecho Internacional de los Derechos Humanos (DIDH), sobre todo con el Derecho Penal International (DPI) y el Sistema Interamericano de Derechos Humanos (SIDH), y realizar una síntesis comparativa, puede ser de interés y de gran ayuda para el proceso de paz en Colombia.

También hay que reiterar, no obstante, que Colombia debe encontrar en ello su propio camino. Como en aquellos países la aprobación e implementación de los mecanismos de justicia transicional, en el caso colombiano denominado Sistema Integral de Verdad Justicia, Reparación y no Repetición, no han estado exentas de críticas y han generado una alta polarización en la sociedad, sobre todo en lo referido a la amnistía, la sanción, la reparación y la participación en política de los antiguos combatientes. En esta obra se reconocen y recogen parte de esos cuestionamientos, pero finalmente se presenta una visión positiva y optimista de este proceso, partiendo de que en él —todavía más que en otros países— se respetan los derechos de las víctimas y los límites impuestos por el DIDH y el DPI.

Con la aproximación de esta obra a la justicia transicional desde las perspectivas del derecho penal, el derecho penal comparado, el DPI, la sociología jurídica y la filosofía del derecho, así como desde la criminología, esperamos, pues, contribuir a una discusión crítica e informada sobre este tema en Colombia, del cual surgirán seguramente enseñanzas para situaciones similares en el futuro.

Queremos agradecer finalmente a las instituciones antes mencionadas y en especial a los autores y autoras por su aporte al simposio y a la materialización de esta obra.

PRESENTACIÓN DE LA FUNDACIÓN ALEXANDER VON HUMBOLDT

La Fundación Humboldt promueve la cooperación académica entre científicos de Alemania y del extranjero. Anualmente concede más de 700 becas y premios de investigación que permiten a científicos del extranjero viajar a Alemania para trabajar en forma conjunta en un proyecto de investigación de su propia elección con un anfitrión y un colega colaborador. Las becas de investigación Georg Forster están dirigidas a científicos posdoctorandos y experimentados, provenientes de países emergentes y en vías de desarrollo con proyectos de investigación enfocados en cuestiones de desarrollo. La red científica activa de la Fundación Humboldt comprende más de 26 000 mujeres y hombres científicos de todas las disciplinas provenientes de más de 130 países —incluidos 50 ganadores del Premio Nobel—.

PRÓLOGO

En Colombia se inició, en octubre de 2012, un proceso de negociación entre el gobierno del presidente Juan Manuel Santos y las Fuerzas Armadas Revolucionarias de Colombia-Ejército del Pueblo (FARC-EP). Como desenlace de este proceso, el 24 de noviembre de 2016 se firmó entre el Gobierno colombiano y las FARC-EP el *Acuerdo final para la terminación del conflicto y la consolidación de una paz estable y duradera*. Con el acuerdo se buscó definir las condiciones para que la organización guerrillera —que ha enfrentado al Estado por más de medio siglo— pueda reintegrarse a la vida social y democrática del país. Paralelo a ese proceso, el Gobierno está adelantando conversaciones con otra importante organización guerrillera, el Ejército de Liberación Nacional (ELN). Como resultado de estos acercamientos con el ELN se instaló una mesa de negociaciones en Quito y se comunicó por parte del Gobierno y esta organización que se iniciará una fase pública de negociación para propender por el alcance de un acuerdo de paz.

Estos procesos de negociación están enmarcados en el concepto de "justicia transicional", que comprende cuatro componentes: justicia, verdad, reparación y garantías de no repetición. El concepto de "justicia transicional" está en la base de los elementos normativos creados por el Congreso de la República de Colombia y el Gobierno nacional y desarrollados por la Corte Constitucional de Colombia. Entre otros, se destacan el Marco Jurídico para la Paz (MJP) o Acto Legislativo 01 de 2012 y las Sentencias de la Corte Constitucional C-579 de 2013 y C-577 de 2014.

La idea de justicia transicional puede definirse como la concepción de justicia asociada con periodos de cambio político, caracterizada por las respuestas legales para confrontar los daños de los regímenes represivos anteriores o de un conflicto armado interno. La justicia transicional puede incluir mecanismos judiciales y no judiciales con diferentes niveles en la forma de juzgar a los individuos. Esta comprende juzgamiento individual, reparaciones, verdad, reforma institucional, descalificación y destituciones. En consecuencia, el componente de justicia penal o justicia en sentido estricto es solamente menor en el concepto de justicia transicional. De hecho, el término —enfatizando el componente justicia— se presta para confusión y puede crear expectativas erróneas. Un término alternativo —aunque no tan elegante— es "superación del pasado" (*Vergangenheitsbewältigung*) con mecanismos alternativos —no penales—.

En la justicia transicional se da una profunda tensión entre justicia y paz, entre derecho y política, entre una justicia retributiva que mira hacia el pasado y una justicia restaurativa que mira hacia el futuro. Pero la justicia transicional debe ser comprendida como justicia porque surge en determinados momentos políticos de crisis o de transición, y tiene que resolver la difícil tarea de encontrar un punto de equilibrio entre quienes reclaman desde la justicia retributiva castigar a todos los criminales y quienes reclaman impunidad absoluta y pretenden que no haya ningún tipo de castigo.

La justicia transicional plantea que, en la medida en que es imposible —en una situación como la de Colombia— la persecución penal y el juzgamiento de todos los involucrados en el conflicto armado por la justicia penal ordinaria, se debe desplegar un discurso de legitimación pragmatista para justificar un modelo de justicia alternativo. Este es el sistema planteado en la Jurisdicción Especial para la Paz (JEP): los actores armados que se acojan al acuerdo podrán recibir un tratamiento jurídico diferenciado en la aplicación de las sanciones penales.

En el Sistema Integral de Verdad, Justicia, Reparación y Garantías de no Repetición (SIVJRNR) no se aplicará el tipo de justicia usada en tribunales como el de Núremberg, Yugoslavia o Ruanda, en los cuales se estableció que la responsabilidad por la violencia masiva debe ser adscrita a agentes individuales y que la justicia criminal es la única respuesta políticamente viable y moralmente aceptable frente a la misma. Será más bien una justicia con un fuerte sentido político e incluirá mecanismos judiciales que permitan la sanción de crímenes atroces, y extrajudiciales, como la Comisión de la Verdad.

El modelo de justicia transicional que se está desarrollando en Colombia presupone el contexto de una guerra civil en la cual ni la guerrilla pudo alcanzar sus ideales revolucionarios, ni el Estado logró una victoria militar sobre sus oponentes. Por tanto, en este modelo no puede imponerse la noción de justicia como justicia retributiva, tal y como la entienden los críticos del proceso de paz.

En este sentido, es perfectamente legítimo preguntarse qué problemas han tenido la negociación, el *Acuerdo final* y la implementación que está en curso. Para los autores de esta obra es importante discutir con razones académicas, y no exclusivamente políticas, las críticas de los opositores al desarrollo de las negociaciones y acuerdos.

En este libro se reúnen los artículos presentados en el simposio internacional *Justicia Transicional y Derecho Penal Internacional. Dimensiones filosófica y jurídica,* que tuvo lugar en la Universidad de Antioquia durante los días 8, 9 y 10 de marzo de 2017 en Medellín, Colombia. El libro está dividido en cuatro partes: 1) fin de la pena y la justicia transicional; 2) justicia transicional y Derecho Penal Internacional; 3) la justicia transicional en perspectiva comparada; y 4) reparación, responsabilidad y reconciliación.

El libro se hizo con el propósito de que fuera a la vez un texto riguroso académicamente, pero cuyo estilo hiciera posible una más amplia difusión pública. Tiene como objetivo fundamental ser una obra de referencia para entender un fenómeno tan complejo como las recientes negociaciones de paz en Colombia. La pretensión de los autores que participan en este libro y la de los editores es presentar unos textos interesantes y pertinentes, que sirvan para la comprensión de los problemas actuales de Colombia y que sean de utilidad para comprender hacia dónde se puede dirigir una sociedad que puede liberarse de las ataduras de la violencia.

En las siguientes páginas el lector entrará en los interesantes problemas que han emergido en la discusión académica y en la vida política del país con la justicia transicional, primero frente al difícil asunto del castigo penal. Christoph Burchard plantea este problema a partir de la pregunta: ¿es efectivo el castigo penal de combatientes en el marco de un conflicto armado? Señala la dificultad para encontrar modos legítimos para dar una solución al asunto de los crímenes cometidos durante los conflictos armados y plantea el problema de si las sanciones penales —u otro tipo de sanciones— son un medio eficaz para hacerlo. Francisco Cortés analiza las justificaciones que se han hecho sobre el fin de la pena en la filosofía del derecho penal y relaciona estas justificaciones —retribucionismo, teoría general de la prevención, teoría especial de la prevención, teoría comunicativa de la pena— con los modelos de justicia transicional de Núremberg y Sudáfrica. Se trata de mostrar que en el ámbito de la justicia penal en sociedades en transición de la guerra a la paz no es viable tratar la criminalidad masiva con una persecución penal masiva e individualizada, como se supone en un enfoque de la justicia retributivo y maximalista.

Luís Greco reflexiona sobre los llamados deberes absolutos de punir e intenta demostrar que estos no existen. Cornelius Prittwitz elabora un corto pero significativo análisis sobre el papel del derecho penal en la lucha contra el terrorismo. A partir del desarrollo de dos preguntas: ¿cuál es la utilidad del derecho penal? y ¿qué entendemos por terrorismo?, señala que el derecho penal no puede llevar a que la lucha contra el terrorismo salga victoriosa. El terrorismo nunca será superado totalmente, pero el derecho penal puede —y en el contexto colombiano, un derecho penal de la transición— desempeñar un papel acompañante, e incluso ejemplar, en el tratamiento de la desviación.

En la segunda parte, un experto conocedor del DPI, Kai Ambos, propone un detallado estudio de este derecho frente a las amnistías. Considera que Colombia es el país con la legislación más sofisticada en el tema de justicia de transición y procesos de paz. Sobre esta base, defiende la tesis según la cual, desde el punto de vista normativo, la legislación colombiana es, en principio, compatible con el DPI, e incluso en algunas cuestiones dicha legislación va más allá, como se puede ver en el acuerdo de paz entre el Gobierno colombiano y las FARC-EP en su versión final, así como en la Ley de Amnistía (Ley 1820 de 2016), especialmente los artículos 16 y 23, los cuales son los artículos relevantes para diferenciar los delitos amnistiables y no amnistiables. Es posible afirmar que los últimos, o sea, los delitos frente a los cuales no procede la amnistía, no se limitan a los crímenes relevantes para el DPI, en particular en el marco del Estatuto de Roma (ER) de la Corte Penal Internacional (CPI). Alejandro Aponte elabora una propuesta para comprender la función del derecho penal en lógica transicional. El derecho penal debe ser concebido en función de la creación de auténticos escenarios de no repetición mediante políticas de reparación y de dignificación de las víctimas. En un sentido similar, John Zuluaga hace un nutritivo análisis de los rasgos distintivos del dispositivo penal incorporado en el

Acuerdo final para facilitar la terminación del conflicto armado en Colombia, a saber, la Jurisdicción Especial para la Paz (JEP). Busca caracterizar las implicaciones del curso punitivista que sigue el modelo de justicia transicional colombiano y señala la asistemacidad en la forma como se integran los dispositivos del SIVJRNR y de las garantías que lo sostienen —verdad, justicia, reparación y no repetición—.

En la tercera parte, Camila de Gamboa y Juan Felipe Lozano nos proponen mirar el perdón de una manera diferente a como ha sido considerado en otras experiencias políticas de justicia transicional. Para esto parten de que es necesario ver el concepto de perdón a partir de una teoría que defiende el igual valor moral de los seres humanos, y como una forma de reparación moral. Por su parte, Miguel Gusti desarrolla una pieza filosófica sobre la transición en Perú. A partir de un motivo hegeliano, plantea la tesis según la cual la reconciliación entre las partes involucradas en un conflicto es la condición para poder conseguir una forma de convivencia más justa. Esta reconciliación no ha ocurrido en el caso de Perú luego de la finalización del conflicto armado interno.

Gabriel Ignacio Gómez propone una lectura diferente de las experiencias de transición en El Salvador y Guatemala como casos típicos de conflicto armado interno, con el fin de formular dos preguntas a los procesos de paz entre el Gobierno colombiano y las guerrillas de las FARC-EP y el ELN: ¿qué podemos aprender de las experiencias de otras sociedades que también han experimentado la transición de la guerra a la paz en el contexto latinoamericano? y ¿en qué medida los mecanismos de justicia transicional diseñados podrían ser suficientes para enfrentar el reto de la reconstrucción de los lazos sociales en Colombia? Fuera de los casos de las transiciones en El Salvador, Guatemala y Perú, Gustavo Leyva reflexiona sobre los CLH cometidos por el Estado en México y el grave déficit del Estado por su incapacidad para juzgar y procesar a los responsables de estos crímenes.

En la cuarta parte, Gianfranco Casuso desarrolla una idea de justicia transicional que se aparta, en ciertos aspectos clave, de las nociones más tradicionales. Para esto expone cuatro tesis complementarias, con el propósito de esclarecer algunas imprecisiones relativas al significado de la justicia y su rol en los procesos de democratización social. Jorge Giraldo introduce una discusión muy importante sobre los conceptos de responsabilidad y culpa, y busca señalar un déficit básico del *Acuerdo final* por no haber incluido la responsabilidad política. Señala que los discursos jurídicos identifican responsabilidad y culpa mientras que la filosofía práctica y la filosofía de la acción los tratan de forma diferenciada. Por su parte, Luis Eduardo Hoyos presenta un artículo un tanto escéptico sobre el proceso de paz. Denomina *reconciliación con cuerpo* una política que sea capaz de articular las políticas de Estado y la dinámica social, de suerte que tenga lugar una transformación institucional en la dirección a una expansión de los derechos y una mayor inclusión. Por último, no se puede hacer un recorrido sobre las dimensiones jurídicas y filosóficas de la justicia transicional sin la visión que la Ciencia Política aporta. Gustavo Duncan y Valeria Mira muestran la importancia de los intelectuales y científicos sociales en la construcción de memoria histórica en Colombia.

Esta visión panorámica de las contribuciones contenidas en el libro puede dar una idea de la riqueza de perspectivas y de la variedad de dimensiones que abarca el debate sobre la justicia transicional y las posibilidades de la paz en Colombia. El libro que ahora entregamos a los lectores quiere ser un medio para enriquecer el debate y la formación política. El simposio internacional *Justicia transicional y Derecho Penal Internacional. Dimensiones filosófica y jurídica* fue organizado por el Centro de Estudios de Derecho Penal y Procesal Penal Latinoamericano (CEDPAL) de la Universidad de Göttingen, Alemania, y el Instituto de Filosofía de la Universidad de

Antioquia, Colombia. Asimismo, contó con el apoyo de la Fundación Alexander von Humboldt y la Fundación Konrad Adenauer, Programa Estado de Derecho para Latinoamérica.

Kai Ambos, Francisco Cortés Rodas
y John Zuluaga Taborda
Marzo de 2018

Primera parte
FIN DE LA PENA Y JUSTICIA TRANSICIONAL

¿ES EFECTIVO EL CASTIGO PENAL DE COMBATIENTES EN UN CONFLICTO ARMADO?
Reflexiones iniciales sobre maneras para vencer la ignorancia sobre la eficacia de soluciones penales en la justicia transicional

Christoph Burchard[*]
Universidad de Frankfurt, Alemania

RESUMEN

Si es efectivo el castigo penal de combatientes en el marco de un conflicto armado es una pregunta esencial en la discusión sobre la justicia internacional penal y la justicia transicional. Desafortunadamente, no hay respuestas fáciles y, por lo tanto,

---

[*] Me he abstenido de cambiar el estilo oral de la presentación y de añadir referencias extensas. Muchas gracias a mi esposa, Julia Kayser, y a mi estudiante de doctorado, Felipe Tenorio Obando, por garantizar que el texto sea comprensible en español. Muchas gracias a mi asistente, Dušan Bačkonja, por preparar las notas.

generalmente aceptadas. El problema es que sabemos poco o nada sobre la eficacia —en el sentido de hechos empíricos duros— de las soluciones penales en situaciones transicionales. Por eso, exploraré —con prisa— las razones de nuestra ignorancia sobre la eficacia de soluciones penales y reflexionaré sobre las posibles maneras de vencerla cuando al mismo tiempo tenemos que legitimar el castigo o modos diferentes de tratar a los criminales de guerra. En este sentido, argumentaré en favor de fortalecer las dimensiones de legitimad no vinculadas al instrumentalismo, es decir, en favor de fortalecer la legitimidad en virtud de los insumos y del rendimiento (*input & throughput legitimacy*).

INTRODUCCIÓN

¿Es efectivo el castigo penal de combatientes en el marco de un conflicto armado? Esta pregunta parece muy importante en la discusión sobre la justica transicional y, a primera vista, también parece bastante simple, ya que permite una respuesta afirmativa o negativa. Por lo tanto, mi respuesta podría ser bastante decepcionante: no sé si las sanciones penales son o no efectivas; incluso, considero que casi nadie puede dar una respuesta satisfactoria y, en términos generales, aceptable al respecto. Tras un segundo vistazo, la pregunta, por supuesto, no tiene nada de sencilla, ya que se basa en preconceptos delicados que hacen de este un cuestionamiento muy complejo en su contenido. Mi respuesta, por eso mismo, tiene implicaciones complejas, ya que tenemos que encontrar modos legítimos para dar una solución legal frente a los crímenes cometidos durante los conflictos armados, ignorando al mismo tiempo si las sanciones penales —u otro tipo de sanciones— son un medio eficaz para hacerlo. En este ensayo abordaré con prisa estos temas en tres pasos: primero, aclararé brevemente el concepto de efectividad, relacionándolo en particular con la legitimidad de las soluciones penales (apartado de "Clarificaciones conceptuales");[1] en segundo lugar, exploraré por qué sabemos tan poco sobre la eficacia de las soluciones penales, analizando sobre todo la manifiesta apertura normativa —o la ambigüedad de los objetivos— de estas sanciones (apartado titulado "Las trampas de la cuestión de la eficacia"); y tercero, reflexionaré sobre las posibles maneras de vencer nuestra ignorancia sobre la eficacia de soluciones penales cuando al mismo tiempo tenemos que legitimar el castigo o modos diferentes para tratar a los criminales de guerra (apartado titulado "Legitimidad sin conocimiento de la eficacia").

Clarificaciones conceptuales

Para comenzar, solo hablaré del castigo que se impone por cometer crímenes de guerra, crímenes de lesa humanidad o genocidio —bien sea un castigo nacional o internacional—. Concuerdo en que, la eficacia es la "capacidad de lograr el efecto que se desea o se espera" (RAE, s. f.) tras la realización de una acción. De esta forma, la eficacia se orienta por resultados y objetivos, y sirve como indicador del rendimiento de una acción determinada. Como herramienta para formular recomendaciones sobre políticas, la eficacia es de índole comparativa, ya que nos permite cuestionar si una acción específica sirve para alcanzar los objetivos deseados en mejor medida que otra (Draude, Schmelzle, Risse, 2012, p. 17). Entonces, a la luz de lo anterior, podemos preguntarnos: ¿castigar a los combatientes por los crímenes cometidos durante los conflictos armados alcanza los objetivos deseados? Si es así, ¿hasta qué punto, en

---

[1] Abordaré la cuestión de la eficacia de una manera abstracta y sin hacer referencia especial a la situación concreta en Colombia. Asimismo, quisiera aclarar que, aunque me referiré directamente a la eficacia de *castigar* a los criminales de conflictos armados, mi ensayo y sus resultados también resultan aplicables a la eficacia de soluciones alternativas para el conflicto armado, como las amnistías.

qué medida lo hace? Y finalmente, ¿lo consigue de una mejor manera que los medios ofrecidos por medidas alternativas al castigo? Por ejemplo, ¿es más adecuada una solución penal que simplemente no hacer nada o constituir una comisión para la verdad y la reconciliación?

Antes de poder abordar estas cuestiones en detalle, necesito destacar sus preconcepciones e implicaciones. Al preguntarnos por los objetivos de los castigos penales, entramos necesariamente al terreno de las intenciones humanas y su racionalidad. Esto implica superar el "naturalismo del castigo", esto es, superar la suposición de que la retribución —u otras ideas míticas o afectivas— exige por esencia el castigo de los combatientes por los crímenes cometidos durante el conflicto armado.[2] Por lo tanto, esto nos lleva más allá de la ideología de la racionalidad intencional —occidental— y nos lleva hacia el terreno del instrumentalismo (Schmelzle, 2011, pp. 13-ss.; 2012, p. 15; Hechter, 2009, pp. 298-ss.). Ya no estamos simplemente discutiendo los objetivos racionales del derecho y su aplicación, sino su capacidad de alcanzar dichos propósitos efectivamente.

Pero, ¿por qué deberíamos discutir el rendimiento instrumental del derecho penal y su aplicación? De hecho, ¿por qué importa si es efectivo el castigo penal de combatientes en un conflicto armado? Es importante porque la efectividad del derecho penal y su aplicación están íntimamente ligadas a su respectiva legitimidad (Beetham, 1991, p. 137; Tyler y Jackson, 2014, p. 78). Esto es correcto, por lo menos *ex negativo*, es decir, analizado a partir de lo que no es el fenómeno. Intuitivamente, las acciones de gobernanza parecen ilegítimas si son totalmente ineficaces, es decir, si no pueden alcanzar y no alcanzan los objetivos que estaban destinados a lograr. Por supuesto, el concepto de legitimidad en sí mismo es notoriamente

---

[2] Véase el apartado "Las trampas de la cuestión de la eficacia" para más detalles.

opaco. Sin embargo, dejando de lado los detalles por ahora, surge entonces la verdadera dimensión de la cuestión sobre la eficacia: ¿es legítimo el castigo penal de combatientes en un conflicto armado porque es efectivo, es decir, porque el castigo penal satisface sus objetivos? Y viceversa, ¿es ilegítimo porque es inefectivo?

Las trampas de la cuestión de la eficacia

Esta reformulación de la cuestión inicial requiere respuestas empíricas; sin embargo, como ya he indicado en mi introducción, temo que es casi imposible dar respuestas generalmente aceptables a la pregunta sobre el rendimiento instrumental y, por ende, sobre la legitimidad instrumental de las sanciones penales.

En términos generales, la medición de los efectos causales de un régimen de gobernanza —como el derecho penal y su aplicación— es extremadamente complicada, sobre todo porque implica un ejercicio comparativo empleando un estado contrafáctico (Underdal, 1992, p. 227). Por ejemplo: si castigar a los combatientes por los crímenes más graves contribuye a la sanidad comunal en una sociedad específica devastada por un conflicto armado y si castigar es mejor que una amnistía, solo se podría determinar cuando se efectúe experimentalmente el castigo, así como soluciones sin castigo, lo cual no es posible en el mundo real.

Sea lo que sea, determinar la eficacia de las sanciones penales requiere respuestas previas a las preguntas ¿por *qué*?, *¿hasta qué medida?*, *¿para quién?* y *¿cuándo?* *¿Qué* objetivos tiene el castigo de los combatientes en un conflicto armado?: ¿disuasión? (Greenawalt, 2014, p. 969), ¿construcción de un registro histórico? (Rauxloh, 2010, p. 739), ¿dar voz a las víctimas? (McKay, 2008, p. 1), por nombrar solo unos pocos (Ambos, 2013, pp. 56-ss.; Cryer, Friman, Robinson y Wilmshurst, 2014, pp. 28-ss; Safferling, 2011, pp. 67-ss.; Werkmeister, 2015; Werle y Jeßberger, 2016, pp. 42-ss.). *¿Hasta qué medida* debe el castigo alcanzar estos objetivos?: desde una perspectiva idealista, ¿de manera absoluta y universalista? (Cryer, 2012, p. 189; Mégret, 2014, pp. 30-ss) o, desde una perspectiva más realista, ¿muy parcialmente? (Bibas y Burke-White, 2010, p. 637; Ginsburg, 2009, p. 508; Goldsmith y Krasner, 2003, p. 47). *¿Para quién* sirven estos objetivos?: ¿para una comunidad internacional de Estados? (Sloane, 2007, p. 85), ¿para organizaciones no gubernamentales? (Halley, 2008, p. 1; Pearson, 2006, p. 258) ¿o para la comunidad local desgarrada por un conflicto armado? (Nesiah, 2016, p. 985) Y finalmente, *¿cuándo* se deben alcanzar estos objetivos?: ¿inmediatamente? (Kaleck, 2014, p. 249), ¿en un futuro próximo? (Werle, 1997, p. 825) ¿o en las próximas décadas? (Meernik, 2005, p. 275; Safferling, 2009, pp. 166-ss.). Estas preguntas son muy controvertidas. Todavía no se han dado respuestas que generen consenso; por el contrario, estamos viendo un exceso de teorías normativas sobre los objetivos, así como las orientaciones comunitarias y temporales de las sanciones penales para los crímenes más graves. En otras palabras, estamos viendo una manifiesta apertura normativa —o indeterminación— de las finalidades o propósitos de criminalizar y castigar la comisión de los crímenes más graves por parte de combatientes en el marco de conflictos armados.[3]

Para no perderme en demasiados detalles, aquí solo nombraré tres características de esta apertura normativa: en primer lugar, estamos viendo el colapso de la distinción analítica entre la justificación de los objetivos del derecho penal —por ejemplo, la protección de bienes jurídicos— y la justificación de los medios usados para alcanzar estos fines —el castigo como un medio de lograr la protección de bienes jurídicos— (Roxin, 1997, pp. 69-ss.; Neumann, 2007, pp. 446-ss.); en segundo lugar, estamos viendo la así llamada *descentralización*

---

[3] Véase mi contribución para una aproximación descriptiva de la apertura normativa de la justicia penal, en Burchard (2017).

de la justicia penal,[4] pues el castigo impuesto por un tribunal ya no está necesariamente en el centro del discurso —si, por ejemplo, se discute el desarrollo de un registro histórico como objetivo de soluciones penales—; y en tercer lugar, todavía no se ha encontrado ninguna fórmula que sea constructiva, polivalente y que permita conciliar perspectivas e intereses diversos (Burchard, 2017).

En mi opinión, muchos de los posibles objetivos y propósitos de castigar a los combatientes tienen algunos méritos que, por lo tanto, no deben ser descartados a la ligera. Esto no es una indiferencia normativa de mi parte o una vacilación a la hora de tomar posición. Más bien, como expondré más adelante, es un compromiso con el pluralismo normativo en el Derecho Penal Internacional.

Pero, sea lo que sea, una vez se vincule esta eficacia a la concepción intuitiva de la legitimidad a la que me he referido anteriormente, la apertura normativa del derecho penal hace casi imposible determinar la eficacia de una manera generalmente aceptable. Esta concepción intuitiva de la legitimidad apunta a la concepción sociológica de la legitimidad (Weber, 1922; Glaser, 2013, pp. 19-ss.). En nuestro caso, apunta hacia la aceptación fáctica por parte de una comunidad a castigar a los combatientes de un conflicto armado, porque esta comunidad considera eficaz una solución penal. Sin embargo, esta relación causal aparente entre la eficacia percibida, la aceptación fáctica y la legitimidad —sociológica— se basa, entre otras cosas, en la condición de "objetivos (sociales) compartidos" (Schmelzle, 2011, p. 14). Esto "indica que la eficacia de un régimen de gobernanza solo intensificará su legitimidad si [la comunidad comparte los objetivos instrumentales que el castigo de los criminales de guerra pretenden lograr-alcanzar]" (Schmelzle, 2011, p. 14). Por eso me abstengo de responder

---

4   Véase, para un examen más profundo, Burchard (2017).

a la pregunta de la eficacia, pues solo podríamos abordar esta cuestión una vez hayamos respondido de manera generalmente aceptable a todo lo que es incierto en relación con el castigo a los combatientes en los conflictos armados. La vía alternativa, suponer un objetivo específico para castigar a los combatientes y luego probar empíricamente su eficacia, tampoco contribuye a explorar la legitimidad sociológica de las soluciones penales a las atrocidades masivas.

Pero, ¿en dónde estamos entonces? Si no podemos dar respuestas satisfactorias para la cuestión de la eficacia, porque el derecho penal es normativamente abierto y ambiguo, ¿esta ignorancia no milita en contra de la legitimidad del derecho penal en general y de castigar a las personas por crímenes de guerra en particular? Entonces, surge la dimensión normativa de la cuestión sobre la eficacia: ¿podemos someter a las personas a sanciones penales sin conocer su eficacia, porque no podemos determinar los propósitos generalmente aceptados para estas sanciones?

Legitimidad sin conocimiento de la eficacia

Esta pregunta me lleva a la tercera y última parte de mi ensayo. En esta me gustaría reflexionar acerca de algunas ideas sobre cómo dar respuestas de derecho penal legítimas a las atrocidades masivas, mientras se desconoce, al mismo tiempo, lo relativo a su eficacia. Comenzaré con unos argumentos en contra de dos enfoques posibles sobre esta cuestión: el retroceso a la retribución, por un lado, y el "naturalismo del castigo", por el otro.

La primera idea, que cada vez gana más partidarios hoy en día, es renunciar por completo a la búsqueda de objetivos racionales y humanos para castigar a los combatientes en un conflicto armado. De hecho, hoy estamos viendo un retroceso a la retribución para las sanciones penales de los crímenes más graves (Greenawalt, 2014, p. 969; Materni, 2013, p. 266-ss.). A favor de esta posición se afirma lo siguiente: las atrocidades masivas provocan una cantidad inmensurable de injusticia, que "simplemente" debe ser abordada y equilibrada mediante castigos criminales (Drumbl, 2005, p. 576). A primera vista, esto parece una panacea fácilmente disponible para nuestra ignorancia sobre la eficacia de las respuestas criminales a las atrocidades masivas. Si estas medidas penales no tienen objetivos mundanos y propósitos humanos, es decir, si están intrínsecamente justificados, entonces no hace falta preocuparnos por su eficacia. Creo que este retroceso a la retribución condena por igual a cumplidores de las leyes y a pecadores. Solo porque estas orientaciones normativas tendientes al castigo de los combatientes de un conflicto armado son ambiguas y poco claras, no nos permitiremos echar en saco roto los logros de la Ilustración. No debemos renunciar a la búsqueda de objetivos racionales y legítimos para los actos de gobernanza, sobre todo si hay afectación a derechos —como al castigar a los combatientes responsables de crímenes graves—. Por supuesto, me doy cuenta de que esta búsqueda por racionalizar el derecho penal y su aplicación es desgastante y fastidiosa, pero en tanto esta búsqueda sirve como medida de control y contrapeso contra los abusos de poder, resulta importante y no debemos renunciar a ella. En otras palabras, castigar a los combatientes en un conflicto armado se debe legitimar por fines extrínsecos y no por algunos supuestos valores intrínsecos —como la retribución—.

En cuanto a la segunda idea, una estrategia conceptualmente similar pero argumentativamente inversa para hacer frente a nuestra ignorancia sobre la eficacia de castigar a los criminales de guerra es el "naturalismo del castigo". Los naturalistas del castigo sostienen que las intuiciones humanas sobre la justicia para el comportamiento ilícito o delictivo son profundas, predecibles y ampliamente compartidas, y son el producto de una predisposición evolucionada (Robinson y Kurzban, 2007, p. 1829). Así, el castigo no sería justificado intrínsecamente, sino extrínsecamente por la "biología humana". En consecuencia, castigar a los criminales de guerra es —al menos, mínimamente— efectivo, porque refleja nuestra intuición humana compartida de que los criminales de guerra deben ser castigados (Comité Internacional de la Cruz Roja, s. f.). Sin embargo, una vez más advierto que esto constituye una simplificación indebida. Las respuestas penales a los crímenes más graves están lejos de ser evidentes biológicamente; no son algo tan fundamental como para ser esencialmente universal a todas las personas, sin tener en cuenta las circunstancias o la cultura (Braman, Kahan y Hoffman, 2010, p. 1535). Por el contrario, el castigo es una construcción social para que compartamos una responsabilidad colectiva respecto a su contenido (Braman, Kahan y Hoffman, 2010, p. 1536).

Con base en todo lo dicho, concluiré bosquejando tres enfoques para reconciliar la legitimidad de las soluciones penales para las atrocidades masivas con la ignorancia que padecemos sobre su eficacia.

El primer enfoque está basado en la teoría del derecho constitucional. Sumariamente, la teoría del derecho constitucional —alemana— ha desarrollado una reconciliación negativa de legitimidad y eficacia. Según el principio de proporcionalidad, un acto de gobierno solo es ilegítimo si tiene un objetivo que va en contra de los valores fundamentales de una comunidad o si es incapaz de alcanzar un objetivo legítimo (Hillgruber, 2011, pp. 1053-ss.).[5] Además, el soberano goza de amplios márgenes de apreciación y de predicción (Hillgruber, 2011, pp. 1058-ss.; Maunz y Dürig, 2016, número al margen 122).[6] En otras palabras: la teoría del derecho constitucional no exige

---

[5]   Véase la decision del Tribunal Constitucional Alemán, BVerfGE (Entscheidungen des Bundesverfassungsgerichts) Vol. 104, pp. 357, 364-ss. Recuperado de http://www.servat.unibe.ch/dfr/bv104357.html

[6]   Véase, por ejemplo, la decision del Tribunal Constitucional Alemán, BVerfGE Vol. 90, pp. 145, 173. Recuperado de http://www.servat.unibe.ch/dfr/bv090145.html

que el soberano demuestre positivamente la eficacia de un acto de gobierno. Más bien, invierte la carga de la prueba. Solo aquellos actos de gobierno que son definitivamente ineficaces se convierten en ilegítimos (Maunz y Dürig, 2016, número al margen 107; Hilgendorf, 2010, p. 127).[7] En resumen, creo que deberíamos aplicar esta lógica al castigar a los criminales de guerra también. Si el castigo es respaldado por un soberano legítimo, solamente se vuelve ilegítimo si y solo si se puede establecer que el castigo es ineficaz para lograr objetivos que no van en contra de los valores fundamentales de la comunidad que lleva a cabo este castigo.

Vista la faceta constitucional, pasemos entonces a la segunda dimensión de la legitimidad: su dimensión sociológica (Fallon, 2005, pp. 1790-ss.; 1795-ss.) La legitimación sociológica del castigo a los combatientes de un conflicto armado puede presentar dificultades si la comunidad no lo considera eficaz, especialmente porque los gobernantes y los gobernados entienden los objetivos del castigo de forma distinta. Sin embargo, hay que darse cuenta de que la relación causal entre la eficacia, la aceptación y la legitimidad social solo explica la llamada "legitimidad en virtud de resultados" —*output legitimacy*—, es decir, la eficacia de los resultados de acciones políticas para una comunidad. Pero esto, por supuesto, no cuenta toda la historia. También tenemos que considerar la legitimidad en virtud de los insumos —*input legitimacy*— y legitimidad en virtud del rendimiento —*throughput legitimacy*—, es decir, las dimensiones de legitimidad no vinculadas al instrumentalismo (Schmidt, 2013, pp. 5-ss.; 14-ss.).

En concreto, incluso si una comunidad desconoce si el castigo de los combatientes en un conflicto armado "funciona", este acto de gobierno puede ser considerado legítimo, solo si

---

[7] Véase, por ejemplo, la decision del Tribunal Constitucional Alemán, BVerfGE Vol. 39, pp. 210, 230. Recuperado de http://www.servat.unibe.ch/dfr/bv039210.html

esta comunidad acepta respuestas penales, bien porque fueron instituidos por una autoridad legítima o porque el proceso del castigo es legítimo —por ejemplo, porque la aplicación del derecho penal es responsable, transparente, inclusiva y abierta a la consulta de intereses—. En otras palabras, si la eficacia es una condición necesaria para la legitimidad social, está abierta para la discusión. Pero, ciertamente, no es una condición suficiente para castigar legítimamente a los criminales de guerra. También advierto como problemático poner excesivo énfasis en la lógica instrumentalista de la eficacia. Es imprescindible comenzar a debatir sobre los posibles medios para fortalecer la legitimidad en virtud de los insumos y del rendimiento, especialmente cuando se hace uso de sanciones penales sin conocer si resultan o no efectivas.

Por último, y esta es la sugerencia más difícil, volveré al punto crucial: la razón de nuestra ignorancia sobre la eficacia de castigar a los combatientes en un conflicto armado yace en la apertura normativa de las sanciones penales, en su ambigüedad. A primera vista, esto debilita la legitimidad de las soluciones penales a las atrocidades masivas. Sin embargo, tras una mirada en profundidad, postulo que esto puede llegar a mejorar su legitimidad normativa. ¿Por qué? Porque cuanto más pluralista sea su justificación, más robusta será la legitimidad de las soluciones penales, es decir, cuanto más amplia sea la variedad de actores que puedan participar —y por lo tanto, también deben tenerse en cuenta— en el proceso de la legitimación de las respuestas penales a los crímenes más graves, más legítima será su aplicación. La apertura normativa del derecho penal asegura su inclusividad. También asegura que lo tratemos como un "asunto pendiente" y "en construcción", lo cual es vital cuando nos enfrentamos a los crímenes más graves en un mundo no utópico, donde tenemos que ocuparnos del pluralismo, donde tenemos que negociar conflictos de valores y donde no podemos, como por arte de magia, remover estas realidades para decretar lo que es correcto y lo que es incorrecto.

REFERENCIAS BIBLIOGRÁFICAS

Ambos, Kai (2013). *Treatise on International Criminal Law. Volume I: Foundations and General Part.* Oxford: Oxford University.

Beetham, David (1991). *The Legitimation of Power.* Basingstoke: Pallgrave Macmillan.

Burchard, Christoph (2017). Die normative Offenheit der Strafrechtspflege. Eine beschreibende Annäherung. En: Saliger, Frank *et al.* (Eds.). *Rechtsstaatliches Strafrecht. Festschrift für Ulfrid Neumann* (pp. 535-546). München: C.F. Müller.

Bibas, Stephanos y Burke-White, William W. (2010). International Idealism Meets Domestic-Criminal-Procedure Realism. *Duke Law Journal,* 59 (4), pp. 637-704.

Braman, Donald; Kahan, Dan M. y Hoffman, David A. (2010). Some Realism about Punishment Naturalism. *The University of Chicago Law Review,* 77, pp. 1531-1660.

Comité Internacional de la Cruz Roja (s. f.). Penal Repression: Punishing War Crimes. Recuperado de https://www.icrc.org/eng/assets/files/other/penal_repression.pdf

Cryer, Robert (2012). International Criminal Justice in Historical Context: The Post-Second World-War Trials and Modern International Criminal Justice. En: Boas, Gideon; Shabas, William A. y Michael P. Scharf (eds.). *International Criminal Justice. Legitimacy and Coherence* (pp. 145-189). Chestenham and Northampton: Edward Elgar.

Cryer, Robert; Friman, Hakan; Robinson, Darryl y Wilmshurst, Elizabeth (2014). *An Introduction to International Criminal Law and Procedure.* Cambridge: Cambridge University.

Draude, Anke; Schmelzle, Cord y Risse, Thomas (2012). Grundbegriffe der Governanceforschung. *SFB-Governance Working Paper Series,* 36. Recuperado de http://www.sfb-governance.de/en/publikationen/sfb-700-working_papers/wp36/SFB-Governance-Working-Paper-36.pdf (22.09.2017).

Drumbl, Mark A. (2005). Collective Violence and Individual Punishment: The Criminality of Mass Atrocity. *Northwestern University Law Review,* 99 (2), pp. 539-610.

Fallon, Richard H. Jr. (2005). Legitimacy and the Constitution. *Harvard Law Review*, 118 (6), pp. 1787-1853.

Ginsburg, Tom (2009). The Clash of Commitments at the International Criminal Court. *Chicago Journal of International Law*, 9 (2), pp. 499-514.

Glaser, Karin (2013). Über legitime Herrschaft. Grundlagen der Legitimitätstheorie. Wiesbaden: Springer.

Goldsmith, Jack y Krasner, Stephen D. (2003). The Limits of Idealism. *Daedalus*, 132 (1), pp. 47-63.

Greenawalt, Alexander K. A. (2014). International Criminal Law for Retributivists. *University of Pennsylvania Journal of International Law*, 35 (4), pp. 969-1044.

Halley, Janet (2008). Rape at Rome: Feminist Interventions in the Criminalization of Sex-Related Violence in Positive International Criminal Law. *Michigan Journal of International Law*, 30 (1), pp. 1-123.

Hechter, Michael (2009). Alien Rule and Its Discontents. *American Behavioral Scientist*, 53 (3), pp. 280-310.

Hilgendorf, Eric (2010). Punitivität und Rechtsgutslehre: Skeptische Anmerkungen zu einigen Leitbegriffen der heutigen Strafrechtstheorie. *Neue Kriminalpolitik*, 22 (4), pp. 125-131.

Hillgruber, Christian (2011). Grundrechtsschranken. En: Isensee, Josef y Kirchhof, Paul (eds.). *Handbuch des Staatsrechts. Band IX: Allgemeine Grundrechtslehren* (pp. 1033-1076). Heidelberg: C.F. Müller.

Kaleck, Wolfgang (2014). (Völker-)Strafrecht und Menschenrechtsschutz. *Neue Kriminalpolitik*, 26 (3), pp. 242-251.

Materni, Mike C. (2013). Criminal Punishment and the Pursuit of Justice. *British Journal of American Legal Studies*, 2, pp. 263-304.

Maunz, Theodor y Dürig, Günther (2016). *Grundgesetz Kommentar. Band III, Art. 16-22*. München: C.H. Beck.

McKay, Fiona (2008). Victim Participation in Proceedings before the International Criminal Court. *Human Rights Brief*, 15 (3), pp. 1-4.

Meernik, James (2005). Justice and Peace? How the International Criminal Tribunal Affects Societal Peace in Bosnia. *Journal of Peace Research*, 42 (3), pp. 271-289.

Mégret, Frédéric (2014). International Criminal Justice. A Critical Research Agenda. En: Schwöbel, Christine (ed.). *Critical Approaches to International Criminal Law* (pp. 17-53). New York: Routledge.

Nesiah, Vasuki (2016). Local Ownership of Global Governance. *Journal of International Criminal Justice*, 14 (4), pp. 985-1009.

Neumann, Ulfrid (2007). Institution, Zweck und Funktion staatlicher Strafe. En: Pawlik, Michael y Zaczyk, Rainer (eds.). *Festschrift für Günther Jakobs zum 70. Geburtstag* (pp. 435-450). Köln: Carl Heymanns Verlag.

Pearson, Zoe (2006). Non-Governmental Organizations and the International Criminal Court: Changing Landscapes of International Law. *Cornell International Law Journal*, 39 (2), pp. 243-284.

Rauxloh, Regina E. (2010). Negotiated History: The Historical Record in International Criminal Law and Plea Bargaining. *International Criminal Law Review*, 10 (5), pp. 739-770.

Real Academia Española (RAE) (s. f.). Eficacia. Recuperado de http://dle.rae.es/?id=EPQzi07

Robinson, Paul H. y Kurzban, Robert (2007). Concordance and Conflict in Intuitions of Justice. *Minnesota Law Review*, 91 (6), pp. 1829-1907.

Roxin, Claus (2006). *Strafrecht Allgemeiner Teil. Band I: Grundlagen. Der Aufbau der Verbrechenslehre.* München: C.H. Beck.

Safferling, Christoph (2009). Lernen von Nürnberg Die Relevanz des Nürnberger Hauptkriegsverbrecherprozesses für das moderne Völkerstrafrecht. *Rechtsgeschichte*, 14, pp. 148-167.

Safferling, Christoph (2011). *Internationales Strafrecht.* Berlin-Heidelberg: Springer.

Schmelzle, Cord (2011). Evaluating Governance. Effectiveness and Legitimacy in Areas of Limited Statehood. *SFB-Governance Working Paper Series*, 26. Recuperado de http://www.sfbgo-

vernance.de/en/_Archiv/sfb_conference_2011/panel_papers/
Panel_F_Paper_1_Schmelzle.pdf (22.09.2017)

Schmelzle, Cord (2012). Zum Begriff politischer Legitimität. En: Geis
Anna; Nullmeier, Frank y Daase, Christopher (eds.). *Der Auf-
stieg der Legitimitätspolitik. Rechtfertigung und Kritik politisch-
ökonomischer Ordnungen* (pp. 1-17). Baden-Baden: Nomos.

Schmidt, Vivien A. (2013). Democracy and Legitimacy in the European Union Revisited: Input, Output and "Throughput".
Political Studies, 61 (1), pp. 2-22.

Sloane, Robert D. (2007). The Expressive Capacity of International
Punishment: The Limits of the National Law Analogy and the
Potential of International Criminal Law. *Stanford Journal of
International Law*, 43, pp. 39-94.

Tyler, Tom R. y Jackson, Jonathan (2014). Popular Legitimacy and
the Exercise of Legal Authority: Motivating Compliance,
Cooperation and Engagement. *Psychology, Public Policy and
Law*, 20 (1), pp. 78-95.

Underdal, Arild (1992). The Concept of Regime "Effectiveness".
Cooperation and Conflict, 27 (3), pp. 227-240.

Weber, Max (1922). *Wirtschaft und Gesellschaft.* Tübingen: Mohr
Siebeck.

Werkmeister, Andreas (2015). *Straftheorien im Völkerstrafrecht.*
Baden-Baden: Nomos.

Werle, Gerhard (1997). Menschenrechtsschutz durch Völkerstrafrecht. *Zeitschrift für die gesamte Strafrechtswissenschaft*, 109
(4), pp. 808-829.

Werle, Gerhard y Jeßberger, Florian (2016). *Völkerstrafrecht.* Tübingen: Mohr Siebeck.

EL FIN DE LA PENA EN LA JUSTICIA TRANSICIONAL

Francisco Cortés Rodas
Universidad de Antioquia, Colombia

RESUMEN

Este artículo propone discutir los alcances y límites de la concepción de justicia y de la pena estatal defendida por los críticos
del proceso de paz. Para esto se busca dar una respuesta a la
pregunta: ¿cuál es propiamente el fin de la pena en la justicia
transicional? El desarrollo de esto se hace por medio de dos
ejes temáticos: en el primero se hace una presentación de las
características más generales de la filosofía del derecho internacional penal; en el segundo se analiza el papel de la justicia
penal en tres paradigmas de justicia transicional: Núremberg,
Sudáfrica y Colombia.

Introducción

El proceso de transición de la guerra a la paz se inició con las negociaciones del Gobierno de Colombia y las FARC-EP en La Habana, se concretó con la firma del *Acuerdo final* del Teatro Colón (Gobierno-FARC-EP, 2016), y hoy continúa su despliegue en medio de muchas dificultades y contratiempos, buscando poner fin a un conflicto de más de cincuenta años. En este proceso se ha tratado de encontrar una salida negociada al conflicto bajo los presupuestos teóricos de la justicia transicional.

La justicia transicional surgió en los juicios de Núremberg como nueva concepción de justicia y se desarrolló más profundamente en las décadas de 1980 y 1990 con el fin de ofrecer diferentes alternativas a los procesos de reconstrucción de la democracia en sociedades que buscaban salir de dictaduras —como Argentina y Chile—, de guerras civiles —como El Salvador y Guatemala— o de un régimen represivo y excluyente —como Sudáfrica—.

La justicia transicional debe ser comprendida como justicia porque, aunque surge en determinados momentos políticos de crisis o de transición, tiene que resolver la difícil tarea de encontrar un punto de equilibrio entre quienes reclaman castigar de forma individualizada a los criminales, como se planteó en los Tribunales de Núremberg, Tokio y La Haya, y de quienes exigen impunidad absoluta y pretenden que no haya ningún tipo de castigo, como fue el caso en la España posfranquista, y en Chile y Argentina al salir de sus dictaduras (Elster, 2004).

En el proceso de negociaciones del Gobierno de Colombia con las FARC-EP esta tensión entre justicia e impunidad ha estado en el centro de la discusión no solamente entre los negociadores, sino también en la sociedad. Las FARC-EP reclamaron desde el inicio del proceso, en septiembre de 2012, una amnistía incondicional para la totalidad de sus miembros. Esta pretensión inicial, tan radical, totalmente contraria a las nuevas exigencias y realidades de los derechos humanos y el Derecho

Penal Internacional, cambió cuatro años después en un sistema de justicia transicional, suscrito por las partes en Bogotá el 24 de noviembre de 2016, en el *Acuerdo final* del Teatro Colón.

Este acuerdo fue refrendado en el Congreso y desde ese momento, mediante el mecanismo especial del *fast track*, se han aprobado algunas de las normas necesarias para el desarrollo de lo acordado. Se estructuró así el Sistema Integral de Verdad, Justicia, Reparación y Garantías de No Repetición (SIVJRNR), que comprende: la Jurisdicción Especial para la Paz (JEP), la Comisión para el Esclarecimiento de la Verdad y la No Repetición (CEVNR) y la Unidad Especial para la Búsqueda de Personas Desaparecidas. En este marco normativo se creó una estructura judicial que servirá para cumplir con las expectativas de justicia penal que tiene este proceso de justicia transicional; define también el proceso para que se culmine la dejación de las armas y para que se dé la reincorporación adecuada de los guerrilleros a la vida política y civil.

Todo este proceso, sin embargo, ha estado marcado por una radical polarización de la sociedad y graves enfrentamientos entre los partidarios del acuerdo de paz y sus contradictores. Los opositores del proceso de negociaciones han sostenido que si los guerrilleros no son juzgados en términos del derecho interno habrá impunidad.[1] Argumentan que el tipo de justicia planteada en la JEP tiene como consecuencia que los guerrilleros que cometieron graves crímenes no serán juzgados y que tendrán, además, la posibilidad de ser elegidos en las instituciones representativas del Estado. Dicen que Colombia tiene la obligación internacional de investigar y juzgar a todos los que compartan la responsabilidad por violaciones

---

[1] Los más importantes opositores de las negociaciones del gobierno con las guerrillas son: José Miguel Vivanco —vocero de Human Rights Watch (HRW)—, Amnistía Internacional, el expresidente Álvaro Uribe Vélez, el partido político Centro Democrático, el ahora exprocurador general de la Nación Alejandro Ordoñez, entre otros.

de derechos humanos y el derecho internacional humanitario, por lo que la renuncia a estas obligaciones en aras de alcanzar la paz conduciría a su incumplimiento. Tras el acuerdo, la JEP ha sido atacada de forma reiterada por la oposición. Afirman que será un tribunal inquisitorial, que juzgará severamente a militares, empresarios y políticos de derecha, y que liberará de toda responsabilidad penal a las FARC-EP.

Los defensores del proceso de paz sostienen que para que una sociedad pueda alcanzar la paz es necesario un cierto sacrificio de la justicia. Aseveran, además, que no es viable en el nivel de la justicia penal tratar la criminalidad masiva con una persecución penal masiva e individualizada, como se supone en un enfoque de la justicia retributivo y maximalista (Elster, 2004; Crocker, 2000, p. 3).

Con el fin de discutir los alcances y límites de la concepción de justicia y de la pena estatal defendida por los críticos del proceso de paz, buscaré dar una respuesta a la pregunta: ¿cuál es propiamente el fin de la pena en la justicia transicional? Para esto desarrollaré dos ejes temáticos: en el primero haré una presentación de las características más generales de la filosofía del Derecho Penal Internacional; en el segundo analizaré el papel de la justicia penal en tres paradigmas de justicia transicional.

LA FILOSOFÍA DEL DERECHO PENAL INTERNACIONAL Y EL CASTIGO

El problema que quiero discutir aquí es si los acuerdos alcanzados en la negociación entre el Gobierno y las FARC-EP podrían ser rechazados por la comunidad internacional, la Corte Penal Internacional (CPI) o terceros Estados mediante la jurisdicción universal, porque en estos se establecen formas alternativas de penalidad que están en contra de los principios más básicos del Derecho Penal Internacional.

Hobbes (1994), Kant (1989), Hegel (1993), von Liszt (1975), Feuerbach (1796) y posteriormente Kelsen (2012) siguieron la línea argumental de que la existencia del derecho y de todo orden jurídico supone la realidad de un Estado con el monopolio de poder respectivo. El argumento del estatismo es que la realización de la justicia y el aseguramiento de los derechos humanos solamente son posibles bajo la condición de la soberanía estatal (Nagel, 2005, p. 115). Este argumento es originalmente de Hobbes (1994) y la tesis central del *Leviatán* supone que la obediencia y el respeto a los pactos descansan en el temor al poder del Estado. Kant (1997a; 1998, p. 42) adoptó el mismo punto de vista al afirmar que la aplicación del derecho supone poder ser ejercido por un poder público que disponga de la fuerza necesaria. La consecuencia de esto es que el monopolio de la fuerza, que el Estado realiza sancionando a aquellos que violan las leyes, no permite que otro Estado u otra instancia supraestatal ejerza este poder (Luban, 2011, p. 110).

En la argumentación centrada en el Estado resulta posible para los individuos instaurar una autoridad común para superar el problema del estado de naturaleza, pero esta perspectiva está negada para los Estados. Todos los Estados son soberanos y cada Estado tiene su orden normativo particular, en el cual se define su propio derecho penal. Esta tesis la defiende también el teórico del derecho alemán Günther Jakobs. "Su argumento dice así: la pena supone un orden normativo existente, esto es, un orden donde las normas son reconocidas por la sociedad en su conjunto y determinan los contenidos de la comunicación social" (Ambos, 2013, p. 24).

Frente a la ley doméstica, es claro que el Estado en la ley penal no solamente debe prohibir una conducta, sino que también debe hacer cumplir la prohibición. Como lo señala Paul Kahn (2000):

La regla del derecho [*rule of law*] [...] es, antes que nada, una expresión del sentido de nosotros mismos como una única comunidad histórica comprometida en el autogobierno a través del derecho. En esta concepción, obedecer el derecho es participar en el proyecto de soberanía popular. Este proyecto nos hace una comunidad singular con una única y únicamente significativa historia. (Kahn, 2000, p. 4)

Esta característica de la ley penal del Estado no la tienen las normas del Derecho Penal Internacional. No hay leyes de la humanidad, afirman los estatistas: "La humanidad no forma una comunidad política. No hay un gobierno mundial (algo bueno, también), ni existen relaciones entre la humanidad como un todo que la califique como un pueblo único" (Luban, 2011, p. 106). De esto se sigue que las normas del Derecho Penal Internacional son menos poderosas que las normas domésticas, porque la relación entre la producción del derecho y su legitimidad democrática es muy débil: "Si la legitimidad requiere de la soberanía popular, entonces el derecho internacional, formado por acciones estatales y tareas diplomáticas muy alejadas del control popular, tiene necesariamente menos legitimidad que el derecho doméstico" (p. 110). Esta concepción del derecho penal centrada en el Estado supone el rechazo del derecho internacional como derecho público:

> En derecho doméstico la conexión entre el Estado, las normas jurídicas que él promulga y la comunidad cuyos valores esas normas expresan es lo que hace al Estado una parte interesada legitimada cuando esas normas son transgredidas. La legitimidad deriva [...] de la soberanía popular institucionalizada por los mecanismos de gobierno democrático. Si la legitimidad requiere de la soberanía popular, entonces el derecho internacional [...] tiene necesariamente menos legitimidad que el derecho doméstico. (Luban, 2011, p. 110)

En este sentido, se puede resumir el argumento del estatismo así: el Derecho Penal Internacional no puede existir —en realidad, no es derecho en absoluto— pues la humanidad no forma una comunidad política que pueda sancionar "leyes de humanidad". De esto se sigue que las normas del Derecho Penal Internacional son menos poderosas que las normas domésticas, porque la relación entre la producción del derecho y su legitimidad democrática es muy débil. La debilidad de las normas jurídicas internacionales se puede apreciar en la falta de voluntad política de los Estados y de la ONU para asumir riesgos para frenar crímenes contra la humanidad mientras están siendo cometidos, como sucedió en las guerras de los Balcanes, Ruanda, El Congo y Siria. Esta debilidad la tiene también la CPI en la medida en que algunas de las grandes potencias no han ratificado el Tratado de Roma —Estados Unidos, Rusia, China, Israel—.

Siguiendo una estrategia distinta de la del enfoque centrado en el Estado, el teórico del Derecho Penal Internacional, Kai Ambos (2013), afirma que es posible encontrar otras fuentes del derecho internacional fuera del reino de la autoridad estatal: "La fuerza 'generadora del derecho' de los procesos sociales no estatales es particularmente dependiente de y, al mismo tiempo, promovida por la autoridad moral de las normas, esto es, su legitimidad" (p. 30). A partir de esta perspectiva más amplia se puede criticar la visión clásica del derecho penal centrada en el Estado porque ignora otras fuentes del derecho que resultan de procesos sociales no estatales. En este sentido, se puede mostrar que en las últimas décadas se ha dado una cierta institucionalización del Derecho Penal Internacional, donde los intereses de la comunidad prevalecen sobre los intereses unilaterales o bilaterales del Estado. Este largo y complicado proceso no lo puedo describir aquí, pero voy a presentar de forma breve el planteamiento cosmopolita que se remonta a la idea de Kant de la paz por medio del derecho.

Según Kant (1997b; 1982), la libertad jurídica de los individuos no solo depende de la estabilidad interna del Estado en el que viven, sino también de la fortaleza jurídica de las relaciones exteriores de su Estado con otros Estados. El establecimiento de la paz estatal interna y el establecimiento de la paz entre los

Estados son procesos interdependientes. En *La paz perpetua*, Kant (1982, pp. 107-117) vincula en los tres artículos definitivos del imaginario tratado de paz la relación sistemática entre tres órdenes de derecho: el primer artículo, según el cual la Constitución de todo Estado debe ser republicana, que garantice la libertad e igualdad de sus ciudadanos como derechos inalienables, pertenece al derecho interno; el segundo, por el cual el derecho internacional debe basarse en una federación de Estados libres, pertenece al derecho de gentes; en el tercer artículo, según el cual se establecen las relaciones entre el Estado y los ciudadanos de los otros Estados, Kant desarrolla el derecho cosmopolita, que comprende el derecho de hospitalidad, es decir, "el derecho de un extranjero a no ser tratado con hostilidad por el hecho de llegar al territorio de otro" (p. 71). Afirmó que la hospitalidad no es un deber moral, ni una virtud de la sociabilidad, ni depende de la generosidad que los miembros de una comunidad política puedan mostrar por los extranjeros en situación de necesidad. Y continúa:

> [Se] puede rechazar al extranjero, si esto puede suceder sin la ruina de aquel, pero mientras el extranjero esté en su sitio pacíficamente, no puede el otro comportarse hostilmente. No puede apelar a un derecho del huésped, sino a un derecho de visita, que les corresponde a todos los seres humanos, de ofrecerse a la sociedad en virtud del derecho de propiedad común de la superficie de la tierra. (p. 71)

Así, la hospitalidad no es un deber moral, no se otorga por consideraciones de caridad, ni depende de la generosidad que los miembros de una comunidad política puedan mostrar por los extranjeros en situación de necesidad; es un derecho humano, es decir, un derecho de los hombres por su pertenencia a la humanidad. Esto plantea el siguiente problema: ¿la hospitalidad y el asilo son "derechos" en el sentido de obligaciones morales fundamentadas en una idea de humanidad?,

¿o son derechos jurídicos en el sentido de que las normas domésticas son creación nuestra como miembros de una comunidad que se autogobierna a través del derecho? Kant no dio una respuesta clara y en el orden internacional actual permanece esta ambivalencia.

El derecho cosmopolita se constituye así en una auténtica necesidad para la instauración de la paz y la garantía de un conjunto mínimo de derechos de toda persona, la cual supera la mediatización clásica del individuo dentro del orden estatal y en un orden mundial entre Estados. En este sentido, la paz kantiana supone el reconocimiento y respeto de los derechos humanos, y exige, en caso de su violación, que se imponga un castigo justo. La propuesta kantiana de superación del estado de naturaleza entre los Estados solo se podrá realizar, como lo mostró Kelsen (2008, p. 91), cuando los Estados renuncien a su derecho soberano a declarar la guerra a otro Estado y se sometan a una autoridad supraestatal que tenga como función imponer sanciones de acuerdo con las violaciones del derecho internacional público. Kant sabe que esta idea fundamental no pertenece a su tiempo. La idea de una paz perpetua es una idea regulativa, es un proyecto para el futuro.

Ahora bien, aquí es importante destacar que las instituciones políticas que emergieron con mucha fuerza después de la Segunda Guerra Mundial resultaron de la reelaboración del proyecto kantiano de un Estado cosmopolita. En ellas se afirmó como idea fundamental que es posible regular las relaciones entre los Estados, no a partir de la soberanía y la guerra, sino de la garantía de los derechos humanos. En el núcleo del cosmopolitismo moral está la tesis de que cada hombre tiene el mismo valor o el mismo derecho a la libertad y la autonomía, y que esta circunstancia lleva consigo obligaciones morales y responsabilidades que tienen alcance universal y que obligan a los Estados. A partir de esto se planteó el reordenamiento del sistema westfaliano de los Estados mediante limitaciones al principio de soberanía, a través de la creación de instituciones como la Corte Penal Internacional o la jurisdicción universal mediante terceros Estados. La entrada en vigor del Estatuto de Roma de la CPI significó que la humanidad daba un paso significativo en la defensa de los derechos humanos y la protección de la dignidad humana por medio del derecho penal.

En este sentido, se puede mostrar que a pesar de la fuerza teórica de la tesis estatista, según la cual no existe el Derecho Penal Internacional porque no existe un orden internacional similar al Estado que lo haga cumplir, es posible superar el problema de la analogía doméstica planteado por David Luban y encontrar otras fuentes del derecho internacional fuera del reino de la autoridad estatal.

En el enfoque cosmopolita basado en la dignidad humana, desarrollado por Larry May, Kai Ambos, Klaus Günther, Jürgen Habermas, Otfried Höffe, se afirma que algunos crímenes dañan a la comunidad internacional de tal forma que ellos deben ser prescritos en todas las sociedades. Estos crímenes son: genocidio, crímenes contra la humanidad, crímenes de guerra y el crimen de agresión. Estos violan las normas del *jus cogens*, normas que son claramente conocidas y entendidas por todos los hombres como vinculantes universalmente (May, 2005, p. 24). La construcción doctrinal y jurisprudencial del *jus cogens* internacional es propia del nuevo Derecho Penal Internacional. Las normas del *jus cogens* fueron identificadas primero en la ley internacional de los tratados, y son normas —como se afirma en El Tratado de Viena— "que tienen un alcance universal; normas universales que fundamentan su jurisdicción universal en la ley internacional" (p. 25). Así, las normas del *jus cogens* forman la base más clara para identificar los crímenes internacionales como violaciones de la ley internacional. Esas normas envuelven principios que son reconocidos por las naciones civilizadas como vinculantes para los Estados, incluso sin una obligación basada en una convención o en un tratado. Las normas del *jus cogens* son perentorias y originan obligaciones *erga omnes*, obligaciones que se extienden a todos los hombres (p. 25).

En línea con este argumento, Habermas (2006, p. 325) propuso una reestructuración del orden internacional con carácter cosmopolita, en la que desarrolla una propuesta de constitucionalización del derecho internacional en tres niveles y asigna tareas y medios específicos a cada una de las diferentes unidades del sistema: en el nivel supranacional —que es importante en este trabajo—, las funciones fundamentales son asegurar la paz y promover los derechos humanos; este es el deber más importante en el nivel supranacional, el cual plantea que la protección de los derechos humanos debe ser asegurada por un sistema coactivo: el derecho penal. En sentido similar, Otfried Höffe (2015) propuso una justificación filosófica de un orden penal internacional basado en derechos humanos. La legitimidad de un derecho penal mundial, afirma, puede ser garantizada limitando su aplicación a la protección de los derechos humanos más básicos. Luban (2011) se centra en un enfoque fundado en los derechos humanos y la dignidad humana. La fuerza normativa de las "leyes de humanidad":

> No deriva del hecho de que hayan sido positivizadas en los estatutos de los tribunales internacionales. [...] Ellas representan el justo reclamo de todo ser humano de que los desórdenes políticos nunca más incluyan la insuperable barbarie que representan los crímenes contra la humanidad. Cualquiera que transgreda estas leyes es a partir de entonces un enemigo de todos los seres humanos. (p. 141)

En el nuevo Derecho Penal Internacional se plantea que si estos crímenes que violan las normas del *jus cogens* no son juzgados por tribunales nacionales, entonces entra en acción la Corte Penal Internacional (CPI)[2] o la Corte Interamericana

---

2 Corte Penal Internacional. A.CONF.138/9. (17 de junio de 1998). Estatuto de Roma.

de Derechos Humanos (CIDH),[3] o la justicia internacional. Así se abrió la posibilidad del enjuiciamiento de criminales por graves, masivas y sistemáticas violaciones de los derechos humanos: "En consecuencia, la comunidad internacional tiene el derecho de ejercer la acción penal contra los autores de los crímenes internacionales más graves. Ella se convierte en el titular del *ius puniendi* internacional, representando el orden y la sociedad mundiales que constituyen su base normativa" (Ambos, 2013, p. 45). De este modo, en el enfoque basado en los derechos humanos se plantea la penalización de los crímenes internacionales, por lo que "un Estado en cuyo territorio se han cometido tales crímenes no puede esconderse detrás de la cortina de un concepto de soberanía grociano, postwestfaliano, sino que debe asegurarse de que los responsables sean sometidos a responsabilidad" (p. 51).

Establecido esto, podemos retomar el problema planteado al inicio sobre el tipo de justicia transicional que se está utilizando en el proceso con las FARC-EP. Los órdenes normativos nacional e internacional, fundados en la garantía de los derechos civiles y humanos, que establecen la protección de estos por medio de un derecho penal nacional y transnacional, podrían terminar siendo un obstáculo para la política de paz del Estado colombiano, que en las negociaciones con las FARC-EP, en el *Acuerdo final* y en su implementación, se ha orientado por la idea de que para alcanzar la paz es necesario que se produzca un cierto sacrificio de la justicia. La consecuencia que se sigue de esta afirmación es que si como resultado del proceso de paz se les otorga a los guerrilleros un tratamiento jurídico más benigno en la aplicación de las sanciones penales o se les da una amnistía amplia, la negociación podría ser rechazada

---

[3] Con sede en San José de Costa Rica, es una institución judicial autónoma de la Organización de los Estados Americanos, cuyo objetivo es la aplicación e interpretación de la Convención Americana sobre Derechos Humanos y de otros tratados concernientes al mismo asunto y fue establecida en 1979.

por la comunidad internacional, la CPI o terceros Estados mediante la jurisdicción universal, porque estas formas diferentes de penalidad están en contra de los principios básicos del derecho penal colombiano y penal internacional (*Semana,* 2018, 25 de enero).

Frente a estas limitaciones que enfrentaría el proceso de paz en el supuesto caso de una posible intervención de instituciones internacionales que protegen los derechos humanos, es necesario mostrar que en el *Acuerdo final* se creó una estructura judicial con la que se busca cumplir con las expectativas de justicia penal vinculadas al sistema de justicia transicional mediante una forma determinada de proceso penal y se definieron las condiciones para otorgar una amnistía a los combatientes rasos.

EL PAPEL DE LA JUSTICIA PENAL EN LA JUSTICIA TRANSICIONAL

En este segundo eje temático me propongo estudiar el papel que desempeña la justicia penal en tres modelos de justicia transicional. Para comenzar este análisis sugiero dos caminos para pensar el asunto de la violencia política y su relación con la justicia: el primero se deriva del paradigma Núremberg y el segundo del modelo sudafricano; a partir de este, que intercambia la justicia por la verdad, se puede plantear otro modelo, que sería el colombiano. Otros paradigmas de justicia transicional se pueden encontrar en la forma como se resolvió la tensión entre justicia y paz en las comisiones de verdad argentina, chilena y peruana, que traté en otro lugar (Cortés, 2013).

NÚREMBERG

Juzgar a los criminales nazis después del fin de la Segunda Guerra Mundial y llevar a juicio a Milosevic en La Haya fueron eventos que celebraron los defensores de los derechos humanos en el esfuerzo internacional para poner fin a una cultura de impunidad. Esta se inició con el establecimiento de los Tribunales de Núremberg y Tokio, los tribunales de guerra de Yugoslavia y Ruanda en 1994, con la adopción del Estatuto de Roma de la Corte Internacional de Justicia y el inicio de procedimientos criminales por la CPI contra líderes políticos que violaron los derechos humanos. La lección que se obtuvo del modelo de justicia criminal identificado con Núremberg tiene cuatro elementos: a) la responsabilidad por la violencia masiva debe ser adscrita a agentes individuales; b) la violencia es criminal y debe haber responsabilidad individual por ella, es decir que las órdenes estatales no pueden absolver a los funcionarios de la responsabilidad individual; c) la justicia criminal es la única respuesta políticamente viable y moralmente aceptable frente a la violencia masiva; d) la comunidad internacional puede ir más allá de las fronteras de los Estados soberanos para proteger a los individuos e imponer normas, y para juzgar a quienes sean responsables por violaciones de los derechos humanos.

Así pues, la idea básica de este modelo es que en un Estado de derecho deben ser enjuiciados los criminales y establecida su responsabilidad criminal frente a la ley doméstica o internacional. Para determinar la responsabilidad criminal internacional se buscó un mecanismo de legitimación para poder pensar la política internacional en términos de las categorías domésticas. Utilizando la analogía doméstica se planteó que de la misma manera que las lesiones a las leyes de la comunidad son delitos domésticos juzgados por el Estado, las violaciones a los derechos humanos son crímenes internacionales y, como tales, deben ser juzgados por la comunidad internacional. La analogía es aparentemente clara, pero problemática; sin embargo, como indiqué en el apartado anterior, es posible hacer una fundamentación de un orden normativo internacional basado en la dignidad humana o en los derechos humanos que tenga fuerza de estatalidad para poder actuar punitivamente contra los violadores de derechos humanos.

Este modelo, como muchos críticos han señalado, es insuficiente para enfrentar los problemas de criminalidad masiva que se producen en una guerra entre Estados o en una guerra civil. Ningún sistema judicial del mundo tiene la capacidad de perseguir todos los delitos y castigar a todos los culpables. En 1946, por ejemplo, había más de cien mil sospechosos de crímenes de guerra en las zonas ocupadas por los británicos y los estadounidenses en Alemania. En 2001 había más de ciento veinte mil detenidos en las cárceles en Rwanda. En estos dos casos era imposible un juicio completo para cada individuo, de acuerdo con el derecho de cada país.

De este modo, reaccionar frente a una criminalidad masiva con una persecución penal masiva es imposible. Esto hace que sea casi improbable la realización de juicios a cada uno de los posibles implicados: "Se genera entonces una impunidad extendida: todos deben ser castigados por lo cual nadie lo es" (Nino, 1996, p. 59). Así, "en casi todos los procesamientos criminales que tuvieron que ver con crímenes de lesa humanidad cometidos durante la Segunda Guerra, algunos observadores han dudado de la habilidad de la ley criminal para tratar con estos eventos, precisamente en vista de su enorme significancia moral, histórica y política" (Koskenniemi, 2011, p. 172).[4]

Uno de los observadores a los que se refiere Koskenniemi es Hannah Arendt, quien señaló las grandes dificultades que existen para enfrentar situaciones en las que miles de personas han perdido sus vidas y millones son afectados si se utiliza el sistema de la responsabilidad criminal individual. Arendt dijo durante los juicios de Núremberg: "ahorcar a Göering es ciertamente necesario pero totalmente inadecuado. Pues su culpabilidad trasciende y destruye todo orden legal" (citada en Frei, 2000, p. 57). Esto significa que frente a crímenes de lesa humanidad o genocidio, la capacidad de la ley criminal

---

4   Traducción propia.

es muy débil, por las razones que he indicado: "Estos juicios deberían dedicarse menos a juzgar a una persona, y más bien tratar de establecer la verdad de los acontecimientos pasados" (Koskenniemi, 2011, p. 172). En el mismo sentido Larry May (2005) afirma: "argumento que en algunos casos los fines de la reconciliación pueden requerir no comprometerse en juicios criminales, si existe en una determinada sociedad una mejor oportunidad para alcanzar la paz y la estabilidad. Pero en otros casos, la justicia exige que se den los juicios" (p. 239). Esto es lo que plantea el paradigma sudafricano de verdad y reconciliación, que expondré en seguida.

EL MODELO SUDAFRICANO

En este modelo se ha propuesto una comprensión mucho más compleja del alcance de la justicia transicional. En este sentido, se ha planteado darle una mayor relevancia a la verdad, tanto histórica como criminal. Este modelo se caracterizó por priorizar la búsqueda de la verdad mediante una comisión de la verdad y desarrollar reformas políticas al régimen del *apartheid:* "Uno de los méritos de las comisiones de la verdad frente a la justicia criminal consiste en que la primera es capaz de poner bajo escrutinio de manera más amplia y profunda la criminalidad, y de esta forma ofrecer más oportunidades para el cierre, la curación y la reconciliación" (Koskenniemi, 2011, p. 179). Recordar la verdad y declararla públicamente por medio del proceso criminal es considerado importante por razones que tienen poco que ver con el castigo del individuo. Enfrentar la verdad del pasado violento mediante una comisión de la verdad es una condición necesaria para posibilitar que una comunidad herida por la guerra pueda rehacer las condiciones de su vida social normal.

Estos dos procesos de la verdad están estrechamente relacionados: la "verdad fáctica", que es significativa en los procesos de esclarecimiento de los hechos particulares y de las circunstancias bajo las que se dieron las graves violaciones de los derechos humanos, tiene que estar articulada con la "verdad histórica", que implica el reconocimiento público de las atrocidades políticas y de las violaciones de los derechos humanos por parte de los perpetradores. La justicia retributiva y la restaurativa buscan, cada una a su manera, no solamente establecer la verdad sobre las injusticias pasadas y revertir el silencio y la negación de los años de las dictaduras o del conflicto interno, sino que buscan también hacer que los perpetradores de las graves injusticias admitan el conocimiento de los hechos criminales y asuman su responsabilidad política y moral.

Uno de los problemas fundamentales que tuvo que resolver la Comisión de la Verdad y de la Reconciliación de Sudáfrica (CVR) consistió en justificar moralmente el intercambio de la justicia retributiva por el reconocimiento de lo que sucedió en el pasado: la verdad (Gutmann y Thompson, 2000; Kiss, 2000; Du Toit, 2000; Minow, 1999). Para hacer esto sus defensores mostraron que existen bienes morales, como la reconciliación social y el establecimiento de la verdad histórica, que son equiparables al bien moral de la justicia retributiva (Tutu, 1999). Las concepciones morales de verdad y reconciliación, que son específicas de una comisión de la verdad, se presentaron de este modo como alternativas coherentes, al menos en las circunstancias de la justicia transicional, a las nociones retributivas de justicia que requieren procesamiento y castigo (Crocker, 2000).

Ha sido dicho por muchos críticos que la CVR creó un nuevo precedente: inmunidad frente al proceso judicial, es decir, impunidad. Esto quiere decir amnistía a cambio del reconocimiento de la verdad, o el perdón a cambio de una confesión sincera. Sin embargo, se puede decir en defensa de este modelo de justicia transicional basado en la verdad, que esta crítica es problemática, pues el asunto no fue solamente el intercambio de la amnistía por la verdad, sino la amnistía a cambio de la disposición a hacer reformas (Mamdani, 2016, pos. 11 465).

Y las reformas consistieron básicamente en el desmantelamiento de las instituciones jurídicas y políticas del *apartheid*. En este sentido, la importancia del modelo sudafricano está dado tanto por la forma como operó la CVR, como por las negociaciones políticas que la precedieron en la "Convención por una Sudáfrica Democrática" (Codesa), en las cuales se descartaron dos posibilidades que llevaban inevitablemente a la guerra civil: la revolución buscada por los movimientos de liberación y la victoria militar del régimen del *apartheid*.

Si Sudáfrica es un modelo para resolver conflictos complicados, lo es por la manera como convirtió la reforma política en la mejor alternativa. El asunto del intercambio de la justicia por la verdad fue realmente importante, pero el cambio de amnistía por las reformas políticas fue fundamental. "La justicia política afecta a grupos, mientras que la justicia criminal se dirige a individuos. El objeto de la justicia criminal es el castigo; el de la justicia política es la reforma política. El cambio de lógica de la justicia criminal a la política conduce a la descriminalización y a la legitimación de las dos partes en el conflicto" (Mamdani, 2016, pos. 11 490). De esta manera, los oponentes dejan de ser enemigos para convertirse en adversarios políticos. La consecuencia de esto fue desplazar el paradigma de la justicia criminal identificado con Núremberg, lo cual permitió conseguir importantes niveles de verdad y hacer reformas políticas.

Es importante tener en cuenta que las condiciones que hicieron posible el *apartheid* en Sudáfrica fueron muy diferentes que aquellas que condujeron a Núremberg. Mientras que Núremberg fue el resultado de una victoria militar, el conflicto en Sudáfrica no había terminado. Es improbable que un conflicto que no ha terminado con la victoria de una de las partes se pueda resolver dándole prioridad a la justicia criminal e intentando llevar a los tribunales a los líderes políticos de cualquiera de los bandos.

En este sentido, Codesa planteó la necesidad de priorizar la justicia política sobre la justicia criminal: "El fin no fue el internamiento carcelario y el castigo de los individuos imputados con una cantidad de crímenes, sino el cambio de las reglas que pudieran llevarlos a ellos y a los electores a crear una comunidad política reformada" (Mamdani, 2016, pos. 11 496). Codesa cambió la justicia criminal por la justicia política, y en esta se crearon las condiciones para que las víctimas, los perpetradores y los beneficiarios de la violencia pudieran participar hoy como sobrevivientes en la definición de unas nuevas reglas de la organización política. Se puede así mostrar en qué se diferencian estos dos modelos. Mientras que Núremberg se basó en una justicia retributiva, orientada hacia el pasado, "Codesa buscó un equilibrio entre el pasado y el futuro, entre reparación por el pasado y reconciliación por el futuro" (Mamdani, 2016, pos. 11 496).

Justicia transicional en Colombia

El modelo de justicia transicional desarrollado en las negociaciones de La Habana y que ahora se está implementando comparte elementos de los dos paradigmas brevemente descritos, pero se distingue de forma significativa de ellos. A diferencia del modelo de perdón y olvido realizado en la España posfranquista —que permite las amnistías absolutas para los victimarios—, del sudafricano —que priorizó la verdad y la reforma política frente a la justicia—, del de Núremberg —que absolutizó la justicia retributiva—, en Colombia se avanza en el desarrollo de un paradigma de justicia transicional que articula de forma novedosa justicia, verdad, reparación y garantías de no repetición.

De este modo, mientras que Núremberg propone una concepción de justicia como justicia criminal y Sudáfrica considera el problema de la justicia como justicia política, en el modelo que se está articulando en Colombia no se entiende la justicia en el sentido retributivo, ni en el sentido de la justicia política propuesta en Sudáfrica, que intercambia la verdad por la justicia. Se propone una concepción de justicia penal en la cual las sanciones son establecidas en una escala, de acuerdo con el reconocimiento de la responsabilidad y el compromiso con la verdad, y esta se articula con una concepción de justicia restaurativa.

Esto, precisamente, no es reconocido por los críticos del proceso de paz en Colombia. Para ellos, la paz, como se propuso en las negociaciones y en el *Acuerdo final,* es imposible. Tanto los voceros de Human Rights Watch, de Amnistía Internacional, del Centro Democrático y otros, han dicho que el *Acuerdo final* es un intercambio de impunidades entre el Estado y la guerrilla. Las sanciones que aplicará el Tribunal para la Paz, afirman, "no reflejan los estándares aceptados sobre el castigo adecuado frente a abusos graves, y hacen que sea prácticamente imposible que Colombia cumpla con sus obligaciones vinculantes conforme al derecho internacional de asegurar justicia por delitos de lesa humanidad y crímenes de guerra" (HRW, 2015, diciembre 21). Sostienen también que las penas contempladas en la JEP en ningún caso suponen la privación de libertad, que son una mera pantomima. Afirman también que la JEP rompe la estructura de la Rama Judicial pues es puesta por encima de los demás órganos judiciales y de control, y desconoce los principios fundamentales de la Constitución. Discutir estas críticas de los opositores de la paz es de central importancia en este momento en el que se empieza a desplegar el contenido de los acuerdos. Entre otros, a desarrollar el proceso que conducirá a la dejación de las armas y a la definición de las formas de acción y competencias de la JEP.

El problema jurídico planteado y decidido por la Corte Constitucional fue el de si representaba una sustitución de la Constitución "la posibilidad de que se utilicen los criterios de selección y priorización para la investigación, el juzgamiento y la sanción de los más graves crímenes contra los derechos humanos (DDHH) y el Derecho Internacional Humanitario (DIH) cometidos por los máximos responsables y se renuncie a la persecución de los demás".[5] Es decir, si con estos elementos se sustituye un pilar fundamental de la Constitución de 1991 consistente en el deber del Estado colombiano de garantizar los derechos humanos (Ambos, 2014).

La Corte estableció que el cambio de perspectiva en la investigación penal a favor de la estrategia de centrar la investigación en una serie de casos está determinado por la "imposibilidad de tener una estrategia maximalista de investigación que proceda judicialmente contra todos los sospechosos".[6] La Corte estableció así la forma como se dará tratamiento judicial penal a la macrocriminalidad mediante una estrategia de selección y priorización de casos. Para lograrlo, el tribunal se centrará en los máximos responsables y en la imputación a ellos de todos los delitos que adquieran la connotación de crímenes de lesa humanidad, genocidio o crímenes de guerra cometidos de manera sistemática (Zuluaga, 2014, pp. 168-188; 2015). Es decir, aquí se encuentra una alternativa al problema planteado por el modelo retribucionista.

En la medida en que son imposibles, en una situación como la de Colombia, la persecución penal y el juzgamiento de todos los miembros de la guerrilla por la justicia penal ordinaria, se despliega en el marco teórico de la justicia transicional un discurso de legitimación pragmatista para justificar un modelo de justicia penal alternativo. En este, los guerrilleros que se acojan al acuerdo podrán recibir un tratamiento jurídico diferenciado en la aplicación de las sanciones penales. La JEP resuelve la difícil tarea de encontrar un punto de equilibrio entre quienes reclaman castigar de forma individualizada a los criminales y quienes exigen impunidad absoluta y pretenden

---

5   Sentencia C-579 (28 de agosto de 2013), párr. 4.5.
6   Sentencia C-579 (28 de agosto de 2013), párr. 8.2.2.

que no haya ningún tipo de castigo. Este punto de equilibrio se concretó en una concepción de justicia que se plasma en el SIVJRNR, que comprende la Jurisdicción Especial para la Paz (JEP), la Comisión para el Esclarecimiento de la Verdad y la No Repetición (CEVNR) y la Unidad Especial para la Búsqueda de Personas Desaparecidas.

La JEP, que se aplicará a los delitos cometidos en el marco del conflicto armado colombiano, busca la realización de la justicia e incluye mecanismos judiciales que permitan la investigación y sanción de crímenes atroces. En la JEP se establece que los guerrilleros considerados no amnistiables, aquellos que cometieron delitos de lesa humanidad —genocidio, violaciones sexuales, tortura y ejecuciones extrajudiciales—, serán investigados por el Tribunal para la Paz, que los procesará e impondrá sanciones y penas dependiendo del reconocimiento que cada uno haga de su responsabilidad. Para quien la reconozca habrá restricción efectiva de la libertad de cinco a ocho años, sin cárcel; quien haga un reconocimiento tardío, de cinco a ocho años de cárcel; para quien no la reconozca habrá sanciones ordinarias que consistirán en una pena privativa de la libertad —cárcel— de quince a veinte años. Esto quiere decir que el sistema penal definido en el marco de la JEP es garante de la justicia y está construido de acuerdo con las exigencias del derecho doméstico y del Derecho Penal Internacional.

Desde la concepción penal retributivista, que los opositores pretenden que debe ser impuesta a las guerrillas de las FARC-EP y el ELN, la única solución es el establecimiento de la responsabilidad criminal y penas de acuerdo con la gravedad de los crímenes. El retribucionismo, entendido en el derecho penal clásico como fundamento esencial de la pena, exige que el castigo se imponga a quien corresponda y con un nivel de severidad suficiente. Por esto busca que en el orden jurídico se imparta una justicia absoluta. Kant declara que si una persona debe ser castigada se debe decidir por referencia solamente a las ofensas legales cometidas por ella. De este modo, una vez que se ha encontrado al delincuente digno de castigo, según Kant, debe ser castigado sin tomar en consideración ponderaciones de prudencia, en todo caso como principio, pues la "ley penal es un imperativo categórico" (Kant, 1989, p. 166). Es ciertamente lógico que desde esta perspectiva un modelo diferenciado de aplicación de penas que va desde la restricción efectiva de la libertad de cinco a ocho años, hasta la pena privativa de la libertad de quince a veinte años, parezca un juego de impunidades, una pantomima.

Pero no es un mecanismo para otorgar impunidad a los guerrilleros que cometieron graves crímenes. He dicho que la teoría penal retribucionista es inadecuada para enfrentar violaciones masivas de los derechos humanos. Desde la temprana modernidad, el derecho penal ha evolucionado de un retribucionismo estricto, como lo propusieron Kant (1989) y Hegel (1993); a un derecho penal preventivo y resocializador, como lo plantearon Hobbes (1994), Grocio (1939), von Liszt (1975) y Feuerbach (1796); y expresivo, como lo desarrollaron Von Hirsch (1976), Feinberg (1970), Günther (2002) y Hampton (2007). La función del derecho penal, según la teoría de la prevención general, pretende solamente proteger, mediante un control social coactivo, ciertos bienes jurídicos fundamentales y determinadas condiciones básicas de funcionamiento de lo social. En este sentido, la concepción de justicia penal de la JEP no está orientada por fines retributivos rígidos, sino por objetivos de prevención especial y general, es decir, debe tener efectos disuasivos, ya que esta ley penal pretende que los guerrilleros que se acojan al mecanismo de la JEP no vuelvan a la violencia, que no exista una repetición de las conductas por parte de otros grupos armados o una reincidencia de los mismos autores de los crímenes, y que se garantice la reinserción en el mundo social y político por medio de la socialización.

En la filosofía moderna, Grocio y Hobbes criticaron el retributivismo porque en este se establece una relación directa entre la venganza y el castigo. Según Hobbes (1994): "En la venganza —la retribución de un mal mediante otro mal— no se debe observar la magnitud del mal ocasionado sino la utilidad de cara al futuro. De aquí se deriva la prohibición de castigar con otra intención que no sea la mejora del autor o la dirección de otras personas" (p. 254). Para Grocio, es fundamental considerar el castigo en el marco de la utilidad general y de las consecuencias que pueda producir hacia el futuro. El castigo debe servir para mejorar al autor y para que los otros miembros de la sociedad vean en el ejemplo del castigado que cometer delitos ocasiona sanciones. Según Grocio: "la naturaleza permite imponer un mal a aquel que ha cometido un mal; sin embargo, la venganza no es tenida en cuenta como uno de los fines legitimadores debido a que se opone a la naturaleza del ser humano deleitarse con el dolor ajeno" (Grocio, 1939, p. XX).

Con esto se resume una idea central de la justificación del fin de la pena en la justicia transicional. No se debe castigar de forma pasional, vengativa, retributiva, sino de forma reflexiva en función del mejoramiento del autor mediante la resocialización o en función del aseguramiento de los otros. Sobre esto Platón afirma: "El que castiga de forma racional castiga, no por lo injusto ya cometido, porque ya no es posible que lo que ya haya sucedido deje de suceder, sino por las faltas que puedan sobrevenir, para que no reincida el propio autor ni los otros que observan cómo es castigado". En sentido similar, Séneca asevera: "Como dice Platón, ningún hombre inteligente castiga porque se ha cometido una infracción (*quia peccatum est*), sino para que no se vuelva a cometer (*ne peccetur*); no se puede eliminar lo que ha sucedido en el pasado, se evita lo que pueda suceder en el futuro" (citados en Jakobs, 2006, p. 86).

La teoría de la prevención especial también ha sido confrontada con críticas. El problema más serio de esta concepción es que no proporciona una medida adecuada para la pena. Esto puede conducir a imponer penas con duración indeterminada, a juzgar a personas por la simple sospecha de que pueden representar una amenaza para la sociedad o a someter a personas a una resocialización que ellos no quieren como personas adultas. Hoy nadie cree que la pena pueda conducir al mejoramiento del criminal, ni tampoco que la pena sirva para la resocialización. De la misma forma, se encuentran serias dudas sobre la prevención general. Esta teoría no ve el fin de la pena en la retribución, sino en la influencia en la comunidad. El fin de infligir la pena está en la motivación de la eficacia de la amenaza legal. La amenaza tiene la finalidad de asegurar los derechos de la persona y la ejecución de la pena la de hacer creíble la amenaza. El problema de esta teoría de la pena es que, como escribe Claus Roxin (1997), "una ejecución de la pena que tiende a la mera intimidación de los ciudadanos, incitará más a la reincidencia que a su evitación y, de esta manera, perjudicará más que beneficiará la lucha contra la criminalidad" (p. 93).

Esta limitación es señalada también por teóricos de la visión expresiva del castigo, que subrayan la función comunicativa de las sentencias penales. Esta teoría se aleja de la idea retributiva de justicia y se fundamenta en la idea de que lo que justifica la pena no es el mal, que significa la privación de libertad o una multa para el autor, sino la desaprobación que expresa la sociedad frente al hecho a través de la pena. Ver la pena como mensaje de desaprobación se remonta a Peter Strawson (1974), luego descrito por Klaus Günther (2002) como significado simbólico expresivo de la pena.

Jean Hampton (2007) considera que "el castigo debe ser previsto como una vía para enseñarle al criminal que la acción que realizó es prohibida porque ella es moralmente mala, y no debe ser hecha por esta razón" (p. 143). En este sentido, el uso del castigo debe orientarse a que el delincuente, por medio de la comunicación, adopte una actitud reflexiva sobre sus acciones indebidas, las reconozca como actos contrarios a la ley y al derecho de los demás, y se comprometa con acciones de reparación: "Es suficiente con decir que mientras el retributivismo entiende el castigo como realizando la tarea metafísica de 'negar el daño' y 'reafirmar lo correcto', la teoría de la educación moral argumenta que aquí hay un fin moral concreto que el castigo debe realizar, y que tal fin incluye el beneficio del criminal mismo" (1984, p. 216).

En la función comunicativa de la pena se tiene que subrayar el respeto a la víctima. La pena criminal debe servir para contrarrestar de manera efectiva las consecuencias psicológicas o las consecuencias negativas para la conducción de la vida de la víctima. En la pena criminal se debe expresar un juicio de desvalor en el que a la víctima se le confirma que le ha ocurrido una acción injusta y que su destino no lo ha decidido una casualidad o una desgracia.

Los daños morales que son negados públicamente terminan desmoralizando a la víctima y destruyendo su propio sentido del respeto. Cuando una persona es dañada, ella recibe un mensaje de marginalidad e irrelevancia. El criminal comunica mediante su acto criminal que la víctima no cuenta para nada. Pero si además se exige a las víctimas que olviden los daños del pasado, la consecuencia para las víctimas es que ellas son tratadas como si no se les hubiese hecho un daño, como si ellas no debieran tener por esto ningún resentimiento (Murphy, 1988a; 1988b). En la teoría expresiva de la pena se les da más importancia a los intereses de las víctimas de lo que les daban el retribucionismo y las teorías preventivas general y especial. En la teoría expresiva se destaca que "nuestra preocupación más importante cuando castigamos es hacer que el criminal cese en su acción criminal comunicándole que su acción era inmoral" (Hampton, 1984, p. 220). Finalmente, con independencia del contenido que se da a la retribución y a la prevención, una teoría absoluta de la pena no es defendible.

En el marco de la JEP, el Congreso aprobó también una Ley de Amnistía,[7] la cual otorga tratamiento jurídico especial, amnistía e indulto a miembros de las FARC-EP señalados de

---

[7] Congreso de la República. Ley 1820 (30 de diciembre de 2016).

delitos políticos y delitos conexos con estos. A los autores de delitos políticos dicha ley se les aplicará *de iure*. En los casos que no sean objeto de una amnistía de acuerdo con la ley, la decisión de conceder amnistías o indultos dependerá de la Sala de Amnistía e Indulto de la JEP. Esta ley excluye de sus beneficios a los responsables de delitos de lesa humanidad, genocidio y graves crímenes de guerra, esto es, toda infracción del DIH cometida de forma sistemática.

Las leyes de amnistía son una forma del perdón penal consagrado en las leyes de un país y son parte constitutiva de su sistema de derecho. Este es el caso de Colombia, donde está consagrado constitucionalmente en el numeral 17 del Artículo 150 de la Constitución de 1991, según el cual el Congreso de la República "puede conceder por mayoría de los dos tercios de los votos de los miembros de una y otra cámara y por graves motivos de conveniencia pública, amnistías e indultos generales por delitos políticos" (Corte Constitucional, 2015, pp. 42-43). Y la Corte Constitucional dice que:

> Ninguna de las disposiciones del Estatuto de Roma sobre el ejercicio de las competencias de la Corte Penal Internacional impide la concesión de amnistías, indultos o perdones judiciales por delitos políticos por parte del Estado colombiano, siempre y cuando dicha concesión se efectúe de conformidad con la Constitución Política y los principios y normas de derecho internacional aceptados por Colombia.[8]

Bajo estos parámetros constitucionales, el Estado, en las acciones de juzgamiento establecidas en el marco de la JEP, puede suspender la ejecución de penas, aplicar sanciones extrajudiciales, conceder amnistías y establecer penas alternativas bajo el aspecto recíproco del cumplimiento de condiciones tales como

---

[8]   Corte Constitucional. Sentencia C-578 (30 de julio de 2002).

la dejación de las armas, la contribución al esclarecimiento de la verdad, la reparación integral de las víctimas, la liberación de los secuestrados y el reconocimiento de la responsabilidad de los autores de actos criminales.

La Ley de Amnistía define su campo de competencia también en el marco del Estatuto de Roma, que establece que los crímenes internacionales se deben perseguir en cualquier circunstancia y no pueden ser objeto de una amnistía ni siquiera condicional, debido a su carácter no derogable y absoluto. El Estado, como lo plantea la Ley de Amnistía, tiene el derecho de otorgar amnistías a cierto tipo de delitos, pero no puede hacerlo para todos. En la JEP se establece que los guerrilleros considerados no amnistiables, porque cometieron actos criminales tipificados en el Estatuto de Roma, deben ser responsables por sus crímenes atroces ante el Tribunal para la Paz.

Figuras como las leyes de punto final, las amnistías en blanco, las autoamnistías o cualquier otra modalidad que tenga como fin afectar los intereses de las víctimas son inadmisibles desde la perspectiva del derecho nacional e internacional penal. Es decir, puede haber leyes de amnistía o de indulto pero deben estar sometidas a límites relativamente claros impuestos por el derecho nacional e internacional penal. De este modo, si el Gobierno colombiano concede amnistías por delitos políticos, como lo plantea la Ley de Amnistía, estaría cumpliendo así una función específica en función de la paz y la reconciliación, pero debe quedar claro que la concesión de la amnistía no esté planteada en función de garantizar la impunidad de los autores de violaciones del derecho internacional penal.

Basado en estos argumentos y razones, puedo concluir que los guerrilleros de las FARC-EP que cometieron delitos atroces no quedarán en la impunidad. Esta solamente se da cuando los autores de crímenes quedan libres de toda sanción, no cuando ellos están sujetos a un sistema alternativo que los juzgue y determine su responsabilidad criminal y política. Este es precisamente el plan estructurado en el Sistema Integral de Verdad,

Justicia, Reparación y no Repetición (SIVJRNR), componente fundamental del *Acuerdo final* que operará para el objetivo definido: se aplicará a los delitos cometidos en el marco del conflicto armado colombiano, por un tiempo determinado.

CONCLUSIÓN

Al inicio presenté el modelo de justicia transicional de Colombia como un modelo que se diferencia de Núremberg y Sudáfrica. Núremberg presupone el contexto de una guerra entre Estados que finaliza con la victoria de una parte, la cual somete a la otra a un juicio criminal. El modelo colombiano presupone el contexto de una guerra civil en la cual ni la guerrilla pudo alcanzar sus ideales revolucionarios ni el Estado logró una victoria militar sobre sus oponentes. Por tanto, en este modelo no puede imponerse la noción de justicia como justicia criminal, tal y como la entienden el Centro Democrático y otros voceros que representan esta tendencia.

El modelo colombiano comparte con Núremberg una comprensión de la justicia que busca la responsabilidad criminal individual, pero se diferencia en que establece una relación entre los juicios criminales y la negociación política. Para esto propone una concepción diferenciada de justicia, en la cual se determinan las penas de los involucrados en crímenes graves, de acuerdo con el reconocimiento de la responsabilidad y el compromiso con la verdad, y una ley de amnistía mediante la cual quedan excluidos de toda responsabilidad aquellos guerrilleros señalados de delitos políticos y conexos.

Una de las serias limitaciones del modelo sudafricano es que no planteó las cuestiones social y económica. Esto en gran parte estaba determinado por la forma como interactuaron las fuerzas políticas que formaron la transición en la época del pos-*apartheid*. Estas fuerzas impusieron una solución política y no una jurídico-criminal. Pero, al imponer la solución política cerraron las puertas a una discusión sobre la justicia social y económica: "El inconveniente de la transición sudafricana fue el intento de poner un límite a una conversación pública sobre justicia social" (Mamdani, 2016, pos. 11 928). En el proceso de justicia transicional en Colombia estamos en una situación parecida: no estamos ante una concepción de justicia retributiva; se plantea una solución política con un grado importante de justicia penal y restaurativa, pero los problemas de justicia social y económica quedan relegados.

El proceso de negociación se ha concentrado en los aspectos relacionados con la impunidad, la conformación de la JEP, la designación de los magistrados, la dejación de las armas, entre otros, y se han dejado de lado las cuestiones que han causado el conflicto, como la desigualdad económica, el papel de la concentración de la propiedad, la cuestión agraria, la debilidad institucional y la precaria presencia del Estado en todo el territorio nacional.

Es importante resaltar que en la negociación está fundamentada la idea de que "no están en discusión ni el modelo de desarrollo, ni la doctrina militar, ni la inversión internacional". Esto explica en parte por qué este modelo de justicia transicional tiene una limitación en aspectos de justicia social y económica: "Cuestiones como la inequidad económica, el papel de la concentración de la tierra, la política de desarrollo e incluso la guerra son opacados, por un elemento que domina; a saber, la insistencia en la responsabilidad criminal individual" (Alviar y Engle, 2016, pos. 7 872). En este sentido, en el modelo colombiano se estaría continuando una tendencia de procesos de justicia transicional del pasado, en particular el de Sudáfrica, en los cuales fue usado un modelo permisivo con amnistías y perdones como un medio para evitar plantear una más amplia reforma política y económica.

Esto se puede mostrar señalando los límites del acuerdo agrario negociado con las FARC-EP. El problema de la tierra y la posibilidad de una reforma agraria han estado en el centro de la confrontación en el país desde el siglo XIX. Bajo el orden político existente, la tierra se ha concentrado en pocas manos, hasta llegar a un índice Gini de 0,92, probablemente el más alto del mundo, y como resultado ha producido un aumento de la pobreza del campesinado que carece de tierras para trabajar. Según los datos disponibles, el 77 % de la tierra está en manos del 13 % de propietarios, pero el 3,6 % de estos tiene el 30 % de la tierra (Reyes, 2016):

> Para la población rural, la propiedad es un derecho humano fuera del alcance para dos tercios de quienes trabajan la tierra, pues son jornaleros sin tierra propia. Del tercio del campesinado que posee tierra, el 60 % es informal y no permite acceso al crédito. El 70 % de las fincas campesinas tiene menos de cinco hectáreas y ocupan en conjunto un 4,8 % de la tierra, mientras, en el otro extremo, el 0,4 % de los propietarios, con fincas mayores de 500 hectáreas, tienen el 41,1 % de la tierra. (Reyes Posada, 2016, noviembre 19)

El de Colombia es un modelo de propiedad en el cual "la concentración de las tierras ha sido siempre particularmente fuerte, bajo la forma, en particular, de vastos dominios de ganadería extensiva; y el fenómeno se ha mantenido hasta ahora. El conflicto armado ha permitido a los grupos paramilitares y a sus aliados apoderarse de millones de hectáreas, lo que ha llevado la concentración al paroxismo" (Pécaut, 2015, p. 630).

En el acuerdo no se ponen en tela de juicio los derechos de propiedad de la mayoría, por razones de pragmatismo político. Si bien es cierto que se busca garantizar la propiedad privada a los campesinos con la formalización de siete millones de hectáreas, la distribución de tres millones y la dotación de bienes públicos para la dignidad humana en programas de desarrollo con enfoque territorial, hay que decir que las políticas que contempla el acuerdo agrario pueden ser insuficientes para impulsar una reforma rural que haga posible la paz. La desigualdad en la tenencia de la tierra se mantiene y la solución propuesta en el modelo estructurado en el *Acuerdo final* puede no ser suficiente para alcanzar una mayor equidad en el campo, que es la condición previa para una mayor justicia social, económica y cultural.

En suma, en el proceso de justicia transicional en Colombia se busca una solución política, pero los problemas de justicia social y económica quedan en parte postergados. Los determinantes del conflicto, como la desigualdad económica y el papel de la concentración de la propiedad, no son tratados con la profundidad requerida. La elevada concentración de la tierra ha sido una de las razones centrales de la violencia. Alcanzar la paz y la reconciliación exige eliminar las razones estructurales que llevaron a la violencia. Esto presupone que el Estado, en la implementación del acuerdo, no solamente reconozca los derechos de los campesinos, sino que cree las condiciones normativas y materiales para que los ochocientos mil agricultores sin tierra y los dos millones de microfundistas puedan tener acceso a tierras productivas y a apoyo estatal. Sin embargo, los embates que han recibido el acuerdo agrario y el proyecto de ley de tierras por parte de los representantes de los grandes propietarios y los empresarios agroindustriales permiten ver que, a pesar de que el acuerdo busca superar la injusticia histórica del despojo, la realización de estas loables intenciones es muy frágil.

REFERENCIAS BIBLIOGRÁFICAS

Alviar, Helena y Engle, Karen (2016). The distributive politics of impunity: Lessons from four Decades of Colombian Peace Negotiations. En: Engle, Karen; Miller Zinaida y Davis, D. M. (eds.). *Anti-Impunity and the Humans Rights Agenda* (pp. 216-254). Cambridge: Cambridge University.

Ambos, Kai (2013). *¿Castigo sin soberano?* Ius punniendi *y función del Derecho Penal Internacional. Dos estudios para una teoría* *coherente del Derecho Penal Internacional.* Bogotá, D. C.: Universidad Externado de Colombia.

Ambos, Kai (coord.) (2014). *Justicia de transición y Constitución. Análisis de la Sentencia C-579 de 2013 de la Corte Constitucional.* Bogotá, D. C.: CEDPAL, Konrad Adenauer, Temis.

Colombia. Congreso de la República. Ley 1820 (30 de diciembre de 2016). Por medio de la cual se dictan disposiciones sobre amnistía, indulto y tratamientos penales especiales y otras disposiciones. Recuperado de http://www.secretariasenado. gov.co/senado/basedoc/ley_1820_2016.html

Colombia. Corte Constitucional. Sentencia C-579 (28 de agosto de 2013). Magistrado ponente Jorge Ignacio Pretelt Chaljub. Recuperado de http://www.corteconstitucional.gov.co/ relatoria/2013/C-579-13.htm

Colombia. Corte Constitucional. Sentencia C-578 (30 de julio de 2002). Magistrado ponente Manuel José Cepeda Espinosa. Recuperado de http://www.corteconstitucional.gov.co/ relatoria/2002/C-578-02.htm

Corte Constitucional de Colombia (2015). Constitución Política de Colombia. Bogotá, D. C.: Imprenta Nacional. Recuperado de http://www.corteconstitucional.gov.co/inicio/Constitucion%20politica%20de%20Colombia%20-%202015.pdf

Corte Penal Internacional. A.CONF.138/9 (17 de junio de 1998). Estatuto de Roma. Recuperado de http://www.un.org/spanish/ law/icc/statute/spanish/rome_statute(s).pdf

Crocker, David (2000). Retribution and Reconciliation. *Philosophy and Public Policy,* 20 (1), pp. 1-6.

Cortés, Francisco (2013). El derecho internacional penal y el asunto de la amnistía. El caso de las FARC. *Araucaria. Revista Iberoamericana de Filosofía, Política y Humanidades,* 15 (29), pp. 189-216.

Du Toit, André (2000). The Moral Foundations of the South African TRC: Truth as Acknowledgment and Justice as Recognition. En: Rotberg, Robert I. y Thompson, Dennis (eds.). *Truth v. Justice: The Morality of Truth Commissions* (pp. 122-140). Princeton: Princeton University.

Elster, Jon (2004). *Closing the Books. Transitional Justice in Historical Perspective.* Cambridge: Cambridge University.

Feinberg, Joel (1970). The Expressive Function of Punishment. En: *Doing and Deserving* (pp. 95-118). New York: Oxford University.

Feuerbach, Paul (1796). *Kritik des natürlichen Rechts als Propedeutik zu einer Wissenschaft der natürlichen Rechte.* Altona.

Frei, Norbert (2000). Le retour du droit en Allemagne. La justice et l'histoire comtemporaine après l'Holocauste –un bilan provisoire. En: Brayard, Florent (ed.). *Le genocide de Juifs entre procès et histoire 1943-2000* (pp. 57-78). Brusseles: Complexe.

Gobierno de Colombia-FARC-EP (2016). *Acuerdo final para la terminación del conflicto y la construcción de una paz estable y duradera.* Recuperado de http://www.altocomisionadoparalapaz.gov.co/procesos-y-conversaciones/Documentos%20compartidos/24-11-2016NuevoAcuerdoFinal.pdf

Grocio, Hugo (1939). *De Iure Belli Ac Pacis, Libri Tres, In Quibus Ius Naturae Et Gentium Item Iuris Publici Praecipua Explicantur.* Brill: Lugduni Batavorum. (En inglés: Grocio, Hugo (1901). *The Rights of War and Peace, including the Law of Nature and of Nations.* New York: M. Walter Dunne).

Günther, Klaus (2002). Die symbolisch expressive Bedeutung der Strafe. En: *Festschrift für Klaus Lüderssen zum 70. Geburtstag* (pp. 204-219). Baden-Baden: Nomos.

Gutmann, Amy y Thompson, Dennis (2000). The Moral Foundations of Truth Commissions. En: Rotberg, Robert I. y Thompson, Dennis (eds.). *Truth v. Justice: The Morality of Truth Commissions* (pp. 22-44). Princeton: Princeton University.

Habermas, Jürgen (2006). ¿Una Constitución política para una sociedad mundial pluralista? En: *Entre naturalismo y religión* (pp. 315-356). Barcelona: Paidós.

Hampton, Jean (1984). The Moral Education Theory of Punishment. *Philosophhy and Public Affairs*, 13 (3), pp. 208-238.

Hampton, Jean (2007). *The Intrinsic Worth of Persons. Contractarianism in Moral and Political Philosophy.* Cambridge: Cambridge University.

Hegel, G. W. F. (1993). *Fundamentos de la Filosofía del Derecho.* Madrid: Libertarias Prodhufi.

Hobbes, Thomas (1994). *Leviatán o la materia, forma y poder de una república eclesiástica y civil.* México, D. F.: Fondo de Cultura Económica.

Höffe, Otfried (2015). *Justicia: una introducción filosófica.* Bogotá, D. C.: Universidad Externado de Colombia.

Human Rights Watch (2015, diciembre 21). Análisis de Human Rights Watch sobre el "Acuerdo sobre las Víctimas del Conflicto" alcanzado por el gobierno de Colombia y las FARC. Recuperado de https://www.hrw.org/es/news/2015/12/21/analisis-de-human-rights-watch-sobre-el-acuerdo-sobre-las-victimas-del-conflicto

Jakobs, Günther (2006). *La pena estatal: significado y finalidad.* Madrid: Thompson-Civitas.

Kahn, Paul (2000). Speaking Law to Power: Popular Soveranity, Human Rights, and the New International Order. *Chicago Journal of International Law,* 1 (1), pp. 1-18.

Kant, Immanuel (1989). Die Metaphysik der Sitten. En: Weischedel, Wilhelm (Hrsg.). *Immanuel Kant Werkausgabe Band VII.* Frankfurt: Suhrkamp. (En español: Kant, Immanuel (2008). La metafísica de las costumbres. Madrid: Tecnos).

Kant, Immanuel (1997b). Zum ewigen Frieden. Ein philosophischer Entwurf. En: Weischedel, Wilhelm (Hrsg.). *Immanuel Kant Werkausgabe Band XI.* Frankfurt: Suhrkamp. (En español: Kant, Immanuel (1982). *Lo bello y lo sublime - La paz perpetua.* Madrid: Espasa-Calpe).

Kant, Immanuel (1998). *Crítica de la razón práctica.* Salamanca: Sígueme.

Kelsen, Hans (2008). *La paz por medio del derecho.* Madrid: Trotta.

Kiss, Elizabeth (2000). Moral Ambition Within and Beyond Political Constraints: Reflections on Restorative Justice. En: Rotberg, Robert I. y Thompson, Dennis (eds.). *Truth v. Justice: The Morality of Truth Commissions* (pp. 68-98). Princeton: Princeton University.

Koskenniemi, Martti (2011). *The Politics of International Law.* Oxford & Portland: Bloomsbury.

Luban, Davis (2011). *Una teoría de los crímenes contra la humanidad.* Bogotá, D. C.: Temis.

Mamdani, Mahmood (2016). Beyond Nuremberg: The historical significance of the Post-Apartheid Transition in South Africa. En: Engle, Karen; Miller Zinaida y Davis, D. M. (eds.). *Anti-Impunity and the Humans Rights Agenda* (pp. 329-360). Cambridge: Cambridge University.

May, Larry (2005). *Crimes against Humanity. A Normative Account.* Cambridge: Cambridge University.

Minow, Martha (1999). *Between Vengeance and Forgiveness: Facing History after Genocide and Mass Violence.* Boston: Beacon.

Murphy, Jeffrie (1988a). Forgiveness and Resentment. En: Murphy, Jeffrie y Hampton, Jean. *Forgiveness and Mercy* (pp. 14-34). Cambridge: Cambridge University.

Murphy, Jeffrie (1988b). Hatred: A Qualified Defense. En: Murphy, Jeffrie y Hampton, Jean. *Forgiveness and Mercy* (pp. 88-110). Cambridge: Cambridge University.

Nagel, Thomas (2005). The Problem of Global Justice. *Philosophy & Public Affairs*, 33 (2), pp. 113-147.

Nino, Carlos (1996). *Radical Evil on Trial.* London: Yale University.

Pécaut, Daniel (2015). Una lucha armada al servicio del *statu quo* social y político. En: Comisión Histórica del Conflicto y sus Víctimas. *Contribución al entendimiento del conflicto armado en Colombia* (pp. 627-678). Bogotá, D. C.: Desde Abajo.

Reyes Posada, Alejandro (2016). *Guerreros y campesinos. Despojo y restitución de tierras en Colombia.* Bogotá, D. C.: Ariel.

Reyes Posada, Alejandro (2016, noviembre 19). ¿Cómo regularizar los derechos de propiedad? *El Espectador.* Recuperado de https://www.elespectador.com/opinion/opinion/como-regularizar-los-derechos-de-propiedad-columna-666337

Roxin, Claus (1997). *Derecho Penal. Parte General. Tomo I.* Madrid: Civitas.

Semana (2017, 25 de enero). La JEP debe tener en cuenta el Estatuto de Roma. Recuperado de http://www.semana.com/nacion/

articulo/kai-ambos-habla-sobre-la-jurisdiccion-especial-para-la-paz/513295

Strawson, Peter (1974). *Freedom and Resentment and other Essays.* London: Methuen.

Tutu, Desmond (1999). *No Future Without Forgiveness.* New York: Doubleday.

Von Hirsch, Andrew (1976). *Doing Justice. The Joice of Punishments.* Boston: Northeastern University.

Von Liszt, Franz (1905 [1975]). *Strafrechtliche Vorträge und Aufsätze, Band I.* Berlin: De Gruyter.

Zuluaga, John (2014). Alcance del Artículo 1.° inciso 4.° del Acto Legislativo 01 de 2012. De la consolidación de la paz y la selección y priorización en la investigación penal. En: Ambos, Kai (coord.). *Justicia de transición y Constitución. Análisis de la Sentencia C-579 de 2013 de la Corte Constitucional* (pp. 155-196). Bogotá, D. C.: CEDPAL, Konrad Adenauer, Temis.

Zuluaga, John (2015). Justicia transicional y criminalidad política. Implicaciones desde el punto de vista del modelo de selección y priorización procesal penal. En: Ambos, Kai y Steiner, Christian (coords.). *Justicia de transición y Constitución II. Análisis de la Sentencia C-577 de 2014 de la Corte Constitucional* (pp. 47-83). Bogotá, D. C.: CEDPAL, Konrad Adenauer, Temis.

POR QUE INEXISTEM DEVERES ABSOLUTOS DE PUNIR

Luís Greco
Catedrático de la Universidad Humboldt de Berlín, Alemania

INTRODUÇÃO

Verifica-se, no moderno Direito penal internacional, amplo consenso sobre a existência de um dever de punir graves violações de direitos humanos. Não tão uniforme, mas bastante difundida é também uma opinião a respeito da qualidade desse dever: não se trataria de um dever condicionado, tampouco *prima facie*, e sim de um dever absoluto. Em nome desse dever absoluto caíram as barreiras da soberania e da prescrição; agora são criticados a anistia e os acordos de paz. O slogan em que se baseia essa crítica é a chamada luta contra a impunidade. Objeto de minhas reflexões serão esses afirmados deveres absolutos de punir; tentarei demonstrar por que eles inexistem.

Procederei em três etapas. Após estabelecer, numa breve primeira etapa, precisões conceituais (abaixo II), ocupar-me-ei dos argumentos em favor de um dever absoluto de punir (abaixo III). Aqui, demonstrarei que nenhum desses argumentos logra convencer. Numa terceira etapa, tentarei provar que nenhum argumento em favor de um absoluto de punir é sequer imaginável, já por razões que dizem respeito à estrutura dos deveres em questão (abaixo IV).

1. Considerações conceituais

Parece-me aconselhável definir alguns conceitos de que recorrentemente me valerei nas presentes reflexões, cujo objeto é a existência de deveres absolutos de punir. Não definirei pena,[1] nem dever, mas tão somente a qualidade de "absoluto" de um dever. Essa qualidade tem um duplo sentido: ela pode ser entendida, a uma, como contraposta à qualidade de "condicionado", e, a duas, como contraposta à qualidade de *"prima facie"* ou "derrotável" (*defeasable*).

A primeira contraposição —absoluto como *contrário de condicionado*— significa que defenderia um dever absoluto de punir aquilo que entender que, sempre que ocorrer uma grave violação de direitos humanos, surgirá um dever de punir. Esse dever é incondicionado, no sentido de que a existência de uma grave violação de direitos humanos é condição suficiente para o surgimento do dever de punir. Um dever condicionado sequer surge se não se der a condição. Se ela, contudo, surge, nada mais é necessário para que se afirme o dever.

A segunda contraposição —absoluto como *contrário de prima facie ou derrotável*— se explica da seguinte forma. *Prima facie* ou derrotável (*defeasable*) é um dever que pode ser superado por considerações contrapostas. Absoluto ou cogente é, por sua vez, um dever impassível de superação por qualquer outra consideração. Enquanto o dever incondicionado sequer surge

---

[1]   Sobre essa definição, extensamente, *Greco*, Strafprozesstheorie und materielle Rechtskraft, 2015, p. 640 e ss.

se não se der a condição, o dever prima facie surge, mas pode ser afastado por razões opostas.

Demonstrarei por que inexistem deveres absolutos de punir nesses dois sentidos apresentados.

2. OS ARGUMENTOS EM FAVOR DO DEVER ABSOLUTO DE PUNIR

Parto de premissa evidente de uma perspectiva liberal: a de que o dever de punir, como dever de impor um mal, de restringir liberdade, é uma grandeza carecedora de justificação. A liberdade se presume, a restrição de liberdade se justifica. Essa ideia está por trás de afirmações (um tanto vagas) como o *favor libertatis* ou o *in dubio pro libertate*. Pergunta-se, assim, de onde surge um dever de punir; são essas razões que podem sustentar a pretensão de um dever absoluto de punir nos dois sentidos acima descritos.

O caminho mais natural é buscar a existência de um dever absoluto de punir no direito internacional positivo, isto é, nas chamadas fontes do direito internacional. Se essa tentativa não for coroada de êxito, perguntar-se-á por uma fundamentação que supera os limites do direito positivo.

2.1. *AS FONTES DO DIREITO INTERNACIONAL*

As fontes do direito internacional são acordos internacionais, direito consuetidunário, princípios gerais de direito, jurisprudência e doutrina qualificada (Art. 38 I, Estatuto da Corte Internacional de Justiça).

a) Uma passada em revista dos *acordos internacionais* revela, é verdade, vários deveres de punir. Mencionem-se, aqui, apenas os arts. 4 ss. da Convenção das Nações Unidas contra a Tortura; os arts. 4 e ss. Convenção das Nações Unidas contra o Genocídio; os arts. 49 e ss. da Primeira Convenção de

Genebra; os art. 50 e ss. da Segunda Convenção de Genebra; os arts. 129 e ss. da Terceira Convenção de Genebra; os arts. 146 e ss. da Quarta Convenção de Genebra; o art. 3º da Convenção Interamericana sobre o Desaparecimento Forçado de Pessoas. Não parece, contudo, que de qualquer desses documentos se possa extrair a natureza absoluta dos deveres de punir ali previstos. Claro está que eles contêm deveres de punir; se absolutos, permanece em aberto.

Deveres absolutos de punir não se encontram nem mesmo no Estatuto do Tribunal Penal Internacional. Pelo contrário, esse diploma conhece uma série de dispositivos que prevêem uma renúncia à pena por razões de oportunidade (arts. 16, 17 I d, 53 I c, II c).[2]

b) O *direito consuetudinário* tampouco nos fornece um dever absoluto de punir. O pressuposto objetivo da existência de direito costumeiro, qual seja, a chamada longa consuetudo (ao lado do pressuposto subjetivo da *opinio juris*),[3] inexiste no que se refere a esses deveres, cujo não-cumprimento ainda parece ser a regra.

c) Poder-se-ia, em seguida, recorrer aos chamados *princípios gerais de direito*, que são algo próximo a uma *opinio juris* sem longa consuetudo.[4] Se for esse o caso, trata-se de argumento evidentemente circular: ele oferece como razão para aceitar algo a contingência de fato de que esse algo já é aceito. Além disso, essa contingência fática é empiricamente questionável, uma vez que não se enxerga um consenso a respeito de obrigação absoluta de punir.

---

[2] No mesmo sentido *Ferdinandusse*, Direct Application of International Criminal Law in National Courts, The Hague/Cambridge, 2006, p. 201 – sobre esses dispositivos em mais detalhe *Roher*, Legalitäts- oder Opportunitätsprinzip beim Internationalen Strafgerichtshof, 2010, p. 109 e ss.

[3] Por todos, *Verdross/Simma*, Universelles Völkerrecht, 3ª ed., 1984, 349 e ss., 353 e ss.

[4] Nesse sentido *Ambos* Straflosigkeit von Menschenrechtsverletzungen, 1997, p. 183 e ss., 203 e s.

d) As mesmas duas objeções são cabíveis diante de uma eventual tentativa de derivar um dever absoluto de punir da *jurisprudência internacional ou de autores renomados*.

2.2. *A OBRIGAÇÃO DE RESPEITAR E GARANTIR DIREITOS HUMANOS*

Teremos de ir além das tradicionais fontes do direito internacional. Um possível caminho oferece, aqui, a Corte Interamericana de Direitos Humanos.[5] Essa Corte derivou do dever de respeitar e assegurar direitos humanos previsto no art. 1º I da Convenção Americana de Direitos Humanos a consequência de que violações de direitos humanos não podem permanecer impunes.[6] O dever referido aos direitos humanos previsto no direito internacional conteria o ulterior dever de punir as graves violações a direitos humanos.

Essa fundamentação é, contudo, carecedora de precisão. Afinal, não se enxerga, num primeiro momento, de que maneira o segundo dever possa derivar do primeiro ou mesmo ser parte dele. De onde deriva o dever de punir, uma vez que já concluída a violação a direito humano?

O argumento mais preciso pode ser construído em duas etapas. A primeira delas é o *caráter obrigatório dos direitos humanos*.

---

[5]   Cf. a própria síntese da Corte na decisão Gelman vs. Uruguay de 24.2.2011, §§ 225 e ss., http://www.corteidh.or.cr/docs/casos/articulos/ seriec_221_esp1. pdf. Na literatura cf. *Cassel*, Law & Contemporary Problems 59 (1996), p. 208 e ss.; *Gavron*, International and Comparative Law Quarterly 51 (2002), p. 91 e ss. (95 e ss.); *Tomuschat*, Festschrift für Steinberger, 2002, p. 316 e ss. (321 e s.).

[6]   Pioneira a decisão Velásquez Rodríguez vs. Honduras de 29.7.1988, §§ 166, 174 e ss., http://www.corteidh.or.cr/ docs/casos/articulos/seriec_04_ing.pdf; a respeito, extensamente, *Roht-Arriaza*, California Law Review (= CalLR) 78 (1990), p. 449 e ss. (467 ss.); de acordo *Ambos*, Archiv des Völkerrechts 37 (1999), p. 318 e ss. (319 e ss., 327 e s.); acertada crítica em *Tomuschat* (Fn. 5), p. 321 ("excessive rigour").

Uma vez reconhecido que esses direitos obrigam os Estados, faz-se necessário esclarecer que obrigações, exatamente, aqui se produzem. A distinção que aqui mais importa parece ser aquela entre deveres negativos, de omitir violações de direitos humanos, e deveres positivos, cujo conteúdo é a realização de uma conduta no sentido da proteção desses direitos.[7] É a ela que se refere a Convenção, quando usa, em seu art. 1°, os termos "respeitar" (dimensão negativa, dever de omitir, de não lesionar) e "assegurar" (dimensão positiva, dever de atuar, de proteger) —no que segue, aliás, uma difundida terminologia em documentos de proteção de direitos individuais.[8]

Cumpre, num segundo passo, percorrer o caminho desse dever de respeitar e proteger direitos humanos até o *dever de punir*.[9] O dever de punir é um dever de atuar, um dever positivo;

---

[7] Na literatura de direito internacional *Buergenthal*, in: Henkin (coord.), International Bill of Rights, New York, 1981, p. 72 e ss. (77 e s.); *Tomuschat* (Fn. 5), p. 316 e s.; *Ress, Kokott, Mavrommatis* e *Klein*, in: Klein (coord.), The Duty to Protect and to Ensure Human Rights, Berlin, 2000, p. 165 e ss., 235 e ss., 277 e ss., 295 e ss.; na literatura de direito constitucional *Graßhof* e *Sachs*, ambos no citado livro de Klein, p. 33 e ss., 53 e ss.; *Isensee*, in: Isensee/Kirchhof (coords.), Handbuch des Staatsrechts der BRD, vol. IX, 3ª. ed. 2011, § 191 nm. 1 e ss.; todos com ulteriores referências.

[8] Cf. art. 2 I do Pacto Internacional de Direitos Civis e Políticos; art. 1 segunda frase da Carta de Direitos Fundamentais da União Europeia (referindo-se à dignidade humana); art. 1 I segunda frase da Lei Fundamental alemã (também referindo-se à dignidade humana).

[9] A Corte Interamericana, contudo, não faz esse esforço de precisão, e sim deduz dever de punir diretamente da importância do direito humano e/ou da gravidade de sua violação. A diferenciada discussão sobre deveres constitucionais de proteção (BVerfGE 46, 160, 164 f.; 115, 118, 160; *Isensee* [nota 7] nm. 217 e ss., 295), para a qual a postulação de um dever de a uma concreta atuação protetiva permanece algo excepcional, e sobre os deveres constitucionais de punir (referências em *Roxin*, Strafrecht Allgemeiner Teil, 4ª. ed., 2006, § 2 nm. 96), que sempre leva em conta o princípio da ultima ratio-Grundsatz, deveria receber maior atenção no direito penal internacional (entre as poucas exceções a quem não se dirige esta crítica encontra-se *Seibert-Fohr*, Prosecuting Serious Human Rights Violations, Oxford, 2009, p. 211 e s.).

ele não se cumpre pela mera inação. Ele só pode, assim, derivar da dimensão positiva do dever relativo aos direitos humanos, do dever de proteger, e não do dever de respeitar.[10] Nesse ponto surge uma dificuldade: a rigor, a não-punição não viola qualquer direito humano, uma vez que a violação se encontra no passado e foi cometida pelo delinquente.[11] Não se trata, assim, de proteger o direito humano lesionado pelo delinquente, uma vez que a pena não desfaz o passado.[12] A não-punição pode ser um cumprimento insuficiente do dever de proteger direitos humanos para o futuro, de prevenir lesões a direitos humanos ainda não ocorridas.[13] Não é, assim, a pessoa cujo direito foi

---

[10] No mesmo sentido *Tomuschat* (nota 5), p. 317 e ss.; *Seibert-Fohr* (nota 9), p. 198 e ss.; ao que parece também Corte Interamericana, Velásquez Rodríguez vs. Honduras (nota 6), § 172.

[11] A não ser que se eleve o suposto direito da vítima à punição do autor, que encontra cada vez mais defensores (referências abaixo, nota 19) e ao qual já retornaremos (abaixo 3.c]), a um direito humano – uma construção, que aqui não podemos discutir. É manifesta, contudo, a tensa relação dessas ideias com as premissas do direito penal liberal (e talvez mesmo do direito internacional liberal, cf. *Seibert-Fohr* [nota 9], p. 207 e ss.), segundo as quais a pena é sempre problemática e carecedora de justificação, uma vez que a ideia desloca o ônus de justificação para aquele que é contrário à pena.

[12] Cf. já *Welzel*, Das deutsche Strafrecht, 11ª. ed. 1969, p. 3: o direito penal chegaria "muito tarde". Outra conclusão seria imaginável no máximo a partir de uma teoria retributivista da pena (defendida, para o direito penal internacional, por *Lagodny*, ZStW 113 [2001], p. 800 e ss. [806]; *Gierhake*, Begründung des Völkerrechts auf der Grundlage der Kantischen Rechtslehre, 2005, p. 168 e ss.; *idem*, Zur Legitimation des Völkerstrafrechts, ZIS 2008, 354 e ss.; em parte *Werle/Jeßberger*, Völkerstrafrecht, 4ª ed. 2011, nm. 117), uma teoria contudo, que implode a distinção entre não lesionar e proteger. A teoria da retribuição é de rechaçar-se, pelas conhecidas razões que se aduzem na discussão mais geral sobre os fundamentos do direito penal (cf., por todos, *Roxin* [nota 9], § 3 nm. 8 e ss.; minhas críticas encontram-se, principalmente, em *Greco*, in: Estudos em homenagem a Tavares, Madri/São Paulo, 2012, p. 263 e ss.).

[13] De que forma essa prevenção deveria ocorrer, seria de determinar-se em um terceiro passo argumentativo, fundado pela teoria preventivo-geral que se defenda.

criminosamente violado quem se quer proteger pela punição, é um número indeterminado de detentores do mesmo direito, o qual ficaria desprotegido na ausência de punição.

Ainda que se conceda que, com essa fundamentação, se fundamente de forma convincente um dever de punir, não parece claro se esse dever é condicionado/*prima facie* ou incondicionado/cogente. Para obter a um dever absoluto nesse duplo sentido da palavra, é necessário um argumento adicional, em cuja busca agora saíremos.

2.3. ARGUMENTO ADICIONAL

a) Ius cogens / *obrigações* erga omnes

As figuras do *ius cogens* ou das obrigações *erga omnes*, a que a doutrina gosta de referir-se no presente contexto,[14] fornecem uma paráfrase de um dever absoluto de punir na linguagem do direito internacional, e não uma fundamentação.[15] Fica ainda em aberto por que o dever de punir representa *ius cogens* ou tem a qualidade de *erga omnes*.

---

[14] *Bassiouni*, Law & Contemporary Problems 59 (1996), p. 9 e ss. (17 e s.); *Cassese*, European Journal of International Law 9 (1998), p. 2 e ss. (6); *El Zeidy*, Michigan Journal of International Law 23 (2002), p. 940 e ss. (947 e ss.); *Della Morte,* in: Fabri et alii. (coords.), La clémence saisie par le droit. Amnistie, prescription et grâce en droit international et comparé, Paris, 2007, p. 39 e ss. (74 e s.); *Ntoubandi,* Amnesty for Crimes Against Humanity under International Law, Leiden/Boston, 2007, p. 217, 218 e ss.; Tribunal Internacional para a Ex-Iugoslávia, Prosecutor v. Furundzija, Case No. IT-95-17/1 v. 10.12.1998, §§ 153 e ss., 155.

[15] Mesma conclusão em *Tomuschat* (Fn. 5), S. 342; *Pastor*, in: Libro Homenaje a Julio Maier, Buenos Aires, 2005, p. 699 e ss. (p. 711 nota 61); *Naqvi*, Impediments to Exercising Jurisdiction over International Crimes, Den Haag, 2010, p. 143.

b) Direito à memória ou à verdade

Um direito (das vítimas ou da sociedade) à verdade[16] não conduz nem mesmo a um dever incondicionado de punir (uma vez que o processo penal não é nem de longe o melhor meio de descobrir a verdade histórica[17]), muito menos a um dever absoluto.

c) Direito das vítimas à punição do autor

Reportar-se a um suposto direito da vítima à punição do criminoso[18] é uma estratégia duvidosa, a uma porque a existência desse direito não é nada evidente,[19] a duas porque não se enxerga de que modo ele seja capaz de fundamentar um dever absoluto de punir.[20]

---

[16] Por ex., Corte Interamericana de Direitos Humanos, Barrios Altos vs. Perú v. 14.3.2001, §§ 41 e ss., http://www.corteidh.or.cr/docs/casos/articulos/Seriec_75_ esp.pdf; Almonacid Arellano u.a. vs. Chile u.a. v. 26.9.2006, §§ 86 e ss., http://www.corteidh.or.cr/ docs/casos/articulos/seriec_154_ing.pdf., §§ 148 e ss.

[17] Extensamente *Pastor*, Festschrift für Volk, 2009, p. 541 e ss.; cf. também *Silva Sánchez*, Pace Law Review 28 (2008), p. 865 e ss. (873); *Damaska*, in: Cassese (coord.), Oxford Companion to International Criminal Justice, Oxford, 2009, p. 175 e ss. (180).

[18] Por ex., Corte Interamericana de Direitos Humanos, Almonacid (nota 16), § 150; *Slye*, Virginia Journal of International Law 43 (2002), p. 173 e ss. (192, 201).

[19] Em favor desse direito *Reemtsma*, Das Recht des Opfers auf Bestrafung des Täters – als Problem, 1999, p. 26 e s.; *Hörnle*, JZ 2006, p. 950 e ss.; *Weigend*, RW 2010, p. 39 e ss. (51 e ss.); críticos *Silva Sánchez*, Pace Law Review 28 (2008), p. 877; *Seibert-Fohr* (nota 9), p. 206, 223; e *Pastor* (nota 15), p. 706 e s.

[20] Recordem-se, aqui, as concepções de *Biggar*, Ethical Theory and Moral Practice 5 (2002), p. 167 e ss., que enxerga na satisfação da vítima ("vindication") o principal fim da justiça penal, o qual poderia ser atingido tamém por uma renúncia tanto individual, quanto generalizada à pena; *Blümmel*, Der Opferaspekt bei der strafrechtlichen Vergangenheitsbewältigung, 2002,

d) Combate à impunidade

Poder-se-ia recorrer ao grande coringa do direito penal internacional, a que já nos referimos inicialmente: o combate à impunidade.[21] A palavra impunidade, entretanto, é vazia de conteúdo.[22] Impunidade não é mera ausência de pena, e sim ausência de pena lá onde a pena deve ser imposta. Noutras palavras, impunidade é o descumprimento de um dever de punir. Não é possível, assim, fundamentar um dever de punir, muito menos um dever absoluto, reportando-se ao combate à impunidade, porque isso seria uma *petitio principii*.

d) Teorias da pena

Se se fizer o esforço de preencher a vazia ideia de impunidade com o conteúdo fornecido pelas teorias da pena, poder-se-ia até derivar um dever de punir a partir de razões de intimidação geral,[23] de reafirmação dos valores dos direitos humanos violados[24] ou mesmo da justiça. Nenhuma dessas teorias da pena —pouco importa qual se considera correta[25]— chega, contudo,

---

p. 274 e ss., 277, que apenas se posiciona contra uma excessiva generosidade; e *Mallinder*, Amnesty, Human Rights and Political Transitions, Oxford/Portland, 2008, p. 355 e ss., 376 e ss.

[21] Por todos *El Zeidy*, Michigan Journal of International Law 23 (2002), p. 943, 946 e ss. Sobre o conceito de impunidade *Ambos* (nota 4), p. 7 e ss.

[22] Assim também *Silva Sánchez*, Pace Law Review 28 (2008), p. 872.

[23] Nesse sentido *Roht-Arriaza*, CalLR 78 (1990), p. 509; *Seenyonjo*, ICLR 7 (2007), p. 381.

[24] *Sancinetti*, Derechos humanos en Argentina post-dictatorial, Buenos Aires, 1988, p. 8 e ss.; *idem*, in: Libro Homenaje a Bacigalupo, Madrid/Barcelona, 2004, p. 811 e ss. (814 e s.); *Markel*, University of Toronto Law Journal 49 (1999), p. 389 e ss. (p. 392), que fala em um "expressivismo social"; substancialmente também *Sadat*, Notre Dame Law Review 81 (2006), p. 955 e ss.

[25] Minha posição nessa controvérsia em *Greco*, Lo vivo y lo muerto en la teoría de la pena de Feuerbach, trad. Dropulich/Béguelin, Madri/São Paulo, 2015, p. 276 e ss.

a um dever absoluto de castigar. As duas primeiras perseguem fins terrenos, de maneira que recorrem dados empíricos que sempre possuem natureza contingente; ademais, nenhum dos tradicionais defensores da ideia de pena como imperativo de justiça defende deveres de punir *pereat mundus*.[26]

2.4. CONCLUSÃO INTERMEDIÁRIA

Chega-se, assim, a uma conclusão intermediária, que fecha a primeira parte do argumento do presente artigo. Não existe argumento a sustentar um dever absoluto de punir. No máximo, conseguiu-se fundamentar um dever condicionado e *prima facie* de punir.

3. OS DOIS PORQUÊS DE INEXISTIR UM DEVER ABSOLUTO DE PUNIR

O argumento até agora desenvolvido teve caráter que se poderia chamar de *falsificacionista*, no sentido de que ele examinou, uma por uma, possíveis fundamentações para o afirmado dever absoluto de punir, e demonstrou por que cada uma delas falha. Demonstrou-se, assim, que falta uma fundamentação. Esse argumento de falsificação tem um limite natural: seu alcance é restrito às fundamentações examinadas (e às que delas logicamente decorrem). Ele não exclui que se formule uma fundamentação ulterior.

Pretendo, na parte final do trabalho em que agora adentro, demonstrar que tampouco faz sentido seguir em busca dessa

---

[26] No meu "exemplo da ilha", em que a punição do culpado lançaria a ilha de Kant em uma guerra civil, que teria por consequência a dissolução da sociedade (*Greco* [nota 25], p. 234), nem mesmo *Kant* castigaria, uma vez que ele considera legítimo que se deixe de executar pena de morte quando há tantos criminosos envolvidos que a execução da pena acabaria com a existência do Estado (Metaphysik der Sitten, in: Weischedel [coord.], Werke, vol. VIII, 1993, p. 307 e ss. [primeira publicação: 1797], A 201/B 231).

fundamentação ulterior. Tentarei, aqui, não mais proceder a uma falsificação de posições já defendidas, e sim a uma *prova negativa*, a uma prova da inexistência do dever absoluto de punir. Essa prova se baseará em dois argumentos: o primeiro deles demonstrará o porquê da inexistência de deveres absolutos no sentido de incondicionados; o segundo terá por objeto o absoluto no sentido de cogente.

3.1. *DEVERES-MEIO NUNCA SÃO ABSOLUTOS NO SENTIDO DE INCONDICIONADOS*

Se o fundamento do dever de punir é o dever de proteger direitos humanos (acima III 2), esta proteção tem a natureza de um fim que se almeja, para o qual a punição representa um meio. Torna-se, portanto, uma questão empírica se esse meio é o mais indicado, e é impossível excluir de antemão a existência de outros meios mais adequados.

O que importa, assim, será se o Estado consegue ou não cumprir o seu dever de proteger ativamente os direitos humanos sem o direito penal. Um dever de punir apenas surgirá quando esses meios alternativos forem insuficientes. O fato de que os direitos humanos obriguem o Estado a uma proteção ativa não significa que essa proteção tenha de dar-se apenas pelo direito penal.[27]

Isso significa, concretamente, que sequer surgirá um dever de punir se o estado dispuser de uma *satisfatória estratégia de proteção alternativa* (no sentido de não penal). Não me parece possível, na presente sede, formular as exigências a que uma tal estratégia teria de atender. Limitar-me-ei a algumas considerações mais genéricas. Uma exigência clara e inafastável é a de que, se tal ainda não for o caso, *se institucionalize um Estado de Direito*, isto é, um Estado cujo poder é limitado pelo

---

[27] Assim também *Günther*, in: Beulke et alii (coords.), Das Dilemma des rechtsstaatlichen Strafrechts, 2009, p. 79 e ss. (98).

reconhecimento de direitos individuais.[28] Isso porque a existência de um Estado de Direito é pressuposto institucional de que os direitos humanos não fiquem abandonados a ulteriores violações. Ainda que eu não possa aqui estender-me sobre as demais exigências a que tem de atender essa estratégia de proteção não penal, não há porque excluir que elas possam ser cumpridas por um *sancionamento extra-penal*,[29] ou mesmo por vias não sancionatórias, como pelo estabelecimento de uma *comissão de verdade* ou por *medidas de reparação*.[30] É importante, contudo, que elas funcionem, isto é, representem proteção igual à que seria de esperar-se do direito penal.

Se o *presente acordo de paz colombiano* é uma medida satisfatória, não cumpre a mim avaliar; se isso puder ser afirmado, haverá que admitir que o fim de proteção de direitos humanos estará assegurado, de modo que o dever de punir, dever-meio, sequer chegaria a surgir.

3.2. *DEVERES DE AÇÃO NUNCA SÃO ABSOLUTOS NO SENTIDO DE COGENTES*

O dever de punir é, além de um dever-meio, um dever positivo, um dever de atuar. Deveres de atuar só podem ser absolutos numa única situação, que dificilmente se verificará na realidade: na situação em que o sujeito obrigado não se encontra obrigado por nenhum outro dever de força igual ou superior.[31] Se o

---

[28] Se o conceito de Estado de Direito deve ou não ser enriquecido com ulteriores elementos, como com o reconhecimento de direitos sociais ou políticos, pode aqui ficar em aberto.

[29] Sobre as possibilidades cf. *Werle*, in: Muñoz Conde/Vormbaum (coords.), Transformation von Diktaturen in Demokratien und Aufarbeitung der Vergangenheit, 2010, p. 15 e ss. (21).

[30] Sobre essa problemática em profundidade *Plessis/Peté* (coords.), Repairing the Past?, Antwerpen/Oxford, 2007; de forma breve *Werle* (nota 29), p. 20.

[31] *Greco* (nota 25), p. 120 e ss. Trata-se, assim, dos mesmos princípios com base nos quais se resolvem as chamadas colisões de deveres no direito penal

sujeito tiver também deveres adicionais, não se poderá excluir a possibilidade de uma colisão entre esses deveres, de maneira que um deles tenha de ceder. Apenas deveres negativos, de omissão, são imagináveis como deveres cogentes, uma vez que o seu cumprimento depende apenas de que o sujeito obrigado nada faça. Uma colisão de dever de omitir com outro dever de omitir é inimaginável.[32]

A punição é um atuar positivo. Os Estados contemporâneos estão subordinados não apenas a um dever de punir, como também a uma série de outros deveres de atuar e de omitir, como o dever de promover e de não por em risco a paz, o Estado de Direito, os direitos humanos etc. Ou seja, não se pode excluir uma colisão entre esses deveres. O dever de punir como dever cogente é, portanto, impensável, porque se trata de um dever de atuar, dirigido a um sujeito que está adstrito a vários outros deveres, de atuar e de omitir.

Querer defender o contrário reportando-se à natureza "absoluta" no sentido de resistente à considerações de emergência ou de necessidade de determinados direitos humanos (por ex., art. 27 II da Convenção Americana de Direitos Humanos; art. 2 II da Convenção contra a Tortura; art. 4 II do Pacto Internacional de Direitos Civis e Políticos; art. 15 II da Convenção

---

(cf. *Roxin*, AT I 4ª. ed. 2006, § 16 nm. 115 e ss.) e no direito constitucional (*Wahl/Masing* JZ 1990, p. 553 e ss. [559]; BVerfGE 115, 118, 160) —que, por sua vez, derivam de uma filosofia moral não exclusivamente consequencialista, isto é, voltada à maximização de bens (cf. ademais *Oderberg*, Moral Theory: A Non-Consequentialist Approach, Malden, 2000, p. 130 e ss.).

[32] Reconheço que isso é controvertido; em sentido contrário pioneiramente *Hruschka*, Festschrift für Larenz, 1983, p. 257 e ss. (261 e s.); contra também *Neumann*, in: Festschrift für Roxin, 2001, p. 421 e ss. (430). Não é possível, aqui, tomar posição sobre essa tese de que deveres de omissão tamém podem colidir; uma réplica convincente encontra-se em *T. Zimmermann*, Rettungstötungen, 2009, p. 205 e ss., com muitas ulteriores referências às pp. 187 e ss.

Europeia de Direitos Humanos)[33] tampouco é suficiente, porque essa pretensão de vigência absoluta só faz sentido no que diz respeito ao dever de omitir derivado do direito humano em questão, e não ao dever de atuar.[34]

Em que situações o dever de punir em si existente é derrotado por outros deveres tampouco posso especificar na presente sede. Limito-me, aqui, a mencionar que, se o dever de punir deriva do dever de proteger direitos humanos, o dever contrário deve ter hierarquia comparável. Se direitos são trunfos que prevalecem sobre considerações de bem comum ou dos interesses da maioria,[35] os deveres contrários não podem fundar-se apenas em considerações dessa ordem, e sim também no *respeito e asseguramento de direitos humanos*. Não será possível, assim, deixar de castigar por razões referidas à soberania nacional ou à democracia. A paz social será um argumento, desde que ela não seja entendida como ausência de discussão, e sim como situação em que não ocorrem violações sistemáticas de direitos humanos. Argumentos importantes serão, principalmente, o dever de não violar os direitos humanos dos suspeitos dessas violações, e o dever de não perpetuar uma situação de conflito

---

[33] Como parece fazer *Roht-Arriaza* CalLR 78 (1990), p. 487: "A necessary corollary of the nonderogability of such rights is that the actions are always subject to sanction and remedy"; em tendência também *Orentlicher*, YLJ 100 (1991), p. 2607 e ss.

[34] Não se deve fazer nenhuma concessão a essa cogência dos deveres em questão (cf., com base no exemplo da tortura em situações de bomba-relógio, *Greco*, in: Tortura, incesto y drogas: reflexiones sobre los límites del derecho penal, trad. Riggi, Buenos Aires, 2014, p. 16 e ss.); essa pretensão de cogência se dirige, contudo, apenas ao dever negativo, que impõe uma omissão, não, porém, a deveres positivos de proteção (a opinião dominante é aqui ainda pouco diferenciada, cf. por todos *Buergenthal*, in: Henkin (coord.), International Bill of Rights, New York, 1981, p. 72 e ss. (83 e s.); em detalhe *Maslaton*, Notstandsklauseln im regionalen Menschenrechtsschutz, 2002, p. 77 e ss., 100 e s.

[35] Pioneiramente *Dworkin*, Rights as Trumps, in: Waldron (coord.), Theories of Rights, 1984, p. 153 e ss.

que represente perigos para os direitos humanos, ou de não impedir ou fragilizar a institucionalização do Estado de Direito.[36] Para maiores detalhes, reporto-me a meu estudo sobre a permissibilidade de anistias no direito penal internacional, em que as ideias aqui apresentadas de forma mais abstrata são desenvolvidas diante de um exemplo concreto.[37]

CONCLUSÃO

Não há deveres absolutos de punir. Há, sim, um dever de punir, derivado do dever mais geral de proteger direitos humanos. Esse dever, contudo, não tem natureza incondicionada e cogente. Primeiramente, não se encontra qualquer fundamentação para tanto. Em segundo lugar e de forma mais fundamental, esse fundamento é impossível, porque um dever de punir derivado de um dever de proteger tem a natureza de dever-meio e de dever de atuação positiva. Ocorre que um dever-meio nunca pode ser incondicionado, e um dever de ação só poderá ser cogente se for o único dever a que o sujeito se encontra vinculado.

Quem se reporta a direitos humanos para defender uma obrigação absoluta de punir está, em verdade, preocupado não mais com direitos de pessoas concretas que cumpre proteger, e sim mostrando-se disposto a sacrificar esses direitos e essas pessoas em nome de uma suposta ideia de direitos humanos desvinculada de seus reais titulares. O direito internacional e o direito penal dos direitos humanos têm de ser, antes de qualquer outra coisa, direitos de proteção de seres humanos concretos.

---

[36]   Bastante próximo *Nino*, YLJ 100 (1991), p. 2619 e ss. (2638 e ss.); *May*, Crimes Against Humanity, Cambridge, 2005, p. 245; *Dencker*, ZIS 2008, p. 298 e ss. (302 e s.), que acertadamente releva que nem sempre se tratará de um conflito entre direitos humanos e política, mas muitas vezes de direitos humanos entre si.

[37]   *Greco*, GA 2012, p. 670 e ss.

¿PARA QUÉ SIRVE EL DERECHO PENAL EN LA LUCHA CONTRA EL TERRORISMO?

Cornelius Prittwitz
Goethe-Universität, Alemania

RESUMEN

Una respuesta adecuada a la pregunta temática requiere respuestas a dos preguntas previas. La primera se refiere a la función del derecho penal en general; la segunda tiene que ver con la noción controvertida de terrorismo. La mayoría de las esperanzas (preventivas y simbólicas) en el derecho penal no son realistas. En particular en sociedades inestables y punitivas, y más aún en su "lucha" contra el terrorismo, no existe una esperanza tan realista como legítima en la prevención general positiva formulada por Winfried Hassemer: transmitir de forma ejemplar el tratamiento humano de la desviación y el conflicto. "Terroristas" en este concepto son criminales relacionados con el gobierno o enfrentados a él, que han cometido crímenes graves en un contexto político. La ponencia explica por qué ni el llamado "derecho penal de enemigo" ni el "derecho penal ordinario" sirven en tiempos de transición. Se requiere un "derecho penal de transición" que insista en llamar por su nombre al delito y a la responsabilidad penal; que reconozca el contexto armado y, además, esté acompañado de una reforma del derecho penal ordinario; que no conozca enemigos ni impunidad.

DOS PREGUNTAS PREVIAS IMPORTANTES

La pregunta enunciada en el título nos remite en primer lugar a otras dos preguntas que, si bien tienen un valor general, cobran mayor importancia cuando se trata de discutir sobre Colombia en el proceso de transición: 1) ¿cuál es la utilidad del derecho penal? y 2) ¿qué se entiende por terrorismo?

¿QUÉ PUEDE Y QUÉ DEBE HACER EL DERECHO PENAL?

La primera pregunta nos remonta a un tema fundamental, muy teórico: ¿para qué sirve el derecho penal en general? Sin embargo, sus componentes esenciales, el teórico-penal —¿qué debe hacer legítimamente el derecho penal?— y el criminológico —¿qué hace y qué puede hacer el derecho penal?—, continúan siendo relevantes desde un punto de vista práctico y político, y considero que mucho más en un país en transición. Me limitaré en esta ocasión a dar algunas indicaciones.

Justicia, compensación de la culpabilidad y retribución son las respuestas desde las teorías absolutas de la pena. La intimidación —tanto de la sociedad como de quien es condenado a una pena—, así como proteger a la sociedad del criminal, son las respuestas de la prevención general y especial negativa. La resocialización del individuo, la estabilización de la norma y la práctica de la justicia son las respuestas de la prevención especial y general positiva.

Aunque desde un punto de vista teórico y lógico, no resulta absolutamente necesario responder a la pregunta por lo que el derecho penal debe hacer legítimamente, reflexionar sobre lo que *puede* hacer el derecho penal sí tiene sentido desde una perspectiva pragmática y política.

Advertencias frente a las expectativas demasiado altas

Las respuestas advierten, sobre todo, frente a las expectativas ambiciosas en el derecho penal; fundamentalmente frente a todas aquellas de carácter preventivo. La tesis de Martinson, *Nothing works!* (Lipton, Martinson y Wilks, 1975), influyente y decisivamente obstructora de todo esfuerzo resocializador, aunque no es cierta resulta ser demasiado costosa en términos emocionales y financieros para nuestra sociedad.

Mucho más escéptico se tiene que ser —contra toda afirmación popular o populista— cuando se trata de un derecho penal empleado como "arma en la lucha contra" esto o aquello. Las experiencias del derecho penal "como arma en la lucha contra…" son desalentadoras. Ni siquiera en Estados funcionales, con una legalidad consolidada, las guerras que han hecho uso de instrumentos penales —la "guerra contra el crimen", la "guerra contra las drogas"— han sido exitosas. Tampoco ha sido exitoso el empleo del derecho penal en la lucha contra la corrupción y el lavado de activos, o contra cualquier otra anomalía real o presunta.

Pero especialmente se tienen que hacer advertencias frente a las posibilidades del derecho penal como parte de la "lucha contra el terrorismo". La lucha contra terroristas reales o presuntos ha generado precisamente el efecto contrario: esa lucha ha politizado el derecho penal, ha desplazado la punibilidad convirtiendo en enemigos a simpatizantes reales o presuntos y, frente a los enemigos más difíciles, ha aniquilado el perfil jurídico del derecho penal de enemigo e incluso del "derecho penal ordinario".

Esperanzas modestas

¿Existen expectativas realistas y depositarias de esperanza en el derecho penal? Yo creo que sí existen, pero no son populares, ni tienen efectos a corto plazo. Estas son buenas razones por las que en sociedades inestables, cuya inestabilidad las ha llevado a convertirse en sociedades punitivas, dichas expectativas encuentran poca aceptación, y también son razones que explican por qué los políticos en dichas sociedades muestran tan poca tendencia a creer en el derecho penal.

¿De qué estoy hablando? Estoy hablando de prevención general positiva, en el sentido en que Winfried Hassemer (1979), mi colega, amigo y juez constitucional, desaparecido demasiado pronto, solía hacerlo. Prevención general positiva en este sentido significa no solamente la estabilización del valor de la norma, sino —sobre todo— transmitir de forma ejemplar "el tratamiento humano a la desviación". Yo le añadiría esto: ejemplo de tratamiento ilustre de la desviación y del conflicto.

¿QUÉ ES TERRORISMO?

La segunda y nada sencilla pregunta es: ¿qué es, qué entendemos por terrorismo? Esta pregunta no es trivial. No lo es aquí y ahora, ni lo ha sido nunca.

Revolucionarios, terroristas y paramilitares

Los que unos califican como "revolucionarios" son tildados por otros como "terroristas". Y cuando el Estado señala a los revolucionarios como terroristas, cuando lucha y gana esa lucha, todo esto se convierte en un problema, que lo es también del derecho penal. Cuando el Estado pierde esa lucha se le da el nombre de revolución, y entonces los revolucionarios pasan a ser los representantes del nuevo Estado. Los representantes del Estado anterior, dado el caso, pueden ser enjuiciados como representantes de un Estado terrorista.

Si además de esto existen grupos paramilitares, como fue el caso de Colombia —y quizás aún lo es— entonces se advierte que la situación no será más fácil.

El concepto de terrorismo en mi ponencia

Quisiera plantear qué se entiende por terroristas de la siguiente manera: terroristas son criminales relacionados con el gobierno o enfrentados a él, que cometen o han cometido en un contexto político graves —e incluso los más graves— crímenes. Aquí empleo el término "contexto político" en un sentido amplio. Presupongo que se trata, por una parte, de la función del derecho penal en un Estado de derecho funcional y legalmente consolidado, así como de un "derecho penal normal" generalmente válido, y de un derecho penal especial diseñado para terroristas, si es que existe un derecho penal así, como puede ser el caso de Colombia, frente al "derecho penal de la transición".

¿PARA QUÉ SIRVE EL DERECHO PENAL EN LA LUCHA CONTRA EL TERRORISMO?

¿Qué significa todo esto para la pregunta sobre el papel del derecho penal en la lucha contra el terrorismo? Significa, hablando en términos generales y con base en el conocimiento que tengo del caso colombiano, fundamentalmente tres cosas:

EL "DERECHO PENAL DE ENEMIGO" NO ES UNA OPCIÓN

En primer lugar y de forma breve —aunque resulta ser lo más importante—, el "derecho penal de enemigo" propuesto, entre otros, para los terroristas por Günter Jakobs (2006) no es derecho penal. En el mejor de los casos el derecho penal de enemigo es un exceso en la legítima defensa de un Estado autoritario, o de un Estado que se percibe a sí mismo y que es percibido por otros como impotente. En el peor de los casos, el derecho penal de enemigo es una guerra contra el terrorismo, que necesariamente acaba con la derrota del Estado, sobre todo, con la derrota del Estado de derecho. Los argumentos para afirmar esto han sido frecuentemente expuestos.

Alejandro Aponte (2006) los ha planteado minuciosamente desde el punto de vista normativo y empírico en relación con el caso colombiano. Todo en el modelo del derecho penal de enemigo es desacertado: en primer lugar, la suposición de que un Estado sin el derecho penal de enemigo es impotente; en segundo lugar, los efectos esperados —el derecho penal de enemigo no puede lograr lo que promete—; en tercer lugar, las consecuencias desapercibidas —el derecho penal de enemigo destruye el Estado de derecho como fundamento de las sociedades civilizadas—. Esto resulta relevante tanto en los inicios como en la reconstrucción del Estado de derecho y de las sociedades civilizadas. Y, sobre todo, el derecho penal de enemigo tiene, como el derecho penal, una función normativa: lo que se transmite no es el tratamiento humano e ilustre de la desviación, sino exactamente el tratamiento inhumano, el *Unaufgeklärte*, que necesariamente conduce a largo plazo tanto al Estado como a la sociedad a la barbarie, a la esclavitud y a la inseguridad.

El derecho penal "normal" es la opción adecuada en un Estado "normal" en una sociedad "normal"

El terrorismo no es un estado de excepción, sino —incluso desde una perspectiva histórica— es más bien un estado de normalidad. Aunque resulte lamentable que cada vez cobre más víctimas humanas, este es un hecho que debe ser reconocido. Quizás no en un Estado utópico, como la *Utopía* de Thomas Morus, sino en sociedades más o menos liberales, organizadas bajo formas democráticas y con un Estado más o menos consolidado, existe el terrorismo en los términos descritos anteriormente, y debido a diversas razones:

- Anhelos de independencia que no se efectuaron, como en el País Vasco.
- Promesas de bienestar, seguridad y justicia hechas por los Estados, que no llegan a cumplirse, lo cual genera inconformidad que provoca criminalidad política.
- Demandas insatisfechas de poder, fundamentadas religiosa o ideológicamente, sin posibilidad de que los hambrientos de poder se resignen a no tenerlo.
- Los damnificados de los procesos de globalización son un grupo adicional que resulta inducido a imponer sus objetivos por medios terroristas, incluso en la esfera internacional.

En todos estos casos, los Estados deben castigar los crímenes de los terroristas conforme al derecho penal ordinario. Deben evitar cambiar de manera *ad hoc* el derecho penal y el derecho procesal penal bajo la impresión absurda de un estado de necesidad estatal —anticipación de la punibilidad, minimización de las exigencias de la punibilidad, creación de figuras delictivas sugeridas por la coyuntura política, limitaciones a los derechos de los imputados, entre otros—. Pero, sobre todo, aquí los Estados están llamados a investigar las causas de la actividad terrorista, de tal manera que la "lucha" contra el terrorismo sea dirigida políticamente y esté acompañada solo por el uso del derecho penal ordinario. Alemania, dicho sea de paso, no consideró estas recomendaciones en los años setenta, en tiempos del terror de la Fracción del Ejército Rojo (RAF), ni aun hoy en el contexto de las amenazas terroristas islamistas.

Derecho penal en tiempos de transición

En este aparte, me voy a referir a la pregunta particularmente interesante para este evento, sobre cómo se debe reaccionar penalmente al "terrorismo" en tiempos de transición, y qué papel se le asigna al derecho penal en estos procesos transicionales.

¿Derecho penal de enemigo?

Como intenté aclararlo anteriormente, el derecho penal de enemigo no es *nunca* una opción, menos aun en procesos transicionales, pues estos últimos suceden en un tiempo de deconstrucción de rivalidades y de las imágenes del enemigo, o que por lo menos debería serlo. Justicia en tiempos de transición y derecho penal de enemigo son excluyentes entre sí; cualquier intento de implementación de un derecho penal de enemigo para "terroristas" lesionaría de forma inmediata y persistente el proceso transicional.

Si bien entiendo, aplicar el derecho penal de enemigo a la realidad colombiana actual es todavía una idea seductora solamente para aquellos actores —representantes de todas las partes involucradas— que no quieren la transición, sino la continuación de una lucha con la intención de ganarla. Precisamente por esto las propuestas de un derecho penal para la transición buscan prácticamente lo contrario: son propuestas que van de la mano con la invitación a retornar conjuntamente a *una* sociedad y a *un* Estado. Ya el derecho penal para los paramilitares previó —en cierto sentido— procedimientos privilegiados y penas rebajadas. Lo mismo se evidencia, a grandes rasgos, en el derecho penal para la guerrilla.

Derecho penal ordinario

"Procesos privilegiados" y "penas rebajadas" frente a los más graves crímenes tanto de los paramilitares como de la guerrilla. No sorprende entonces que por parte de las víctimas se levanten las más aireadas protestas. Quien razonablemente no confíe en un derecho penal de enemigo, incentivado por el escalamiento de los hechos, puede pensar que el derecho penal precisamente cumple mejor su función —incluso la función ejemplarizante positiva en el tratamiento de la desviación y el conflicto que fue descrita anteriormente— cuando el contexto político se invisibiliza, y un homicidio se castiga simplemente como tal.

Aunque a primera vista esta tesis pueda parecer acertada, no debe considerarse, por lo menos en el caso colombiano, por tres razones: primero, debido al contexto político e histórico, una paz que no es el resultado de una victoria militar, de un golpe de Estado o de una revolución es una paz que merece ese nombre. Sin embargo, e incluso debido a la cantidad de infractores que se deben enjuiciar, es una paz que, según creo, no es posible de alcanzar sin una reacción penal suavizada.

En segundo lugar, desde una perspectiva criminológica, que por supuesto no es la perspectiva de las víctimas, ni de sus familiares, asesinar o lesionar en un contexto muy similar al de los enfrentamientos armados es, desde casi cualquier punto de vista, algo distinto de las mismas conductas cometidas en un contexto pacífico, en el cual Colombia no se encuentra desde hace mucho tiempo.

Y en tercer lugar, es necesario preguntarse por las condiciones en las que se encuentran el "derecho penal normal" y el "proceso penal normal". El llamado a aplicar el sistema de justicia ordinario resulta plausible, si este fuera incuestionable en su juridicidad, su humanidad y su sociabilidad. Sin embargo, este llamado a aplicar el denominado derecho penal ordinario no resulta convincente cuando el estado de dicho derecho penal ordinario es criticable.

Con todo el cuidado que se le debe exigir a un observador extranjero, me parece que la normatividad, pero sobre todo la *realidad* del sistema de justicia criminal colombiano, puede y debe mejorar. Este diagnóstico es otra razón para oponerse al empleo del derecho penal ordinario como respuesta a los crímenes terroristas.

Un derecho penal de la transición

Con todo esto, para mí resulta cierto que lo que se requiere en este momento es un derecho penal para la transición, cuya configuración no solo es difícil, sin lugar a dudas, sino que es una tarea del legislador colombiano y de la sociedad colombiana. Sin embargo, debe cumplir fundamentalmente con las siguientes exigencias:

• El derecho penal de la transición tiene que insistir, por consideración a las víctimas y a la paz, en llamar por su nombre al delito y a la responsabilidad penal.

• Ese derecho, por consideración a la paz, tiene que reconocer el contexto armado en el que sucedieron los hechos, porque solo de esta manera un determinado crimen será representado de forma "justa". Esto quiere decir que este derecho penal de la transición tiene que evitar que cualquiera de las partes en conflicto responda a la reacción penal con una reactivación de las hostilidades.

• Este derecho de la transición tiene que estar acompañado de una reforma del "derecho penal ordinario", en dirección al tratamiento justo de la desviación; tratamiento que no conozca enemigos, ni grupos a los que jurídica o fácticamente se les conceda impunidad.

• Este derecho de la transición tiene que ser transparente y tiene que ser comunicado a la sociedad colombiana, incluso pese al anhelo de algunos de llegar a un *punto final*.

PERSPECTIVAS

Se están exigiendo respuestas a la pregunta, ¿para qué sirve el derecho penal en la lucha contra el terrorismo? Mis respuestas son las siguientes:

El derecho penal no puede llevar, ni llevará a que la lucha contra el terrorismo salga victoriosa. Esto puede hacerlo un derecho penal de enemigo que solamente produce más violencia. En el contexto colombiano la puesta en funcionamiento del "derecho penal normal" no llevará a ningún progreso en la superación del terrorismo.

El terrorismo —en términos generales, pero también en el contexto específico colombiano— nunca será superado totalmente. La estatalidad ajustada a derecho y funcional es, desde cualquier punto de vista, el presupuesto de una sociedad justa en la que no existen estímulos para las reacciones terroristas. La palabra clave aquí es *good governance*.

En el marco de *good governance* el derecho penal —y en el contexto colombiano, un derecho penal de la transición— puede desempeñar un papel acompañante e incluso ejemplar en el tratamiento de la desviación. Los procesos penales no son escenarios teatrales, pero cuando no existen otros escenarios el proceso penal puede —comprendido y dirigido de forma correcta— permitir un tratamiento de lo sucedido, de tal manera que la sociedad entera pueda sacar provecho de ello.

REFERENCIAS BIBLIOGRÁFICAS

Aponte Cardona, Alejandro (2006). *Guerra y derecho penal de enemigo: reflexión crítica sobre el eficientismo penal de enemigo*. Bogotá, D. C.: Ibáñez.

Lipton, Douglas; Martinson, Robert y Wilks, Judith (1975). *The Effectiveness of Correctional Treatment: A Survey of Treatment and Evaluation Studies*. New York: Praeger.

Hassemer, Winfried (1979). Generalprävention und Strafzumessung. En: Hassemer, Winfried; Lüderssen, Klaus y Naucke, Wolfgang. *Hauptprobleme der Generalprävention*. Frankfurt am Main: Metzner.

Jakobs, Günther (2006). *Derecho penal de enemigo*. Madrid: Civitas.

Segunda parte
JUSTICIA TRANSICIONAL Y
DERECHO PENAL INTERNACIONAL

LA LEY DE AMNISTÍA (LEY 1820 DE 2016) Y EL MARCO JURÍDICO INTERNACIONAL

Kai Ambos[*]
Catedrático Universidad de Gotinga, Alemania,
y magistrado del Tribunal Especial para Kosovo, La Haya, Países Bajos

RESUMEN

La actual situación legislativa en Colombia se caracteriza por una alta complejidad. Colombia es tal vez el país con la legislación más sofisticada en el tema de justicia de transición y procesos de paz. Esto se puede afirmar con base no solamente en las reformas constitucionales y legales que implementan la Jurisdicción Especial para la Paz (JEP), sino también en la Ley 975 de 2005 (Ley de Justicia y Paz) e incluso en otros procesos

[*]   Agradezco a Susann Aboueldahab, colaboradora científica del CEDPAL, por la ayuda en la preparación de este texto. Además, agradezco a Gustavo Emilio Cote Barco, LLM y Dr. jur. GAU, por sus comentarios críticos. Revisión y actualización por John Zuluaga, LLM y Dr. jur. GAU, profesor asociado en el Departamento de Derecho Penal de la Universidad Sergio Arboleda.

de indulto, como los que tuvieron lugar con relación a grupos guerrilleros como el M-19 y el EPL en las décadas de 1980 y 1990. Sobre esta base, aquí se defenderá la tesis según la cual, desde el punto de vista normativo, la legislación colombiana es, en principio, compatible con el Derecho Penal Internacional (DPI) e incluso, en algunas cuestiones, dicha legislación va más allá. Si se analiza el Acuerdo de Paz entre el Gobierno colombiano y las FARC-EP en su versión final, así como la Ley de Amnistía (Ley 1820 de 2016), especialmente los Artículos 16 y 23, los cuales son los artículos relevantes para diferenciar los delitos amnistiables y no amnistiables, es posible afirmar que los últimos, o sea, los delitos frente a los cuales no procede la amnistía, no se limitan a los crímenes relevantes para el DPI, en particular, en el marco del Estatuto de Roma (ER) de la Corte Penal Internacional (CPI). Antes de analizar este punto más detalladamente, se describirá brevemente el marco jurídico del derecho (penal) internacional frente a las amnistías.

EL MARCO INTERNACIONAL: AMNISTÍAS ABSOLUTAS *VERSUS* CONDICIONADAS

En el derecho internacional se ha desarrollado un enfoque bifurcado que distingue entre amnistías absolutas y amnistías condicionadas.[1]

---

[1] Me permito una referencia a anteriores textos de mi autoría (Ambos, 2009a, pp. 54-ss.; 2009b; 2013, pp. 124-ss.) y de otros autores que realizan la misma distinción (Dugard, 2009, pp. 1003-1009; Cassese, Gaeta y Jones, 2002, pp. 699-700; Goldstone y Fritz, 2000, pp. 663-664; Vandermeersch, 2002; Oficina del Alto Comisionado de las Naciones Unidas para los Derechos Humanos, 2009, pp. 24-ss.; Van der Voort y Zwanenburg, 2001, pp. 315-ss.); con relación a la jurisdicción de un tercer Estado (Cassese, 2013, pp. 316-ss.), distinguiendo, ulteriormente, entre amnistías amnésicas, de compromiso, correctivas y responsables (Méndez, 2001, pp. 39-40; Young, 2002, pp. 456-457; Robinson, 2003, pp. 481-484; Seibert-Fohr, 2003, pp. 588-590; Salmón, 2006, pp. 331-ss.; Slye, 2002, pp. 240-ss.), así como otros autores

Su finalidad primaria es esconder completamente crímenes del pasado, disuadiendo o hasta prohibiendo cualquier investigación. El resultado es la indefensión de las víctimas y la perpetuación de la impunidad, impidiendo a las víctimas y sus familiares identificar a los autores, conocer la verdad y recibir la reparación correspondiente. De esta forma, este tipo de amnistías —que usualmente operan como autoamnistías, favoreciendo a las mismas autoridades que la han aprobado— obstruyen la investigación y el acceso a la justicia (Ambos, 2008, p. 90). Un ejemplo clásico de una amnistía absoluta en el contexto latinoamericano es el Decreto chileno 2191 de 1978, el cual concedió la amnistía a "autores, cómplices o encubridores" extendiéndola a todos los crímenes cometidos entre el 11 de septiembre de 1973 —día del *coup d'état* del general Augusto Pinochet— y el 10 de marzo de 1978, sin hacer ninguna distinción entre delitos comunes y aquellos cometidos con motivación política (Ambos, 1999, pp. 127-ss. y 147-ss.; 1997, pp. 101-102 y 227-ss.).[2]

El derecho internacional prohíbe de manera inequívoca este primer tipo de amnistías (Ambos, 2009a, pp. 55-62). No solamente algunos instrumentos recientes toman esta posición, el más notable entre ellos es el Estatuto del Tribunal Especial de Sierra Leona (CESL),[3] sino también lo dicho por otros tribunales internacionales penales y de derechos humanos permi-

---

relevantes (Ohlin, 2009, pp. 116-118; King, 2010, p. 610; Cryer, 2014, pp. 569-ss.; Safferling, 2011, § 5 par. 64; Werle, 2010, pp. 235-ss.).

[2] Chile. Contraloría General de la República. Decreto Ley 2191 (18 de abril de 1978).

[3] El Artículo 10 del Estatuto CESL dice: "An amnesty granted to any person falling within the jurisdiction of the Special Court in respect of the crimes referred to in articles 2 to 4 of the present Statute shall not be a bar to prosecution" (Residual Special Court for Sierra Leone, 2002).

ten llegar a la misma conclusión. En este sentido, el Tribunal Penal Internacional para la ex-Yugoslavia (TPIY) rechazó de la siguiente manera la amnistía en casos de tortura:

> El hecho de que la tortura esté prohibida por una norma perentoria de derecho internacional [...] sirve para deslegitimar internacionalmente cualquier acto legislativo, administrativo o judicial que autorice la tortura. Sería un sinsentido sostener, por un lado, que a causa del valor de *jus cogens* de la prohibición contra la tortura, las reglas convencionales o consuetudinarias que prevean la tortura serían nulas e inválidas *ab initio*, y, por el otro, que un Estado podría no tenerla en cuenta, por ejemplo, tomando medidas nacionales que autoricen o aprueben la tortura o absuelvan a sus autores a través de una ley de amnistía.[4]

Asimismo, la Corte Interamericana de Derechos Humanos (CIDH) consideró inadmisibles las disposiciones correspondientes en la Ley de Amnistía peruana N.° 26479 y su Ley Interpretativa N.° 26492.[5] En este sentido, la CIDH se refirió al:

> Establecimiento de excluyentes de la responsabilidad penal que pretendan impedir la investigación y sanción de los responsables de las violaciones graves a los derechos humanos tales como la tortura, las ejecuciones sumarias, extralegales o arbitrarias y las desapariciones forzadas, todas ellas prohibidas por contravenir

---

[4] TPIY. Judgement, IT-95-17/1-T. (10 December 1998). Prosecutor v. Furundzija, par. 155. Traducción propia.

[5] La Ley 26479 de 14 junio 1995 —reimpreso en Normas Legales No. 229, 143-134— fue una amnistía absoluta a favor del Ejército, la Policía y personal civil por crímenes cometidos en el marco de la lucha contra el terrorismo entre mayo 1980 y la promulgación de esta misma Ley; su objetivo fue "interpretar" el alcance de la Ley de Amnistía (Ambos, 1997, pp. 95-96; 1999, pp. 140-141).

derechos inderogables reconocidos por el derecho internacional de los derechos humanos.[6]

Este último caso es un ejemplo de una clásica amnistía absoluta que viola los Artículos 8 y 25 en relación con el Artículo 1 (1) y 2 de la Convención Americana de Derechos Humanos (CADH) (OEA, 1969).[7] Leyes de amnistías absolutas resultan en el desamparo de las víctimas, violan el principio de igualdad —ya que tratan a los beneficiarios mejor que a otros delincuentes— (Ambos, 1997, pp. 214; Bock, 2010, p. 303)[8] y son manifiestamente incompatibles con la intención y el espíritu de la CADH.[9] Por lo tanto, la jurisprudencia de la CIDH es en el ámbito regional de especial importancia (Ambos, 2013, pp. 423-ss.; Ferrer y Pelayo, 2014, pp. 82-ss.; Portilla, 2014, pp. 169 ss. y 183-ss.; Ambos y Böhm, 2011, pp. 61-ss.; Chinchón,

---

6   Corte Interamericana de Derechos Humanos. Sentencia Serie C 75 (14 de marzo de 2001), par. 41.

7   El Artículo 8 (1) de la CADH establece el derecho a ser oído por un tribunal independiente e imparcial; el Artículo 25 (1) prevé el "derecho a un recurso sencillo y rápido o a cualquier otro recurso efectivo ante los jueces o tribunales competentes, que lo ampare contra actos que violen sus derechos fundamentales reconocidos por la Constitución, la ley o la presente Convención [...]"; el Artículo 1 (1) establece el deber del Estado de respetar los derechos y libertades de la CADH (Chinchón, 2015, pp. 924, nota 51).

8   En cuanto al principio correspondiente "no one can be judged in his own suit", Permanent Court of International Justice. Advisory Opinion 12 (21 November 1925). Article 3, Paragraph 2, of the Treaty of Lausanne (Frontier between Turkey and Iraq); véase también Elizabeth King (2010, p. 617).

9   CIDH. Sentencia Serie C 75 (14 de marzo de 2001), par. 43. Para la misma posición de la Comisión Interamericana con respecto a las amnistías en los casos previos de Argentina, Chile, El Salvador y Uruguay, véase Douglas Cassel (1997, pp. 208-214). Acerca de la jurisprudencia de la CIDH, véase Robert Cryer (2014, pp. 570-ss.); Michael Kourabas (2007, pp. 86-90), concluyendo en la p. 89 que la "jurisprudencia en este asunto se ha vuelto más concreta y potencialmente más expansiva"; y Gustavo Alvira (2013, pp. 119-ss. y 124-ss.).

2015, p. 926).[10] De manera similar, la Corte Europea de Derechos Humanos (CEDH) también ha sostenido que en casos de tortura no se deben impedir procedimientos penales por medio de amnistías o indultos.[11]

El Estatuto de la CPI, el cual se compromete expresamente con la lucha contra la impunidad (Cryer, 2014, pp. 572-ss.), es considerado una expresión de *opinio juris* en el sentido de que las amnistías están prohibidas respecto a los crímenes internacionales nucleares de competencia de la CPI (Gropengießer y Meißner, 2005, pp. 272-ss. y 300; Stahn, 2005, pp. 702; Scharf, 1999, p. 522):

> [Párrafo 4] Afirmando que los crímenes más graves de trascendencia para la comunidad internacional en su conjunto no deben quedar sin castigo y que, para tal fin, hay que adoptar medidas en el plano nacional e intensificar la cooperación internacional para asegurar que sean efectivamente sometidos a la acción de la justicia.
>
> [Párrafo 6] Recordando que es deber de todo Estado ejercer su jurisdicción penal contra los responsables de crímenes internacionales.

De la misma manera, la ONU (2000, p. 22) dejó claro que en el contexto de tratados de paz no acepta cláusulas de amnistía respecto a crímenes internacionales como genocidio, crímenes contra la humanidad o infracciones graves al Derecho

---

[10] La CIDH ha rechazado este tipo de amnistías en los casos: Gelman vs. Uruguay, Serie C 221, paras. 226, 233-ss. (24 febrero 2011); Gomes-Lund et al. (Guerrilha do Araguaia) v Brazil, Serie C 219, paras. 147–77 (24 noviembre 2010); La Cantuta v Perú, Serie C 162, paras. 62, 80, 174 (29 noviembre 2006); Almonacid-Arellano et al. v Chile, Serie C 154, paras. 114, 118 (26 septiembre 2006).

[11] Abdülsamet Yaman v Turkey, 32446/96, para. 55 (2 noviembre 2004) y recientemente la decisión Marguš c. Croacia, 445/10 (27 de mayo de 2014) (Chinchón, 2015, pp. 925-ss. y 930-ss.; Bassiouni, 2013, pp. 976-ss.).

Internacional Humanitario (DIH). Aunque se ha reconocido que "una amnistía cuidadosamente formulada puede ayudar al regreso y la reinserción" de los grupos armados (ONU, 2004a, par. 32), al mismo tiempo se ha reafirmado que la ONU "nunca puede prometer amnistías para el genocidio, los crímenes de guerra, los crímenes contra la humanidad o las graves violaciones de los derechos humanos [...]" (par. 10, 32, 64).[12] La misma postura se encuentra en la (poco frecuente) práctica nacional (Ambos, 2009a, pp. 58-62) y en la amplia literatura sobre amnistías (Bassiouni, 2013, pp. 972-ss.; Cassese, 2013, p. 312; Freeman y Pensky, 2012, pp. 42-ss.; Méndez, 2001, p. 33; Cassese, 2004, pp. 1130-ss.; Stahn, 2005, p. 461; Gropengießer y Meißner, 2005, p. 272; Teitel, 2000, p. 58; Olson, 2006, pp. 275-ss. y 383-384; Ambos, 2009a, p. 61). Con base en todo lo anterior, es posible afirmar que las amnistías absolutas son inadmisibles en el marco del derecho (penal) internacional.

LAS AMNISTÍAS CONDICIONADAS, ADMISIBLES

Las amnistías condicionadas, al contrario, no eximen automáticamente de castigo por hechos delictivos cometidos durante un cierto periodo de tiempo; más bien condicionan el beneficio a la realización de ciertos actos por parte de los beneficiarios (Ambos, 2009a, p. 104; 2008, p. 104). De esta manera, los "antiguos" autores deben efectuar ciertos actos para satisfacer

---

[12] Véase también International Centre for Transitional Justice, UN guidelines meeting, Junio 9-10, pp. 1, 2 ("prohibición para el personal de la ONU de aprobar una amnistía respecto a graves violaciones a los derechos humanos") y Guidelines for United Nations Representatives on Certain Aspects of Negotiations for Conflict Resolution. Documento interno sin fecha, par. 13 ("necesario y propio para que sea concedida inmunidad de persecución [...]; sin embargo, la ONU no puede consentir amnistías que conciernan a crímenes de guerra, crímenes contra la humanidad y genocidio o fomentar a aquellos que violan obligaciones convencionales relevantes de las partes" en conflicto (Oficina del Alto Comisionado de las Naciones Unidas para los Derechos Humanos (2009).

los reclamos legítimos de las víctimas, como la revelación completa de los crímenes que han cometido, el reconocimiento de responsabilidad y el arrepentimiento (Cryer, 2014, pp. 574-ss.).[13] Lo esencial de una amnistía condicionada, desde la perspectiva de las víctimas, es que prevea alguna forma de responsabilidad —*accountability*—, si bien no necesariamente dentro del marco de un juicio penal al menos sí a través de un mecanismo alternativo, como por ejemplo una comisión de la verdad y reconciliación (CVR) (Ambos, 2009a, pp. 104-ss.). Cuanto más contribuyan las condiciones cumplidas en un caso concreto a una verdadera reconciliación, mayor responsabilidad traerá consigo una amnistía condicionada —*accountable amnesty*— (Slye, 2002, pp. 245-246).[14] El ejemplo más famoso de tal amnistía es el caso de Sudáfrica. Según la Ley de Verdad y Reconciliación (*Truth and Reconciliation Act*) de 1995,[15] una amnistía individual puede ser concedida por un Comité de Amnistía específico bajo la condición de que, *inter alia*, el solicitante revele todos los hechos cometidos y estos puedan ser considerados delitos políticos.

Según la sección 3 (1), la CVR debe facilitar "[…] la concesión de la amnistía a personas que hacen una completa revelación de todos los hechos importantes referidos a actos asociados

---

13 Sobre posibles condiciones de las amnistías, véase Louise Mallinder (2009, 127-ss., paras. 42-ss.), incluida la figura 5 en donde constata que en la mayoría de los casos se han previsto medidas de reparación, seguidas por rendición-desarme, tiempo límite para la aplicación de la medida, arrepentimiento y cooperación, comisiones para la verdad y reconciliación, lustración y justicia basada en la comunidad.

14 Para una conclusión similar y un intento útil —aunque no completamente satisfactorio— de desarrollar criterios para evaluar la posible contribución de una amnistía a la reconciliación, véase Mallinder (2009, paras. 54-ss.), quien afirma en el parágrafo 66 que el efecto sobre la reconciliación "depende de las amplias condiciones políticas de un Estado […]".

15 South Africa. Department of Justice and Constitutional Development. Act 34 (19 July 1995). Promotion of National Unity and Reconciliation.

con un objetivo político [...]". La sección 20 (3) define un acto "asociado con un objetivo político" recurriendo a ciertos criterios enumerados en la misma sección; por ejemplo, el motivo del autor, el contexto y la naturaleza del acto, entre otros. Al respecto, el Tribunal Constitucional de Sudáfrica ha dicho lo siguiente:

> La amnistía contemplada no es una amnistía absoluta contra una persecución penal para todo el mundo, concedida automáticamente como un acto uniforme de amnesia legalmente obligatoria. Ella es autorizada en concreto con el propósito de lograr una transición constructiva hacia un orden democrático. Ella está disponible solo si existe una completa revelación de los hechos al Comité de la Amnistía y si es claro que la transgresión concreta, cometida en el curso de los conflictos del pasado, fue realizada durante el periodo prescripto y con un objetivo político.[16]

Un argumento importante a favor de la amnistía condicionada surge del derecho internacional humanitario (DIH), más precisamente del Artículo 6 (5) del Protocolo Adicional II (PA II) del 8 de junio de 1977 a las cuatro convenciones de Ginebra de 1949, relativo a la protección de las víctimas de los conflictos armados sin carácter internacional: "A la cesación de las hostilidades, las autoridades en el poder procurarán conceder la amnistía más amplia posible a las personas que hayan tomado parte en el conflicto armado o que se encuentren privadas de

---

[16] South Africa. Constitutional Court. Case CCT 17/96 (25 July 1996), par. 32 (traducción del autor).
Para una evaluación crítica del proceso surafricano que muchas veces es invocado como modelo sin mayor analisis, véase Jeremy Sarkin (2004, pp. 234-ss.); véanse también las reflexiones críticas de Antje du Bois-Pedain (2007, 293-ss.; 2006, pp. 199-ss. y 300-ss.); Volker Nerlich (2006, pp. 55.ss.; 2002, pp. 23-ss.); Paul Gready (2011, pp. 93-ss.); Ole Bubenzer (2009, pp. 11-ss.).

libertad, internadas o detenidas por motivos relacionados con el conflicto armado".[17]

Esta norma establece el deber de perseguir crímenes de guerra cometidos en conflictos armados no internacionales y, al mismo tiempo, se refiere —según la interpretación prevaleciente y de acuerdo con la opinión del Comité Internacional de la Cruz Roja (CICR) basada en los *traveaux* (Pfanner, 2006, pp. 363, 371)— únicamente a la posibilidad de amnistías respecto a actos legales en combate y a violaciones mutuas del DIH que han sido cometidas como una consecuencia necesaria del conflicto. Es decir, el PA II no permite amnistías respecto a infracciones (graves) al DIH y mucho menos para crímenes internacionales: "El objeto de este párrafo es facilitar un gesto de reconciliación que contribuya a restablecer el curso normal de la vida en un pueblo que ha estado dividido" (Sandoz, Swinarski y Zimmermann, 1987, nm. 4618).[18]

Mientras que esta disposición se aplica solo en conflictos armados no internacionales, la jurisprudencia del TPIY en el caso *Tadic*,[19] al igual que el Artículo 8 (2) (c) y (e) del Estatuto de Roma (ER), indica que tampoco en el contexto de conflictos armados internacionales puede ser permitido que crímenes de guerra sean exonerados de castigo (Ambos, 1997, pp. 310-311; Tomuschat, 2002, p. 315; Werle, 2005, nm. 191; Sánchez, 2004, p. 371; Gropengießer y Meißner, 2005, p. 272; Hafner, Boon, Rubesame y Huston, 1999, pp. 108, 111; Gavron, 2002, p. 103). De acuerdo con el Artículo 6 (5) PA II,

---

[17] Organización de las Naciones Unidas. Protocolo Adicional II (8 de junio de 1977).

[18] En concordancia, véase, OEA. Comisión Interamericana de Derechos Humanos. Informe N.° 1/99, Caso 10 480. (27 de enero de 1999), par. 116; ONU (2004b, par. 27). Haciendo referencia a la posición del CICR, véase Cryer (2014, pp. 571-ss.), Cassel (1996, p. 218), Méndez (2001, p. 35), Jessica Gavron (2002, p. 178). También véase Young (2002, pp. 446-447), Laura Olson (2006, p. 286), Salmón (2006, p. 338).

[19] TPIY. Judgement, IT-94-1-A. (15 July 1999), par. 71-ss.

el cual supone cierta flexibilidad dada la referencia explícita que aquí se hace a las amnistías, se puede afirmar que luego de un conflicto armado debe existir la posibilidad de conceder beneficios penales, siempre que esto sea un instrumento apropiado y necesario para lograr la reconciliación nacional (Arsanjani, 1999, p. 65; Bell, 2009, pp. 105-ss. y 108-ss.) y al mismo tiempo no socave la obligación del Estado de investigar los crímenes internacionales.

Por consiguiente, según la doctrina predominante del doble enfoque, el cual ya se mencionó al inicio del apartado 1 de este capítulo y en donde se distingue entre amnistías absolutas y condicionadas, el derecho (penal) internacional permite amnistías bajo ciertas y excepcionales circunstancias. No obstante, los requisitos específicos necesarios para permitir las amnistías condicionadas siguen siendo controvertidos (Cryer, 2014, pp. 570-ss.; Ambos, 2008, pp. 114-ss.). La gama de opiniones se extiende desde aquellas que sostienen que toda la verdad debe ser contada y exigen que la amnistía concedida sea indispensable para la transición pacífica a la paz (Van der Voort y Zwanenburg, 2001, pp. 324-326) o que sea aplicada solo a crímenes colectivos (May, 2005, pp. 243-252), hasta las que proponen que la amnistía esté condicionada a la aprobación judicial o a una investigación cuasijudicial con el fin de que las conductas criminales con motivación política sean reveladas (Dugard, 2002, pp. 693-703). Por ejemplo, para John Dugard la discreción de los Estados para conceder amnistías se deriva, en última instancia, del dilema argumentativo entre el aspecto prohibitivo y el aspecto permisivo —*peace versus justice*— (International Criminal Court, Office of the Prosecutor, 2007, sec. 2.3.1; Cryer, 2014, pp. 573-ss.), siempre excluyendo, sin embargo, genocidios, infracciones graves al DIH y tortura (Dugard, 2002, p. 699).[20] Incluso se puede afirmar

---

[20] Dugard (2009, 1003-1004) expresa dudas acerca de si el derecho internacional, dada la práctica estatal contraria, prohíbe las amnistías, aunque

que la condición mínima para una amnistía condicionada es la promesa irrestricta de deponer las armas y de esta forma facilitar el cese de las hostilidades (Ambos, 2009a, p. 62). Asimismo, los autores de los crímenes cometidos deben cumplir con las principales reivindicaciones de la justicia, es decir, la revelación de los hechos, el reconocimiento de su responsabilidad y el arrepentimiento, con el fin de contribuir a una verdadera reconciliación (Ambos, 2013, p. 425; Bassiouni, 2013, pp. 974-ss.; Mallinder, 2008, pp. 59-61; 2009, pp. 162-166).

En lo sucesivo se examinará bajo cuáles condiciones la Ley de Amnistía expedida recientemente en Colombia concede este tipo de beneficios con respecto a crímenes cometidos durante el conflicto armado vivido en este país.

LA LEY DE AMNISTÍA COLOMBIANA Y EL MARCO INTERNACIONAL

La Ley 1820 de 2016[21] contempla, con base en el Acuerdo de Paz (Gobierno-FARC, 2016), *inter alia*, varias disposiciones sobre amnistía, indulto y tratamientos penales especiales[22] en el marco de la JEP. Con el fin de facilitar la terminación del conflicto armado y "la construcción de una paz estable y duradera", esta ley regula amnistías e indultos por delitos políticos y conexos, como tratamientos penales especiales, diferenciando entre conductas punibles de agentes del Estado y de ciertos

---

reconoce que se está "moviendo en esa dirección". En cuanto a los crímenes en particular, sostiene que el genocidio y los crímenes de guerra —"infracciones graves"— no pueden estar cubiertos por una amnistía, pero que el derecho no es claro respecto a otros crímenes internacionales (p. 1015). En ese sentido, véase Corte Interamericana de Derechos Humanos. Sentencia Serie C 252 (25 de octubre de 2012).

21 Colombia. Congreso de la República. Ley 1820 (30 de diciembre de 2016).

22 Como la extinción de responsabilidades y sanciones penales y administrativas o renuncia del Estado a la persecución penal establecidos en el acuerdo de JEP, Ley 1820 (30 de diciembre de 2016), Artículo 7.

integrantes de grupos armados, en particular de las FARC-EP.[23] Por su parte, el Decreto 277 de 2017[24] establece el procedimiento para la efectiva implementación de la Ley 1820. Este Decreto ha sido complementado por el Decreto 700 de 2017,[25] el cual se dirige a los casos en que no se aplique de manera oportuna la Ley 1820 y por consiguiente se prolongue indebidamente la privación de la libertad.[26] La Corte Constitucional (CC) resolvió el 1.° de marzo de 2018 que la Ley 1820, en términos generales, no va en contra de la Constitución. Sin embargo, el alto tribunal condicionó varios puntos y declaró inexequibles algunos aspectos previstos por la Ley 1820 (CC, Comunicado Nr. 08 del 01 de marzo de 2018; *El Espectador*, 2018, marzo 1; *Semana*, 2018, marzo 1). Sobre estos se volverá más adelante.

CONSIDERACIONES GENERALES

En primer lugar, es llamativo que el Artículo 1 de la Ley 1820 declare el proceso de refrendación popular explícitamente como "un proceso abierto y democrático". Una posible explicación de esa mención inusual puede ser el esfuerzo de las autoridades colombianas para cumplir cuidadosamente con los requisitos internacionales respecto a las amnistías condicionadas. Así, por

---

[23] Véanse las Consideraciones preliminares, Ley 1820 (30 de diciembre de 2016), Artículo 1 y el Objeto y ámbito de aplicación, Ley 1820 (30 de diciembre de 2016), Artículo 2-ss.

[24] Colombia. Presidencia de la República. Decreto 277 (17 de febrero de 2017).

[25] También se deben mencionar, entre otros, los Decretos 706, 1252 y 1269 de 2017; además, hay un Decreto reciente que otorga amnistía pero no se encuentra el número (Presidencia de la República, 2017, julio 10).

[26] Colombia. Presidencia de la República. Decreto 700 (2 de mayo de 2017). De igual manera, se deben mencionar el Decreto 1252 (19 de julio de 2017) que determina los términos para decidir respecto de los beneficios de la Ley 1820, entre otros aspectos; y el Decreto 1269 (28 de julio de 2017), por medio del cual se regula el otorgamiento de beneficios de la Ley 1820 de 2016 a miembros de la fuerza pública.

ejemplo, casos anteriores ante la CIDH han mostrado que leyes correspondientes a una amnistía promulgada por un gobierno no elegido democráticamente no cumplen con los estándares de la Corte (Alvira, 2013, pp. 119-136; Cryer, 2014, p. 575). Aunque la CIDH no ha establecido criterios muy claros para las amnistías condicionadas,[27] su vaguedad puede ser interpretada como un enfoque amplio, el cual prohíbe las amnistías solo en casos en que evidentemente se viole el DPI, lo cual permitiría amnistías concedidas bajo condiciones democráticas siempre y cuando se cumplan los demás requisitos internacionales para este tipo de beneficios.[28]

La segunda observación general se refiere al término amnistía *de iure*, establecido en el Capítulo I de la Ley 1820, el cual resulta poco conveniente. Según el Artículo 15, este tipo de amnistía se concede solo por los delitos políticos enumerados en la norma —como rebelión, sedición, conspiración y seducción— y por los delitos conexos listados en el Artículo 16. Sin embargo, el término amnistía *de iure* resulta equívoco, porque en realidad no existe una amnistía administrativa en el sentido de un acto ejecutivo sin ningún tipo de trámite judicial. Más bien, la amnistía "administrativa" debe ser materializada bien en los casos concretos por las autoridades judiciales respectivas o bien —según el capítulo II, Artículo 21— a través de una verificación de la Sala de Amnistía e Indulto de la JEP, en casos que no sean objeto de una amnistía *de iure* de acuerdo con los Artículos 15 y siguientes. Por lo tanto, la noción *de iure* conduce a confusiones. El asunto se presta aún para más confusiones si

---

[27] Corte Interamericana de Derechos Humanos. Sentencia Serie C 219 (24 de noviembre de 2010), pp. 173, 241-242, 253, 253-258; Corte Interamericana de Derechos Humanos. Sentencia Serie C 221 (24 de febrero de 2011), p. 239.

[28] Véase Corte Interamericana de Derechos Humanos. Sentencia Serie C 252 (25 de octubre de 2012), p. 286, que abre la puerta a amnistías condicionadas. Para una perspectiva distinta, véase King (2010, pp. 577-ss. y 613-ss.).

se tienen en cuenta las consideraciones del Decreto 1252 de 2017, según el cual la autoridad judicial no necesitará listado o certificación de acreditación para la concesión de amnistía *de iure* o libertad condicionada en los términos de los números 1, 3 y 4 del Art. 17 Ley 1820 de 2017 (Art. 2.2.5.5.1.4.)

Otro aspecto relevante de la Ley 1820 es el *tratamiento diferenciado* entre las FARC-EP y los agentes del Estado —véanse por ejemplo los Artículos 2, 3 y 9—, con fundamento en el cual se prevé la amnistía para los primeros —Artículo 17— y la renuncia a la persecución penal para los segundos —Artículos 44-ss.—. A esto se suma el progresivo tratamiento diferenciado que se da a los terceros civiles (Corte Constitucional, Comunicado Nr. 55 del 14 de noviembre de 2017) y, asimismo, a los miembros de los grupos paramilitares desmovilizados (Corte Suprema de Justicia, radicado 36487 del 16.08.2017, M.P. Eugenio Fernández Carlier; también Rad. 51029 del 28.08.2017; Rad. 50286 del 23.08.2017; Rad. 50938 del 16.08.2017; Rad. 50656 del 02.08.2017; Rad. 50754 del 02.08.2017; Rad. 50680 del 19.07.2017; Rad. 50504 del 18.07.2017; Rad. 50537 del 18.07.2017 y Rad. 50550 del 11.07.2017). Esta diferenciación no tiene ninguna base en el derecho internacional. El Artículo 6 (5) del Protocolo Adicional II de los CG, al cual la Ley 1820 se refiere explícitamente en su Artículo 21, primer párrafo, habla de dar la amnistía más amplia posible, sin distinguir entre Estado y guerrilla.[29] De hecho, la idea subyacente del tratamiento diferenciado no existe en el DIH, pues desde la perspectiva del derecho internacional Estado y guerrilla son solo partes del conflicto (Ambos, 2014, pp. 124-ss.). Si bien hacer esta diferenciación no constituye una violación del DIH, desde el punto de vista legal no era necesario hacerla. Las razones para ello fueron realmente políticas, ya que la fuerza pública

---

[29] Organización de las Naciones Unidas. Protocolo Adicional II (8 de junio de 1977), disposición 6 (5).

colombiana no quiere ser tratada como la guerrilla, así como la guerrilla no quiere ser tratada como los grupos paramilitares.

En general, desde una perspectiva teórica, recientemente bien explicada por Katrin Gierhake (2017), la pregunta por la legitimidad de las amnistías previstas por la Ley 1820 permite entrever un problema de justicia, ya que en los casos en los que se otorgan estos beneficios la exención de la pena prevalece sobre el ordenamiento jurídico: se suspende la interconexión entre "justicia-injusticia-culpa-pena" y la comunidad renuncia al efecto curativo que tiene la pena para la víctima y el autor, así como para la validez general del sistema legal. Este tratamiento extraordinario solo puede ser legítimo si existen circunstancias excepcionales que justifiquen la renuncia a la validez general del ordenamiento jurídico (p. 405).

En el caso colombiano, el conflicto armado podría constituir tales circunstancias y así se podría justificar el otorgamiento de amnistías en casos de delitos políticos o conexos a estos: desde la perspectiva del legislador colombiano, el motivo de la rebelión es esencialmente político y está dirigido a cambiar las estructuras del Estado hacia una alternativa mejor (Gierhake, 2017, pp. 405-ss.). Es decir, el mal del acto —de rebelión y conductas conexas— no se manifiesta en la relación interpersonal entre autor y víctima sino que está orientado a las estructuras e instituciones estatales en su conjunto (pp. 207-ss). Aunque el motivo político no puede por sí solo compensar o disminuir lo injusto de los actos o la culpabilidad de los autores, el contexto político ciertamente puede influir en la conciencia del sujeto individual frente al derecho y crear circunstancias bajo las cuales se relativiza el grado de la culpabilidad (p. 406). Además, hay que tener en cuenta la meta principal del otorgamiento de amnistías en un contexto como el colombiano, o sea, establecer una paz estable y duradera (pp. 408-ss.). En este sentido, la Ley 1820 contiene varios criterios, por ejemplo, la calidad del autor —agente del Estado o miembro de las FARC-EP—, su motivación, entre otros, a partir de los cuales se determinan los delitos amnistiables y no amnistiables, como veremos en seguida.

DELITOS AMNISTIABLES Y NO AMNISTIABLES

Un tema fundamental de la Ley de Amnistía, como ya hemos visto, es la distinción entre delitos amnistiables y no amnistiables. Su Artículo 23 es una de las normas centrales, tal vez la más importante con respecto al tema de la amnistiabilidad de las conductas. Dice lo siguiente:

> *Artículo 23. Criterios de conexidad.* La Sala de Amnistía e Indulto concederá las amnistías por los delitos políticos o conexos. En todo caso, se entienden conexos con el delito político los delitos que reúnan alguno de los siguientes criterios:
>
> a) Aquellos delitos relacionados específicamente con el desarrollo de la rebelión cometidos con ocasión del conflicto armado, como las muertes en combate compatibles con el derecho internacional humanitario y la aprehensión de combatientes efectuada en operaciones militares, o
> b) Aquellos delitos en los cuales el sujeto pasivo de la conducta es el Estado y su régimen constitucional vigente, o
> c) Aquellas conductas dirigidas a facilitar, apoyar, financiar u ocultar el desarrollo de la rebelión.
>
> La Sala de Amnistía e Indulto determinará la conexidad con el delito político caso a caso.
> Parágrafo. En ningún caso serán objeto de amnistía o indulto únicamente los delitos que correspondan a las conductas siguientes:
>
> a) Los delitos de lesa humanidad, el genocidio, los graves crímenes de guerra, la toma de rehenes u otra privación grave de la libertad, la tortura, las ejecuciones extrajudiciales, la desaparición forzada, el acceso carnal violento y otras formas de violencia sexual, la

sustracción de menores, el desplazamiento forzado, además del reclutamiento de menores, de conformidad con lo establecido en el Estatuto de Roma. En el evento de que alguna sentencia penal hubiere utilizado los términos ferocidad, barbarie u otro equivalente, no se podrá conceder amnistía e indulto exclusivamente por las conductas delictivas que correspondan a las aquí enunciadas como no amnistiables;

b) Los delitos comunes que carecen de relación con la rebelión, es decir, aquellos que no hayan sido cometidos en el contexto y en razón de la rebelión durante el conflicto armado o cuya motivación haya sido obtener beneficio personal, propio o de un tercero.

Lo establecido en este artículo no obsta para que se consideren delitos conexos con los delitos políticos aquellas conductas que hayan sido calificadas de manera autónoma como delitos comunes, siempre y cuando estas se hubieran cometido en función del delito político y de la rebelión.

Se entenderá por "grave crimen de guerra" toda infracción del derecho internacional humanitario cometida de forma sistemática.

Al respecto hay que afirmar, en primer lugar, que para aplicar dicha disposición se debe entender bien el concepto de delito político (Artículo 8), lo cual representa un tema muy importante en Colombia y que para los extranjeros es difícil de comprender, debido a que precisamente en la esfera internacional existe una tendencia a restringir el efecto de esta clase de delitos, sobre todo en tratados de extradición,[30] mientras

---

[30] Como se observa en el Convenio Europeo para la Represión del Terrorismo del 27 de enero de 1977 y en el Convenio Europeo de Extradición del 13 de diciembre de 1957. Véase el informe explicativo del Consejo de la Unión Europea, *Erläuternden Bericht des Rates*, Abl. EG C 191 del 23 de junio de 1997, p. 13 (citado en Schomburg, Lagodny, Gleß y Hackner, 2012, Art. 5 EU-AuslÜbK, 433-ss.); Thomas Weigend, 2000, pp. 105-106; Helmut Baier, 2001, pp. 427-443; Joachim Vogel, 2001, pp. 937-938; Zsuszanna

que en Colombia opera como base para conceder beneficios. En otras palabras, en Colombia existe un tratamiento privilegiado para delincuentes políticos (Hataway, 2015, pp. 163-ss. y 177-ss.), lo cual, para hacerlo más complicado, se extiende a los delitos conexos.

El manejo de los delitos políticos tiene una larga tradición en Colombia (Orozco, 2006, pp. 55-ss.; 2005, pp. 348-ss.; Aponte, 2011, pp. 29-ss.; Posada, 2010, pp. 75-ss.; Gutiérrez, 2006, pp. 388-ss.). Con base en ello siempre se ha privilegiado a los grupos guerrilleros —de izquierda— sobre los grupos paramilitares —de derecha—, alegando que solamente los primeros quieren cambiar el Estado y la sociedad hacia una alternativa mejor (Pérez, 1978, pp. 111-ss. y 135-ss.).[31] La Constitución de 1991 hace explícita referencia al delito político a diferencia del delito común, y prevé un tratamiento diferenciado en cuanto a amnistías e indultos.[32]

En una sentencia importante al respecto, la Sala de Casación Penal de la Corte Suprema de Justicia decidió en 2007[33] que la mera conformación y pertenencia a un grupo paramilitar no puede ser declarada como delito político, ya que estos

---

Deen-Racsmány y Rob Blekxtoon, 2005, pp. 317-ss. y 352-ss.; véase también Ambos (2018, § 12, nm. 24) con más referencias.

[31] Se debe señalar, sin embargo, que en los años cincuenta los beneficios penales que se concedieron al finalizar la violencia bipartidista, no solo fueron aplicados a los rebeldes sino también a quienes cometieron crímenes como reacción contra la rebelión y en nombre del Estado (Cote, 2010, pp. 233-239).

[32] Artículo 150. "Corresponde al Congreso hacer las leyes. Por medio de ellas ejerce las siguientes funciones: [...] 17. Conceder, por mayoría de los dos tercios de los votos de los miembros de una y otra Cámara y por graves motivos de conveniencia pública, amnistías o indultos generales por delitos políticos" (Corte Constitucional, 2015, pp. 42-43) y Artículo 201. "Corresponde al Gobierno, en relación con la Rama Judicial: [...] 2. Conceder indultos por delitos políticos, con arreglo a la ley, e informar al Congreso sobre el ejercicio de esta facultad [...]" (p. 57).

[33] Colombia. Corte Suprema de Justicia. Sala de Casación Penal. Sentencia C-26945, segunda instancia (11 de julio de 2007).

grupos —en el caso correspondiente— actuaron por motivos "egoístas" y fueron apoyados por importantes sectores institucionales (Ambos, 2008, pp. 193, 195-ss.). Según la Ley 1820, en los Artículos 7, 8 y 9, acorde con la tradición colombiana, únicamente los delitos políticos y los delitos conexos cometidos por integrantes de grupos guerrilleros pueden ser objeto de amnistía en el marco de la JEP, mientras que los delitos que no pueden ser calificados como "políticos" o "conexos" no pueden serlo (al respecto, véase Corte Suprema de Justicia, Rad. 46334 del 13.09.2017; Rad. 47636 del 13.09.2017; Rad. 50628 del 06.09.2017; Rad. 49647 del 11.07.2017; Rad. 50220 del 28.06.2017; Rad. 49895 del 28.06.2017: Rad. 49647 del 07.06.2017; Rad. 50402 del 05.06.2017; Rad. 50325 del 23.05.2017; Rad. 49253 del 10.05.2017; Rad. 49134 del 10.05.2017). La pregunta es, entonces, ¿cuáles son esos delitos conexos al delito político? Sobre esto se volverá más adelante, especialmente con respeto al narcotráfico.

La Ley de Amnistía, en el literal a del Artículo 23 citado arriba, define concretamente a través de un listado cuáles delitos no pueden ser amnistiados. Esta redacción tiene muchos problemas. Lo cierto es que dicho listado va más allá del ER.[34] En los Artículos 5 a 8bis de este instrumento internacional se definen el genocidio, los crímenes de lesa humanidad, los crímenes de guerra y el crimen de agresión —el cual no es relevante para Colombia—. Si se analiza detalladamente el Artículo 23 de la Ley de Amnistía, se puede ver que la primera parte de la lista corresponde más o menos al ER: delitos de lesa humanidad, genocidio —aunque en Colombia el genocidio se define

---

[34] Por supuesto, sí hay otras fuentes relevantes aparte del y anteriores al ER. Por ejemplo, el derecho positivo y consuetudinario, basado en el Derecho Internacional Humanitario (DIH), con relación al tema de la responsabilidad de mando. En todo caso, el ER codifica lo que uno consideraría el *current state* del DPI; en ese sentido es un buen punto de partida, ya que Colombia es, además, Estado parte.

más ampliamente porque incluye el genocidio político—[35] y graves crímenes de guerra.

Sin embargo, en relación con los crímenes de guerra puede haber dificultades, ya que el ER no habla de "graves crímenes de guerra" tal y como lo hace la Ley de Amnistía. El Estatuto hace alusión solamente a "crímenes de guerra". Así, por ejemplo, el homicidio de una persona protegida, como un civil, constituye un crimen de guerra en los términos del ER, pero en Colombia, en cambio, en el marco de la Ley de Amnistía se debe preguntar primero si dicha conducta es "grave" o no. Si se tiene una limitación o un adjetivo como este se debe distinguir entre casos graves y no graves; en consecuencia, por ejemplo, el asesinato o el secuestro de una persona podría no ser un caso "grave", mientras que la masacre de una población sí podría ser valorada de esta manera. Esto debe ser interpretado y ahí puede surgir un problema frente al ER, el cual no tiene esta limitación. El ER establece solamente un límite en términos de la jurisdicción de la CPI en el Artículo 8 (1), al decir "como parte de un plan o política o como parte de la comisión en gran escala", pero esta limitación es solo jurisdiccional, no sustancial. Una limitación no sustancial —de admisibilidad como concepto procesal— también se encuentra en el umbral de gravedad del test de complementariedad que debe tener lugar en el contexto de la CPI (Corte Penal Internacional, 2002, Artículo 17; Ambos, 2016, pp. 271-ss.).

Así las cosas, la Fiscalía de la CPI podría afirmar que Colombia, al contemplar en la Ley de Amnistía un concepto más

---

[35] "El que con el propósito de destruir total o parcialmente un grupo nacional, étnico, racial, religioso *o político* ~~que actúe dentro del marco de la ley~~, por razón de su pertenencia al mismo, ocasionare la muerte de sus miembros, incurrirá en prisión de [...]" (Énfasis del autor). Colombia. Congreso de la República. Ley 599 (24 de julio de 2000), Artículo 101. El fragmento tachado fue declarado inexequible por la Corte Constitucional colombiana mediante laSsentencia C-177 de 2001.

estrecho de crímenes de guerra y no seguir en este punto el ER, no cumple con sus obligaciones internacionales. Contra esto se podría argumentar que el adjetivo "grave", al igual que la expresión "como parte de un plan o política o como parte de la comisión en gran escala" del Artículo 8 (1) ER, solamente constituye una limitación jurisdiccional (Ambos, 2014, pp. 118-ss.). En todo caso, la lista de crímenes no amnistiables sigue y en ella se incluyen aquellos que no corresponden necesariamente a crímenes internacionales. Es importante tener claro que los crímenes internacionales en el sentido del DPI no son lo mismo que los *crímenes transnacionales* (Ambos, 2014, pp. 222-ss.). Tomando en cuenta estas dificultades en la interpretación del término "grave", la Corte Constitucional concluyó en su reciente sentencia del 1 de marzo de 2018 que este término es inexequible siempre y cuando se refiere a crímenes (CC, Comunicado Nr. 08 del 01 de marzo de 2018; *El Espectador*, 2018, marzo 1; Ámbito Jurídico, 2018, marzo 2). Por lo tanto, el adjetivo fue eliminado de seis artículos de la Ley 1820 lo cual aportará una mayor claridad en la aplicación de la norma, sobre todo con respecto al parágrafo del Artículo 23 acá discutido.

Ejemplos de la segunda categoría son el narcotráfico o el terrorismo. Los crímenes internacionales tienen un elemento de contexto —*Gesamttat*—. Este elemento de contexto es un requisito indispensable para convertir un crimen ordinario, como varios asesinatos, en un crimen internacional. Así, por ejemplo, el literal a del parágrafo del Artículo 23 de la Ley de Amnistía también hace referencia a la toma de rehenes, conducta que no constituye un crimen internacional y da lugar más bien a un crimen ordinario. Algo similar ocurre con la desaparición forzada de personas. Este último crimen encuentra fundamento en convenciones internacionales, como la Convención Interamericana (OEA, 1994), pero solo constituye un crimen internacional, por ejemplo un crimen de lesa humanidad, cuando es cometido como parte de un ataque sistemático o generalizado contra la población civil. Esto quiere decir que la conducta se debe cometer como parte de una política dentro de una "línea de conducta" y no como un acto aislado.[36]

La desaparición forzada es tal vez el caso menos problemático, pues evidentemente es un crimen grave (Ambos y Böhm, 2009, pp. 195-ss.). Sin embargo, no ocurre lo mismo, por ejemplo, con el tema de la violencia sexual, el cual es demasiado amplio. La Ley de Amnistía se refiere en el literal a del parágrafo del Artículo 23 al "acceso carnal violento y otras formas de violencia sexual". Así formulado, se puede dar a entender desde la violación hasta el acoso sexual. Esto depende de cómo se interprete. Cualquier ataque contra la autonomía sexual de una persona es susceptible de ser calificado como "violencia sexual" y, sin embargo, seguramente no cualquier ataque en este sentido constituye un crimen internacional. Son crímenes, pero no necesariamente internacionales. Así pues, se podría presentar un problema de legalidad, dada la vaguedad de dicha expresión. No obstante, en todos estos casos la Ley de Amnistía va más allá del ER.

Desde el punto de vista normativo o de derecho positivo, es posible afirmar entonces que Colombia ha hecho un intento por seguir el DPI y en particular el ER. Esto no se puede comparar con procesos de esta clase que han tenido lugar en otros países, como en Sudáfrica —siempre (mal) citado en Colombia—,[37]

---

[36] Ver Artículo 7 (Crímenes de lesa humanidad) del Estatuto de Roma: "A los efectos del presente Estatuto, se entenderá por 'crimen de lesa humanidad' cualquiera de los actos siguientes cuando se cometa como parte de un ataque generalizado o sistemático contra una población civil y con conocimiento de dicho ataque [seguido de una enumeración de delitos particulares]. [...] 2. A los efectos del párrafo 1:
a) Por 'ataque contra una población civil' se entenderá una línea de conducta que implique la comisión múltiple de actos mencionados en el párrafo 1 contra una población civil, de conformidad con la política de un Estado o de una organización de cometer ese ataque o para promover esa política".

[37] Véanse las referencias bibliográficas citadas al principio del apartado *Las amnistías condicionadas, admisibles*.

en donde hubo mucho más impunidad, o en países de Europa oriental, ni siquiera con otros procesos colombianos que han tenido lugar en el pasado, en los cuales, en todo caso, se han reconocido límites a la concesión de beneficios. En este sentido, se puede recordar la noción de "actos de ferocidad y barbarie" (Ambos, 1999, pp. 53-ss.; Peña, 1992, junio 2; Ambos, 2015, noviembre 14). En varios aspectos la legislación colombiana actual es incluso más progresiva. De hecho, no hay muchos problemas desde el punto de vista normativo; la gran dificultad se presenta más bien en la implementación del marco normativo.

EL NARCOTRÁFICO COMO DELITO CONEXO Y POR LO TANTO ¿AMNISTIABLE?

Otro tema complejo y muy controvertido, el cual he discutido previamente (Ambos, 2017, enero 21), es el narcotráfico como posible delito conexo a los delitos políticos (Tarapués, 2017, septiembre 25). En primer lugar, resulta llamativo que el término "narcotráfico" no haya sido incluido en el texto de la Ley 1820. Así las cosas, el punto de partida para responder a la pregunta compleja de si el narcotráfico debe ser tratado como un delito conexo y si por lo tanto es amnistiable, son los Artículos 8 y 23, los cuales, como ya se afirmó, definen el delito político y sus delitos conexos en concordancia con los puntos 38-41 del capítulo sobre Justicia Especial para la Paz del *Acuerdo final* (Gobierno-FARC, 2016):

> 38. […] se amnistiarán e indultarán los delitos políticos y conexos cometidos en el desarrollo de la rebelión por las personas que formen parte de los grupos rebeldes con los cuales se firme un acuerdo de paz. […] Para decidir sobre la conexidad con el delito político de conductas *delictivas relacionadas con cultivos de uso ilícito*, se tendrán en cuenta los criterios manifestados por la jurisprudencia interna colombiana con aplicación del principio de favorabilidad […].

41. Tampoco son amnistiables o indultables en el SIVJRNR, los delitos comunes que carecen de relación con la rebelión, conforme a lo determinado en la ley de amnistía (pp. 150-152).[38]

Obviamente, el narcotráfico por sí mismo no puede ser calificado como delito político, pues no se dirige, como exige el segundo párrafo del Artículo 8 de la Ley 1820, contra "el Estado y su régimen constitucional vigente" como sujeto pasivo de la conducta, ni tampoco es, como tal, ejecutado "sin ánimo de lucro":

> En virtud de la naturaleza y desarrollo de los delitos políticos y sus conexos, para todos los efectos de aplicación e interpretación de esta ley, se otorgarán tratamientos diferenciados al delito común. Serán considerados delitos políticos aquellos en los cuales el sujeto pasivo de la conducta ilícita es el Estado y su régimen constitucional vigente, cuando sean ejecutados sin ánimo de lucro personal.

Pero, ¿podría ser considerado como delito conexo cuando se ha incurrido en dicha actividad con el objetivo de financiar la rebelión contra el Estado? El tercer y cuarto párrafo del Artículo 8 de la Ley de Amnistía define como delitos conexos tanto las "conductas relacionadas específicamente con el desarrollo de la rebelión", las cuales deben ser cometidas "con ocasión del conflicto armado", "así como las conductas dirigidas a facilitar, apoyar, financiar u ocultar" la rebelión. En los dos casos se debe tratar de delitos comunes cometidos "sin ánimo de lucro *personal,* en beneficio propio o de un tercero".[39] Esta definición se reitera de una manera más concreta en el Artículo 23, el cual excluye como delitos conexos amnistiables los

---

[38] Énfasis del autor.

[39] Énfasis del autor.

crímenes internacionales "de conformidad con […] el Estatuto de Roma" y los delitos comunes sin relación con la rebelión o "cuya motivación haya sido obtener beneficio personal, propio o de un tercero", es decir, como se dijo antes, cometidos con fines de lucro *personal*. Además, este mismo artículo dice, al final, que se pueden considerar como delitos conexos "aquellas conductas que hayan sido calificadas de manera autónoma como delitos comunes, siempre y cuando estas se hayan cometido en función del delito político y de la rebelión".

En resumidas cuentas, esto quiere decir que un delito común cometido para financiar la rebelión, es decir, con fines de lucro, *pero no personal*, puede ser considerado como un delito conexo al delito político. El adjetivo personal es clave aquí, pues convierte al narcotráfico, el cual, por cierto, es un delito (común) típico de lucro, en un delito conexo, siempre y cuando su objetivo no haya sido el enriquecimiento "personal de los rebeldes": "38. […] Se entenderá como conducta dirigida a financiar la rebelión todas aquellas conductas ilícitas de las que no se haya derivado enriquecimiento personal de los rebeldes ni sean consideradas crimen de lesa humanidad, grave crimen de guerra o genocidio" (Gobierno-FARC, 2016, p. 151; al respecto, véase Corte Suprema de Justicia, Rad. 49895 del 28.06.2017, M.P. Patricia Salazar Cuéllar: "[…] el único concierto 'para delinquir' que resulta unido al delito político es el que se acuerda para ayudar los fines de la rebelión […]", énfasis propio).

El narcotráfico es un delito común, pues, por un lado, no se encuentra en la lista de crímenes internacionales a la que ya se hizo alusión y, por otro lado, no constituye un crimen internacional sino un crimen transnacional. Conductas de narcotráfico cometidas por un grupo rebelde como las FARC-EP durante un conflicto armado también están relacionadas con este conflicto —supuesto i— y pueden bien haber estado "dirigidas" a "financiar" la rebelión —supuesto ii—, en particular si el respectivo grupo no tenía otras fuentes de financiación, como la ayuda proveniente de países extranjeros —así ocurrió durante la Guerra Fría, cuando Estados Unidos o la Unión Soviética financiaron grupos de este tipo—. La pregunta es entonces si es posible sostener que estas conductas han sido cometidas sin fines de lucro *personal*, adjetivo que, como se dijo antes, hace la distinción entre delito común no amnistiable y delito conexo amnistiable. De todos modos, la posibilidad de una comisión sin fines de lucro personal no se puede descartar de entrada; esto depende de cada caso concreto.

Es posible imaginar una situación en la cual el grupo respectivo usa todas las ganancias del narcotráfico para comprar armas y otros equipamientos para sus tropas. En este caso, el grupo podría haber incurrido en este delito exclusivamente para financiar la rebelión. Teniendo en cuenta que al parecer las FARC-EP han obtenido importantes ganancias como producto de actividades relacionadas con el narcotráfico, queda claro que dicha actividad constituyó una estrategia decisiva para facilitar la insurgencia por parte de dicho grupo (Hataway, 2015, pp. 163-ss. y 174-ss., Otis, 2014, pp. 8-ss.; Lozano, 2017, marzo 12; *Semana,* 2016, septiembre 6; Yagoub, 2016, abril 21). En últimas, se trata de una cuestión fáctica y probatoria, donde puede ser decisiva la distribución de la carga de la prueba. Los encargados de la difícil tarea de determinar "la conexidad con el delito político caso a caso" serán los jueces de la Sala de Amnistía e Indulto.

LA IMPLEMENTACIÓN EFECTIVA DE LA LEY 1820

El primer desafío en cuanto a la puesta en práctica de la Ley 1820 es que la JEP pretende ser un sistema integral, lo cual es poco modesto.[40] Esto supondría un sistema "holístico" en donde

---

[40] Sobre la posible fecha de la efectiva operación de la JEP, con el nombramiento de los magistrados y la aprobación de las reglas, especialmente sobre procedimiento, véase Ambos (2017, junio 8).

los diferentes componentes estén realmente conectados. Sin embargo, por ahora solo se cuenta con las normas y no existe la institucionalidad que soporte dicha legislación. De todas maneras, ya se están amnistiando personas con base en la Ley de Amnistía y el Decreto 277.[41] Si el interesado suscribe un acta de compromiso conforme al formato anexo, ya puede ser beneficiario de la amnistía.[42] De hecho, como se trata de una amnistía condicionada, la Sala de Amnistía e Indultos debería verificar posteriormente si esa persona ha cometido delitos no amnistiables. Empero, la persona que firma el acta no dice nada, no "confiesa" nada en el momento en el que se le otorga el beneficio. En este sentido, la exigencia es menor que en la Ley de Justicia y Paz, en la cual existía la versión libre. Obviamente, allí se podía mentir, pero en todo caso había que confesar algo (Ambos *et al.*, 2010, pp. 9-ss. y 81-ss.).

Al contrario, en el caso de la Ley de Amnistía no hay por ahora quién controle si los requisitos se cumplen. Aunque el Artículo 35 de la Ley 1820, último párrafo, prevé la posibilidad de revocar la libertad de quienes incumplan alguno de los requerimientos del Tribunal para la Paz —por ejemplo, respecto a la reparación de las víctimas o porque no se comparece ante la Comisión de la Verdad—, será difícil implementar este mecanismo ya que las personas beneficiadas hasta el momento con la amnistía en ese momento ya estarán en libertad y seguramente no se entregarán de nuevo a las autoridades estatales si eventualmente esta se llegara a revocar. Esta duda se ve

---

[41] A principios de mayo de 2017, jueces de ejecución de penas ya habían sacado de la cárcel a 291 guerrilleros, de los cuales 179 obtuvieron amnistía *de iure,* 40 libertades condicionadas y 72 fueron trasladados a zonas veredales (*El Tiempo,* 2017, mayo 10; mayo 11). A la fecha (16.01.2018) 3 534 exguerrilleros han firmado el acta de sometimiento; además, hay 1 729 actas suscritas por integrantes de la fuerza pública y, además, de 21 particulares (*Semana* 2018, enero 15).

[42] Colombia. Presidencia de la República. Decreto 277 (17 de febrero de 2017), Anexos I y II, Actas de Compromiso-Amnistía *de Iure*-Ley 1820 de 2016.

aún más agravada tomando en cuenta la posición de la Corte Constitucional en su sentencia del 1.º de marzo de 2018. Allí aclaró que para todos los que quieran acceder a la amnistía es una obligación estar dispuesto a contar toda la verdad y a reparar a las víctimas en la JEP. En caso contrario, tendrán que enfrentar un proceso penal en la justicia ordinaria y perderán los beneficios de la amnistía (CC, Comunicado Nr. 08 del 01 de marzo de 2018; *El Espectador*, 2018, marzo 1; *Semana*, 2018, marzo 1). Es decir, la Corte establece un requisito imprescindible que —a pesar de su razonamiento normativo que debe considerarse muy positivo— parece ser demasiado exigente para la práctica judicial de la JEP.

Así pues, es posible plantear la pregunta de si estas amnistías realmente serán verificadas cuando la JEP esté funcionando, lo cual es difícil debido a la gran cantidad de casos que tendrían que ser revisados. Probablemente, lo que se busca con esto es que la amnistía se otorgue al mayor número de personas, para que luego haya menos carga de trabajo para la JEP. Esto es razonable, dado que en todo caso se necesita un mínimo de selección, pero la pregunta es si es "honesto" hacerlo de esta manera. Sería más transparente decir con claridad que hay miles de personas que nunca van a poder ser procesadas y que por esto solo se busca procesar una cantidad reducida de individuos —el 5 % por ejemplo— con los criterios que existen en DPI o en la directiva que la misma Fiscalía colombiana expidió hace unos años para priorizar la investigación de casos —por ejemplo, casos representativos, líderes, entre otros—. Claro está, aceptar abiertamente la limitación de este sistema hubiera sido difícil teniendo en cuenta el impacto político y la posible reacción de diversos sectores sociales, como por parte de las ONG. Sin embargo, tarde o temprano se harán evidentes los límites de la JEP. La pregunta es cómo se le puede exigir a la persona a quien se otorga la amnistía que contribuya a la verdad o que repare a las víctimas. Este es un tema que debe ser observado y discutido con detenimiento por la sociedad colombiana.

Otro aspecto con miras a la implementación efectiva de las amnistías y los indultos en el marco de la JEP concierne al recurso de *habeas corpus*, el cual también he discutido en otro lugar (Ambos, 2017, mayo 15). Mediante el Decreto 700, que desarrolla la Ley 1820, así como su primer decreto reglamentario 277, se estableció la posibilidad de interponer este recurso en casos de prolongación indebida de la privación de la libertad. Con base en el Decreto 700 también la jurisprudencia de la Corte Constitucional sobre *habeas corpus* es aplicable en caso de omisión o dilación injustificada en el trámite de las solicitudes de libertad condicional. En particular, este beneficio se otorga, primero, a los miembros de las FARC-EP privados de la libertad, frente a los cuales procede la amnistía *de iure*;[43] segundo, a los miembros de las FARC-EP frente a los cuales no procede la amnistía *de iure*, siempre que hayan cumplido por lo menos cinco años de privación de la libertad, condenados o no;[44] tercero, procede para personas privadas de la libertad por conductas desplegadas en contextos relacionados con el ejercicio del derecho a la protesta o disturbios internos.[45]

Según el Artículo 14 del Decreto 277, en estos tres casos se debe conceder la libertad condicional en un plazo máximo de diez días, siempre que los beneficiarios cumplan con los demás requisitos, entre otros, la suscripción de la respectiva acta de compromiso. Este trámite supone, por ejemplo, en el contexto del sistema penal acusatorio y en relación con quienes no pueden recibir la amnistía *de iure* pero llevan más de

---

[43] Colombia. Congreso de la República. Ley 1820 (30 de diciembre de 2016). Artículo 35, primer párrafo.

[44] Ley 1820 (30 de diciembre de 2016). Artículo 35, parágrafo; Decreto 277 (17 de febrero de 2017), Artículos 11 y 12.

[45] Ley 1820 (30 de diciembre de 2016). Artículo 37, cuarto párrafo; Decreto 277 (17 de febrero de 2017), Artículo 15.

cinco años privados de la libertad, que el fiscal competente, a solicitud del miembro del grupo armado, verifique si existen otros procesos penales en contra del miembro de las FARC-EP que ha solicitado la libertad condicional; de esta forma, dicho fiscal asume automáticamente la competencia sobre estos otros procesos y debe entonces solicitar una audiencia dentro de los cinco días siguientes a la radicación de la solicitud, en la cual un juez de control de garantías debe decidir sobre la conexidad y la libertad.[46] De no cumplirse este trámite en el tiempo indicado es procedente entonces el recurso de *habeas corpus* ante cualquier juez ordinario (Corte Constitucional de Colombia, 2015, Artículo 30, pp. 16-17).[47]

Si bien la garantía "del derecho a la libertad individual frente a eventuales omisiones o dilaciones injustificadas" es loable, existen varias dudas con respecto a su viabilidad. Teniendo en cuenta la magnitud del proceso de desarme y desmovilización de un grupo como las FARC-EP y la situación de la administración de justicia colombiana en general —en especial la penal—, el plazo limitado a diez días parece ser demasiado exigente. Así las cosas, el Decreto 277 establece un trámite que ya sería difícil de cumplir bajo circunstancias normales y que aumenta la sobrecarga que ya sufren los jueces con respecto al sistema nuevo y complejo de la JEP.

En resumen, se puede afirmar que, a pesar de los esfuerzos notables por parte del Estado colombiano para emitir normas que permitan implementar la Ley 1820, no es claro si lo dis-

---

[46] Decreto 277 (17 de febrero de 2017), Artículo 11a. Sobre el *Habeas Corpus* en el marco de la JEP véase Corte Suprema de Justicia, 51122 del 11.09.2017; Rad. 51097 del 05.09.2017; Rad. 51064 del 31.08.2017; Rad. 51042 del 29.08.2017; Rad. 51029 del 28.08.2017; Rad. 51002 del 24.08.2017; Rad. 51010 del 23.08.2017; Rad. 50926 del 14.08.2017; Rad. 50801 del 25.07.2017; Rad. 50710 del 17.07.2017; Rad. 50488 del 14.06.2017; Rad. 50402 del 05.06.2017; Rad. 50325 del 23.05.2017; Rad. 50308 del 19.05.2017; Rad. 50281 del 16.05.2017.

[47] Colombia. Congreso de la República. Ley 1095 (2 de noviembre de 2006).

puesto en el Decreto 700 es un medio adecuado para lograr este fin. Adicionalmente, no queda claro cómo se verificará si la persona beneficiada con la amnistía cumple con los requisitos para disfrutar de la libertad condicional.

CONCLUSIÓN

El Acuerdo de Paz entre el Gobierno colombiano y las FARC-EP, junto con la Ley 1820 y sus dos Decretos Reglamentarios 277 y 700, forman un marco normativo altamente sofisticado en materia de amnistías, prohibiendo amnistías absolutas en concordancia con el derecho (penal) internacional. De acuerdo con el DPI, las amnistías condicionadas son admisibles siempre y cuando la legislación nacional correspondiente cumpla con ciertos requisitos. En particular, se debe exigir a los beneficiarios de la amnistía condicionada la revelación de los hechos, el reconocimiento de su responsabilidad y el arrepentimiento con el fin de contribuir a una verdadera reconciliación, sin cobijar crímenes de lesa humanidad, genocidios y crímenes de guerra, los cuales no deben quedar impunes. El marco jurídico colombiano asegura que a estos no se les aplicarán beneficios penales como las amnistías y, además, no se limita a los crímenes internacionales más graves. Más bien, Colombia adoptó un enfoque amplio y también pretende garantizar una investigación efectiva de otros crímenes igualmente graves. Por lo tanto, con respecto a los crímenes no amnistiables, el marco legal definido en este país es compatible con el DPI y va aún más allá de sus requerimientos.

En relación con los delitos amnistiables la situación es más compleja. El Acuerdo de Paz y la Ley 1820 prevén una variedad de disposiciones dirigidas a garantizar que los beneficiarios de la amnistía se comprometan a cumplir con las condiciones correspondientes. Al respecto se puede afirmar que la regulación de la amnistía condicionada en el marco jurídico de la JEP colombiana asegura a nivel normativo la investigación efectiva, por autoridades competentes, con el fin de sancionar adecuadamente las violaciones graves del DPI y garantizar recursos eficaces a las víctimas. Este régimen constituye una normatividad sofisticada y novedosa que no tiene comparación con medidas similares implementadas en otros procesos de paz. De hecho, las autoridades colombianas han sido especialmente diligentes al diseñar una amnistía condicionada que cumple en gran parte con los estándares normativos del derecho (penal) internacional. Sin embargo, algunos aspectos no concuerdan con el marco internacional y existen dudas fundadas sobre su implementación efectiva.

En primer lugar, el tratamiento diferenciado entre las FARC-EP y los agentes del Estado en cuanto a la posible concesión de amnistías no corresponde al DIH, el cual trata a todos los grupos involucrados en un conflicto armado por igual, con independencia de si una parte del conflicto pertenece al lado estatal. Por lo tanto, desde la perspectiva del derecho internacional, ambas partes deberían ser sometidas al mismo marco legal, sin diferenciar entre amnistías para unos y renuncia a la persecución penal para los otros. Aunque esta diferenciación se puede explicar al observar la tradición colombiana al respecto y teniendo en cuenta aspectos del contexto político en el que se firmó el Acuerdo de Paz, cabe señalar que la misma Ley 1820 hace referencia expresamente al DIH y por lo tanto esta debe ser analizada en ese contexto.

Además, las normas de la Ley 1820, sobre todo las que hacen la distinción entre delitos políticos y conexos, así como los contornos poco nítidos de estos conceptos, suscitan dudas en cuanto a la implementación efectiva de dicha ley. Lo mismo sucede con los plazos breves previstos en el Decreto 277 y la procedencia del recurso de *habeas corpus*, así como con la ausencia de un mecanismo supervisor que controle si los beneficiarios de la amnistía condicionada cumplen con sus obligaciones en el marco de la JEP. Por ello, existe el peligro de que la norma y la realidad no coincidan y se pierda el valor

de disposiciones legales que pueden estar bien confecciona-
das pero que no sirvan en la práctica. De cualquier manera,
se debe esperar para ver si las autoridades competentes serán
capaces de aplicar la intrincada legislación establecida sobre
la base del Acuerdo de Paz. Considerando el gran impacto
jurídico y político de este tema delicado y muy controvertido,
el manejo de las amnistías e indultos en el marco de la JEP va
a ser un elemento clave para el desarrollo exitoso del proceso
de paz en Colombia.

REFERENCIAS BIBLIOGRÁFICAS

LITERATURA

Alvira, Gustavo (2013) Toward a new Amnesty: The Colombian
    Peace Process and the Inter-American Court of Human Rights.
    Tulane Journal of International and Comparative Law, 22,
    pp. 119-145.
Ambos, Kai (2018, 5ta ed.). *Internationales Strafrecht. Strafanwen-
    dungsrecht, Völkerstrafrecht, Europäisches Strafrecht, Rechts-
    hilfe.* München: C.H. Beck.
Ambos, Kai (2017, junio 8). El Código Procesal de la JEP. *El Espec-
    tador.* Recuperado de http://www.elespectador.com/opinion/
    el-codigo-procesal-de-la-jep-columna-697496
Ambos, Kai (2017, mayo 15). Amnistía y "habeas corpus". *El Espec-
    tador.* Recuperado de http://www.elespectador.com/opinion/
    amnistia-y-habeas-corpus-columna-693920
Ambos, Kai (2017, enero 21). Amnistía y narcotráfico. *El Especta-
    dor.* Recuperado de http://www.elespectador.com/opinion/
    opinion/amnistia-y-narcotrafico-columna-675841
Ambos, Kai (2016). *Treatise on International Criminal Law. Vo-
    lume III: International Criminal Procedure.* Oxford: Oxford
    University.
Ambos, Kai (2015, noviembre 14). ¿Revisión de indultos para M-19?
    El Espectador. Recuperado de http://www.elespectador.com/

opinion/opinion/revision-de-indultos-para-el-m-19-colum-na-599308

Ambos, Kai (2014). *Treatise on International Criminal Law. Volume II: The Crimes and Sentencing.* Oxford: Oxford University.

Ambos, Kai (2013). *Treatise on International Criminal Law. Volume I: Foundations and General Part.* Oxford: Oxford University.

Ambos, Kai *et al.* (2010). *Procedimiento de la Ley de Justicia y Paz (Ley 975 de 2005) y Derecho Penal Internacional. Estudio sobre la facultad de intervención complementaria de la Corte Penal Internacional a la luz del denominado proceso de "justicia y paz" en Colombia.* Bogotá, D. C.: GTZ, Embajada de la República Federal Alemana en Bogotá, Georg-August-Universität Göttingen. Recuperado de http://www.corteidh.or.cr/tablas/26869.pdf

Ambos, Kai (2009a). The Legal Framework of Transitional Justice: A Systematic Study with a Special Focus on the Role of the ICC. En: Ambos, Kai; Large, Judith y Wierda, Marieke (eds.). *Building Future on Peace and Justice: Studies on Transitional Justice, Peace and Development* (pp. 19-103). Berlin: Springer.

Ambos, Kai (2009b). El marco jurídico de la justicia de transición. En: Ambos, Kai; Malarino, Ezequiel y Elsner, Gisela (coords.). *Justicia de transición. Informes de América Latina, Alemania, Italia y España* (pp. 23-129). Montevideo: Konrad-Adenauer-Stiftung, Universidad de Göttingen.

Ambos, Kai (2008). *El marco jurídico de la justicia de transición.* Bogotá, D. C.: Temis.

Ambos, Kai (1999). *Impunidad y Derecho Penal Internacional.* Buenos Aires: Ad Hoc.

Ambos, Kai (1997). *Straflosigkeit von Menschenrechtsverletzungen. Zur "impunidad" in südamerikanischen Ländern aus völkerstrafrechtlicher Sicht.* Freiburg: Iuscrim, Max Planck Institute for Foreign and International Criminal Law.

Ambos, Kai y Böhm, María Laura (2011). Tribunal Europeo de Derechos Humanos y Corte Interamericana de Derechos Humanos: ¿Tribunal tímido y tribunal audaz? En: Ambos, Kai; Malarino, Ezequiel y Gisela Elsner (coords.). *Sistema Interamericano de Protección de los Derechos Humanos y Derecho*

Penal Internacional. Tomo II (pp. 43-69). Montevideo: Konrad-Adenauer-Stiftung, Universidad de Göttingen. Recuperado de http://www.kas.de/wf/doc/kas_31766-1522-4-30. pdf?121011222421

Ambos, Kai y Böhm, María Laura (2009). La desaparición forzada de personas como tipo penal autónomo. En: Ambos, Kai (coord.). *Desaparición forzada de personas. Análisis comparado e internacional* (pp. 195-255). Bogotá, D. C.: GTZ-ProFis GmbH. Recuperado de https://www.unifr.ch/ddp1/derechopenal/obrasportales/op_20110207_02.pdf

Aponte Cardona, Alejandro (2011). *El proceso penal especial de justicia y paz. Alcances y límites de un proceso penal concebido en clave transicional.* Madrid: CITpax.

Arsanjani, Mahnoush H. (1999). The International Criminal Court and National Amnesty Laws. En: *Proceedings of the Ninety-Third Annual Meeting of the American Society of International Law,* 65, pp. 65-68.

Baier, Helmut (2001). Die Auslieferung von Bürgern der Europäischen Union an Staaten innerhalb und außerhalb der EU. *Goltdammer's Archiv für Strafrecht,* Heidelberg, 2001, 427-446.

Bassiouni, Cherif M. (2013). *Introduction to International Criminal Law.* Leiden: Martinus Nikhoff.

Bell, Christine (2009). The "New Law" of Transitional Justice. En: Ambos, Kai; Large, Judith y Wierda, Marieke (eds.). *Building Future on Peace and Justice: Studies on Transitional Justice, Peace and Development* (pp. 105-126). Berlin: Springer.

Bock, Stefanie (2010). *Das Opfer vor dem Internationalen Strafgerichtshof.* Berlin: Buncker & Humblot.

Bubenzer, Ole (2009). *Post-TRC Prosecutions in South Africa. Accountability for Political Crimes after the Truth and Reconciliation Commission's Amnesty Process.* Leiden, Boston: Martinus Nijhoff.

Cassel, Douglas (1996). Lessons from the Americas: Guidelines for International Response to Amnesties for Atrocities. *Law and Contemporary Problems,* 59 (4), pp. 197-230.

Cassese, Antonio (2013). *International Criminal Law.* Oxford: Oxford University.

Cassese, Antonio (2004). The Special Court and International Law: The Decision Concerning the Lomé Agreement Amnesty. *Journal of International Criminal Justice*, 2, pp. 1130-1140.

Cassese, Antonio; Gaeta, Paola y Jones, John R. W. D. (eds.) (2002). *The Rome Statute of the International Criminal Court: A Commentary. Volume I.* Oxford: Oxford University.

Chinchón Álvarez, Javier (2015). Las leyes de amnistía en el sistema europeo de derechos humanos. De la decisión de la Comisión en Dujardin y otros contra Francia a la sentencia de la Gran Sala en Marguš contra Croacia: ¿progresivo desarrollo o desarrollo circular? *Revista de Derecho Comunitario Europeo*, 52, pp. 909-947.

Cote, Gustavo (2010). *Derecho Penal de Enemigo en la Violencia (1948-1966).* Bogotá, D. C.: Pontificia Universidad Javeriana.

Cryer, Robert (2014). Alternatives and Complements to Criminal Prosecution. En: Cryer, Robert; Friman, Håkan; Robinson, Darryl y Wilmshurst, Elizabeth. *An Introduction to International Criminal Law and Procedure* (pp. 567-583). Cambridge: Cambridge University.

Deen-Racsmány, Zsuszanna y Blekxtoon, Rob (2005). The Decline of the Nationality Exception in European Extradition? The Impact of the Regulation of (non)-Surrender of Nationals and Dual Criminality under the European Arrest Warrant. *European Journal of Crime, Criminal Law and Criminal Justice*, 13, pp. 317-363.

Du Bois-Pedain, Antje (2007). *Transitional Amnesty in South Africa.* Cambridge: Cambridge University.

Du Bois-Pedain, Antje (2006). The South African Amnesty Scheme. A Model for Dealing with Systematic and Politically Motivated Human Rights Violations? En: Werle, Gerhard (ed.). *Justice in Transition-Prosecution and Amnesty in Germany and South Africa* (pp. 199-216). Berlin: Berliner Wissenschafts-Verlag.

Dugard, John (2002). Possible Conflicts of Jurisdiction with Truth Commissions. En: Cassese, Antonio; Gaeta, Paola y Jones, John

R. W. D. (eds.). *The Rome Statute of the International Criminal Court: A Commentary. Volume I* (pp. 693-700). Oxford: Oxford University.

Dugard, John (1999). Dealing with Crimes of a Past Regime. Is Amnesty Still an Option? *Leiden Journal of International Law*, 12, pp. 1001-1015.

Ferrer Mac-Gregor, Eduardo y Pelayo Möller, Carlos María (2014). Artículo 2. Deber de adoptar disposiciones de derecho interno. En: Steiner, Christian y Uribe, Patricia (coords.). *Convención Americana sobre Derechos Humanos. Comentario* (pp. 69-98). Berlín, Bogotá, D. C.: Konrad Adenauer Stiftung. Recuperado de http://www.kas.de/wf/doc/kas_22201-1442-4-30.pdf?170330175406

Freeman, Mark y Pensky, Max (2012). The Amnesty Controversy in International Law. En: Lessa, Francesca y Payne, Leigh A. (eds.). *Amnesty in the Age of Human Rights Accountability. Comparative and International Perspectives* (pp. 42-65). Cambridge: Cambridge University.

Gavron, Jessica (2002). Amnesties in the Light of Developments in International Law and the Establishment of the International Criminal Court. *The International and Comparative Law Quarterly*, 51 (1), pp. 91-117.

Gierhake, Katrin (2017). Strafe und Amnestie in Zeiten fragiler Staatlichkeit. Die Bedeutung des freiheitlichen Rechtsbegriffs für die Übergangsjustiz am Beispiel des kolumbianischen Friedensprozesses. *Zeitschrift für Internationale Strafrechtsdogmatik,* 12, pp. 391-409.

Goldstone, Richard J. y Fritz, Nicole (2000). In the Interests of Justice and Independent Referral: The ICC Prosecutor's Unprecedented Powers. *Leiden Journal of International Law*, 13, pp. 655-667.

Gready, Paul (2011). *The Era of Transitional Justice. The Aftermath of the Truth and Reconciliation Commission in South Africa and Beyond.* London, New York: Routledge.

Gropengießer, Helmut y Meißner, Jörg (2005). Amnesties and the Rome Statute of the International Criminal Court. *International Review of the Red Cross*, 5, pp. 267-300.

Gutiérrez Urresty, Ana María (2006). Las amnistías e indultos, un hábito social en Colombia. En: De Gamboa Tapias, Camila (ed.). *Justicia Transicional: teoría y praxis* (pp. 388-407). Bogotá, D. C.: Universidad del Rosario.

Hafner, Gerhard; Boon, Kristen; Rubesame, Anne y Huston, Jonathan (1999). A Response to the American View as Presented by Ruth Wedgewood. *European Journal of International Law*, 10, pp. 108-123.

Hataway, Breanne (2015). The FARC's Trafficking as Political Crime: Determining the Success of Colombia's Peace Talks. *North Carolina Journal of International Law*, 41, pp. 163-188.

King, Elizabeth B. Ludwin (2010). Amnesties in Times of Transition. *The George Washington International Law Review*, 41 (1), pp. 577-618.

Kourabas, Michael (2007). A Vienna Convention Interpretation of the "Interests of Justice" Provision of the Rome Statute, the Legality of Domestic Amnesty Agreements, and the Situation on Northern Uganda: A "Great Qualitative Step Forward" or a Normative Retreat? UC *Davis Journal of International Law & Policy*, 14 (1), pp. 59-93.

Lozano Vila, Alberto (2017, marzo 12). Los ingresos de las FARC. *El Espectador.* Recuperado de http://colombia2020.elespectador.com/opinion/los-ingresos-de-las-farc

Mallinder, Louise (2009). Exploring the Practice of States in Introducing Amnesties. En: Ambos, Kai; Large, Judith y Wierda, Marieke (eds.). *Building Future on Peace and Justice: Studies on Transitional Justice, Peace and Development* (pp. 127-171). Berlin: Springer.

Mallinder, Louise (2008). *Amnesty, Human Rights and Political Transitions: Bridging the Peace and Justice Divide.* Oxford: Hart.

May, Larry (2005). *Crimes against Humanity: a Normative Approach.* Cambridge: Cambridge University.

Méndez, Juan E. (2001). National Reconciliation, Transnational Justice and the International Criminal Court. *Ethics & Internacional Affairs*, 15, pp. 25-44.

Nerlich, Volker (2006). Lessons for the International Criminal Court: The Impact of Criminal Prosecutions on the South African Amnesty Process. En: Werle, Gerhard (ed.). *Justice in Transition-Prosecution and Amnesty in Germany and South Africa* (pp. 55-63). Berlin: Berliner Wissenschafts-Verlag.

Nerlich, Volker (2002). *Apartheidkriminalität vor Gericht. Der Beitrag der südafrikanischen Strafjustiz zur Aufarbeitung von Apartheidunrecht.* Berlin: Berlin Verlag.

Ohlin, Jens David (2009). A Meta-Theory of International Criminal Procedure: Vindicating the Rule of Law. UCLA *Journal of International Law and Foreign Affairs*, 14, pp. 77-120.

Olson, Laura (2006). Provoking the dragon on the patio. Matters of Transitional Justice: Kosovo, East Timor, Sierra Leone and Cambodia. *International Review of the Red Cross*, 88, pp. 275-294.

Orozco Abad, Iván (2006). *Combatientes, rebeldes y terroristas. Guerra y Derecho en Colombia*, Bogotá, D. C.: Temis.

Orozco Abad, Iván (2014). *Sobre los límites* de la *conciencia humanitaria. Dilemas de la paz y la justicia en América Latina.* Bogotá, D. C.: Temis, Universidad de los Andes.

Otis, John (2014). The FARC and Colombia's Illegal Drug Trade. *Woodrow Wilson Latin American Program.* Retrieved from http://www.wilsoncenter.org/sites/default/files/Otis_FARC-DrugTrade2014.pdf

Peña, Edulfo (1992, junio 2). Caso M-19: solución política o jurídica. *El Tiempo.* Recuperado de http://www.eltiempo.com/archivo/documento/MAM-128046

Pérez, Luis Carlos (1978). *Tratado de Derecho Penal. Tomo 3.* Bogotá, D. C.: Temis.

Pfanner, Toni (2006). Cooperation between Truth Commissions and the International Committee of the Red Cross. *International Review of the Red Cross*, 88 (862), pp. 363-373.

Portilla, Juan Carlos (2014). Amnesty: Evolving 21st Century Constraints under International Law. *The Fletcher Forum of World Affairs*, 38 (1), pp. 169-194.

Posada Maya, Ricardo (coord.) (2010). *Delito político, terrorismo y temas de derecho penal*. Bogotá, D. C.: Uniandes.

Robinson, Darryl (2003). Serving the Interests of Justice: Amnesties, Truth Commissions and the International Criminal Court. *European Journal of International Law*, 14, pp. 481-505.

Safferling, Christoph (2011). *Internationales Strafrecht: Strafanwendungsrecht, Völkerstrafrecht, europäisches Strafrecht*. Berlin: Springer.

Salmón, Elizabeth (2006). Reflections on International Humanitarian Law and Transitional Justice: Lessons to be Learnt from the Latin American Experience. *International Review of the Red Cross*, 88, pp. 327-353.

Sánchez, Angel L. (2004). *Jurisdicción universal penal y derecho internacional*. Valencia: Tirant lo Blanch.

Sandoz, Yves; Swinarski, Christophe y Zimmermann, Bruno (1987). *Commentary on the Additional Protocols of 8 June 1977 to the Geneva Conventions of 12 August 1949*. Geneva: Martinus Nijhoff. Recuperado de http://www.loc.gov/rr/frd/Military_Law/pdf/Commentary_GC_Protocols.pdf

Sarkin, Jeremy (2004). *Carrots and sticks: TRC and the South African amnesty*. Antwerp: Intersentia.

Scharf, Michael P. (1999). The Amnesty Exception to the Jurisdiction of the International Criminal Court. *Cornell International Law Journal*, 32 (3), pp. 507-527.

Schomburg, Wolfgang; Lagodny, Otto; Gleß, Sabine y Hackner, Thomas (2012). *Internationale Rechtshilfe in Strafsachen = International Cooperation in Criminal Matters*. München: C.H. Beck.

Seibert-Fohr, Anja (2003). The Relevance of the Rome Statute of the ICC for Amnesties and Truth Commissions. *Max Planck Yearbook of United Nations Law*, 7, pp. 553-590.

Semana (2016, septiembre 6). FARC obtuvo US$ 22,5 millones por narcotráfico entre 1995 y 2014. Recuperado de http://www.

semana.com/nacion/articulo/fiscalia-habla-sobre-ingresos-de-
las-farc-por-narcotrafico/477020

Slye, Ronald (2002). The Legitimacy of Amnesties under Internatio-
nal Law and General Principles of Anglo-American Law: Is a
Legitimate Amnesty Possible? *Virgina Journal of International
Law*, 43, pp. 173-248.

Stahn, Carsten (2005). Complementarity, Amnesties and Alternative
Forms of Justice: Some Interpretative Guidelines for the In-
ternational Criminal Court. *Journal of International Criminal
Justice*, 3, pp. 695-720.

Tarapués Sandino, Diego Fernando (2017, septiembre 25). El narcotráfico como delito político: ¿desatino o condición para el
posconflicto? *Razón Pública*. Recuperado de: https://razon-
publica.com/index.php/econom-y-sociedad-temas-29/10554-
el-narcotráfico-como-delito-pol%C3%ADtico-desatino-o-
condición-para-el-posconflicto.html

Teitel, Ruti G. (2000). *Transitional Justice.* Oxford: Oxford University.

Tomuschat, Christian (2002). The Duty to Prosecute International
Crimes Committed by Individuals. En: Cremer, Hans-Joachim;
Giegerich, Thomas y Richter, Dagmar (Hrsg.). *Tradition und
Weltoffenheit des Rechts, Festschrift für Steinberger* (pp. 315-
349). Berlin: Springer.

Vandermeersch, Damien (2002). Droit belge. En: Cassese, Antonio y
Delmas-Marty, Mireille (eds.). *Juridictions nationales et crimes
internationaux* (pp. 89-108). Paris: PUF.

Van der Voort, Karlijn y Zwanenburg, Marten (2001). From 'raison
d'État' to 'état de droit international' – Amnesties and the
French implementation of the Rome Statute. *International and
Comparative Law Review*, 1, pp. 315-342.

Vogel, Joachim (2001). Abschaffung der Auslieferung? Kritische
Anmerkung zur Reform des Auslieferungsrechts der Europäischen Union. *JuristenZeitung*, 56 (19), pp. 937-943.

Weigend, Thomas (2000). Grundsätze und Probleme des deutschen
Auslieferungsrechts. *Juristische Schulung*, 2, pp. 105-111.

Werle, Gerhard (2010). Der Übergang vom Unrechtsregime zum Rechtsstaat: Vergessen oder Erinnerung? – Ein Vierteljahrhundert nach dem Ende der argentinischen Militärdiktatur. In: Muñoz Conde, Francisco & Vormbaum, Thomas (Hrsg.). *Transformationen von Diktaturen in Demokratien und Aufarbeitung der Vergangenheit* (pp. 235-253). Berlin, New York: De Gruyter.

Werle, Gerhard (2005). *Principles of International Criminal Law.* The Hague: T.M.C. Asser.

Yagoub, Mimi (2016, abril 21). Las elusivas finanzas de las FARC y sus implicaciones para la paz. *InSight Crime.* Recuperado de http://es.insightcrime.org/analisis/las-elusivas-finanzas-de-las-farc-y-sus-implicaciones-para-la-paz

Young, Gwen K. (2002). Amnesty and Accountability. *U.C. Davis Law Review*, 35, pp. 427-482.

DOCUMENTOS OFICIALES, JURISPRUDENCIA Y OTROS

Chile. Contraloría General de la República. Decreto Ley 2191 (18 de abril de 1978). Concede amnistía a las personas que indica por los delitos que señala. Diario Oficial N.° 30042. Recuperado de https://www.leychile.cl/Navegar?idNorma=6849

Colombia. Congreso de la República. Ley 599 (24 de julio de 2000). Por la cual se expide el Código Penal. Recuperado de http://www.secretariasenado.gov.co/senado/basedoc/ley_0599_2000.html

Colombia. Congreso de la República. Ley 1095 (2 de noviembre de 2006). Por la cual se reglamenta el artículo 30 de la Constitución Política. Recuperado de http://www.secretariasenado.gov.co/senado/basedoc/ley_1095_2006.html

Colombia. Congreso de la República. Ley 1820 (30 de diciembre de 2016). Por medio de la cual se dictan disposiciones sobre amnistía, indulto y tratamientos penales especiales y otras disposiciones. Recuperado de http://www.secretariasenado.gov.co/senado/basedoc/ley_1820_2016.html

Colombia. Corte Constitucional. Sentencia C-177 (14 de febrero de 2001). Magistrado Ponente Fabio Morón Diaz.

Recuperado de http://www.corteconstitucional.gov.co/relatoria/2001/c-177-01.html

Colombia. Corte Constitucional. Comunicado Nr. 08 (01 de marzo de 2018). Magistrado Ponente Diana Fajardo Rivera. Recuperado de http://www.corteconstitucional.gov.co/comunicados/No.%2008%20comunicado%2001%20de%20marzo%20de%202018.pdf

Colombia. Corte Suprema de Justicia. Sala de Casación Penal. Sentencia C-26945, segunda instancia (11 de julio de 2007). Recuperado de http://www.verdadabierta.com/documentos/justicia-y-paz/sentencias/357-sentencia-de-la-corte-suprema-de-justicia-sobre-el-delito-de-sedicion-y-el-paramilitarismo-

Colombia. Presidencia de la República. Decreto 277 (17 de febrero de 2017). Por el cual se establece el procedimiento para la efectiva implementación de la Ley 1820 del 30 de diciembre de 2016. Recuperado de http://es.presidencia.gov.co/normativa/normativa/DECRETO%20277%20DEL%202017%20FEBRERO%20DE%202017.pdf

Colombia. Presidencia de la República. Decreto 700 (2 de mayo de 2017). Por el cual se precisa la posibilidad de interponer la acción de *habeas corpus* en casos de prolongación indebida de la privación de la libertad derivados de la no aplicación oportuna de la Ley 1820 de 2016 y el Decreto Ley 277 de 2017. Recuperado de http://es.presidencia.gov.co/normativa/normativa/DECRETO%20700%20DEL%2002%20DE%20MAYO%20DE%202017.pdf

Corte Constitucional de Colombia (2015). Constitución Política de Colombia. Bogotá, D. C.: Imprenta Nacional. Recuperado de http://www.corteconstitucional.gov.co/inicio/Constitucion%20politica%20de%20Colombia%20-%202015.pdf

Corte Interamericana de Derechos Humanos. Sentencia Serie C 75 (14 de marzo de 2001). Barrios Altos vs. Perú. Recuperado de http://www.corteidh.or.cr/docs/casos/articulos/Seriec_75_esp.pdf

Corte Interamericana de Derechos Humanos. Sentencia Serie C 219 (24 de noviembre de 2010). Caso Gomes Lund y otros ("guerrilha do Araguaia") vs. Brasil. Recuperado de http://www.corteidh.or.cr/docs/casos/articulos/seriec_219_esp.pdf

Corte Interamericana de Derechos Humanos. Sentencia Serie C 221 (24 de febrero de 2011). Caso Gelman vs. Uruguay. Recuperado de http://www.corteidh.or.cr/docs/casos/articulos/seriec_221_esp1.pdf

Corte Interamericana de Derechos Humanos. Sentencia Serie C 252 (25 de octubre de 2012). Caso masacres de El Mozote y lugares aledaños vs. El Salvador. Recuperado de http://corteidh.or.cr/docs/casos/articulos/seriec_252_esp.pdf

Corte Penal Internacional (2002). Estatuto de Roma. Recuperado de http://www.un.org/spanish/law/icc/statute/spanish/rome_statute(s).pdf

Gobierno de Colombia - FARC-EP (2016). *Acuerdo final para la terminación del conflicto y la construcción de una paz estable y duradera.* Recuperado de http://www.altocomisionadoparalapaz.gov.co/procesos-y-conversaciones/Documentos%20compartidos/24-11-2016NuevoAcuerdoFinal.pdf

International Criminal Court, Office of the Prosecutor (2007). Interests of Justice. *Policy Paper on the Interests of Justice*, September, pp. 1-9. Recuperado de https://www.icc-cpi.int/NR/rdonlyres/772C95C9-F54D-4321-BF09-73422BB23528/143640/ICCOTPInterestsOfJustice.pdf

International Tribunal for the Prosecution of Persons Responsible for Serious Violations of International Humanitarian Law Committed in the Territory of the Former Yugoslavia since 1991 (TPIY). Judgement, IT-95-17/1-T (10 de diciembre de 1998). Prosecutor v. Furundzija. Recuperado de http://www.icty.org/x/cases/furundzija/tjug/en/fur-tj981210e.pdf

International Tribunal for the Prosecution of Persons Responsible for Serious Violations of International Humanitarian Law Committed in the Territory of the Former Yugoslavia since 1991 (TPIY). Judgement, IT-94-1-A (15 July 1999). Prosecutor v. Du[Ko Tadi]. Recuperado de http://www.icty.org/x/cases/tadic/acjug/en/tad-aj990715e.pdf

Oficina del Alto Comisionado de las Naciones Unidas para los Derechos Humanos (2009). *Instrumentos del Estado de derecho para sociedades que han salido de un conflicto. Amnistías,* HR/PUB/09/1 (2009), p. 24 s. Disponible en: http://www.ohchr.org/Documents/Publications/Amnesties_sp.pdf

Organización de Estados Americanos (1969). Convención Americana de Derechos Humanos. OEA. Recuperado de https://www.oas.org/dil/esp/tratados_b-32_convencion_americana_sobre_derechos_humanos.htm

OEA. Comisión Interamericana de Derechos Humanos. Informe N.° 1/99, Caso 10 480 (27 de enero de 1999). Recuperado de http://www.cidh.org/annualrep/98span/fondo/el%20salvador10.480.htm

Organización de Estados Americanos (9 de junio de 1994). Convención interamericana sobre desaparición forzada de personas. OEA. Recuperado de http://www.oas.org/juridico/spanish/tratados/a-60.html

Organización de las Naciones Unidas. Protocolo Adicional II (8 de junio de 1977). Recuperado de https://treaties.un.org/doc/publication/unts/volume%201125/volume-1125-i-17513-english.pdf

Organización de las Naciones Unidas (ONU) (2000). Report of the Secretary-General on the Establishment of the Special Court for Sierra Leone (S/2000/915). *Residual Special Court for Sierra Leone.* Recuperado de http://www.rscsl.org/Documents/Establishment/S-2000-915.pdf

Organización de las Naciones Unidas (ONU) (2004a). El Estado de derecho y la justicia de transición en las sociedades que sufren o han sufrido conflictos (S/2004/616). Recuperado de http://www.un.org/es/comun/docs/?symbol=S/2004/616

Organización de las Naciones Unidas (ONU) (2004b). Promoción y protección de los derechos humanos. Impunidad (E/CN.4/2004/88). Recuperado de https://documents-dds-ny.un.org/doc/UNDOC/GEN/G04/113/58/PDF/G0411358.pdf?OpenElement

Permanent Court of International Justice. Advisory Opinion 12 (21 November 1925). Article 3, Paragraph 2, of the Treaty of Lausanne (Frontier between Turkey and Iraq). Recuperado de http://www.worldcourts.com/pcij/eng/decisions/1925.11.21_lausanne.htm

Presidencia de la República (2017, julio 10). Presidente Santos firmó decreto que otorga amnistía a 3 252 miembros de las FARC por delitos políticos. Recuperado de http://es.presidencia.gov.co/noticia/170710-Presidente-Santos-firmo-decreto-que-otorga-amnistia-a-3252-miembros-de-las-Farc-por-delitos-politicos

Residual Special Court for Sierra Leone (2002). Statute of the Special Court for Sierra Leone. Recuperado de http://www.rscsl.org/Documents/scsl-statute.pdf

South Africa. Constitutional Court. Case CCT 17/96 (25 July 1996). AZAPO et al. vs. The President et al. Recuperado de http://www.asser.nl/upload/documents/20120329T111715-AZAPO%20-%20Judgment%20-%2025-07-1996%20-%20South%20Africa.pdf

South Africa. Department of Justice and Constitutional Development. Act 34 (19 July 1995). Promotion of National Unity and Reconciliation. Recuperado de http://www.justice.gov.za/legislation/acts/1995-034.pdf

PRENSA

Ámbito Jurídico (2018, marzo 2). Conozca las principales decisiones de la Corte sobre la Ley de Indulto y Amnistía. Recuperado de https://www.ambitojuridico.com/noticias/general/constitucional-y-derechos-humanos/conozca-las-principales-decisiones-de-la-corte

El Espectador (2018, marzo 1). Corte Constitucional da luz verde a la Ley de Amnistía. Recuperado de https://www.elespectador.com/noticias/judicial/corte-constitucional-da-luz-verde-la-ley-de-amnistia-articulo-740607

El Tiempo (2017, mayo 10). Corte Constitucional inicia estudio de la Ley de Amnistía. Recuperado de http://m.eltiempo.

com/justicia/cortes/corte-constitucional-estudia-la-ley-de-amnistia-86562

El Tiempo (2017, mayo 11). Corte Constitucional suspende estudio de la Ley de Amnistía. Recuperado de http://m.eltiempo.com/justicia/cortes/corte-constitucional-suspende-el-estudio-de-la-ley-de-amnistia-87032

Semana (2016, septiembre 6). FARC obtuvo US$ 22,5 millones por narcotráfico entre 1995 y 2014. Recuperado de http://www.semana.com/nacion/articulo/fiscalia-habla-sobre-ingresos-de-las-farc-por-narcotrafico/477020

Semana (2018, enero 15). Llegó la JEP: desde el lunes funcionará el tribunal de paz. Recuperado de http://www.semana.com/nacion/articulo/llego-la-jep/553569

Semana (2018, marzo 1). La Ley Amnistía pasó el filtro de la Corte Constitucional. Recuperado de http://www.semana.com/nacion/articulo/corte-constitucional-las-amnistias-se-podran-perder/558629

MACROCRIMINALIDAD Y FUNCIÓN PENAL EN LÓGICA TRANSICIONAL.
Aportes posibles del derecho penal a las garantías de no repetición[*]

Alejandro Aponte Cardona
Universidad de La Sabana, Colombia

RESUMEN

El presente trabajo adelanta una propuesta para comprender, en un sentido renovado, la función del derecho penal en lógica transicional. Se trata de la construcción de relatos por parte del derecho penal, en función de la creación de auténticos escenarios de no repetición. En la medida en que el derecho penal pueda construir relatos relativos a casos representativos,

---

[*] Este texto es fruto de la labor desarrollada en la línea de Derecho Penal Internacional del proyecto de investigación *Interacción entre el derecho internacional y el derecho interno: modelos de adaptación e impacto recíproco*, del Grupo de Derecho Internacional de la Facultad de Derecho y Ciencias Políticas de la Universidad de La Sabana.

en los que confluyan elementos fundamentales, como el tipo de delitos, el tipo de víctimas, los escenarios regionales, el tipo de aparato que los cometió, puede constituir un aporte a dinámicas de no repetición. Se trata de un claro mensaje: nunca más en este territorio y frente a estas víctimas pueden volver a ocurrir estos hechos; así, el derecho penal, en conjunto con políticas de reparación, de dignificación de las víctimas, puede apoyar, como se dice, la creación de garantías de no repetición. Se trata, además y por este mismo camino, de concebir el *Acuerdo final* y sus piezas constitucionales y legales más relevantes en el marco de un escenario renovado de la función político-criminal del derecho penal.

Introducción

El presente trabajo se ocupa de un tema que no es solo jurídico, sino que es profundamente filosófico y sociológico. De hecho, el contexto del seminario que dio fruto a este volumen es un contexto que apunta a la exposición de argumentos de carácter filosófico. Se trata de una de las discusiones más complejas que han acompañado al sistema penal desde sus orígenes y que se ha intensificado aún más con el derecho penal moderno: la función de la pena; la misma idea del castigo, del sentido y límite del derecho penal.

Es un trabajo que, en lógica transicional y en el contexto del modelo transicional colombiano, indaga en el sentido de la pena que acompaña, o que puede hacerlo, la implementación del modelo de justicia pactado como fruto del acuerdo firmado entre el Gobierno colombiano y las FARC-EP. Se trata, además, de un acuerdo que es implementado a través de las reformas constitucionales y de la expedición de leyes y decretos. Cuando se habla del modelo transicional colombiano, no solo se hace referencia al modelo más actual surgido del acuerdo mencionado, sino que se refiere, igualmente en perspectiva, a la discusión generada desde el proceso especial de Justicia y Paz y de sus lecciones aprendidas.

Así se postula la tesis fundamental del presente trabajo: se trata de replantear la función de la pena y del mismo derecho penal, en lógica transicional, pero que puede y debe ser pensada en una perspectiva incluso más amplia, de tal suerte que el derecho penal y la pena que se imponga en su ejercicio y desarrollo deben ser concebidos más en función de la construcción de relatos para generar auténticos espacios de no repetición; es decir, se trata de fundamentar una nueva función de la pena y del derecho penal, no restringida al punitivismo retribucionista o a un ideal instrumental de prevención general; se trata de impulsar un modelo que, a partir de un cambio en la comprensión de sus propios límites, sirva para construir o elaborar relatos sobre los crímenes ocurridos, los responsables, las víctimas, los territorios, los tiempos, los terceros que los apoyaron, entre otros; todo ello en función de la creación de auténticos espacios de no repetición. Este hecho, además, en relación concreta con las víctimas, quienes son los sujetos por excelencia de las garantías de no repetición.

Especial énfasis se hará en el presente trabajo en la noción de macrocriminalidad y en los orígenes de la discusión sociológica, donde tuvo lugar la introducción de esta noción por el sociólogo Herbert Jäger, no solo en su texto más citado de 1989, sino también en sus aportes y en los de otros autores, contenidos en la magnífica colección de volúmenes que sobre la macrocriminalidad fueron editados en 1998, entre otros autores, por el colega entrañable que nos acompañó en el congreso en Medellín, Cornelius Prittwitz.

Se aclara, además, que el autor viene trabajando en este tema y madurando su concepción de la función de la pena en diversos escenarios. Es por eso que este texto contiene elementos que están integrados, de manera sustancial, en el trabajo escrito por el autor como director de la edición especial de 2017 del cuaderno de estrategia sobre el posconflicto de Colombia, que edita el Instituto Español de Estudios Estratégicos (IEEE), en colaboración con el Instituto Universitario Gutiérrez Mellado de Madrid y que lleva como título *Derecho penal y construcción de relatos en función de la no repetición: hacia una renovada función del derecho penal en lógica transicional.*

LOS LÍMITES DEL DERECHO PENAL

Tal como se aclaró, cuando se hace referencia aquí al modelo transicional, no se restringe únicamente al actual modelo desarrollado a partir del acuerdo con las guerrillas de las FARC-EP. Es un modelo que comenzó a forjarse de forma paralela a la expedición de la denominada Ley de Justicia y Paz (Ley 975 de 2005); legislación con base en la cual fueron desmovilizados miembros de grupos paramilitares, comprometidos en la comisión de los más graves crímenes internacionales en contra, especialmente, de civiles indefensos.

En el periodo comprendido entre la propuesta del gobierno de entonces, denominada de "alternatividad penal" hacia 2003, basada en una absoluta alternatividad para dichos miembros, sin castigo penal efectivo, y la expedición de la Ley, que sí contempló una pena de entre cinco y ocho años de cárcel con una serie de condiciones, puede decirse que entró en escena la discusión sobre justicia transicional en el país.

El Presidente de aquel entonces presentó su proyecto de alternatividad a Naciones Unidas, en donde fue criticado severamente por los beneficios que otorgaba; esto lo obligó, en conjunto con otras instituciones internacionales, a replantear su proyecto legislativo, que amparaba la desmovilización, generándose una rica discusión en la comunidad jurídica y, en especial, en el Parlamento colombiano, en el cual tuvo lugar la presentación de innumerables proyectos de Ley. Por primera vez en el país se hizo referencia a la triada verdad, justicia y reparación. Se aclara que, en aquella época, cuando se hacía referencia a escenarios de *no repetición,* se hacía en el contexto de la reparación. Hoy tenemos una terna ampliada, por decirlo así, de tal suerte que a los componentes tradicionales de verdad, justicia y reparación se agrega, de manera fundamental, la garantía de no repetición.

De esta forma, con la expedición de la Ley de Justicia y Paz entra en la comunidad jurídica, formalmente, el debate sobre justicia transicional y sobre la función de la pena frente a la comisión de miles de conductas constitutivas de violaciones a los derechos humanos y al DIH. En un lenguaje más propio del derecho penal, se trata de conductas concebidas hoy como crímenes internacionales.

En desarrollo del proceso especial de Justicia y Paz los fiscales y luego todos los operadores del sistema comenzaron a trabajar desde un principio, dando cuenta del último hecho y del último responsable y, en poco tiempo, tanto fiscales, como jueces, procuradores y defensores públicos se vieron abocados a una realidad incuestionable: la masividad de hechos y autores hacía imposible avanzar con un modelo de derecho penal que pretendía investigar y sancionar hasta la última conducta y el último responsable. Así, de manera generalizada, los fiscales hacían referencia a la imposibilidad fáctica de avanzar en el proceso, y al fantasma del colapso si se persistía en una lógica investigativa tradicional.

Pero, en medio de esta angustia, una cosa era evidente y tenía un sentido muy positivo: la cantidad de información que los operadores pudieron acopiar, relacionada con la forma de operar de los grupos, sus alianzas, los crímenes cometidos, los contextos, era monumental y debía permitir la reconstrucción no solo de la comisión de hechos individuales, sino de la comisión de conductas propias de verdaderos aparatos criminales. Se trataba de información fundamental que debía ser repensada en función de las garantías de no repetición, justo para que dichos hechos no volvieran a ocurrir. Se abría paso, a partir de la realidad fáctica, la necesidad de repensar el modelo tradicional de investigación y sanción de la macrocriminalidad.

Se trata así, mejor, de ilustrar no tanto la comisión de crímenes por parte de individuos, sino por parte de verdaderos aparatos que actuaban durante años, sobre diversos territorios, cometiendo toda clase de crímenes y contra la mayor diversidad de víctimas.

MACROCRIMINALIDAD Y DECISIÓN POLÍTICO-CRIMINAL: TENSIONES EN EL INTERIOR DE LA PERSECUCIÓN PENAL NACIONAL DE CRÍMENES INTERNACIONALES

Excede los límites de este trabajo ahondar en cada uno de los momentos históricos en que han tenido lugar diversas formas de respuestas punitivas y de política criminal a formas específicas de violencia política y social de Colombia, especialmente aquellas ligadas al conflicto armado interno; no obstante, es importante reseñar que para finales de la década de 1980 se presentó en el país una gran discusión sobre la incapacidad del sistema penal en conjunto para dar cuenta de los nuevos desafíos de la criminalidad organizada, sobre todo acerca de la incapacidad para avanzar en las investigaciones de aparatos criminales. Este fue uno de los orígenes de la creación de la Fiscalía General de la Nación, junto a la nueva Constitución Política de 1991, luego de una arremetida feroz del narcoterrorismo urbano que trajo la violencia del campo a la ciudad en unas dimensiones insospechadas.

Pero fue en el nuevo siglo cuando de nuevo tuvieron lugar debates extraordinarios sobre los alcances y límites del derecho penal como mecanismo de respuesta estatal y social para dar cuenta de la comisión a gran escala de toda suerte de crímenes, especialmente, de conductas que constituyen crímenes internacionales. Esto coincidió, además, con la incorporación del Estatuto de Roma al derecho interno en 2002 y con la reforma al Código Penal colombiano, Ley 599 de 2000 con vigencia a partir de 2001, y que introdujo conductas constitutivas o asimilables a crímenes internacionales. Incorporó, en todo caso, un rico capítulo sobre infracciones al Derecho Internacional Humanitario (DIH), pieza clave de imputación de conductas en el modelo transicional colombiano.

En este contexto, un hito especial lo constituyó la expedición de la denominada Ley de Justicia y Paz, Ley 975 de 2005, que trajo consigo, en la legislación y en la jurisprudencia constitucional y penal, la discusión en torno a los equilibrios en los mecanismos de justicia transicional, situados en la triada verdad, justicia y reparación.

A diferencia de experiencias anteriores de tematización de las acciones ligadas a una violencia política y social endémica, en este caso se trató de un desafío tanto mayor, pues el sistema penal y, en conjunto, el sistema estatal debían dar respuesta a fenómenos de macrocriminalidad exacerbada, en la medida en que la Ley abordó la desmovilización de miles de sujetos pertenecientes, sobre todo, a los grupos de autodefensas o llamados grupos paramilitares. En la actualidad también se ha procesado a un número considerable de miembros de grupos guerrilleros.

El sistema penal se enfrentaba a un desafío enorme, pues se trataba de actores que ingresaban al sistema de la Ley de Justicia y Paz con base en la confesión de sus delitos, una vez desmovilizados y seleccionados por el poder ejecutivo que comandaba el espectro de la desmovilización. Después de varios años de funcionamiento, con toda clase de dificultades, pero también de logros muy importantes en diversos ámbitos, la Ley de Justicia y Paz debió ser reformada y fue así como en 2012, con el ingreso del actual Fiscal General de la Nación, Néstor Humberto Martínez, pero con aspectos que se habían discutido en la pasada administración, se asumió la tarea de reformar dicha Ley junto con el Ejecutivo y el Legislativo, al mismo tiempo que, como se verá más adelante, para el fiscal se trataba de adecuar el ente investigador para contrarrestar el fenómeno concreto de la macrocriminalidad.

ORÍGENES DE LA CONSTRUCCIÓN DEL CONCEPTO DE MACROCRIMINALIDAD

Tal como se ha dicho, el presente texto da cuenta de aspectos especialmente relevantes relacionados con la respuesta penal a la macrocriminalidad, particularmente a dicha forma de actuación criminal *macro* asociada a la comisión de crímenes internacionales. Por ello es importante detenerse en los orígenes de este concepto y en las implicaciones iniciales que tuvo, ya que además se usa de manera cotidiana en el país como un supuesto, pero en ocasiones se hace un uso descontextualizado del mismo o se convierte en un prurito académico o meramente discursivo. En cualquier caso, los debates relacionados con el origen mismo del concepto son extremadamente interesantes y es importante una mirada en perspectiva de estos debates originales. Esto para saber que estamos situados en el centro de un debate que tiene lugar desde hace décadas, pero que en cada país se asume de manera diversa, con diferentes matices y en función de realidades específicas.

Así, por ejemplo, una vez tuvo lugar la concepción en los años ochenta del concepto de macrocriminalidad, este se aborda, en sus más diversas dimensiones, en la magnífica recopilación de trabajos coordinada por Klaus Lüderssen (1998) en cinco volúmenes y especialmente en el tercer volumen dedicado a la *Makrodelincuenz.* En ellos se abordan los más diversos temas que hacen relación a la reacción punitiva frente a sendas formas de macrocriminalidad. El mismo título es sugestivo y se dirige a la médula de las tensiones de la respuesta punitiva, frente a una criminalidad que excede incluso la tematización penal, criminológica y político-criminal tradicionales: *Aufgeklärte Kriminalpolitik oder Kampf gegen das Böse?*[1]

---

[1]   ¿Política criminal ilustrada o lucha contra el mal?

Para dicha década, particularmente en el cambio de siglo, se ha producido en la literatura y en la jurisprudencia internacional, y también en el caso colombiano, una búsqueda por la tematización y una búsqueda intensa por ofrecer una respuesta acorde con las nuevas exigencias de un mundo complejo y globalizado. Así, para ahondar en los pormenores de este esfuerzo, hay que señalar que tal como lo hace Cornelius Prittwitz (1998) en la introducción al volumen III de la *Makrodelinkuenz*, el origen del concepto que nos ocupa debe situarse en el trabajo de Herbert Jäger, *Aproximación a la macrocriminalidad*, publicado en la edición de 1989 de la revista *Strafverteidiger*. Este trabajo se une a otros del mismo autor sobre temas afines en su libro ya clásico de la sociología criminal: *Macrocriminalidad. Estudios sobre criminología de la violencia colectiva* (Jäger, 1989).

ALCANCES DE LA NOCIÓN DE MACROCRIMINALIDAD

Una primera aproximación conceptual es la siguiente: se trata de todas aquellas grandes formas de violencia colectiva que "desata de manera preponderante y determinante un espectro de comportamientos humanos especialmente agresivos". Lo importante para la sociología criminal es que estos fenómenos de uso de una violencia generalizada y que moviliza relaciones de poder y de agresión insospechadas "han permanecido ocultos para los estudios criminológicos". Una razón, entre otras: "la orientación de la criminología a los fenómenos justiciables, propios de la práctica jurídico-penal, ligada a la mera criminalidad cotidiana" (Jäger, 1989, p. 11). Se trató, por supuesto, de una conclusión expuesta en 1989. Hoy quizá no permanecen tan ocultos; aunque, ciertamente, algunos aspectos centrales ligados a la macrocriminalidad, permanecen inexplorados o se articulan a decisiones político-criminales desarticuladas que obvian el estudio necesario de este concepto y de sus implicaciones.

LA SOCIOLOGÍA COMO FUENTE DE LA DOGMÁTICA JURÍDICO-PENAL

Es en la sociología criminal donde ha nacido la aproximación a la macrocriminalidad y a la respuesta que esta impone para un sistema penal. Esto es fundamental, pues además implica e impone unas relaciones diversas entre dogmática y sociología, entre dogmática, sociología y política criminal. Ya no se trata simplemente del imperio dogmático que con arrogancia ve a la sociología como una especie de ciencia auxiliar; al contrario, es esta la que brinda auténtico contenido a las figuras dogmáticas. A su vez, como en el caso de la tesis de autoría mediata en estructuras organizadas de poder, desde un inicio se aceptó que se trataba de un concepto en construcción. Por ello, es la sociología la que les otorga contenido real a las figuras dogmáticas, sin las cuales es impensable hoy un sistema de imputación de responsabilidad al máximo responsable, por ejemplo.

En su crítica a la incapacidad de la criminología para, en su momento, dar cuenta de fenómenos de macrocriminalidad, Jäger (1989) introduce la aclaración sustancial de que este concepto no se restringe, ni mucho menos, a la mera asociación para delinquir o a aquello que en el Código Penal colombiano se denomina concierto para delinquir. Incluso el autor va más allá: no se trata tampoco de reducir este concepto a la criminalidad industrial o económica; podría agregarse, además, hoy, que no se restringe a la criminalidad ecológica. Es un concepto más comprensivo y complejo. Está relacionado con la actuación de verdaderos aparatos que incluso sustituyen al Estado y se convierten en auténticos contra-Estados o para-Estados.

¿INCAPACIDAD DE LA CRIMINOLOGÍA Y LA CIENCIA PENAL DE ILUSTRAR LOS NIVELES MACRO DE ACTUACIÓN CRIMINAL?

En su revisión del concepto, Jäger (1989), luego parafraseado y analizado por Prittwitz (1998), adelanta una conclusión interesante. Esta debe ser valorada, por supuesto, en sus justas dimensiones. Según el criterio de Jäger, la ciencia en general, con el descubrimiento del microcosmos, de las partículas más elementales y del microscopio, inauguró quizá una tendencia a observar el detalle, lo mínimo, lo que se escondía siempre, y se perdió en buena medida una capacidad para observar lo *macro,* lo grande, las dimensiones supraindivuales; en este caso, las dimensiones supraindividuales de los crímenes. En derecho penal supone, además, que fijó su mirada en el individuo, en los hechos individuales, en el hecho criminal particular, y perdió de vista el contexto general.

> Esta tendencia a detenerse en el detalle, antaño imposible, puede explicar por qué, finalmente, la criminología y el derecho penal (y sus disciplinas predecesoras), encontraron indiscutibles y se declararon incapaces de analizar los fenómenos en un nivel macro y podría explicar por qué, dicha incapacidad, hoy y antes, ha estado profundamente arraigada en la sociedad. (Prittwitz, 1998, p. 15)

Es interesante esta conclusión, a la cual, a juicio de estos y otros actores, subyace también el paradigma de la responsabilidad penal individual y ligada a hechos particulares, y de pérdida de perspectiva de hechos *macro,* situados en un nivel de complejidad mayor. Es el mismo punto de partida de otro autor que en su momento elaboró un texto que generó gran discusión. Su mismo título es sugestivo: *Delitos contra la humanidad: un desafío para el derecho penal individual* (Vest, 2001). En su reconstrucción histórica del Derecho Penal Internacional, este autor se detiene en una pregunta que, para la actualidad, considera imprescindible: ¿requiere el nuevo proceso de "construcción de un nuevo concepto de delito" ligado al Derecho Penal Internacional, siempre y necesariamente, una "especie de concepto colectivo de delito"? Y luego se pregunta: ¿qué es ello?, ¿cómo sería plausible?, (pp. 1-ss.). Así, como se dice, se trata de la puesta en marcha de un debate centralizado en las nuevas exigencias, incluso de la construcción de una nueva teoría del delito.

Ahora bien, una conclusión sí es, en todo caso, real: el derecho penal moderno se levanta sobre el paradigma estricto de la responsabilidad individual; no conoce responsabilidad colectiva. Se trata hoy, por supuesto, de un debate complejo en el derecho penal económico, por ejemplo, y de manera esencial en el Derecho Penal Internacional. La pregunta es: ¿cuál debe ser la respuesta penal y la responsabilidad penal que se asigne a quienes dirigen, apoyan, controlan, usan máquinas de guerra o son por ellas convertidos en piezas fungibles, en soldados rasos que cometen materialmente las conductas? Es decir, a individuos que en todos los niveles actúan en verdaderos aparatos de poder. Tanto más claro resulta tratándose de la figura del máximo responsable.

Frente a esta evidencia, concebida por otros como déficit del mismo derecho penal, en su énfasis en la responsabilidad estrictamente individual, Ernst-Joachim Lampe (1994), ciertamente avezado, propuso una salida compleja pero justamente apoyada en este hecho singular: el paradigma de la responsabilidad individual no propiciaría una verdadera comprensión del fenómeno macrocriminal y lo que genera es una mirada distorsionada, reducida, restrictiva e incapaz, que imposibilita la propia atribución de responsabilidad penal.

De esta forma, propone una salida compleja, que fue objeto de críticas en su momento: frente a delitos que pueden ser denominados "de sistema" —siendo esta una denominación más actual—, frente a un *Systemunrecht*, se propondría una especie de "derecho penal de sistema" que no esté articulado a la responsabilidad penal individual y que pueda propiciar caminos concretos de atribución colectiva de responsabilidad, en el escenario específico de la masiva violación de derechos humanos y de infracciones al Derecho Internacional Humanitario. Su crítica central: "La dogmática jurídico penal, hasta el momento, reacciona, frente a cualquier tipo de criminalidad de carácter sistemático, con un instrumentario basado en la actuación del mero delincuente individual". Así, se pierde de vista, según el autor, la dimensión real de la actuación criminal sistemática (Lampe, 1994, pp. 683 y ss.).[2]

El mismo Jäger (1998, p. 131), en una revisión posterior de su trabajo, toma distancia de esta posición y asegura que no es la solución y que, en todo caso, supondría una revisión estructural del sistema penal y de sus bases o fundamentos. Pero además advierte, y esto es importante para cualquier decisión político-criminal que se agencia al respecto, que la posición de Lampe en la que en un contexto macrocriminal el aparato de poder, en sí mismo, sería un *System-Unrecht*, podría caer en la trampa de confundir la actuación o la estructura como tal del aparato, con la mera "responsabilidad del individuo" basada en la "pertenencia del mismo a dicho aparato".

Es decir —y en Colombia hay un camino largo en la discusión, por ejemplo, sobre el concierto para delinquir como delito base para la imputación de conductas para individuos que actuaron en grupo—, se llama la atención sobre la pérdida de perspectiva general, paradójicamente cuando queda reducida a la criminalización *per se* por la pertenencia. En cualquier caso, Jäger llama la atención sobre modelos que, a partir de la actuación de un aparato, también caen por defecto en la imputación de la responsabilidad penal casi objetiva derivada de la mera pertenencia individual a un grupo.

"¿ES CRIMINALIZABLE LA POLÍTICA?"

El título del texto de Jäger (1998) es igualmente ilustrativo. Se hace una pregunta muy relevante para el caso colombiano, y no solo se establecen las relaciones entre derecho penal y política

---

[2]   El trabajo de Lampe generó una gran discusión que, además, se ha preservado por años. Más allá de una traducción literal al español, es gráfica la tensión expuesta: ¿un derecho penal de sistema frente a delitos de sistema?

ligadas a la actuación macrocriminal, sino que se introduce un concepto central: la macrocriminalidad entrañaría la noción misma de "la criminalidad colectiva, ligada o condicionada políticamente, que enuncia la criminalidad del estado de excepción" (p. 123).

Es, en cualquier caso, una dinámica ligada a la excepción, más en el sentido de una mirada no agotada en lo cotidiano, en la actuación cotidiana del actor individual; una mirada extendida a la actuación general, más allá de la pura cotidianeidad. Por esa razón, además, y él mismo lo advierte, su concepto de excepción no está basado en la teoría de la excepción de Carl Schmitt, que es otra cosa.

Se trata de reconocer que, frente a la mirada y los recursos tradicionales del sistema penal, este tipo de criminalidad escapa a ella, es excepcional. Y justo lo es cuando no se trata de meros actos criminales, sino de centenares de hechos ocasionados por aparatos que han obrado como verdaderos contra-Estados que lo han sustituido, que han generado dominios totalitarios frente a la población que los ha sufrido y padecido. Es en ese sentido que hay que mirar la excepcionalidad en una nueva dimensión y sus desafíos para el derecho penal, pero, sobre todo, para un sistema de justicia mucho más complejo que el de la mera justicia penal.

Ahora bien, es importante recalcar —viendo estos trabajos en perspectiva— que estos debates en la actualidad se revisten de nuevas dimensiones, y es innegable que se vive una transformación estructural del sistema penal en conjunto, ligado a la lucha contra la macrocriminalidad, que está levantado expresa o implícitamente sobre la base de que el paradigma de la responsabilidad penal individual es insuficiente para la atribución de responsabilidad sobre quienes han actuado en grandes aparatos criminales.

Más allá incluso de este debate, que es por supuesto muy sensible, lo cierto es que existe un límite del derecho penal para dar cuenta de la actuación macrocriminal y que, precisamente por esta razón, es muy apropiado construir —como de hecho se trata de hacer en Colombia— escenarios diversos del derecho penal y de su uso privilegiado para la sanción y castigo de hechos masivos de violaciones de derechos humanos y del DIH.

Es menester crear e impulsar efectivamente un gran sistema de justicia transicional, donde sus componentes, o los mecanismos de componen la triada verdad, justicia y reparación, se complementen entre sí, sean interdependientes, y en el que el peso del trabajo de ilustración de los hechos no le competa exclusivamente al derecho penal. Además, cuando intervenga el derecho penal, que está limitado no solo por el paradigma que es una conquista histórica de la responsabilidad individual, sino por los principios y por su propio carácter, se deben convertir estos límites en verdaderas fortalezas: el derecho penal deja de tener su centro de gravedad en el aspecto retributivo y pasa a ser un laboratorio del construcción de relatos y de verdades que deben y tienen que servir para crear escenarios propicios para la no repetición de conductas, justamente como se propone en este trabajo.

Así, más que para los actores que cometieron las conductas, el mensaje es para toda la sociedad, para que las conductas no se repitan. Es un "nunca más" dicho desde el derecho penal mismo, sobre todo porque en todos los relatos de casos generales se concluye que no solo actuaron los aparatos, sino que estos han tenido vínculos, enlaces con cientos de funcionarios que se mueven, en principio, en la legalidad y de civiles. Son espectros sociales completos que están involucrados, y por eso el mensaje debe ser global, para afianzar escenarios de no repetición y así crear también espacios proclives a la reconciliación. Esto supone, en cierta manera y por una vía diferente —más extrasistémica que intrasistémica—, una superación de límites del derecho penal y una refundamentación del mismo en clave transicional. Es una perspectiva que, además, incide en otros debates centrales, ligados por ejemplo a las penas alternativas o a las sanciones extrajudiciales.

Primeros intentos por pensar una estrategia de priorización: el fantasma de la posible impunidad

Retornando al análisis y a la reconstrucción histórica, relacionada con el modelo transicional y en relación con el proceso de Justicia y Paz, el fantasma del colapso se hacía cada vez más evidente y el sistema tenía que reaccionar. En 2010 y 2011 entró en debate público la necesidad de tomar medidas urgentes, y se habló por primera vez en el país, de manera reiterada, de la necesidad de priorizar, de introducir estrategias de selección de casos, basada en una estrategia razonable y racional, apuntalada sobre los dictados del principio de realidad. No obstante, los debates fueron arduos, pues en algunos sectores se hizo referencia a la posible impunidad del sistema si se entraba a seleccionar o a priorizar.

Límites del derecho penal y límites de una noción tradicional de impunidad

Era una reacción que parecía lógica, pues desde los sistemas de protección de derechos humanos, con base en experiencias previas claramente marcadas por la falta de sanción de los actores involucrados en graves crímenes, parecía establecerse el supuesto de que la obligación de investigar y sancionar violaciones de derechos humanos y del Derecho Internacional Humanitario era absoluta y los Estados debían cumplirla frente a la totalidad de hechos y de responsables. Hoy esta premisa ya no constituye una verdad incuestionable y la comunidad jurídica entiende que se trata de un deber estatal que puede y debe ser valorado en función de otros supuestos esenciales, como es el caso de la búsqueda de una paz posible.

De esta forma, en 2012, basado en supuestos fácticos incuestionables y en una agenda que situaba la persecución penal nacional de crímenes internacionales en la primera línea, el fiscal general de aquel entonces apuntaló su administración sobre la base de la necesidad de priorizar y de avanzar en la verdadera ilustración de los casos más complejos y de los más grandes responsables. Nació de esta forma la estrategia de priorización de ese año, que fue el punto de partida de una reforma estructural de la Fiscalía General de la Nación que, además, llevaba necesariamente implícita una nueva forma de concebir la función del derecho penal en lógica transicional y frente a la macrocriminalidad. Se trató de la concepción y creación de la estrategia de priorización. Pero además introdujo un lenguaje que hoy —como se verá— está presente en la Constitución y en la ley.

LA ESTRATEGIA DE PRIORIZACIÓN DE LA FISCALÍA GENERAL DE LA NACIÓN: UNA GRAN APUESTA POR REDUCIR COMPLEJIDAD

La estrategia de priorización, contenida en la Directiva 0001 de 2012, fue una respuesta institucional que en los años siguientes adquirió un rango constitucional y legal; es decir, que hoy hace parte del lenguaje y de la normativa institucional del país. La Directiva y la estrategia presentaron al debate público los criterios subjetivos, objetivos, los criterios complementarios; presentaron la noción de contexto en un lenguaje renovado y diferente con alcances institucionales (Fiscalía General de la Nación, 2013). Para ello se creó la Unidad Nacional de Análisis y Contextos (DINAC), en la actualidad denominada Dirección Nacional de Análisis y Contextos.

Se produjo entonces una restructuración compleja y completa del aparato investigativo. En general, un nuevo lenguaje se introdujo en la reflexión jurídico penal: la noción de máximo responsable, los criterios de selección y, particularmente, los criterios de priorización en conjunto, incluso derivaciones actuales como la noción de "participación determinante", conforman un renovado lenguaje que ya hace parte del uso común en Colombia. Además, es un lenguaje de carácter constitucional, con la consagración, también en 2012, del denominado Marco Jurídico para la Paz, asentado de hecho sobre el lenguaje de la priorización. Estableció así el Acto Legislativo 01 de 2012 sobre el Artículo transitorio 66 de la Constitución Política:

> Tanto los criterios de priorización como los de selección son inherentes a los instrumentos de justicia transicional. El Fiscal General de la Nación determinará criterios de priorización para el ejercicio de la acción penal. Sin perjuicio del deber general del Estado de investigar y sancionar las graves violaciones a los Derechos Humanos y al Derecho Internacional Humanitario, en el marco de la justicia transicional, el Congreso de la República, por iniciativa del Gobierno Nacional, podrá mediante ley estatutaria determinar criterios de selección que permitan centrar los esfuerzos en la investigación penal de los máximos responsables de todos los delitos que adquieran la connotación de crímenes de lesa humanidad, genocidio, o crímenes de guerra cometidos de manera sistemática [...].[3]

Luego, en 2012 fue incorporado dicho lenguaje, que es, además, una metodología de trabajo en la propia reforma a la Ley de Justicia y Paz, que indicaba a los operadores centralizar los esfuerzos en función de criterios para acertar con base no solo en los límites internos del derecho penal, sino en la limitación de los propios recursos humanos y económicos.[4] Una lección

---

[3] Actualmente, este articulado normativo fue incluido y modificado por el Artículo 3.° del Acto Legislativo 01 de 2017, en tanto agrega que la competencia de la Fiscalía para determinar los criterios de priorización se dará "salvo en los asuntos que sean de competencia de la Jurisdicción Especial para la Paz", y que la autorización de la renuncia condicionada a la persecución penal de algunos casos se debe dar "sin alterar lo establecido en el Acuerdo de creación de la JEP y en sus normas de desarrollo".

[4] Esto se evidencia en la Ley 1592 de 2012, por medio de la cual se introducen modificaciones a la Ley 975 de 2005, cuyo primer artículo indica que el Artículo 2.° de la Ley modificada señalará que su ámbito, interpretación

de hecho ha sido fundamental a partir del proceso especial de Justicia y Paz: ningún sistema penal del mundo puede dar cuenta de cada hecho y de cada responsable cuando se trata de la persecución penal masiva de crímenes internacionales.

SOBRE LA FUNCIÓN ESENCIAL DEL CRITERIO DE REPRESENTATIVIDAD

Para efectos de la exposición, un criterio de priorización y de selección tiene un valor especial. Se trata del criterio de *representatividad*. Si bien es conocido como complementario, y a partir de ello puede pensarse que es una especie de criterio con contenido e impacto menor, se trata de uno fundamental y que hoy se erige incluso como básico, contenido en la estructura de la Jurisdicción Especial para la Paz y en la Ley de Amnistía. Es en la actualidad, al lado de la selección como presupuesto general y junto al criterio de gravedad, el criterio básico previsto para la actuación, por ejemplo, de la Sala de Reconocimiento de Verdad, de Responsabilidad y de Determinación de los Hechos y Conductas en la estructura concebida para la Jurisdicción Especial para la Paz y también de la Sala de Definición de Situaciones Jurídicas, que como lo indica el primer inciso del Artículo transitorio 7.° del Acto Legislativo 01 de 2017, "desarrollarán su trabajo conforme a criterios de priorización elaborados a partir de la gravedad y representatividad de los delitos y del grado de responsabilidad en los mismos". Asimismo, en el Acto Legislativo 01 de 2012, en el Artículo 1.° se indica que "La Ley Estatutaria tendrá en cuenta la gravedad y representatividad de los casos para determinar los criterios de selección [...]".

El criterio de representatividad, en consonancia con el de gravedad, es un criterio fundamental, en la medida en que se

---

y aplicación normativa se harán "aplicando criterios de priorización en la investigación y el juzgamiento de esas conductas".

pueda asociar con otros criterios centrales, como son los regionales, por ejemplo, y otros asociados a las acciones cometidas y, por supuesto, al tipo de víctimas de conductas concretas. Así se construyen casos representativos con un valor fundamental. De esta forma se construyen casos cuyo impacto sea tan definitivo que sirva realmente para crear espacios auténticos de no repetición. Esta es la propuesta que acompaña este escrito.

LA DESACTIVACIÓN DE LOS APARATOS CRIMINALES

No se trata del prurito simple de construir un caso emblemático o un caso ejemplarizante. Se trata de ligar criterios y contenidos de verdad insoslayables para construir casos tan complejos que revelen no la actuación de individuos, sino de verdaderos aparatos criminales; que dibujen los contextos que propiciaron la actuación macrocriminal en un entorno social, cultural y político concreto, en una región particular, por actores específicos y frente a víctimas también muy concretas. Su efecto real no debe ser tan solo el de sancionar a los actores de los hechos, incluso a los máximos responsables o a quienes tuvieron participación determinante, sino crear espacios auténticos para que la comunidad donde se actuó pueda libremente, y con presencia de un Estado que los proteja, apostar por la reconstrucción de las vidas de sus gentes; que sirva para reconocer la verdad de los hechos y así propiciar espacios de reconocimiento mutuo y de reconciliación. Lo más importante, y este es el sentido de la no repetición con la que se trabaja en este texto, para que no se produzcan de nuevo los crímenes que más desarticulan el tejido social.

Por ello, además, uno de los efectos más concretos y por los cuales se debe trabajar denodadamente es la desactivación de los aparatos macrocriminales; es decir, si se tiene la ingente información sobre cómo actuaron, sus alianzas, sus protectores, el sistema penal, en esta lógica renovada que se propone debe, en conjunto con las demás instancias estatales, desactivar efectivamente los aparatos; de lo contrario no servirá su trabajo hacia el futuro.

EL CASO REPRESENTATIVO

Un caso representativo bien construido debe apuntar —en conjunto con dinámicas de reparación y de garantías de no repetición— al "nunca más" respecto de hechos terribles ocasionados por los actores de la guerra. Por ejemplo, el caso ya fallado en el contexto de Justicia y Paz sobre "los niños de El Alemán", en referencia a la dinámica paramilitar de reclutamiento agenciada de manera especial por Freddy Rendón Herrera, alias El Alemán. En este caso, la documentación en detalle de esta práctica extendida de reclutamiento es un ejemplo concreto de cómo se pueden construir relatos complejos en función de dinámicas de no repetición,[5] justamente para que no se repita un fenómeno similar que desintegra una comunidad.

En este sentido, casos documentados sobre reclutamiento de indígenas o de personas de comunidades afrodescendientes constituyen otro tipo de casos emblemáticos, en la medida en que se devela la práctica completa, sus móviles, la política general, los lugares, los responsables, la duración de la misma. Por ello, un caso auténticamente representativo es aquel en el que deben confluir los más variados criterios; también los casos crueles de agentes del Estado que asesinaron a civiles para presentarlos como "positivos" en la guerra pueden y deben ser documentados en la perspectiva indicada; por supuesto, en estos casos no se trata de sancionar simplemente a quienes materializaron las conductas, sino de desvelar también las políticas, los entornos, las alianzas, a quienes encubrieron los hechos, entre otros. Es un auténtico ejercicio de búsqueda

---

5   Corte Suprema de Justicia, Sala Penal. Radicado 38222 (12 de diciembre de 2012).

de verdades más allá de lo más evidente, que son los asesinatos mismos.

Otro ejemplo muy crítico, y que en muchos contextos se liga al desplazamiento forzado y al reclutamiento, son los casos de agresiones sexuales en el marco del conflicto armado, práctica en la cual han incurrido todos los actores del conflicto armado interno, sin excepción. Prácticas de aborto forzado, de desnudez forzada en persona protegida, de agresión contra miembros de comunidades LGBTI, de agresiones sexuales producidas por agentes del Estado con absoluta impunidad; casos donde confluyen no solo el aspecto puramente sexual, sino el desprecio por la diversidad y las opciones sexuales bien documentados, deben ilustrar prácticas culturales, códigos machistas, discriminatorios, prácticas deleznables que no se pueden repetir. En este sentido, son ejemplares los casos documentados en los cuales, por ejemplo, en la costa Norte del país, jefes paramilitares recogían mujeres muy jóvenes, indígenas muchas de ellas, y las convertían en esposas por la fuerza, es decir, casos claros de matrimonio servil como crimen de guerra. Su ilustración debe desvelar estas prácticas en función de la no repetición, de la creación de entornos respetuosos de la decisión de la mujer sobre su sexualidad. De la misma forma, las políticas y prácticas de algunos frentes guerrilleros frente al aborto o la esterilización forzada necesariamente ilustrarían casos representativos.

De esta manera, el caso representativo no es aquel que se disuelve en responsabilidades individuales, sino que constituye una auténtica fotografía de lo sucedido; por eso son representativos. Además, un caso ilustrativo, en el cual confluyan diversas víctimas, es un caso que bien construido puede crear identificaciones de otras decenas de víctimas cuyos casos por las más diversas razones no puedan ser reconstruidos. Esto es común para los casos de agresiones sexuales, en los que es muy difícil reconstruir los hechos en el tiempo.

VERDAD Y PODER: EL JUEZ COMO CONSTRUCTOR DE CONTRADISCURSOS

Hay, como se ve, una dimensión de verdad en la función de la pena que se impulsa en este escrito. No se trata de competir, por ejemplo, con la función de una comisión de la verdad; es una función complementaria, deben actuar en conjunto. En todo caso, un aspecto central de la tesis que aquí se propone es que permite a los fiscales y jueces elaborar contradiscursos, elaborar relatos que sirvan para contrastar justamente discursos excluyentes, discriminatorios, discursos que justificaron la muerte de civiles a partir del uso de un lenguaje deshumanizante.

En el proceso especial de Justicia y Paz se ventilaron, al principio, sobre todo, casos en los cuales se narraron hechos de paramilitares, y en cuya narración se usaba el lenguaje como técnica racionalizada de justificación de las muertes y de los crímenes en general: "a ese lo matamos por sapo"; esa era la "moza del guerrillero y la matamos por puta"; "eran desechables que daban información al enemigo", fueron expresiones utilizadas recurrentemente.[6]

Este lenguaje, que operó, de acuerdo con la criminología crítica, como *técnica de neutralización*, debe ser contrastado con un relato construido en función de la humanización, de la negación de las técnicas racionales de deshumanización usadas por los criminales. El juez le arrebata así al criminal el discurso racional de justificación de las muertes y le antepone un relato

---

[6] Como director del área de Justicia del Observatorio Internacional DDR-Ley de Justicia y Paz, del CITpax Colombia, tuve la oportunidad de cubrir con mi equipo numerosas diligencias de versión libre en las cuales se confesaban las conductas, y presencié el uso de epítetos y formas de lenguaje de descalificación del otro, de las víctimas; incluso, muchas de las alusiones se hacían de manera inconsciente. El estudio del uso del lenguaje, se adelantó en el primer informe del área de Justicia, en el apartado 7C *Ejercicio de auto-representación discursiva y las denominadas "técnicas de neutralización"* (CITpax Colombia, 2008, p. 38).

complejo de realidades, incluso ocultas, que subyacen a los crímenes. No olvidemos el gran legado de Michel Foucault (2001) en su magnífico trabajo sobre la verdad y las formas jurídicas que, siguiendo a Nietzsche, establece una premisa incuestionable: a la construcción de la verdad subyacen siempre formas, incluso ocultas, de poder, que son las que le dan sentido y realidad en un tiempo y lugar a la "verdad". Dice, de manera clara, el gran filósofo del poder: "Solo puede haber ciertos tipos de sujetos de conocimiento, órdenes de verdad, dominios de saber, a partir de las condiciones políticas, que son como el suelo en que se forman el sujeto, los dominios del saber y las relaciones con la verdad" (p. 32).

Lo más importante: a la verdad subyacen, ante todo, relaciones de poder. Así, el juez entra a participar en la competencia discursiva y social por la construcción de la verdad, y su papel en la construcción de relatos, como aquí se propone, puede y debe ser fundamental en esta competencia que hoy es feroz en el país.

Los límites del derecho penal de cara a la no repetición

Por supuesto que lo que se expone aquí no pretende, en ningún caso, por otra vía diferente a la absolutización del deber de investigar y sancionar, expandir artificialmente los efectos del derecho penal; es decir, el derecho penal, en una lógica diferente a la meramente punitiva, puede apoyar la creación de espacios de no repetición, pero no sustituye en ningún caso las políticas estatales dirigidas a la creación de garantías de no repetición.

Otro ejemplo es ilustrativo: tal como se abordará en seguida, el tratamiento de la protesta social que establece la Ley de Amnistía, en el sentido de descriminalizar la protesta, de defender del propio derecho penal a líderes sociales, a líderes del proceso de restitución de tierras, a líderes indígenas, entre otros, solo tiene sentido real si simultáneamente el Estado protege a los líderes que hoy están siendo asesinados; de lo contrario, el efecto del derecho penal será insuficiente, sin implicación real para la reconstrucción del tejido social. Este es el verdadero sentido de la no repetición. Por esta razón, el derecho penal puede crear relatos para que las conductas no se repitan, pero si no existe una presencia estatal real y un compromiso social para la recuperación de las comunidades afectadas no habrá auténtico espacio y garantía de no repetición.

El derecho penal podrá ofrecer aportes, pero se trata de un trabajo complejo, interinstitucional y con una participación muy activa de las comunidades afectadas. Existen, como se ve, diversas formas en que se puede y debe concretar una renovada función penal como la que aquí se expone. De ellas se dará cuenta en seguida de una muy sensible y compleja: el tratamiento político-criminal de la protesta civil y social.

DESCRIMINALIZACIÓN DE LA PROTESTA SOCIAL: HACIA LA CONSTRUCCIÓN DE ESCENARIOS DE NO REPETICIÓN

El Artículo 3 de la Ley 1820 del 30 de diciembre de 2016, Ley de Amnistía, que se viene aplicando con muchas dificultades y que es central para el proceso de paz, contiene una regla que es básica frente a cualquier opción de consolidación de una paz posible. Dice la Ley que la amnistía se aplicará, además, "a las conductas cometidas en el marco de disturbios públicos o el ejercicio de la protesta social en los términos que en esta ley se indica".

CRIMINALIZACIÓN DE LA PROTESTA SOCIAL Y DERECHO PENAL DE ENEMIGO

Un tema especialmente sensible en la historia de las relaciones entre guerra y derecho en el país y, concretamente, en la historia del tratamiento penal y constitucional del delito de rebelión, está relacionado con el tratamiento punitivo de la protesta social. Uno de los mayores impactos que ha tenido el conflicto armado interno en el país, que ha operado durante décadas y que ha incidido directa y negativamente en la imposibilidad de expresión social de la disidencia o de la inconformidad, ha sido la criminalización de la protesta social. Se trata del uso del derecho penal como instrumento de confrontación, produciendo, como consecuencia, la conversión por la vía penal de múltiples actores que se mueven en entornos violentos —pero que son civiles desarmados— en verdaderos enemigos en la lucha contra las guerrillas. Es una de las mayores expresiones del derecho penal de enemigo, que sustituye sindicados por enemigos y que sirve de continuación del conflicto por medios civiles y jurídico-institucionales (Aponte, 2004).

De igual manera, lo cual es aún más crítico, la cercanía de actores civiles a la guerra ha propiciado que sean asesinados y perseguidos: decenas de líderes sociales han sufrido esta suerte. Así, a la sombra del enemigo, por ejemplo, de las guerrillas rebeldes, se ha criminalizado la protesta social. Eso fue claro en la década de los setenta, con el denominado "Estatuto de seguridad" y, en general, frente a numerosas normas de excepción que fueron dictadas al amparo del estado de sitio, tanto en esa década como en las siguientes. Por ello, a la sombra de grandes enemigos posteriores, como es el caso del narcoterrorismo urbano en la década de los ochenta y de los noventa, se ubicaron tanto las guerrillas social-revolucionarias, como la misma protesta social.

Por esta razón, con muy buen criterio y atendiendo precisamente las lecciones históricas y la tradición de una aplicación disfuncional de la norma penal, tanto el acuerdo general firmado entre el Gobierno y las FARC-EP, como en el caso concreto de la amnistía, uno de los aspectos centrales está relacionado con la descriminalización de la protesta social, por la vía concreta de la aplicación del mecanismo de la amnistía. Se trata de aplicar esta Ley a actores que se han movido en el escenario general de la protesta social y que, en escenarios degradados de conflicto armado interno han cometido, incluso, delitos que deben ser amnistiados, pues están directamente relacionados con dicha protesta social.

Si la amnistía es un instrumento viable en función del proceso de paz con aquellos actores que como los rebeldes o sediciosos se han movido en el escenario de la confrontación, lo es tanto más para aquellos actores que desde la protesta social han sido sujetos de la acción penal y que, si bien han cometido delitos, han sido en desarrollo de la protesta social.

LA PROTESTA SOCIAL COMO DERECHO

De conformidad con lo expuesto y de conformidad con la norma que luego es desarrollada por la propia Ley en diversos artículos, es necesario introducir una aclaración fundamental: la protesta social en sí, desarmada, pacífica, es un derecho; no hará parte del tratamiento penal diferencial que establece la ley. Esto no puede estar sujeto a confusiones. La protesta social no es un delito, aunque en numerosas ocasiones haya sido concebida como tal. La protesta social a la cual se refiere la norma es aquella que, como la misma norma lo indica y en contextos de violencia generalizada, terminó en disturbios, terminó en acciones delictivas que inclusive han hecho parte del tercer delito que constituye, en la tradición de Colombia, el núcleo del delito político: *el delito de asonada.*

Hay que aclarar, por otra parte, que las acciones propias de la denominada asonada han sido objeto de un tratamiento penal muy diferenciado, incluso en el escenario propio del delito político. En una escala de gravedad, el tratamiento penal de la asonada ha sido el más benigno, aunque, precisamente por lo expuesto, numerosos casos de asonada fueron criminalizados por años como casos de rebelión o de terrorismo.

También se debe aclarar, y los operadores deben ser muy conscientes de ello, que el hecho de que sean sujetos de la protesta social violenta, sujetos de la Ley de Amnistía, no quiere decir que sean efectivamente guerrilleros. Precisamente, este señalamiento es el que ha propiciado su persecución y criminalización. Por eso la aplicación de la amnistía se debe entender en un contexto más generalizado de descriminalización y de nueva concepción político-criminal ligado al proceso de paz y no como una vía indirecta y con beneficios de señalamientos que nunca debieron tener lugar.

Es en este punto que la descriminalización de la protesta social debe operar en la práctica como un aporte esencial a dinámicas de no repetición. Tiene que ser un aporte a la reconstrucción del tejido social, a la incorporación a la vida social de líderes que han sido objeto de persecución penal, un aporte a una reconciliación posible. Por eso este hecho fundamental relacionado con la protesta social expresa, a su vez, una tendencia general que, tanto el acuerdo en su totalidad como en la Ley de Amnistía en concreto, es clara: se busca que el derecho penal cambie de signo, de sentido, de fundamento. Es el caso del cambio de sentido en la función penal de la lucha contra las drogas, contenido en el Acuerdo 4 y abordado aquí. Se reconfigura la función del derecho penal, de tal suerte que se busca que actúe como mecanismo residual frente a los eslabones más responsables, y no se use, como se ha hecho durante años de fracaso en la lucha contra las drogas, como un mecanismo de criminalización de los más débiles.

Directiva de la Fiscalía General de la Nación sobre descriminalización de la protesta social

En este sentido, se trata de una política estatal conjunta. Se debe destacar, de manera particular, el esfuerzo de la Fiscalía General de la Nación que, en su momento, con muy bien criterio y en el marco de la estrategia de priorización, puso en marcha un sistema de descriminalización de la protesta social. Expidió el ente acusador, en efecto, la Directiva 0001 de 2012, no solo ligada como consecuencia a un tema técnico de priorización, sino a una convicción liberal profunda de los límites del poder punitivo en el enfrentamiento de la protesta social en escenarios degradados de conflicto armado.

Dice la Directiva 0008 de 2016, "por medio de la cual se establecen lineamientos generales con respecto a delitos en que se puede incurrir en el curso de la protesta social", en su primer apartado sobre las decisiones que deben asumir los fiscales: "Esta directiva tiene como objetivo establecer límites al poder punitivo del Estado cuando ocurren hechos violentos en el curso de manifestaciones públicas". Se trata de un documento extenso y complejo que debe ser leído en consonancia con el *Acuerdo final,* con la Ley de Amnistía y con la estructura final de la Jurisdicción Especial para la Paz. Hace parte de la estrategia de priorización, pero va mucho más allá, aunque es apenas coherente: no solo se trata de descriminalizar la protesta social, sino que, además, en una empresa de persecución penal coherente, líderes de la protesta social, que antaño fueron criminalizados por un derecho penal de enemigo, incluso cuando han actuado en el contexto de protestas que generan violencia, no son, según la Directiva, en ningún caso, "máximos responsables".

Así, se trata de un nuevo lenguaje en la persecución penal de crímenes internacionales o de la macrocriminalidad. Se une a una nueva visión político-criminal que hoy actúa de la mano de estrategias coherentes de priorización, con una visión renovada del derecho penal que debe actuar de manera diferenciada y no con una lógica punitivista indiferenciada. Por esa razón la Directiva parte del punto de que "las conductas punibles cometidas por los manifestantes deben interpretarse de conformidad con los derechos fundamentales a la libertad de expresión y de reunión, y de acuerdo con el principio democrático". Dicho punto de partida recalca el hecho de que la protesta social en sí es un derecho y expresa derechos fundamentales; es intocable desde el punto de vista penal; pero una vez se entra en el terreno de las conductas punibles, de las conductas violentas, se debe prohijar el mismo principio democrático. Esta vez se expresa en una lógica no criminalizante.

CONCLUSIÓN

Se puede decir que en el contexto del *Acuerdo final*, y de cara al modelo transicional colombiano, se ha producido un cambio de perspectiva en la función penal y en la función político criminal en general. No solo se trata de una transformación institucional compleja desde 2005 con la Ley de Justicia y Paz, y muy especialmente desde 2012 a partir de la restructuración de la Fiscalía General de la Nación, sino que se trata de un cambio auténtico en la manera de comprender la función penal en lógica transicional y sus aportes a una posible reconciliación y, en el contexto de este texto, de un aporte a la creación de auténticos espacios o escenarios de no repetición.

Se aclara, además, que si bien estos cambios tienen lugar en una lógica transicional, postulados esenciales que tienen que ver con la descriminalización de fenómenos sociales, políticos o económicos, la descriminalización de la protesta social, la apuesta por el principio de libertad más que por el principio de autoridad, el aporte del derecho penal a una paz posible, deben ser cometidos generales del sistema penal integral. En el sistema penal ordinario se cometen múltiples injusticias, pues se trata de un sistema selectivo, feroz frente a los sujetos vulnerables.

Hay que seguir trabajando en estos entornos críticos que, más allá de los escenarios de conflicto armado, son los que, en secreto, en silencio, siguen produciendo violencia y desigualdad, lo cual es precisamente contrario a todo propósito de paz. Los logros en lógica transicional deben ser también logros en la justicia ordinaria. Se debe pensar en un cambio de paradigma, en general, de la función penal y de la política criminal. Esta es una tarea sin pausa, que compromete especialmente al ejercicio intelectual.

REFERENCIAS BIBLIOGRÁFICAS

Aponte Cardona, Alejandro (2004). *Guerra y derecho penal de enemigo. Reflexión crítica sobre el eficientismo penal de enemigo en Colombia.* Bogotá, D. C.: Ibáñez.

CITpax Colombia (2008). *Informe primera fase del Observatorio Internacional DDR-Ley de Justicia y Paz.* Madrid, Bogotá, D. C.: CITpax. Recuperado de http://www.toledopax.org/sites/default/files/CITpax_Informe_de_Primera_Fase_Observatorio_DDR_y_LJP.pdf

Colombia. Congreso de la República. Acto Legislativo 01 (31 de julio de 2012). Por medio del cual se establecen instrumentos jurídicos de justicia transicional en el marco del Artículo 22 de la Constitución Política y se dictan otras disposiciones. Recuperado de http://wsp.presidencia.gov.co/Normativa/actos-legislativos/Documents/2012/ACTO%20LEGISLATIVO%20N%C2%B0%2001%20DEL%2031%20DE%20JULIO%20DE%202012.pdf

Colombia. Congreso de la República. Acto Legislativo 01 (4 de abril de 2017). Por medio del cual se crea un título de disposiciones transitorias de la Constitución para la terminación del conflicto armado y la construcción de una paz estable y duradera y se dictan otras disposiciones. Recuperado de http://es.presidencia.gov.co/normativa/normativa/ACTO%20LEGISLATIVO%20N%C2%B0%2001%20DE%204%20DE%20ABRIL%20DE%202017.pdf

Colombia. Congreso de la República. Ley 1592 (3 de diciembre de 2012). Por medio de la cual se introducen modificaciones a la Ley 975 de 2005. Recuperado de http://wsp.presidencia.gov.co/Normativa/Leyes/Documents/LEY%201592%20DEL%2003%20DE%20DICIEMBRE%20DE%202012.pdf

Colombia. Congreso de la República. Ley 1820 (30 de diciembre de 2016). Por medio de la cual se dictan disposiciones sobre amnistía, indulto y tratamientos penales especiales y otras disposiciones. Recuperado de http://www.secretariasenado.gov.co/senado/basedoc/ley_1820_2016.html

Colombia. Congreso de la República. Ley 599 (24 de julio de 2000). Por la cual se expide el Código Penal. Recuperado de http://www.secretariasenado.gov.co/senado/basedoc/ley_0599_2000.html

Colombia. Congreso de la República. Ley 975 (25 de julio de 2005). Por la cual se dictan disposiciones para la reincorporación de miembros de grupos armados organizados al margen de la ley, que contribuyan de manera efectiva a la consecución de la paz nacional y se dictan otras disposiciones para acuerdos humanitarios. Recuperado de http://www.alcaldiabogota.gov.co/sisjur/normas/Norma1.jsp?i=17161

Colombia. Corte Suprema de Justicia, Sala Penal. Radicado 38222 (12 de diciembre de 2012). Magistrado Ponente Leonidas Bustos contra Freddy Rendón Herrera.

Colombia. Fiscalía General de la Nación. Directiva 0001 (4 de octubre de 2012). Por medio de la cual se adoptan unos criterios de priorización de situaciones y casos, y se crea un nuevo sistema de investigación penal y de gestión de aquellos en la Fiscalía General de la Nación. Recuperado de http://www.fiscalia.gov.co/colombia/wp-content/uploads/Directiva-N%C2%B0-0001-del-4-de-octubre-de-2012.pdf

Colombia. Fiscalía General de la Nación. Directiva 0008 (27 de marzo de 2016). Por medio de la cual se establecen lineamientos generales con respecto a delitos en que se puede incurrir en el curso de la protesta social. Recuperado de http://frenteampliopopular.org/documentos/FGN%20-%20Directiva%20008%20protesta%20social.pdf

Corte Penal Internacional (2002). Estatuto de Roma. Recuperado de http://www.un.org/spanish/law/icc/statute/spanish/rome_statute(s).pdf

Fiscalía General de la Nación (2013). *La priorización. Memorias de los talleres para la construcción de los criterios del nuevo sistema de investigación penal.* Bogotá, D. C.: FGN. Recuperado de http://www.fiscalia.gov.co/colombia/wp-content/uploads/123719-Libro-de-priorizaci%C3%B3n-web.pdf

Foucault, Michel (2001). *La verdad y las formas jurídicas.* Barcelona: Gedisa.

Jäger, Herbert (1989). *Makrokriminalität. Studien zur Kriminologie kollektiver Gewalt.* Frankfurt: Suhrkamp.

Jäger, Herbert (1998). Ist Politik kriminalisierbar? En: Lüderssen, Klaus (Hrsg). *Augeklärte Kriminalpolitik oder Kampf gegen das Böse? Band III Makrodelinquenz.* Baden-Baden: Nomos.

Lampe, Ernst-Joachim (1994). Systemunrecht und Unrechtssysteme. *Zeitschrift für die gesamte Strafrechtswissenschaft,* 106 (4), pp. 683-745.

Lüderssen, Klaus (1998). *Augeklärte Kriminalpolitik oder Kampf gegen das Böse? Band I-V.* Baden-Baden: Nomos.

Prittwitz, Cornelius (1998). Makrodelinquenz. Einleitung. En: Lüderssen, Klaus (Hrsg). *Augeklärte Kriminalpolitik oder Kampf gegen das Böse? Band III Makrodelinquenz* (pp. 7-26). Baden-Baden: Nomos.

Vest, Hans (2001). Humanitätsverbrechen - Herausforderung für das Individualstrafrecht? *Zeitschrift für die gesamte Strafrechtswissenschaft,* 113 (3), pp. 457-498.

CONCEPCIÓN Y EVOLUCIÓN DE LA JUSTICIA PENAL PARA LA TERMINACIÓN DEL CONFLICTO ARMADO EN COLOMBIA

John Zuluaga
Universidad Sergio Arboleda, Colombia

RESUMEN

En este capítulo se discutirán los rasgos distintivos del dispositivo penal incorporado para facilitar la terminación del conflicto armado en Colombia: la Jurisdicción Especial para la Paz (JEP). Adicionalmente, se intentará caracterizar las implicaciones del curso punitivista que sigue el modelo de justicia transicional colombiano a partir de, primero, la conceptualización de la JEP y las razones que la explican como un dispositivo de integración de los escenarios judiciales de realización de la justicia transicional; segundo, a partir de la discusión de algunos aspectos procesales penales relevantes y relativos al trámite legal que se ha configurado a partir del Acto Legislativo 01 de 2017 y la Ley 1820 de 2016; y tercero, haciendo un análisis tanto de la integración sistemática de dicha jurisdicción al Sistema Integral de Verdad, Justicia, Reparación y No Repetición, como de sus restricciones intrasistemáticas.

INTRODUCCIÓN

Con la Jurisdicción Especial para la Paz (JEP) se ha instalado el componente penal de un sistema con pretensiones de integralidad para la satisfacción de los derechos de las víctimas del conflicto armado colombiano —Sistema Integral de Verdad, Justicia, Reparación y No Repetición (SIVJRNR)—. Se trata de un dispositivo judicial-penal con competencia prevalente para la persecución de los crímenes relativos al conflicto armado. De igual manera, se concibe como un complemento a los mecanismos extrajudiciales del SIVJRNR:

> El Sistema Integral estará compuesto por los siguientes mecanismos y medidas: la Comisión para el Esclarecimiento de la Verdad, la Convivencia y la No Repetición; la Unidad para la Búsqueda de Personas dadas por Desaparecidas en el contexto y en razón del conflicto armado; la Jurisdicción Especial para la Paz; las medidas de reparación integral para la construcción de paz y las garantías de no repetición.[1]

En esa medida, está dirigido a la satisfacción de una doble pretensión: castigo y reconciliación. Así se desprende no solo del acuerdo de paz (Gobierno-FARC, 2016, pp. 143-ss.), sino de la reforma constitucional que introdujo el Acto Legislativo (AL) 01 de 2017:

> El Sistema Integral hará especial énfasis en medidas restaurativas y reparadoras, y pretende alcanzar justicia no solo con sanciones retributivas. Uno de los paradigmas orientadores de la JEP será la

---

[1] Congreso de la República. Acto Legislativo 01 (4 de abril de 2017). Artículo transitorio 1.°, inciso 1.

aplicación de una justicia restaurativa que preferentemente busca la restauración del daño causado y la reparación de las víctimas afectadas por el conflicto, especialmente para acabar la situación de exclusión social que les haya provocado la victimización. La justicia restaurativa atiende prioritariamente las necesidades y la dignidad de las víctimas y se aplica con un enfoque integral que garantiza la justicia, la verdad y la no repetición de lo ocurrido.[2]

En el mismo Acto Legislativo están definidas las bases del SIVJRNR, tanto de sus competencias —objetiva y subjetiva— como de sus procedimientos.[3] Esta base legal —introducida por la vía expedita del llamado *fast track*—[4] confronta la JEP con una aspiración maximalista de justicia penal y, a su vez, la restringe a unos específicos ámbitos de prioridad procesal penal.[5]

De esta manera, la JEP se configura como un dispositivo paradojal: 1) promete el conocimiento de todas las conductas punibles vinculadas al conflicto, pero fija rígidas pautas procedimentales para el trámite de las mismas; 2) se concibe como parte de un sistema integral de justicia transicional, pero excluye múltiples actores y conductas punibles sobre la base de la selección y priorización de casos; 3) se establece como un filtro para conocer la verdad de lo ocurrido en el conflicto, pero no concibe la aceptación de responsabilidad como presupuesto de comprensión; 4) establece como condición de

---

[2] Acto Legislativo 01 (4 de abril de 2017). Artículo transitorio 1.°, inciso 4.

[3] Acto Legislativo 01 (4 de abril de 2017). Artículos transitorios 5-17 y 22-26. Asimismo, véase Proyecto de Ley Estatutaria (1.° de agosto de 2017), Título II, Artículos 8-35.

[4] El *fast track* o vía rápida es un mecanismo contemplado en el AL 01 de 2016, que reduce el número de debates requeridos en el Congreso para la aprobación de leyes y reformas constitucionales. Sobre la constitucionalidad de dicho mecanismo de trámite legislativo, véase Corte Constitucional. Sentencia C-699 (13 de diciembre de 2016) y Sentencia C-332 (17 de mayo de 2017).

[5] Sobre selección y priorización en el modelo colombiano de justicia transicional, véase John Zuluaga (2014b, pp. 168-ss.; 2015).

su funcionamiento el reconocimiento de verdad y responsabilidad, pero concibe unos parámetros judiciales "ordinarios" para la determinación de las mismas.

Esta jurisdicción representa, a su vez, un escalafón adicional en el cúmulo de ensambles judiciales-penales orientados a darle solución al conflicto armado colombiano. Con el mismo evoluciona el esquema normativo de la Ley de Justicia y Paz[6] y del Marco Jurídico para la Paz,[7] a partir de los cuales se venía orientando la reinserción de combatientes a la vida civil.[8] Estas prácticas legales y sus respectivos dispositivos penales se han caracterizado históricamente por lo siguiente: 1) se conciben como una expresión de los desenlaces de la guerra; 2) han prestado un servicio de gran consideración para administrar la retórica de los vencedores y moldear la imagen de sus enemigos (Correa, 2016; Orozco, 2016, octubre 23; 2005); y 3) se trata de un derecho penal selectivo y desigual (González, 2007):

> La justicia transicional no escapa a las características que precisamente suscitaron las críticas al que parecía ya moribundo derecho penal: secuestra el conflicto, es selectivo, discriminatorio y desigual, es altamente instrumentalizado, no tiene casi ninguna posibilidad de cumplir las promesas que lo animan (verdad, justicia y reparación), recorre el camino que ha caracterizado el derecho penal: es decir, empieza como una institución excepcional y después se normaliza y, finalmente, ofrece espacios de crítica mucho menores que el derecho penal que conocíamos. (p. 38)

Bajo estas claves es que podría concebirse la justicia penal del SIVJRNR como un modelo para la continuidad (Zuluaga,

---

6   Congreso de la República. Ley 975 (25 de julio de 2005).

7   Acto Legislativo 01 (31 de julio de 2012). Artículos Transitorios 66 y 67.

8   Al instalarse junto a la jurisdicción ordinaria y a la Ley de Justivia y Paz (LJP), además, se podría hablar de una tercera generación de justicia para la superación del conflicto armado (Zuluaga, 2016a; 2016b; Barbosa, 2017).

2014b).[9] No solo la apatía frente a las libertades o el optimismo en el castigo, sino también su concepción legalista de las formas de solución del conflicto armado darían constancia de esta comprensión.

A fin de profundizar sobre las implicaciones del curso punitivista que sigue el modelo de justicia transicional colombiano, a continuación, primero, se intentará una conceptualización de la JEP. Con este acercamiento se parte de reconocer el carácter limitado del derecho penal en torno a las dinámicas masivas de comisión de crímenes y la inevitable relativización de los axiomas procesales penales para la investigación y sanción de estos; segundo, se hará un análisis crítico de la JEP como componente procesal penal del SIVJRNR. A partir de dicho análisis se espera encontrar constancias suficientes para demostrar las restricciones de la JEP como escenario preponderante para el cumplimiento de los propósitos de la justicia transicional en Colombia.

LA JEP: REFLEXIONES PRELIMINARES PARA UNA DEFINICIÓN

La conceptualización de la JEP está determinada por los siguientes aspectos: primero, un amplio marco normativo —constitucional, legal y convencional— definitorio de dicha jurisdicción. Tanto el *Acuerdo final* del 24 de noviembre (Gobierno-FARC, 2016, I, numeral 2) como el AL 01 de 2017, Artículo transitorio 5 y, adicional a los mismos, un cúmulo de decretos reglamentarios[10] comienzan a darle forma institucional a la JEP y

---

[9] Si bien se trata de un nuevo dispositivo legal, sus actores —específicamente los judiciales— se conciben como enclaves a partir de los cuales la comprensión del derecho y las clásicas formas de persecución penal se reproducen.

[10] Los decretos reglamentarios con fuerza de Ley se expiden con base en la facultad otorgada al Presidente de la República para implementar el acuerdo de paz (Presidencia de la República, s. f.). Entre estos decretos se encuentran

permiten concebir una definición de la misma; segundo, no solo se trata de una concepción en varios niveles normativos, sino de la introducción de múltiples componentes genéricos, específicos y teleológicos que determinan la comprensión de esta jurisdicción.

Al problema de la base normativa para la definición de la JEP se suma el de la ubicación de la misma frente a otros dispositivos judiciales del sistema de justicia transicional. La JEP se instaló junto a la jurisdicción ordinaria y la llamada Ley de Justicia y Paz (LJP) como un nivel adicional de investigación y juzgamiento de los crímenes cometidos en el marco del conflicto armado en Colombia. Esto implica, por un lado, un ejercicio concurrente de competencias material y subjetiva y, en consecuencia, una restricción de los rendimientos del SIVJRNR a partir de dichas concurrencias. En esa medida, la JEP logra una sofisticación del programa judicial de la transición política. Ello se explica, además, en el curso que tomó la configuración

---

los siguientes: Decreto 249 del 14 febrero de 2017; Decreto 277 del 17 febrero de 2017; Decreto 588 del 05 de abril de 2017; Decreto 589 del 05 de abril de 2017; Decreto 691 del 27 de abril de 2017; Decreto 700 del 02 de mayo de 2017; Decreto 775 del 16 de mayo de 2017; Decreto 870 del 25 de mayo de 2017; Decreto 884 del 26 de mayo de 2017; Decreto 885 del 26 de mayo de 2017; Decreto 888 del 27 de mayo de 2017; Decreto 889 del 27 de mayo de 2017; Decreto 891 del 28 de mayo de 2017; Decreto 892 del 28 de mayo de 2017; Decreto 893 del 28 de mayo de 2017; Decreto 894 del 28 de mayo de 2017; Decreto 1269 del 28 de julio de 2017. Además, se deben mencionar otros Decretos Ley dirigidos a regular distintos aspectos del SIVJRNR: Decreto Ley 2204 del 30 de diciembre de 2016; Decreto Ley 121 del 26 de enero de 2017; Decreto Ley 154 del 03 de febrero de 2017; Decreto Ley 248 del 14 de febrero de 2017; Decreto Ley 298 del 23 de febrero de 2017; Decreto Ley 671 del 25 de abril de 2017; Decreto Ley 706 del 03 de mayo de 2017; Decreto Ley 831 del 18 de mayo de 2017; Decreto Ley 882 del 26 de mayo de 2017; Decreto Ley 883 del 26 de mayo de 2017; Decreto Ley 890 del 28 de mayo de 2017; Decreto Ley 895 del 29 de mayo de 2017; Decreto Ley 896 del 29 de mayo de 2017; Decreto Ley 897 del 29 de mayo de 2017; Decreto Ley 898 del 29 de mayo de 2017; Decreto Ley 899 del 29 de mayo de 2017; Decreto Ley 900 del 29 de mayo de 2017; Decreto Ley 902 del 29 de mayo de 2017; Decreto Ley 903 del 29 de mayo de 2017.

de la JEP a partir de la renegociación del acuerdo posplebiscito. La JEP se entendió y se trató como un dispositivo judicial concurrente y, de acuerdo con ello, se ajustaron los términos de su funcionamiento en el SIVJRNR y de sus relaciones con la justicia ordinaria.[11]

La sistematización establecida sirve para aclarar el alcance y la ubicación sistemática de la JEP y, asimismo, resulta gananciosa para el ejercicio de su definición. De su ubicación constitucional se deduce el carácter de parámetro interpretativo y de criterio de subsunción de los procesos judiciales en los que se investigan y judicializan crímenes vinculados al conflicto armado. Este fenómeno no se configura solo a partir del AL 01 de 2017, sino que logró establecerse expresamente con la introducción de los Artículos transitorios 66 y 67 CN por medio del llamado Marco Jurídico para la Paz (MJP) (Ambos, 2008; Ambos y Steiner, 2015; Zuluaga, 2014, pp. 168-ss.; 2015). Este progresivo proceso de *constitucionalización de mecanismos de justicia transicional* resulta especialmente relevante, pues con el mismo se determinan líneas de interpretación que comprometen tanto el respeto de la obligación de investigar y juzgar, como los derechos de las víctimas y el fin de la paz estable.[12]

---

[11] Entre muchos de los ajustes posplebiscito, por ejemplo, se precisa que la JEP hace parte del SIVJRNR y que, por tanto, no sustituye a la jurisdicción ordinaria; se indica que para decidir sobre la eventual conexidad de conductas relacionadas con cultivos de uso ilícito con el delito político se seguirán los criterios de la jurisprudencia colombiana; además, se indicó que los procedimientos de la JEP deben incorporar los siguientes principios: sistema adversarial, debido proceso, imparcialidad, publicidad, controversia de la prueba, defensa y doble instancia. Esas normas se deberán incorporar al ordenamiento interno colombiano. Estos condicionamientos se han acentuado por medio de distintos pronunciamientos de la Corte Constitucional. Al respecto, Corte Constitucional, Comunicado 55 del 14.11.2017, M.P. Luis Guillermo Guerrero; Sentencias C-608 del 3.10.2017, M.P. Carlos Bernal Pulido; C-332 de 2017 de 17.05.2017, M.P. Antonio José Lizarazo Ocampo.

[12] Sobre el interés de justicia y su fundamento jurídico, véase Kai Ambos (2008, pp. 28-117 y notas a pie 101-103); Colombia. Corte Constitucional. Sentencia C-579 (28 de agosto de 2013), parr. 8.1-ss.; Corte Interamericana

Lo anterior sirve para establecer que un enfoque legalista, derivado del acuerdo y el cuerpo legal que lo desarrolla, no sería un marco suficiente y pertinente para definir y comprender qué es la JEP. Por su impacto normativo y judicial, por su rol en el sistema de justicia transicional y sus aspiraciones frente a las víctimas, la JEP debe y puede conceptualizarse en diferentes niveles, más allá de su compleja base normativa. Desde el punto de vista *procesal penal*, la JEP representa un *dispositivo prevalente de integración judicial.* Su ámbito de competencias material y personal —AL 01 de 2017, Artículo transitorio 5— concurre con los de la LJP y la justicia penal ordinaria en Colombia, pero es preponderante frente a los mismos no solo a los efectos penales, sino también civiles y administrativos. La cláusula de prevalencia que desarrolla el Artículo transitorio 6 del AL 01 de 2017 no se debería comprender como una fórmula supletoria de los dispositivos judiciales transicionales, es decir, con competencia para conceder un tratamiento penal especial frente a conductas punibles cometidas en el marco del conflicto armado. El *sentido de prevalencia* se aclara mejor en el inciso 2 del Artículo transitorio 6: no se trata de una jurisdicción subrogante, sino más bien de una instancia de revisión en sentido amplio —con competencia para anular, extinguir o revisar sanciones—. Este nivel de prevalencia reconoce el principio *ne bis in ídem*; con ello se restringe, a su vez, el sentido de preferencia y exclusividad sobre las demás jurisdicciones fijado en el Artículo transitorio 5. Este aspecto

de Derechos Humanos. Sentencia C 277 (19 de mayo de 2014), parrs. 183, 250 y 251; Sentencia C 275 (27 de noviembre de 2013), parrs. 347, 350; Sentencia C 274 (26 de noviembre de 2013), parrs. 176-180; Sentencia C 271 (25 de noviembre de 2013), parr. 98; Sentencia C 270 (20 de noviembre de 2013), parrs. 370-372; Sentencia C 267 (28 de agosto de 2013), parrs. 122-123; Sentencia C 260 (14 de mayo de 2013), parr. 217-218; Sentencia C 259 (30 de noviembre de 2012), parr. 155-157; Sentencia C 240 (27 de febrero de 2012), parrs. 203-210; Sentencia C 220 (26 de noviembre de 2010), parrs. 126-132.

tiene, además, una restricción temporal en ese mismo artículo, es decir, conductas cometidas antes del 1.° de diciembre de 2016 por parte de los combatientes de grupos armados organizados al margen de la ley (GAOML) que suscriban un acuerdo final de paz: es una prevalencia *pro pugnator* y *pro tempore*. Una constancia de que no se trata de suplir los otros dispositivos del sistema —LJP y justicia ordinaria— la deja el inciso 3 del Artículo transitorio 5 con el reconocimiento de la competencia de la jurisdicción ordinaria para las conductas cometidas *ex tempore,* o los incisos 4 y 5 del mismo artículo para la investigación y juzgamiento de los delitos de que trata el libro segundo, capítulo quinto, título décimo del código penal. Precisamente, por no ser una jurisdicción supletoria es que en el Artículo transitorio 9 se incorpora un mecanismo para la solución de conflictos de competencia.

Como dispositivo de integración prevalente, la JEP logra una sofisticación del programa judicial para la investigación y juzgamiento de combatientes, por lo menos en los siguientes niveles: competencia temporal, instancias de revisión, sistema de sanciones e integración a mecanismos extrajudiciales. Cada uno de estos niveles, a su vez, permiten una definición de la JEP desde el punto de vista funcional. Temporalmente, amplía los términos de incorporación al sistema judicial de transición —hasta el 1.° de diciembre de 2016—:

Jurisdicción Especial para la Paz. La Jurisdicción Especial para la Paz (JEP) estará sujeta a un régimen legal propio, con autonomía administrativa, presupuestal y técnica; administrará justicia de manera transitoria y autónoma y conocerá de manera preferente sobre todas las demás jurisdicciones y de forma exclusiva de las conductas cometidas con anterioridad al 1.° de diciembre de 2016 [...].[13]

---

[13] Acto Legislativo 01 (4 de abril de 2017), Artículo transitorio 5.

Asimismo, supera el esquema de pena alternativa e incorpora sanciones —no estrictamente intramurales— con cargas restauradoras.

Sanciones. Las sanciones que imponga la JEP tendrán como finalidad esencial satisfacer los derechos de las víctimas y consolidar la paz. Deberán tener la mayor función restaurativa y reparadora del daño causado, siempre en relación con el grado de reconocimiento de verdad y responsabilidad. Las sanciones podrán ser propias, alternativas u ordinarias y en todos los casos se impondrán en los términos previstos en los numerales 60, 61, 62 y en el listado de sanciones del subpunto 5.1.2 del Acuerdo Final.[14]

Finalmente, se articula a mecanismos extrajudiciales para la investigación y juzgamiento de conductas punibles en el marco del conflicto armado. Este rol articulador se fija de manera expresa en el inciso 5 del Artículo transitorio 1, donde se asigna a la JEP la función de *verificación de las llamadas "condicionalidades"*:

Los distintos mecanismos y medidas de verdad, justicia, reparación y no repetición, en tanto parten de un sistema que busca una respuesta integral a las víctimas, no pueden entenderse de manera aislada. Estarán interconectados a través de *relaciones de condicionalidad y de incentivos* para acceder y mantener cualquier tratamiento especial de justicia, siempre fundados en el reconocimiento de verdad y responsabilidades. El cumplimiento de estas condicionalidades será verificado por la Jurisdicción Especial para la Paz.[15]

Las relaciones de condicionalidad y de incentivos son la manera a través de la cual se pretende la interconexión de los

---

[14] Acto Legislativo 01 (4 de abril de 2017), Artículo transitorio 13.

[15] Acto Legislativo 01 (4 de abril de 2017), Artículo transitorio 1, inciso 5. Énfasis del autor.

diferentes mecanismos y medidas de verdad, justicia, reparación y no repetición. Dichas condicionalidades se fijan, a su vez, como presupuesto de cualquier tratamiento especial de justicia (Corte Constitucional, Comunicado 55, 2. Síntesis de la providencia, párr. 9).

La exigencia de integralidad en la satisfacción de los derechos de las víctimas promueve a la JEP como el *mecanismo de verificación y cierre* en el proceso de satisfacción de dichos derechos: "El Sistema es integral, para que las medidas logren un máximo de justicia y de rendición de cuentas sobre las violaciones a los derechos humanos e infracciones al DIH ocurridas a lo largo del conflicto. La integralidad del Sistema contribuye también al esclarecimiento de la verdad del conflicto y la construcción de la memoria histórica".[16]

En esa medida, la JEP se ubica como el núcleo del SIVJR-NR y eje articulador de otros componentes judiciales-penales para la concreción de derechos como la verdad, la justicia y la reparación. Que ello sea así define también el marco teleológico del modelo de justicia transicional en Colombia: *la justicia restaurativa.*[17] Como paradigma orientador, la justicia restaurativa encuentra en el dispositivo judicial de la JEP su principal escenario de realización. En síntesis, puede decirse que la JEP es el componente judicial del SIVJRNR con competencias prevalentes para la integración de otros mecanismos judiciales dispuestos para la investigación y judicialización de conductas punibles en el marco del conflicto armado colombiano. En su rol articulador de mecanismos judiciales y extrajudiciales, cumple la función de verificar las relaciones de condicionalidad e incentivos presupuestos, como también de tratamientos penales especiales.

---

[16] Acto Legislativo 01 (4 de abril de 2017), Artículo transitorio 1, inciso 3.

[17] Acto Legislativo 01 (4 de abril de 2017), Artículo transitorio 1, inciso 4.

Algunos aspectos procesales relevantes

Tanto el *Acuerdo final* como el AL 01 de 2017 han previsto una compleja institucionalidad para el desarrollo de su procedimiento. A la JEP se adscriben las siguientes instancias: Sala de Reconocimiento de Verdad, de Responsabilidad y de Determinación de los Hechos y Conductas (SRVRDHC); el Tribunal para la Paz (TP); Sala de Amnistía o Indulto (SAI); Sala de Definición de Situaciones Jurídicas (SDSJ); y Unidad de Investigación y Acusación (UIA) (Gobierno-FARC, 2016).[18] Además, se incluyeron una Presidencia y Secretaría Ejecutiva como órganos administrativos de la jurisdicción.[19]

El acuerdo para el desarrollo de la JEP prevé un trámite para quienes reconozcan verdad y responsabilidad y otro diferente para quienes no la reconozcan. El *reconocimiento de verdad y responsabilidad* es el factor determinante para definir el tipo de procedimiento y, en consecuencia, el tipo de pena a aplicar. En ese sentido, los trámites ante la JEP arrastran una lógica dualista, *sometimiento* o *contradicción*: "En el componente de justicia se aplicarán dos procedimientos: 1. Procedimiento en caso de reconocimiento de verdad y reconocimiento de responsabilidad. 2. Procedimiento en caso de ausencia de reconocimiento de verdad y de responsabilidad" (Gobierno-FARC, 2016, p. 152, numeral 45).

Frente al acuerdo inicial entre Gobierno y las FARC-EP, la refrendación plebiscitaria suscitó una reelaboración del mismo.[20]

---

[18] Inicialmente, con la JEP se intentó replicar la estructura de lo que en el Derecho Penal Internacional se ha llamado *hybrid courts*; sin embargo, después de los resultados del plebiscito realizado el 2 de octubre de 2016, dicha posibilidad fue finalmente negada. De esa manera se cerró la posibilidad de la participación de extranjeros como jueces de la JEP.

[19] Acto Legislativo 01 (4 de abril de 2017), Artículo transitorio 7.

[20] Esta reelaboración se hizo bajo las claves de algunas propuestas de los representantes del "NO", opción ganadora el pasado 2 de octubre de 2016 (Comisión Colombiana de Juristas y De Justicia, s. f.). Sobre los impactos

El acoplamiento de estas propuestas se ha hecho fundamentalmente en el marco de los parámetros orientadores de la JEP. Se trató básicamente del replanteamiento de aspectos relativos a la JEP, su funcionamiento y relaciones con la justicia ordinaria (Reyes, 2016, noviembre 14). Esto ha determinado de manera muy significativa el curso del trámite en el Congreso de la República, donde el acuerdo de paz ha tomado cuerpo legal. El modelo que viene tomando cuerpo allí defiende el curso punitivista de la JEP, ya delimitado en el punto 5, *Acuerdo sobre víctimas*. Sin embargo, además, parece incorporar (auto)restricciones al modelo para atajar los impactos de sus amplias competencias *ratione materiae* y *ratione personae* en el funcionamiento de la misma jurisdicción. A continuación, se abordarán algunos de los aspectos de la configuración de la JEP que determinan sus aspiraciones y sus rendimientos bajo la lógica de la persecución punitiva ordinaria.

LOS CASOS QUE NO SON OBJETO DE AMNISTÍA O INDULTO

La persecución de los hechos punibles frente a los cuales se debe concretar la obligación de investigación y judicialización parece asegurarse en la JEP. Concretamente, el Artículo 23, literal a, de la Ley 1820 de 2016, define el listado de delitos que no pueden ser amnistiados.[21] A la lógica de persecución penal que se deriva de esta obligación y que encuentra su correlato en la Ley 1820 de 2016, responde también la estructura procesal penal de la JEP. Fundamentalmente, la SDSJ, concebida en el numeral 50 del *Acuerdo sobre víctimas*, se ha previsto como la

---

y retos de la decisión plebiscitaria tomada el 2 de octubre de 2016, véase John Zuluaga y Sophie Rähme (2017, pp. 20-ss.).

[21] Al respecto, véase Corte Suprema de Justicia, Radicado 46334 del 13.09.2017, M.P. Patricia Salazar Cuéllar; Corte Constitucional, Comunicado Nr. 08, declarando la inexequibilidad de las expresiones "grave" y "sistemáticos" contenida en el parágrafo del Art. 23 de la ley 1820 de 2016.

instancia que resolverá la situación jurídica de quienes no sean objeto de amnistía o indulto, ni hayan sido incluidos en la resolución de conclusiones de la SRVRDHC (Barbosa, 2017; Zuluaga, 2014, pp. 168-ss.; 2015). Esta sala representa, además, uno de los escenarios más relevantes para asegurar los rendimientos de la JEP como dispositivo de integración prevalente (Zuluaga, 2017, agosto 1.°).[22] Su competencia se restringe, en general, a aquellos casos en los que no se aplican beneficios (penales) preliminares como la amnistía, el indulto o la resolución de conclusión. Precisamente por ello, se prevé el tratamiento de sentencias penales impuestas por la justicia ordinaria y de las personas que hubieran reconocido responsabilidad por crímenes internacionales: "Definir el tratamiento que se dará a las sentencias impuestas previamente por la justicia respecto a las personas objeto de la Jurisdicción Especial para la Paz, incluida la extinción de responsabilidades por entenderse cumplida la sanción".[23]

En su propósito de canalizar el desenlace de las conductas que no han sido objeto de amnistías o indultos, el Artículo 28 de la Ley 1820 de 2016 prevé distintos *niveles de definición situación jurídica*, orientados por criterios subjetivos que refuerzan la determinación del ámbito de competencia personal de la SDSJ: "1. Integrantes de las FARC-EP [...]; 2. Personas que, por conductas desplegadas en contextos relacionados con el ejercicio del derecho a la protesta o disturbios internos, hayan sido perseguidas penalmente [...]; 3. Personas que estén procesadas o que hayan sido condenadas por delitos políticos o conexos vinculados a la pertenencia o colaboración con las FARC-EP [...]".[24]

---

[22] Acto Legislativo 01 (4 de abril de 2017), Artículo transitorio 1, inciso 1.

[23] Congreso de la República. Ley 1820 (30 de diciembre de 2016), Artículo 28, numeral 2.

[24] Ley 1820 (30 de diciembre de 2016), Artículo 29.

En términos generales, concede la posibilidad de adoptar las resoluciones que sean necesarias para definir la situación jurídica en los casos en que la amnistía, indulto u otra resolución de conclusión no haya sido adoptada. Este tipo de resoluciones están previstas, más concretamente, en tres casos: a) para las personas que, sin pertenecer a una organización rebelde, tengan una investigación en curso por conductas que sean de competencia de la JEP; b) frente a quienes no hayan tenido una participación determinante en los casos más graves y representativos, incluyendo a los terceros que se presenten voluntariamente a la jurisdicción; c) personas involucradas en delitos cometidos en el marco de disturbios públicos o el ejercicio de la protesta social; d) personas que participaron en el conflicto, pero que al momento de realizarse la conducta ilícita eran menores de edad.

En un primer nivel, se intenta asegurar el tratamiento judicial de aquella constelación de casos que *no serán objeto de amnistía o indulto*. Desde el punto de vista general, esta constelación de casos correspondería a todas las conductas que están fuera de la descripción que incorporan los Artículos 15, 16, 22 y 23 de la Ley 1820 de 2016, en concordancia con el Decreto 277 de 2017, es decir, los delitos que no son políticos ni conexos a los mismos.[25] Desde el punto de vista específico, en este nivel se concibe un ámbito muy importante de situaciones que delimitan la competencia *ratione materiae* de la JEP. En concreto, se trataría de los crímenes previstos en el Artículo 23, parágrafo único, literal a y b de la Ley 1820, que desarrollan de forma más amplia la prohibición concebida en el numeral 40 del *Acuerdo sobre víctimas*: crímenes internacionales y, además, algunos crímenes individuales:

---

[25] Corte Suprema de Justicia, Sala de Casación Penal. Radicación 49895 (28 de junio de 2017); Radicación 46449 (28 de junio de 2017), Consideraciones de la Corte.

En ningún caso serán objeto de amnistía o indulto únicamente los delitos que correspondan a las conductas siguientes:

a) Los delitos de lesa humanidad, el genocidio, los graves crímenes de guerra, la toma de rehenes u otra privación grave de la libertad, la tortura, las ejecuciones extrajudiciales, la desaparición forzada, el acceso carnal violento y otras formas de violencia sexual, la sustracción de menores, el desplazamiento forzado, además del reclutamiento de menores, de conformidad con lo establecido en el Estatuto de Roma. En el evento de que alguna sentencia penal hubiere utilizado los términos ferocidad, barbarie u otro equivalente, no se podrá conceder amnistía e indulto exclusivamente por las conductas delictivas que correspondan a las aquí enunciadas como no amnistiables;

b) Los delitos comunes que carecen de relación con la rebelión, es decir aquellos que no hayan sido cometidos en el contexto y en razón de la rebelión durante el conflicto armado o cuya motivación haya sido obtener beneficio personal, propio o de un tercero.

Estos serían los supuestos que por prohibición expresa no pueden llegar a ser objeto de amnistía o indulto.[26] La prohibición expresa mencionada no se debería entender como un margen taxativo, sino que se debería concebir como un umbral mínimo, el cual podría ampliarse a los casos no previstos en el mismo pero que no se adecuan a los criterios que determinan la conexidad con delitos políticos.

En un segundo nivel se encuentra el supuesto de las personas que *no serán incluidas en la resolución de conclusiones* de la SRVRDHC. Este tipo de resolución está concebida para ser presentada ante el Tribunal de Paz, especificando la identificación de los casos más graves y representativos, la individualización de las responsabilidades, los reconocimientos de verdad y

---

[26] Véase al respecto, en este mismo libro, el capítulo de Kai Ambos, *La Ley de Amnistía (Ley 1820 de 2016) y el marco jurídico internacional.*

responsabilidad, la calificación jurídica y la identificación de las sanciones correspondientes (Barbosa, 2017, pp. 10-ss.). En otras palabras, la resolución de conclusiones es el acto procesal proveniente de la SRVRDHC, mediante el cual se sintetiza la información sobre hechos, responsables, reconocmiento de los mismos y, sobre esa base, las respectivas sanciones. Esta resolución está dirigida al Tribunal de Paz y, según el numeral 48, literal j del *Acuerdo sobre víctimas,* es una resolución que tiene lugar luego de concluidas las etapas previstas en los literales a-i del mismo numeral. El anuncio de presentación de esta resolución implica que los órganos investigadores —penales, disciplinarios, adminsitrativos, entre otros— remitan a la SRVRDHC la totalidad de las investigaciones sobre hechos y conductas relacionadas con el conflicto y pierdan competencia para seguir investigando esos hechos y conductas:

> La Fiscalía General de la Nación o el órgano investigador de cualquier otra jurisdicción que opere en Colombia, continuarán adelantando las investigaciones hasta el día en que la Sala, una vez concluidas las etapas anteriormente previstas —salvo la recepción de los reconocimientos de verdad y responsabilidad, los cuales siempre deberán ser posteriores al recibimiento en la Sala de la totalidad de investigaciones efectuadas respecto a la conducta imputada—, anuncie públicamente que en tres meses presentará al Tribunal para la Paz su resolución de conclusiones, momento en el cual la Fiscalía o el órgano investigador de que se trate, deberán remitir a la Sala la totalidad de investigaciones que tenga sobre dichos hechos y conductas, momento en el cual la Fiscalía o el órgano investigador de que se trate perderá competencias para continuar investigando hechos o conductas competencia de la Jurisdicción Especial de Paz.

El numeral 2 establece que la SDSJ definirá el tratamiento que se dará a las *sentencias impuestas previamente* por la justicia respecto a las personas objeto de la JEP, incluida la extinción de responsabilidades por entenderse cumplida la sanción. La determinación de estas sentencias tiene como filtro los parámetros de configuración de la competencia *ratione personae* de la JEP, es decir, todas las personas involucradas de manera directa o indirecta en el conflicto.[27] De esta manera, se reafirma el carácter de la JEP como *dispositivo de integración prevalente*. Con ello se acepta la vigencia de las competencias de los dispositivos judiciales concurrentes y se restringe la JEP como una instancia de revisión en sentido amplio, con apego al principio *ne bis in ídem*.

A pesar del marco de competencias *ratione materiae* y *ratione personae* de la SDSJ, se incorporan (auto)restricciones, a la manera de componentes de ajuste político procesal, para atajar los impactos de esas mismas competencias en el funcionamiento de la JEP. En todo caso, que el modelo de selección y priorización sea un presupuesto de los rendimientos de la JEP no significa que este modelo sintetice las competencias material y subjetiva de aquella jurisdicción.[28] La ambigüedad en la delimitación del objeto procesal tiene diferentes consecuencias en los mismos rendimientos del SIVJRNR, no solo porque la JEP se propone abordar los delitos cometidos en el marco del conflicto armado colombiano, sino por la necesidad que habría de investigarlos y juzgarlos ante la falta de reconocimiento de los mismos. A la (desbordada) dimensión *ratione materiae* se suma el retorno del escriturismo como método de reconocimiento de verdad y

---

[27] Acerca de la competencia de la JEP frente a conductas punibles cometidas por causa, con ocasión o relación directa o indirecta con el conflicto armado, Colombia. Corte Suprema de Justicia, Sala de Casación Penal. Radicación 50386 (28 de junio de 2017).

[28] Especialmente, si es que en la JEP se busca distinguir la criminalidad política frente a "otra criminalidad", se debe entender que los ámbitos de selección y priorización, en los términos del Artículo transitorio 66 de la Constitución, excluyen la criminalidad política como objeto de investigación (Zuluaga, 2015).

responsabilidad (Gobierno-FARC, 2016, *Acuerdo sobre víctimas*, p. 30, numeral 47; p. 32, numeral 48 g).

LA NO PERTENENCIA A UNA ORGANIZACIÓN REBELDE

La Ley 1820 de 2016 no define el concepto *organización rebelde* ni establece los criterios para la determinación de la pertenencia a una organización criminal. En diferentes artículos se refiere exclusivamente a las FARC-EP[29] como la única organización rebelde que ha logrado cumplir el requisito para la aplicación del componente de justicia del SIVJRNR: el logro de un acuerdo final de paz con el gobierno.[30] La definición de *pertenencia a una organización criminal* sería el primer paso para determinar el ámbito de aplicación subjetivo de esta causal: los que no pertenezcan a una organización rebelde y estén siendo investigados por hechos punibles en el marco del conflicto. El asunto se hace más problemático si se tiene en cuenta que la pertenencia a una organización criminal no es una conducta tipificada como delito autónomo en la Ley Penal colombiana, sino que constituye un *elemento normativo* que tiene distinto tratamiento en la misma. Este elemento puede estar comprendido en diferentes tipos penales o puede representar una forma de participación colectiva en un hecho punible.[31] Con ello, en el numeral 6 del Artículo 23 de la Ley 1820 de 2016 se incorpora una constelación abierta de casos y no ofrece claridad sobre el tipo de delitos para la aplicación de esta causal.

La forma como se ha previsto la determinación de pertenencia a las FARC-EP ha sido la del *listado*. Así lo establece tanto el Artículo transitorio 5 del AL 01 de 2017 como los Artículos 17

---

[29] Artículos 7, inciso 2; 17, numerales 1, 2 y 3; 18, inciso 2; 19, numeral 1; 22, numeral 1, 2 3 y 4; 26 y 29, numerales 1 y 3; 35, parágrafo; 37, inciso 3; 41, inciso 4.

[30] Acto Legislativo 01 (4 de abril de 2017), Artículo transitorio 5.

[31] Corte Constitucional. Sentencia C-936 (23 de noviembre de 2010).

numeral 2, 19 numeral 1, 22 numeral 2 y 26 de la Ley 1820 de 2016. De conformidad con esta base normativa, la pertenencia al grupo rebelde será determinada a través del delegado de las FARC-EP por medio de la entrega de los *listados de personas integrantes de la organización rebelde* que haya suscrito el acuerdo final de paz; incluso, según el Artículo 26 de la Ley 1820 de 2016, estos listados se podrán presentar hasta que se haya terminado de examinar por la SAI la situación legal de todos los integrantes de las FARC-EP. Esta forma de determinación de pertenencia a la organización tiene significativas consecuencias para la aplicación de esta causal, precisamente porque la definición de situación jurídica según esta causal cobraría vigencia frente a las personas que no se encuentran en esos listados. Esta práctica de definición de pertenencia a un GAOML no es nueva en Colombia. Así se previó en el Artículo 1 del Decreto 3360 de 2003, por medio del cual se propuso como forma de comprobar la calidad de miembro de un GAOML el reconocimiento expreso de los representantes del mismo por medio de listado (Ambos *et al.*, 2010, parrs. 104, 115, 134).

Las críticas a esta forma de determinación de pertenencia al GAOML en el marco de procesos colectivos de desmovilización se concentraron fundamentalmente en las dificultades de la *verificación de identidades* de los desmovilizados (CIDH, 2 de octubre de 2007; p. 4-ss.; Human Rights Watch, 2008, p. 34; Amnistía Internacional, 2008, p. 28; Ambos *et al.*, 2010, parr. 134; Zuluaga y Koessl, 2011). Primero, se criticó que las identificaciones hechas solo a partir del "alias" no permitieron conocer los antecedentes penales de los desmovilizados, produciendo una potencial falta de judicialización respecto de algunas personas del grupo; segundo, se cuestionó la falta del *cotejo de la información* suministrada por los voceros de los grupos, junto con el listado de integrantes del GAOML por parte de la oficina del Alto Comisionado para la Paz; tercero, la *elaboración del listado* aludido mostró en la práctica dificultades en la determinación de los nombres a incluir. En razón de la dinámica del proceso de concentración de combatientes, la confección de la lista se realizó en las zonas de ubicación (Ambos *et al.*, 2010, parr. 134; CIDH, 2 de octubre de 2007; parr. 11; Human Rights Watch, 2008, p. 34), paralelamente con la llegada de los sujetos que se iban a desmovilizar. Con la elaboración del listado de manera concomitante a la concentración de combatientes, hubo en tales zonas cierta discrecionalidad en la inclusión o exclusión de nombres, lo que facilitó que personas no integrantes de los grupos accedieran al listado y a la desmovilización (CIDH, 2 de octubre de 2007; parr. 12).[32] En síntesis, se criticaron los vacíos, la ausencia de herramientas de control y la falta de sistematización de los mecanismos destinados a identificar a los desmovilizados y de recolección de los primeros elementos probatorios que contribuyan a determinar la responsabilidad penal de los mismos (Ambos *et al.*, 2010, parr. 134).

El segundo elemento del numeral 6 —tener investigaciones en curso por conductas que son competencia de la JEP— se debe analizar en varios niveles: primero, el análisis de la SDSJ se hace *a petición del investigado.* Esto supone que la determinación de la existencia de investigación en curso se hace *ex ante* o *ex post* a los informes que deberán remitir a la SRVRDHC, en virtud del numeral 48 literal b del *Acuerdo sobre víctimas*, la Fiscalía General de la Nación, los órganos competentes de la justicia penal militar, la Comisión de Acusaciones de la Cámara de Representantes o el órgano que la reemplace, la Procuraduría General de la Nación, la Contraloría General de la República y cualquier jurisdicción que opere en Colombia; segundo, la determinación de si las conductas investigadas son competencia

---

[32] Esta situación ha comenzado también a ser denunciada en el marco del proceso de paz con las FARC. Según el embajador de EE.UU. en Colombia, Kevin Whitaker, hay personas que estarían pagando hasta cinco millones de dólares para ingresar a los listados de las FARC y así evitar la extradición (Colprensa, 2017, julio 31).

de la JEP, la hará la SDSJ siguiendo los criterios para establecer la *relación hechos investigados y conflicto armado* (Ambos, 2011, p. 84-ss.). Adicionalmente, en la lógica del procedimiento ante la JEP, también es posible que la remisión de esta información se haga primero a la SRVRDHC, la cual decidirá si remite a la SDSJ:

> A la mayor brevedad y en cualquier momento que lo estime oportuno, decidir si las conductas no reconocidas serán sometidas a la Unidad de investigación y acusación para que en su caso, de existir mérito para ello, se abra procedimiento de juicio ante el Tribunal. También podrá decidir remitir las conductas a la Sala de definición de situaciones jurídicas (Gobierno-FARC-EP, 2016, numeral 48, literal n).

Tercero, la SDSJ decidirá si es procedente remitirlo a la SAI, a la SRVRDHC, o si para definir la situación jurídica es procedente renunciar al ejercicio de la acción penal o disciplinaria.[33]

Integralidad del Sistema Integral de Verdad, Justicia, Reparación y No Repetición vía proceso penal

La concepción de los componentes del SIVJRNR[34] parece ofrecer un rendimiento integral en cuanto a la atención de cada una de las garantías que lo alientan; sin embargo, la sistematicidad en la forma como se integran estos dispositivos parece deficiente. En el caso de la JEP, no se desprende del proyecto de sistema integral una conclusión sobre cómo la misma se articula, por ejemplo, a la comisión para el esclarecimiento de los hechos de la violencia o en qué medida contribuye a la realización de

---

[33] En este último caso, también respecto a civiles no combatientes o sobre la aplicación de cualquier otro mecanismo jurídico según el caso, véase Ley 1820 (30 de diciembre de 2016), Artículo 31.

[34] Ley 1820 (30 de diciembre de 2016), Artículo 1.

las garantías de no repetición. La ausencia de parámetros que orienten la interacción de cada uno de estos componentes no solo confirma la falta de integralidad del SIVJRNR, sino la falta de comprensión sistemática en la articulación de los componentes del mismo. Una constancia expresa la evidencia de la Ley 1820 de 2016, a partir de la cual la concesión de beneficios penales a combatientes se anticipa a la misma creación de la JEP y le extrae al SIVJRNR la posibilidad de tramitar la entrega de esos beneficios articulando otros rendimientos en materia de verdad por parte de los beneficiados. La Ley 1820 de 2016 deja constancia de la asistematicidad y no integralidad —respecto a otros componentes del SIVJRNR— en los desenlaces de la JEP.

La pretensión de integralidad y sistematicidad del SIVJRNR encuentra limitaciones adicionales en el desarrollo legal de restricciones intrasistemáticas a la JEP, a la manera de componentes de ajuste político procesal. En su funcionalidad, la JEP se orienta por *criterios de priorización* (Art. trans. 7 AL 01 de 2017). En esa medida, los presupuestos de su dinámica judicial serán la gravedad y representatividad de los delitos y el grado de responsabilidad en los mismos. De esta manera, el trabajo de la JEP encuentra en los criterios de priorización un filtro específico. Así se prevé, por ejemplo, en el Artículo 28 numeral 3 de la Ley 1820 que, con el fin de que se administre pronta y cumplida justicia, la SDSJ determinará los posibles *mecanismos procesales de selección y priorización para quienes no reconozcan verdad y responsabilidad*. En concordancia con ello, el numeral 7 determina que para que el funcionamiento de la JEP sea eficiente, eficaz y célere, la SDSJ podrá fijar prioridades, así como adoptar criterios de selección y descongestión.

En los numerales 3 y 7 se abre la posibilidad para que la SDSJ determine sus propios parámetros de funcionamiento. La competencia general para fijar mecanismos procesales de selección y priorización se confronta, sin embargo, con varias restricciones: primero, estos mecanismos de orientación procesal se determinan en los casos de no reconocimiento de verdad y responsabilidad (numeral 3, primera parte); *más concretamente, estos criterios orientarán los cursos contradictorios de los trámites para la definición de verdad y responsabilidad; segundo, se hará en concordancia con las decisiones de la* SRVRDHC sobre la forma como esta última ordena sus funciones frente a los casos más representativos (numeral 3, segunda parte). Esto se refuerza en el Artículo 28, numeral 7, inciso 2, según el cual este tipo de facultades tiene dos justificaciones: evitar que las conductas más graves y representativas queden impunes y prevenir la congestión judicial —del Tribunal—.

Este rótulo, *delitos más graves y representativos,* ya fue utilizado en otros escenarios como criterio de selección y priorización, intentando obtener mayores rendimientos de las actividades de investigación por parte de la Fiscalía.[35] La determinación de la gravedad y representatividad como criterio de priorización fue concretada con la Directiva 0001 de 2012 de la FGN y los diferentes Planes de Acción de la UNJP y las Fiscalías regionales. Sin que se hubiera expedido aún la respectiva Ley Estatutaria de la que habla el Artículo transitorio 66, inciso 4, de la CN y según la Directiva 0001, determinar la gravedad y representatividad de un crimen —*criterio objetivo*— "requiere nutrirse de una visión en perspectiva de las repercusiones fácticas que los distintos ilícitos han producido en un caso en concreto". Es por ello que se debe tener en cuenta la "capacidad en representar los distintos patrones criminales que desde el punto de vista político, histórico y social, han aquejado a un país".[36] Con este criterio pareciera configurarse una *perspectiva relativa,* en el sentido de valorar más allá de la gravedad objetiva del crimen también el contexto concreto del hecho

---

[35] Este escenario responde a múltiples recomendaciones que ya se formularon en otro lugar respecto al procedimiento de la Ley de Justicia y Paz (Ambos *et al.*, 2010, Recomendaciones).

[36] Fiscalía General de la Nación. Directiva 0001 (4 de octubre de 2012), V, p. 30.

punible. De esta manera se introducen aspectos que atenúan la objetividad del criterio de priorización y se supera la idea de un marco delimitado de tipos penales sobre los cuales se focalizarían los esfuerzos de investigación. Con ello se entran a considerar factores abiertos y de contexto sin ninguna posibilidad de definición objetiva (Zuluaga, 2014, pp. 173-ss.).

Aunque el numeral 8 se refiere concretamente a los delitos mencionados en el Artículo 23 de la Ley 1820, es discutible la *deficiente delimitación objetiva* de este criterio. Precisamente porque el Artículo 23 regula en concreto los criterios de conexidad a los delitos políticos y a manera de excepción, en un solo parágrafo, los delitos frente a los cuales no es aplicable la amnistía ni el indulto. De esta manera, no se logra claridad sobre el marco de crímenes que se pretenden priorizar. Con la denominación *gravedad y representatividad* se ha intentado dar cuenta de rituales y escenarios de horror con el propósito de ilustrar dicha barbarie para evitar su repetición y, al mismo tiempo, contribuir al hallazgo de la verdad de los hechos cometidos.[37] Sin embargo, ni el *quantum* punitivo, ni la entidad del bien jurídico tutelado tienen un rol limitativo de la determinación de gravedad y representatividad (Zuluaga, 2014, p. 175).

Adicional al criterio de gravedad y representatividad, uno de los aspectos más expresivos de las restricciones intrasistemáticas es el Artículo transitorio 24 del AL 01 de 2017, que delimita lo relativo a la *responsabilidad por mando*. Este artículo desarrolla los numerales 44 y 59 del *Acuerdo sobre víctimas* pactado entre el Gobierno y las FARC-EP. En comparación con los numerales mencionados, la propuesta en el Artículo transitorio 24 define de una forma más detallada las condiciones para determinar la existencia de mando y control efectivo del superior militar o policial; incluso, en comparación con el Artículo 28 del Estatuto de la Corte Penal Internacional, se trata de un umbral

---

[37] Directiva 0001 (4 de octubre de 2012), V, p. 30.

alto, es decir, de condiciones más estrictas para la definición de la responsabilidad del superior. No ya la negligencia consciente del superior frente a sus subordinados, sino, ahora, el *conocimiento positivo y la capacidad de mando legal, material y efectiva* frente a aquellos (*Semana*, 2017, 25 de enero).

Más allá de las divergencias entre el acuerdo original sobre la JEP y el actual desarrollo legal de la misma, la configuración que ahora se pretende de la responsabilidad por mando tiene significativas *consecuencias político-criminales y procesales*. Aquellas cláusulas que vinculan la definición judicial de responsabilidad penal a estrictos estándares jurídico-penales prestan un servicio de gran consideración para el sistema. Ante la imposibilidad de judicializar cada hecho y sujeto vinculado al conflicto armado, la restricción de los ámbitos de decisión judicial —como los de responsabilidad por mando— asegurarían que la funcionalidad del sistema no sea desbordada por las promesas que se desprenden de los ámbitos de competencia de la JEP. La sofisticación de los parámetros de definición de control y mando militar compensarían, además, la ausencia de cláusulas de selección y priorización de casos. Con la delimitación de dichos parámetros se condiciona, a la vez, el curso de las investigaciones penales. Así se reproduce el ajuste de las aspiraciones extrapenales —propias de la justicia transicional— por medio de restricciones jurídico-penales y procesales —naturales al juicio penal— (Zuluaga, 2016, mayo 12).[38]

Este tipo de encasillamiento punitivo se percibe aún más claramente en apartes como los del Artículo 52 de la Ley 1820 de 2016, el cual reproduce una de las tensiones nucleares del modelo de justicia transicional colombiano: la máxima integración posible de hechos y sujetos vinculados al conflicto y una

---

[38] Bajo estos términos se explica, también, la preponderancia de este dispositivo penal. No se trata solo de un encasillamiento del modelo de justicia transicional en variantes jurídico-penales, sino de una específica orientación político criminal.

concesión restrictiva de libertades, especialmente tratándose de crímenes internacionales. El Artículo 52 define los sujetos beneficiarios de la libertad transitoria, condicionada y anticipada que se otorga a agentes del Estado como expresión del tratamiento penal especial diferenciado. Este artículo determina concretamente los requisitos que deberán cumplir aquellos que quieran obtener su libertad.

Especialmente problemático resulta el inciso 2 del Artículo 52. Según este aparte, solo una privación de la libertad igual o superior a cinco años sería el fundamento para el otorgamiento del beneficio de la libertad transitoria, condicionada y anticipada. Esto convierte el encerramiento penal en el presupuesto para la definición de algunos "sujetos beneficiarios" del tratamiento penal especial. Frente a ello se debe decir que el encerramiento anticipado no puede fijarse como preponderante frente a los compromisos que se asumen para garantizar las contribuciones al SIVJRNR, precisamente, porque fijar un mínimo de detención como condición del beneficio extraería una gran parte de la capacidad realizativa de la JEP y de los componentes del sistema frente a las apuestas generales por verdad, justicia y reparación (Zuluaga, 2017, junio 8).

Aquello parece ser bien entendido en el Decreto 1269 de 2017. En su Artículo 2.2.5.5.2.6 se ha determinado que el requisito de los cinco años de privación de libertad para el goce del beneficio de libertad transitoria, condicionada o anticipada no es necesario:

> Procedencia del beneficio de la libertad transitoria, condicionada y anticipada, para miembros de la Fuerza Pública con menos de 5 años de privación de la libertad. El miembro o exmiembro de la Fuerza Pública que haya sido procesado o condenado por delitos distintos a los establecidos en el numeral 2 del artículo 52 de la Ley 1820 de 2016, no estará sujeto al requisito correspondiente al tiempo igual o superior a cinco (5) años de privación de la libertad para acceder a la libertad transitoria, anticipada y condicionada.

Este resulta un intento destacado de superar las lecturas punitivas del otorgamiento de amnistías o tratamientos penales diferenciados, a pesar de que el Art. 2.2.5.5.2.7 del mismo Decreto, paradójicamente, vuelva a plantear el encerramiento penal como condición de dicha libertad. En todo caso, que el encerramiento anticipado no puede fijarse como preponderante frente a los compromisos que se asumen para garantizar las contribuciones al SIVJRNR es un asunto que se reconoce en dicho Decreto.

Conclusiones

1. La concepción del SIVJRNR parece ofrecer un rendimiento integral en cuanto a la atención de cada una de las garantías que lo impulsan —verdad, justicia, reparación y no repetición—; sin embargo, es notable la asistemacidad en la forma como se integran estos dispositivos. En el proyecto de sistema integral no queda claro cómo la JEP se articula, por ejemplo, a la Comisión para el Esclarecimiento de los Hechos de la Violencia o en qué medida contribuye a la realización de las garantías de no repetición.

2. Ante el desbordado marco de intervención que se deriva de las competencias *ratione materiae* y *ratione personae*, el desarrollo legal de la JEP perfila restricciones intrasistemáticas a la manera de componentes de ajuste político procesal. Esto tiene importantes *consecuencias político-criminales y procesales*. Aquellas cláusulas que vinculan la definición judicial de responsabilidad penal a estrictos estándares jurídico-penales prestan un servicio de gran consideración para el sistema. Ante la imposibilidad de judicializar cada hecho y sujeto vinculado al conflicto armado, la restricción de los ámbitos de decisión judicial aseguraría que la funcionalidad del sistema no sea desbordada por las promesas que se desprenden de los ámbitos de competencia de la JEP.

3. Con la apropiación del proceso penal como el medio —preponderante— para el logro de los fines de la justicia transicional se modifica la "gramática" de la persecución penal. Con la judicialización del conflicto y la ubicación del proceso penal como instrumento garante de las reivindicaciones transicionales, paradójicamente, se insiste en una solución marcada por la insuficiencia cognitiva y la restricción metódica del proceso penal, a los fines de resolver los pilares de transiciones políticas.

REFERENCIAS BIBLIOGRÁFICAS

Ambos, Kai (2008). *El marco jurídico de la justicia de transición. Especial referencia al caso colombiano.* Bogotá, D. C.: Temis.

Ambos, Kai (2011). *Nociones básicas del Derecho Internacional Humanitario.* Valencia: Tirant lo Blanch.

Ambos, Kai *et al.* (2010). *Procedimiento de la Ley de Justicia y Paz (ley 975 de 2005) y Derecho Penal Internacional. Estudio sobre la facultad de intervención complementaria de la Corte Penal Internacional a la luz del denominado proceso de "justicia y paz" en Colombia.* Bogotá, D. C.: GTZ, Embajada de la República Federal Alemana en Bogotá, Georg-August-Universität Göttingen.

Amnistía Internacional (2008). *¡Déjennos en Paz! La población civil, víctima del conflicto armado interno en Colombia.* Madrid: Amnistía Internacional.

Barbosa, Francisco (2017). ¿*Justicia transicional o impunidad?* La encrucijada de la paz en Colombia. Bogotá, D. C.: Ediciones B.

Colombia. Congreso de la República. Acto Legislativo 01 (31 de julio de 2012). Por medio del cual se establecen instrumentos jurídicos de justicia transicional en el marco del Artículo 22 de la Constitución Política y se dictan otras disposiciones. Recuperado de http://wsp.presidencia.gov.co/Normativa/actos-legislativos/Documents/2012/ACTO%20LEGISLA-TIVO%20N%C2%B0%2001%20DEL%2031%20DE%20JULIO%20DE%202012.pdf

Colombia. Congreso de la República. Acto Legislativo 01 (4 de abril de 2017). Por medio del cual se crea un título de disposiciones transitorias de la Constitución para la terminación del conflicto armado y la construcción de una paz estable y duradera y se dictan otras disposiciones. Recuperado de http://es.presidencia.gov.co/normativa/normativa/ACTO%20LEGISLATIVO%20N%C2%B0%2001%20DE%204%20DE%20ABRIL%20DE%202017.pdf

Colombia. Congreso de la República. Ley 1820 (30 de diciembre de 2016). Por medio de la cual se dictan disposiciones sobre amnistía, indulto y tratamientos penales especiales y otras disposiciones. Recuperado de http://www.secretariasenado.gov.co/senado/basedoc/ley_1820_2016.html

Colombia. Congreso de la República. Ley 975 (25 de julio de 2005). Por la cual se dictan disposiciones para la reincorporación de miembros de grupos armados organizados al margen de la ley, que contribuyan de manera efectiva a la consecución de la paz nacional y se dictan otras disposiciones para acuerdos humanitarios. Recuperado de http://www.alcaldiabogota.gov.co/sisjur/normas/Norma1.jsp?i=17161

Colombia. Congreso de la República. Proyecto de Ley Estatutaria (1.° de agosto de 2017). De la Administración de Justicia en la Jurisdicción Especial para la Paz. Recuperado de http://www.imprenta.gov.co/gacetap/gaceta.mostrar_documento?p_tipo=18&p_numero=08&p_consec=48677

Colombia. Corte Constitucional, Comunicado 08 (01 de marzo de 2018). Magistrada Ponente Diana Fajardo Rivera. Recuperado de http://www.corteconstitucional.gov.co/comunicados/No.%2008%20comunicado%2001%20de%20marzo%20de%202018.pdf

Colombia. Corte Constitucional, Comunicado 55 (14 de noviembre de 2017). Magistrado Ponente Luis Guillermo Pérez Guerrero. Recuperado de http://www.corteconstitucional.gov.co/comunicados/No.%2055%20comunicado%2014%20de%20noviembre%20de%202017.pdf

Colombia. Corte Constitucional. Sentencia C-332 (17 de mayo de 2017). Magistrado Ponente Antonio José Lizarazo Ocampo. Recuperado de https://app.vlex.com/#vid/682403897

Colombia. Corte Constitucional. Sentencia C-579 (28 de agosto de 2013). Magistrado Ponente Jorge Ignacio Pretelt Chaljub. Recuperado de http://www.corteconstitucional.gov.co/relatoria/2013/C-579-13.htm

Colombia. Corte Constitucional. Sentencia C-699 (13 de diciembre de 2016). Magistrada Ponente María Victoria Calle Correa. Recuperado de http://www.corteconstitucional.gov.co/relatoria/2016/c-699-16.htm

Colombia. Corte Constitucional. Sentencia C-936 (23 de noviembre de 2010). Consideración de la Corte. Magistrado Ponente Luis Ernesto Vargas Silva. Recuperado de http://www.corteconstitucional.gov.co/relatoria/2010/C-936-10.htm

Colombia. Corte Suprema de Justicia, Sala de Casación Penal. Radicación 49895 (28 de junio de 2017). Consideración de la Corte. Magistrada Ponente Patricia Salazar Cuellar. Recuperado de http://www.cortesuprema.gov.co/corte/wp-content/uploads/2017/07/AP4175-201749895.pdf

Colombia. Corte Suprema de Justicia, Sala de Casación Penal. Radicación 46449 (28 de junio de 2017). Consideración de la Corte. Magistrado Ponente José Francisco Acuña Vizcaya. Recuperado de http://www.cortesuprema.gov.co/corte/wp-content/uploads/2017/07/AP4151-201746449.pdf

Colombia. Corte Suprema de Justicia, Sala de Casación Penal. Radicación 50386 (28 de junio de 2017). Consideración de la Corte. Magistrado Ponente Luis Antonio Hernández Barbosa. Recuperado de http://www.cortesuprema.gov.co/corte/wp-content/uploads/2017/08/AP4113-201750386.pdf

Colombia. Fiscalía General de la Nación. Directiva 0001 (4 de octubre de 2012). Por medio de la cual se adoptan unos criterios de priorización de situaciones y casos, y se crea un nuevo sistema de investigación penal y de gestión de ellos en la Fiscalía General de la Nación. Recuperado de http://www.fiscalia.gov.

co/colombia/wp-content/uploads/Directiva-N%C2%B0-0001-del-4-de-octubre-de-2012.pdf

Colombia. Ministerio de Justicia y del Derecho. Decreto 1269 (28 de julio de 2017). Por el cual se adiciona la Sección 2 al Capítulo 5 al Título 5 de la Parte 2 del Libro 2 del Decreto 1069 de 2015, Decreto Único Reglamentario del Sector Justicia, por el cual se dictan disposiciones sobre tratamientos penales especiales respecto a miembros de la Fuerza Pública, reglamentando la Ley 1820 de 2016, y se dictan otras disposiciones. Recuperado de http://es.presidencia.gov.co/normativa/normativa/DE-CRETO%201269%20DEL%2028%20DE%20JULIO%20DE%202017.pdf

Colombia. Presidencia de la República. Decreto 277 (17 de febrero de 2017). Por el cual se establece el procedimiento para la efectiva implementación de la Ley 1820 del 30 de diciembre de 2016. Recuperado de http://es.presidencia.gov.co/norma-tiva/normativa/DECRETO%20277%20DEL%2017%20FEBRERO%20DE%202017.pdf

Colombia. Presidencia de la República. Decreto 3360 (21 de noviembre de 2003). Por el cual se reglamenta la Ley 418 de 1997, prorrogada y modificada por la Ley 548 de 1999 y por la Ley 782 de 2002. Recuperado de https://www.reintegracion.gov.co/es/agencia/Documentos%20Decretos/Decreto%203360%20de%202003.pdf

Colprensa (2017, julio 31). Hasta 5 millones de dólares ofrecen para entrar a listados de FARC. *El Colombiano.* Recuperado de http://www.elcolombiano.com/colombia/paz-y-derechos-humanos/embajada-de-estados-unidos-denuncia-que-ofrecen-plata-para-entrar-a-las-farc-BB7021524

Comisión Colombiana de Juristas y De Justicia (s. f.). Mapa de las propuestas de los voceros del "NO". *De Justicia.* Recuperado de https://www.dejusticia.org/wp-content/uploads/2017/04/fi_name_recurso_871.pdf

Comisión Interamericana de Derechos Humanos (CIDH) (2 de octubre de 2007). Informe sobre la implementación de la Ley de Justicia y Paz: etapas iniciales del proceso de desmovilización

de las AUC y primeras diligencias judiciales. OEA/Ser.L/V/
II.129, Doc. 6. Recuperado de https://www.cidh.oas.org/
countryrep/ColombiaAUC2007sp/Colombiadesmovilizacio-
n2007indice.sp.htm

Correa Henao, Magdalena (2016). Justicia transicional en Colombia:
balance y desafíos constitucionales. En: Bernal Pulido, Carlos;
Barbosa Castillo, Gerardo y Ciro Gómez, Andrés (eds.). *Justicia
transicional: el caso de Colombia.* Bogotá, D. C.: Universidad
Externado de Colombia.

Corte Interamericana de Derechos Humanos. Sentencia 270 (20 de
noviembre de 2013). Caso de las Comunidades Afrodescendientes Desplazadas de la Cuenca del Río Cacarica (Operación
Génesis) vs. Colombia. Recuperado de http://www.corteidh.
or.cr/docs/casos/articulos/seriec_270_esp.pdf

Corte Interamericana de Derechos Humanos. Sentencia C 220 (26
de noviembre de 2010). Caso Cabrera García y Montiel Flores
vs. México. Recuperado de http://www.corteidh.or.cr/docs/
casos/articulos/resumen_220_esp.pdf

Corte Interamericana de Derechos Humanos. Sentencia C 240 (27
de febrero de 2012). Caso González Medina y Familiares vs.
República Dominicana. Recuperado de http://corteidh.or.cr/
docs/casos/seriec_240_esp.pdf

Corte Interamericana de Derechos Humanos. Sentencia C 259 (30
de noviembre de 2012). Caso Masacre de Santo Domingo vs.
Colombia. Recuperado de http://www.corteidh.or.cr/docs/
casos/articulos/seriec_260_esp.pdf

Corte Interamericana de Derechos Humanos. Sentencia C 260 (14
de mayo de 2013). Caso Mendoza y otros vs. Argentina. Recuperado de http://www.corteidh.or.cr/docs/casos/articulos/
seriec_260_esp.pdf

Corte Interamericana de Derechos Humanos. Sentencia C 267 (28
de agosto de 2013). Caso García Lucero y otras vs. Chile. Recuperado de http://www.corteidh.or.cr/docs/casos/articulos/
seriec_267_esp.pdf

Corte Interamericana de Derechos Humanos. Sentencia C 271 (25
de noviembre de 2013). Caso Gutiérrez y familia vs. Argentina.

Recuperado de http://www.corteidh.or.cr/docs/casos/articulos/seriec_271_esp.pdf

Corte Interamericana de Derechos Humanos. Sentencia C 274 (26 de noviembre de 2013). Caso Osorio Rivera y Familiares vs. Perú. Recuperado de http://www.corteidh.or.cr/docs/casos/articulos/seriec_274_esp.pdf

Corte Interamericana de Derechos Humanos. Sentencia C 275 (27 de noviembre de 2013). Caso J. vs. Perú. Recuperado de http://www.corteidh.or.cr/docs/casos/articulos/seriec_275_esp.pdf

Corte Interamericana de Derechos Humanos. Sentencia C 277 (19 de mayo de 2014). Caso Veliz Franco y otros vs. Guatemala. Recuperado de http://www.corteidh.or.cr/docs/casos/articulos/seriec_277_esp.pdf

Gobierno de Colombia-FARC-EP (2016). *Acuerdo final para la terminación del conflicto y la construcción de una paz estable y duradera. 24 de noviembre.* Recuperado de http://www.altocomisionadoparalapaz.gov.co/procesos-y-conversaciones/Documentos%20compartidos/24-11-2016NuevoAcuerdoFinal.pdf

González Zapata, Julio (2007). La justicia transicional o la relegitimación del derecho penal. *Estudios Políticos,* 31, pp. 23-42.

Human Rights Watch (2008). *¿Rompiendo el control? Obstáculos a la justicia en las investigaciones de la mafia paramilitar en Colombia.* Nueva York: HTW.

Orozco Abad, Iván (2016, octubre 23). Justicia: el centro de los desacuerdos respecto del Acuerdo. *Razón Pública.* Recuperado de http://www.razonpublica.com/index.php/conflicto-drogas-y-paz-temas-30/9813-justicia-el-centro-de-los-desacuerdos-respecto-del-acuerdo.html

Presidencia de la República (s. f.). Normativa. Decretos julio 2017. Recuperado de http://es.presidencia.gov.co/normativa/decretos-2017/decretos-julio-2017

Reyes, Yesid (2016, noviembre 14). Los 68 cambios del acuerdo en materia de justicia. *Semana.* Recuperado de http://www.semana.com/nacion/articulo/acuerdo-de-paz-yesid-reyes-explica-68-cambios/505392

Semana (2017, 25 de enero). "La JEP debe tener en cuenta el Estatuto de Roma". Recuperado de http://www.semana.com/nacion/ articulo/kai-ambos-habla-sobre-la-jurisdiccion-especial-para-la-paz/513295

Uprimny Yepes, Rodrigo; Sánchez Duque, Luz María y Sánchez León, Nelson Camilo (2014). *Justicia para la paz. Crímenes atroces, derecho a la justicia y paz negociada.* Bogotá, D. C.: Dejusticia.

Zuluaga, John y Koessl, Manfredo (2011). Sobre la fase administrativa del procedimiento de la Ley 975 de 2005 o de "Justicia y Paz" (LJP). *Derecho Penal Contemporáneo,* 37, pp. 5-64.

Zuluaga, John y Rähme, Sophie (2017). *Informe. Ciclo de foros por la paz en Colombia / Tagungsbericht. Serie der Foren für den Frieden in Kolumbien.* Medellín: Rocco.

Zuluaga, John (2014a). Alcance del Artículo 1.° inciso 4.° del Acto Legislativo 01 de 2012. De la consolidación de la paz y la selección y priorización en la investigación penal. En: Ambos, Kai (coord.). *Justicia de transición y Constitución. Análisis de la sentencia C-579 de 2013 de la Corte Constitucional* (pp. 155-196). Bogotá, D. C.: CEDPAL, Konrad Adenauer, Temis.

Zuluaga, John (2014b). Justicia de transición en Colombia. ¿Un modelo para la continuidad? *Instituto de Estudio e Investigación Jurídica.* Recuperado de http://www.inej.edu.ni/novedades/ justicia-de-transicion-en-colombia-un-modelo-para-la-continuidad-por-john-e-zuluaga-t-4448.html

Zuluaga, John (2015). Justicia transicional y criminalidad política. Implicaciones desde el punto de vista del modelo de selección y priorización procesal penal. Ambos Kai y Steiner, Christian (coords.). *Justicia de transición y Constitución II. Análisis de la sentencia C-577 de 2014 de la Corte Constitucional* (pp. 47-83). Bogotá, D. C.: CEDPAL, Konrad Adenauer, Temis.

Zuluaga, John (2016, mayo 12). Del impacto político criminal de la priorización de casos en la justicia transicional. *Ámbito Jurídico.* Recuperado de https://www.ambitojuridico.com/ BancoConocimiento/Constitucional-y-Derechos-Humanos/

del-impacto-politico-criminal-de-la-priorizacion-de-casos-en-
la-justicia-transicional?CodSeccion=1

Zuluaga, John (2016a). Hacia una tercera generación de justicia
transicional. De la Jurisdicción Especial para la solución del
conflicto armado en Colombia. *En Letra: Derecho Penal*, II (3),
pp. 7-12. Recuperado de https://docs.wixstatic.com/ugd/e7b
ffd_32ad1336874e483d9751ff534d747460.pdf

Zuluaga, John (2016b). De la Jurisdicción Especial para la Paz.
Debates, 73, pp. 65-69.

Zuluaga, John (2017, agosto 1.°). La JEP: a propósito de su prevalencia. Ámbito Jurídico. Recuperado de https://www.ambitojuridi-
co.com/BancoConocimiento/Constitucional-y-Derechos-Hu-
manos/la- JEP -a-proposito-de-su-prevalencia?CodSeccion=1

Zuluaga, John (2017, junio 8). El artículo 52 de la Ley de Amnistía.
Ámbito Jurídico. Recuperado de https://www.ambitojuridico.
com/bancoconocimiento/constitucional-y-derechos-humanos/
el-articulo-52-de-la-ley-de-amnistia

Tercera parte
LA JUSTICIA TRANSICIONAL
EN PERSPECTIVA COMPARADA

EL PERDÓN INTERPERSONAL EN CONTEXTOS DE JUSTICIA TRANSICIONAL*

Camila de Gamboa y Juan Felipe Lozano[**]
Universidad del Rosario, Colombia

RESUMEN

Este capítulo tiene el propósito de analizar el perdón interpersonal y sus alcances en un contexto de justicia transicional, que se estructura en tres partes: en el primer apartado se analizará de forma general el concepto que proponemos de perdón,

* Este artículo fue publicado originalmente en el libro *Confrontando el mal. Ensayos sobre memoria, violencia y democracia*, editado por Antonio Gómez Ramos y Cristina Sánchez y publicado por Plaza y Valdés Editores en 2017. Agradecemos a Plaza y Valdés y a los editores del libro su autorización para incluirlo en esta publicación.

** Este texto hace parte del proyecto de investigación *¿Cómo representar el sufrimiento de las víctimas en conflictos violentos para evitar su repetición?*, y se inscribe igualmente dentro del proyecto de investigación *Los residuos del mal en las sociedades postotalitarias: Respuestas desde una política democrática*, referencia FFI2012-31635, financiado por el Ministerio de Economía y Competitividad de España.

fundado en una teoría que defiende el igual valor moral de los seres humanos; en el segundo apartado estudiaremos la posibilidad de ver el perdón como una forma de reparación moral; y finalmente, en el tercero discutiremos el papel del perdón en contextos de justicia transicional, con el fin de mostrar los límites de una concepción que ve en el perdón interpersonal la base de la reconciliación política.

Introducción

La justicia transicional es uno de los términos contemporáneos que se ha decantado para referirse a las medidas que deben tomar las sociedades cuando transitan hacia una paz democrática, luego de la comisión masiva y sistemática de graves crímenes causados por regímenes represivos, guerras civiles, conflictos armados internos e incluso conflictos internacionales (De Greiff, 2011; Rincón, 2012). Las medidas que se adoptan en estos procesos tienen dos propósitos bien delimitados, que se encuentran relacionados de una manera esencial: por un lado, se trata de responder seriamente a un pasado de graves violaciones a los derechos humanos causados a las víctimas; y por el otro, se busca construir una nueva institucionalidad política o de reformar y transformar la existente, para garantizar que las atrocidades que existieron en estos contextos de violencia no se vuelvan a presentar. En esta muy compleja tarea se han diseñado diferentes mecanismos, tales como las investigaciones y juicios criminales, los mecanismos de esclarecimiento de la verdad y el reconocimiento oficial y social de lo que ocurrió en el pasado, las medidas de reparación, así como las reformas institucionales que responden a las graves violaciones[1] que se cometieron y que a su vez posibilitan alcanzar una paz duradera.

---

[1] Se entiende por graves violaciones, conforme al Derecho Internacional de los Derechos Humanos, los delitos de lesa humanidad, el genocidio y los crímenes de guerra. De acuerdo con el Estatuto de Roma de la Corte Penal

En el desarrollo teórico y normativo de la justicia transicional, y ante la complejidad de las tareas que se le han asignado a la misma, es frecuente que aparezcan términos que se introducen en la discusión, sin que muchas veces exista una precisión conceptual acerca de su definición ni de los alcances que política, social y jurídicamente tienen el considerarlos como mecanismos esenciales de la justicia transicional o como uno de sus propósitos más importantes por alcanzar. Hoy en día, en la discusión de la justicia transicional en Colombia —y esto ha ocurrido igualmente en otros países que han usado dicho modelo—, aparece con mucha frecuencia el concepto de *perdón*. En algunos casos el concepto aparece como sinónimo de la reconciliación política, o al menos como una condición muy importante de esta, por lo que en muchas ocasiones algunos sectores de la sociedad, el Estado e incluso grupos de víctimas y victimarios están tentados a forzar el perdón cimentados en la creencia de que sin este la paz es imposible de alcanzar.

Este capítulo tiene el propósito de analizar el perdón interpersonal y sus alcances en un contexto de justicia transicional, para lo que se estructura en tres partes: en el primer apartado se analizará de forma general el concepto que proponemos de perdón, fundado en una teoría que defiende el igual valor moral de los seres humanos; en el segundo apartado estudiaremos la posibilidad de ver el perdón como una forma de reparación moral; y finalmente, en el tercero discutiremos el papel

---

Internacional, el genocidio se refiere a la realización de actos "perpetrados con la intención de destruir total o parcialmente a un grupo nacional, étnico, racial o religioso" (Artículo 6). Por otra parte, según lo definido en el Artículo 7, cualquier acto que "se cometa como parte de un ataque generalizado o sistemático contra una población civil y con conocimiento de dicho ataque". Finalmente, se entiende por "crimen de guerra" las "infracciones graves de los Convenios de Ginebra de 12 de agosto de 1949, [...] contra personas o bienes protegidos por las disposiciones del Convenio de Ginebra pertinente [y] las violaciones graves de las leyes y usos aplicables en los conflictos armados internacionales dentro del marco establecido de derecho internacional", según lo dispuesto en el Artículo 8.

del perdón en contextos de justicia transicional, con el fin de mostrar los límites de una concepción que ve en el perdón interpersonal la base de la reconciliación política.

ANÁLISIS Y ALCANCES DEL PERDÓN FUNDADOS EN UNA TEORÍA IGUALITARIA DEL VALOR HUMANO

Jean Hampton (1988, pp. 45-46) afirma que, en general, el valor que asignamos a otro ser humano y a nosotros mismos depende, en buena medida, de la teoría dominante que una comunidad política[2] tiene respecto de cuán valiosos consideramos a los individuos que hacen parte de ella. Así, en una comunidad real puede suceder que las personas que pertenecen a una raza, casta, género, una religión o una clase social crean que su estatus les otorga privilegios sociales, políticos y económicos, y un mayor valor moral que a otros grupos. Con base en esa creencia, quienes se consideran "superiores" pueden tratar a aquellos que tienen un "estatus inferior" de una forma despectiva y muchas veces humillante.

Esta afirmación acerca de la teoría del valor de los seres humanos en una comunidad determinada proviene de la concepción moral aristotélica, en la que se hace evidente la relación que existe entre los sentimientos, las acciones y los contextos sociales y políticos en los que el carácter moral de una persona se desarrolla. Esta teoría sirve para confirmar, primero, que el ambiente social desempeña un rol muy importante en la formación y desarrollo del carácter de una persona; segun-

---

[2] La comunidad moral está constituida por los jueces morales a quienes las personas de un grupo buscan como referencia, a fin de reclamar tanto por las ofensas que han sufrido como por las correspondientes reparaciones. Una comunidad moral, en general, puede estar conformada por muy diversos grupos sociales, como el vecindario, la sociedad, la nación o incluso la humanidad (Walker, 2006, p. 30). Cuando nos refiramos a la comunidad política haremos alusión, en especial, a los regímenes políticos que constituyen un Estado-nación.

do, esta visión ayuda a entender cómo las decisiones morales y los sentimientos de una persona provienen de un proceso de socialización en el que un mejor ambiente familiar y social puede ser más positivo, en el proceso de aprendizaje moral, que uno negativo; tercero, se muestra que estos procesos de socialización igualmente se dan en el interior de sistemas políticos particulares, que también desempeñan un papel muy importante en la formación y desarrollo del carácter de un ciudadano (Aristóteles, 1941; Broadie, 1991; Lear, 1988). Así, los sistemas políticos represivos[3] y opresivos[4] les niegan a muchos grupos la posibilidad de desarrollar sus capacidades y de tener las mismas oportunidades que otros grupos privilegiados de la sociedad. Por lo tanto, las comunidades en las que crecemos, nuestras familias, amigos y las personas con las

---

[3] Hannah Arendt (1961, pp. 95-100) considera que dentro de los regímenes represivos, los regímenes autoritarios tienen una estructura piramidal; de manera que el gobernante cuyo poder y autoridad se encuentra por fuera de la estructura ejerce su poder a través de los miembros de las diversas jerarquías que componen la pirámide. La tiranía, por el contrario, es una forma de gobierno igualitaria, puesto que el gobernante ejerce su poder contra todos, igualmente oprimidos y carentes de poder. En el totalitarismo, la organización del poder tiene la forma de una cebolla, con el líder en el centro y su cuerpo político integrado por una organización autoritaria o tiránica. En el sistema totalitario, el poder se ejerce de adentro hacia fuera, por ello cada parte de la organización se relaciona con los otros a través de cada una de las capas —como en una cebolla—; la parte exterior de cada capa tiene la apariencia de normalidad del mundo exterior, mientras que la parte interior que se comunica con el centro se caracteriza por su radical extremismo.

[4] Iris Marion Young considera que en las sociedades democráticas actuales, a pesar de que sus sistemas constitucionales y legales tienen principios cimentados en el igual valor de todos los seres humanos, coexisten también inequidades estructurales de los sistemas económicos, sociales, del acceso al conocimiento y las oportunidades de trabajo (2000, p. 34). Young las denomina injusticias estructurales, que se encuentran incluidas en normas, hábitos y símbolos de la vida diaria que, por lo general, no son cuestionadas (1990, p. 41). Además, dado que los ambientes sociales y políticos tienen un papel importante en la formación y desarrollo del carácter de las personas, la opresión constituye un contexto desfavorable para dicha formación.

que interactuamos, las instituciones políticas y sus prácticas tienen un rol fundamental en el desarrollo de nuestra identidad individual y colectiva.

Con la anterior precisión en mente, en este capítulo defendemos una teoría del valor humano fundada en la idea de que todas las personas son igualmente dignas, independientemente de sus diferencias culturales y biológicas. Aunque no pretendemos fundamentar esta afirmación en este escrito, pues esta tarea se encuentra por fuera del objetivo que nos hemos propuesto, sí acogemos una teoría igualitaria del valor de los seres humanos, pues nos parece que quienes defienden lo contrario apoyan sistemas represivos u opresivos que por lo general sirven para legitimar los privilegios de ciertos grupos sobre otros. En este sentido, el modelo de perdón que vamos a desarrollar está inspirado en un ideal normativo en el que todas las personas y grupos humanos son considerados con el mismo valor moral y político; por ello las instituciones, las normas jurídicas y las prácticas sociales deben estar sustentadas en principios que honran ese valor (Dworkin, 2006, pp. 9-12). En lo que sigue, analizaremos el proceso que se desencadena a partir del momento en que un ofensor realiza una acción con la intención de causar un daño a otro y el análisis de los sentimientos morales[5] que se involucran en el proceso del perdón interpersonal, que en adelante denominaremos simplemente perdón.[6]

---

[5] En la teoría moral se afirma que los seres humanos tienen un tipo de sentimientos que se denominan morales y que se aprenden y se producen en la interacción con los otros. Estos sentimientos son reacciones humanas que se generan ante la buena o mala voluntad y la indiferencia de los otros hacia nosotros, y de nosotros frente a nuestras propias acciones (Strawson, 1982, p. 67). Strawson denomina a estos sentimientos actitudes reactivas, que pueden ser positivas —como los sentimientos de gratitud y solidaridad— o negativas —como los sentimientos de culpa, vergüenza, resentimiento e indignación—.

[6] El perdón interpersonal se diferencia de otros actos restaurativos como las

Uno de los sentimientos más importantes en el análisis del perdón lo constituye el resentimiento; para entenderlo es importante analizar la forma como una mala acción afecta negativamente nuestro valor moral. Jeffrie Murphy (1988, p. 25) considera que a través de una mala acción[7] el ofensor pretende transmitir al ofendido[8] el mensaje de que el ofensor puede usarlo a través de su acción para sus propios fines. Jean Hampton (1988, pp. 43-44), a su vez, considera que más allá del daño físico y psicológico que produce una mala acción, lo que más afecta al ofendido es la experiencia de sentirse insultado, de no ser tratado conforme a su valor moral. Nos parece que en estas afirmaciones lo que en últimas se está señalando es que lo que resentimos de una acción dañina, en general, es que a través de ella se irrespeta nuestra humanidad. Pero, ¿qué es exactamente irrespetar nuestra humanidad o, en otras palabras, qué principios morales se violan cuando alguien ofende a otro? Nos parece que los dos principios morales que se transgreden

---

disculpas públicas —*political apology*— en que una institución, política o social, reconoce públicamente el daño que ha causado y este reconocimiento es aceptado directamente por el grupo de ofendidos o por sus sobrevivientes (Griswold, 2007, capítulo 4, pp. 134-194). En varias ocasiones la Corte Interamericana de Derechos Humanos ha exigido al Estado colombiano ofrecer a las víctimas disculpas públicas por la comisión de hechos violatorios de derechos humanos, por la acción u omisión de agentes del Estado; por ejemplo, en la sentencia del caso de Manuel Cepeda Vargas contra Colombia; igualmente, el presidente Juan Manuel Santos ha pedido "perdón" acatando decisiones internas del sistema judicial colombiano; o en forma voluntaria ha pedido "perdón" en varias ocasiones a las víctimas del conflicto (*El Espectador*, 2013, diciembre 10).

[7] Usaremos los términos acción dañina, acción inmoral y ofensa, indistintamente, entendiendo que lo que esencialmente ocurre en estos casos es que una persona realiza una acción que intencionalmente busca causar un daño a otro y que este daño es injustificado.

[8] En el artículo se usarán los términos ofensor y ofendido en forma más frecuente que víctima y perpetrador, con el fin de hacer visible la relación que existe entre los dos sujetos principales que intervienen en el proceso del perdón y su capacidad de agencia en este proceso.

en una ofensa en una teoría igualitaria del valor humano son el mutuo respeto y el justo merecimiento.

El *mutuo respeto* se da cuando las personas se reconocen y protegen mutuamente a través de sus acciones.[9] Cuando un ofensor causa un daño a la víctima transgrede este valor, pues el ofensor la trata a través de sus acciones como si no contara como persona. En nuestro concepto, para que el respeto sea garantizado no basta con entenderlo —como muchas veces lo hacemos en la vida cotidiana— de una forma pasiva, afirmando "yo sé que eres humano", sin que necesariamente este reconocimiento involucre una activa disposición a cuidar del otro en las propias acciones; disposición que sí se encuentra en la máxima "tengo que tratarte a ti de una manera en la que siempre proteja tu valía a través de mis acciones". El segundo principio es el *justo merecimiento*. Si todas las personas tienen el mismo valor moral esto significa que merecemos ser tratados de una forma digna. Cuando alguien con su acción viola este principio el ofendido se encuentra justificado en protestar por el trato irrespetuoso e inmerecido que ha sufrido.

La respuesta apropiada a una ofensa es entonces el resentimiento, que puede traducirse en una actitud reactiva (Strawson, 1982). Algunos autores comparan esta actitud reactiva con la rabia, con un sentimiento de gran dolor, y aunque consideramos muy difícil describir exactamente la aflicción que una ofensa causa es evidente que hay muchos elementos que inciden en

---

[9] No solo a través de las acciones es posible ofender a otro; nuestras inacciones, nuestra pasividad o indiferencia pueden contribuir o causar directamente un daño, como cuando no prestamos ayuda a alguien que se encuentra en riesgo, a sabiendas de que nuestra acción, posiblemente sin ningún riesgo, podría salvarlo, o cuando somos indiferentes ante el sufrimiento de otros porque pensamos que no estamos obligados a ayudarlo, bien porque lo consideramos diferente de nosotros o porque realmente no consideramos que debemos ayudarlo. En los análisis del holocausto nazi, constantemente aparecen como ejemplo de inacción o indiferencia las actitudes asumidas por muchos alemanes y polacos (Bauman, 1991).

el tipo de respuesta de la víctima, tales como la gravedad de la ofensa y la relación de la víctima con el ofensor. Asimismo, es muy importante la forma como reaccionan sus allegados, la comunidad a la que pertenece, los otros grupos sociales y las instituciones políticas y jurídicas de la sociedad; en otras palabras, el contexto social, cultural y político en que ocurre la ofensa puede incidir en la forma como la víctima la percibe. En relación con este punto, en teoría moral se analiza otro sentimiento cercano al resentimiento, como lo es la indignación. Como lo expresa Haber, el resentimiento "es una respuesta eminentemente personal a una injuria"; esto significa que, en principio, quien se puede sentir indignada ante una ofensa es la misma víctima; no obstante, cuando una persona causa una ofensa a otra, la comunidad moral (Walker, 2006) a la que la víctima pertenece puede responder con indignación en contra del ofensor.

Joseph Butler (1840, p. 91) explica que los seres humanos tienen sentimientos morales no solo para defender la propia valía, sino que cuando tales sentimientos son compartidos por la comunidad esta se siente también ofendida por lo que le sucede a uno de sus miembros, y por ello se indigna ante la agresión injusta del ofensor. Cuando una comunidad no siente indignación por lo que un ofensor hace a una víctima esto puede ser un indicio del poco valor que para la comunidad representa la vida de los otros. En la indignación, como se observa, son los otros quienes experimentan este sentimiento de aversión, de rechazo hacia la conducta del ofensor. No obstante, existen situaciones en las que la cercanía con la víctima es tan fuerte que más que indignación se puede sentir resentimiento, como podría ocurrir con el dolor que sienten los padres cuando la ofensa se causa a los hijos.

Uno de los aspectos que más se discuten en teoría moral es si sobreponerse al resentimiento es una condición necesaria o suficiente para ofrecer el perdón. Como afirma Hampton (1988, pp. 87), no bastaría simplemente con que una víctima "abandonara" el resentimiento para asumir que el ofendido ha perdonado al ofensor. En muchas situaciones de la vida real las personas actúan como si las ofensas no hubieran ocurrido y lo hacen a fin de preservar valores como la amistad, la armonía familiar, entre otros. En estos casos, realmente no se produce el perdón sino la condonación, pues lo que se hace es actuar como si realmente la ofensa no hubiera tenido lugar. En el perdón, por el contrario, ocurre un acto de liberalidad por parte del ofendido, quien, reconociendo que lo que hizo el ofensor estuvo mal, decide otorgar al ofensor el perdón; este cambio de actitud hacia el ofensor se asienta a su vez en la creencia de que el ofensor ha experimentado un cambio y que dicho cambio o transformación permite ver al ofensor desde una nueva perspectiva.

Veamos cuál es el proceso que se da entre el ofendido y el ofensor para que se produzca el perdón. En muchos autores se encuentra la idea de que debido a que a través de la ofensa se ha tratado de degradar al ofendido, parte de lo que tiene que ocurrirle a esta persona es que pueda superar psicológica y moralmente el daño que se le ha ocasionado. Autores como Hampton (1988) hablan de ganar de nuevo la confianza que el mensaje insultante pudo afectar en su propia valía;[10] otros autores como H. J. N. Horsbrugh (1974, p. 271) consideran que hay un aspecto emocional que permite al ofendido desprenderse del sentimiento negativo que acompaña la ofensa, es decir, del resentimiento. Si bien es cierto que sobreponerse al resentimiento es importante en el proceso de otorgar el per-

---

[10] Margaret Urban Walker (2006, pp. 113-115) critica a Hampton al considerar que esta última asume como una condición para sentir resentimiento la pérdida del propio valor que la ofensa produce. Nos parece que en efecto el mensaje insultante afecta el valor propio, como lo señala Hampton; no obstante, el resentimiento para Hampton no se circunscribe exclusivamente a esta afectación, sino que se centra en la violación del respeto a la dignidad moral del ofendido por parte del ofensor, independientemente del sentido que tenga de la propia estima.

dón, es evidente que cuando la ofensa es grave difícilmente es posible sobreponerse completamente al resentimiento y, por ello, aun cuando se otorgue el perdón, muy probablemente la víctima deberá lidiar con los sentimientos negativos y los inimaginables traumas que la ofensa le ha causado.

Compartimos con Horsbrugh la idea de que en el proceso del perdón, además de un aspecto emocional existe un aspecto volitivo por el que el ofendido decide libremente otorgar el perdón a su ofensor. En lengua inglesa se habla de un "cambio en el corazón" —*change of heart*— del ofendido, que ocurre porque el ofendido, reconociendo la ofensa, es capaz de ver desde una nueva perspectiva al ofensor. En este sentido, el perdón constituye un gesto de buena voluntad hacia el ofensor, por lo que sin este aspecto volitivo no podría considerarse un acto de infinita generosidad, es decir, como un gesto de excepcional buena voluntad hacia el ofensor.

Pero, ¿qué tipo de situaciones permitirían al ofendido tener este extraordinario acto de liberalidad hacia alguien que en los casos de graves ofensas lo ha tratado como si no fuera humano? Este aspecto ha sido analizado en muchas reflexiones acerca del perdón, en las que inciden la perspectiva desde la que se construye este concepto, las experiencias de las personas que lo han otorgado y, como ya lo hemos expresado, las tradiciones, contextos sociales y cultura política en que dicha experiencia se inscribe. No se trata aquí de dar cuenta acerca de estas diversas perspectivas (Wiesenthal, 1976; Herrera, 2005), sino de señalar que este acto de liberalidad que se da entre un ofendido y un ofensor debe respetar su dignidad como seres humanos, si dicha dignidad se inscribe en una teoría igualitaria del valor de los seres humanos.

Lo primero que se debe afirmar es que los seres humanos somos vulnerables y por ello podemos, a través de nuestras acciones, ofender a los demás; incluso a aquellos que son más importantes para nosotros. No obstante lo anterior, lo que permite garantizar que una persona se toma en serio las ofensas que causa a otros es si después el ofensor reconoce que ha realizado una acción injusta y a su vez repara el daño que esa acción ha producido. Por ello, en principio, cuando un ofensor expresa a su víctima arrepentimiento por su mala acción, este acto de contrición constituye uno de los escenarios más apropiados para conceder el perdón, ya que la víctima puede garantizar que a través de esta acción moral su dignidad es respetada.[11]

Con el fin de explicar el acto de contrición como un sentimiento, que a su vez constituye una acción, nos parece importante mencionar la distinción que hace Martin P. Golding (1984, p. 128) entre las tres formas de lamentarse o afligirse[12] por una mala acción que se ha cometido: la *aflicción intelectual* ocurre cuando alguien se lamenta por no haber juzgado o calculado correctamente la consecuencia de una decisión que se tomó en el pasado. Golding se refiere al caso de algunos oficiales nazis que fueron juzgados por tribunales internacionales después de la Segunda Guerra Mundial. Aunque ellos públicamente pidieron perdón a los sobrevivientes, Golding afirma que en muchos casos su arrepentimiento no fue sincero, pues ellos no reconocían haber hecho algo moralmente reprochable; lo que lamentaban era el error de haber creído que como Alemania iba a ganar la guerra ellos nunca iban a ser juzgados por sus delitos. El segundo tipo de aflicción es denominado *aflicción moral*; en este caso, el ofensor reconoce que ha hecho algo reprochable, pero no reconoce haberle causado un daño a la víctima. Este sería el caso de una persona que se siente avergonzada por haber violado una norma, pero no siente remordimiento por

---

[11] Más adelante nos referiremos a otros casos; sin embargo, desde ya queremos expresar que no en todos los casos en que se otorga el perdón, aunque se dé entre las partes, este es moralmente adecuado; en algunos casos, por ejemplo, el perdón puede violar ostensiblemente la dignidad de la víctima.

[12] El término usado por Golding es *regret*, que traducimos aquí como lamento o aflicción.

el daño que dicha violación causó a la víctima.[13] En el tercer tipo de aflicción, la *aflicción orientada hacia el otro*, el ofensor reconoce que su acción es moralmente reprochable y que esta acción ha causado un daño a la víctima, y le transmite expresamente este mensaje.

Teniendo en cuenta esta distinción, procederemos a explicar los componentes que en nuestro criterio tiene el sincero arrepentimiento. En primer lugar, el ofensor debe admitir que ofendió a su víctima a través de una acción moralmente reprochable; esta actitud corresponde a la aflicción orientada hacia el otro; en este caso el ofensor está tomando seriamente el valor moral del ofendido. El segundo componente consiste en la promesa de no realizar esa acción reprochable en el futuro contra ningún otro ser humano. En especial en ofensas graves como asesinatos, masacres, torturas, no es suficiente prometer que esta ofensa no se realizará de nuevo contra la víctima, sino que un sincero arrepentimiento tiene que garantizarle a la víctima, pero también a la comunidad, que el ofensor se separa de y en el futuro reprochará —al punto de no volver nunca a realizarlos— este tipo de comportamientos.[14]

---

[13] Claudia Card (2003, p. 206) considera que el sentimiento de culpa implica la idea de deuda y de reconocimiento de haber hecho algo moralmente indebido, mientras que la vergüenza no conlleva necesariamente dicho reconocimiento. La vergüenza se da cuando uno considera que ha defraudado los estándares o ideales del grupo al que pertenece y se desea obtener nuevamente dicho reconocimiento. Así, uno siente vergüenza, con base especialmente en lo que otros piensan de uno mismo, más que en lo que uno piensa de uno mismo. En la culpa se siente pena por la transgresión y se reconoce a la víctima de dicha transgresión.

[14] Esta es una cuestión difícil de medir, especialmente en el corto plazo; sin embargo, los elementos mencionados son buenos indicios de que esto ha ocurrido. En el largo plazo, una manifestación de la transformación personal se puede deducir del tipo de vida y conducta que después de producido el arrepentimiento la persona adopta. Cuando una persona se ha criado en un ambiente hostil o que avala sus ofensas, y en repetidas ocasiones realiza conductas reprochables, es probable que sea mucho más difícil que esta persona reconozca sus malas acciones y se pueda separar de este tipo de

El perdón: una forma de reparación moral

Las sociedades que implementan modelos de justicia transicional —como lo hemos señalado— pretenden alcanzar dos objetivos concretos que se complementan entre sí: de un lado, responder seriamente a las víctimas por las graves violaciones a los derechos humanos que han padecido; y del otro, construir una nueva institucionalidad política o reformar y transformar la existente para asegurar que esas violaciones que se dieron en contextos de violencia no se repitan. Esa nueva institucionalidad se encuentra inspirada en una teoría igualitaria del valor del ser humano que la democracia liberal recoge en sus instituciones y prácticas; por ello no es gratuito que los mecanismos que se han creado en los modelos transicionales, los desarrollos normativos y jurisprudenciales en este campo, las reflexiones teóricas y prácticas de los expertos, las demandas de las organizaciones de víctimas, de defensores de derechos humanos y de la comunidad internacional se encuentren cimentadas en el reconocimiento de esta teoría del valor del ser humano, que adicionalmente inspira tanto la forma como se juzga el pasado, como la clase de reformas institucionales y la cultura política que se debe crear en estas sociedades. La Secretaría de las Naciones Unidas definió la justicia transicional de la siguiente manera:

> La noción de "justicia de transición" [...] abarca toda la variedad de procesos y mecanismos asociados con los intentos de una sociedad por resolver los problemas derivados de un pasado de abusos a gran escala, a fin de que los responsables rindan cuentas de sus actos, sirvan a la justicia y logren la reconciliación. Tales mecanismos pueden ser judiciales o extrajudiciales y

---

comportamientos. Walker (2006, pp. 7-8) señala que en sociedades violentas quienes han cometido los más graves crímenes tienen mayores dificultades para reconocerlos y responsabilizarse por ellos.

tener distintos niveles de participación internacional (o carecer por completo de ella), así como abarcar el enjuiciamiento de personas, el resarcimiento, la búsqueda de la verdad, la reforma institucional, la investigación de antecedentes, la remoción del cargo o combinaciones de todos ellos. (ONU, 2004)

Los regímenes políticos que en muchos casos se encuentran directamente involucrados en la violencia, o bajo los cuales se dan condiciones políticas, sociales o económicas de injusticia social, represión y de una cultura de odio entre grupos humanos que se identifican entre sí como enemigos, pueden llegar a generar una violencia que es cruel y humillante, en la que, como lo expresa Avishai Margalit (1997; 2010), es posible tratar a los seres humanos como si no lo fueran.[15]

---

[15] Margalit (2010) defiende la idea de que en muchos casos la paz y la justicia son valores que compiten entre sí, y señala cómo a veces es necesario que las partes que negocian la culminación de un conflicto violento deban preferir la paz a la justicia, precisamente para evitar la continuación de un régimen inhumano, que es el que permite un tratamiento humillante de las personas y admite igualmente la crueldad. La excepción la constituye un acuerdo que conlleve a la instauración o continuación de un régimen inhumano, lo que siempre será inaceptable. Un régimen inhumano y cruel fue, por ejemplo, el régimen nazi; un compromiso inaceptable —*rotten compromise*— fue el concluido entre Leopoldo II de Bélgica, Estados Unidos y Francia, en el que los dos últimos países reconocieron el régimen inhumano de Leopoldo II a cambio de que se les garantizara ventajas comerciales en El Congo. Los casos a los que se refiere Margalit, por el tipo de ejemplos que usa, se circunscriben a situaciones en las que el régimen es el inhumano; no se refiere a casos en los que la violencia es ejercida por otros actores no estatales; no es claro si su reflexión puede extenderse a estos casos. Los regímenes respecto a los cuales es posible llegar a compromisos que permitan la paz, sacrificando la justicia, son situaciones límite en las que no es posible negociar una paz justa, como en el caso del conflicto Palestina-Israel. La justicia transicional es un modelo de paz justa, en la que —por lo general— se logra llegar a un acuerdo con grandes sacrificios en términos de justicia criminal, pero que a su vez crea, a través de otros mecanismos, medidas restauradoras que obedecen a un sentido más amplio del término de la justicia transicional (May, 2012).

Si la justicia transicional precisamente trata de reversar esas situaciones y de alcanzar una paz democrática, es evidente que en estos contextos es necesario promover la creación o profundización de instituciones, normas jurídicas y prácticas sociales que garanticen y protejan la dignidad de todos los miembros de la comunidad política. Por ello, si una sociedad usa mecanismos para fomentar la reconciliación en el ámbito personal y colectivo, es importante analizar cuándo estos mecanismos pueden ayudar a construir o reconstruir la estabilidad de las relaciones morales que fueron afectadas por la violencia generada en los conflictos. Y en este orden de ideas, cuáles serían entonces las condiciones en las que una víctima estaría otorgando un perdón que es consistente con el reconocimiento y respeto de su propia dignidad, en especial en contextos de justicia transicional en los que los ofensores han causado ofensas graves.

Para dar respuesta a estos interrogantes vamos a seguir el concepto de reparación moral que Walker (2006) desarrolla. La autora considera que la reparación moral es el proceso en el que se pasa de una situación de pérdida y daño a una en la que se logra adquirir de nuevo un cierto grado de estabilidad en una relación moral (p. 6). Considera que los seres humanos, en una relación moral estable, tienen una disposición a confiar en los otros y a tener unos estándares acerca de cómo nos debemos comportar mutuamente. Así, cuando a través de nuestras acciones violamos esas expectativas de conducta y ofendemos a otros, debemos asumir las responsabilidades que se derivan de nuestras malas acciones, y justamente la manera de asumir esa responsabilidad es a través de la reparación moral (p. 24).

Es evidente que no siempre es posible este proceso de restauración; en especial cuando se trata de ofensas graves. En estos casos, señala Walker (2006) que si la reparación es posible esta implica asumir algunos costos. En el caso de la víctima el costo es el de asumir pérdidas irreparables, el dolor de esas ofensas y los sentimientos negativos que tales ofensas conllevan.[16]

En este contexto, es incuestionable que los ofensores deben responder por los daños que causaron a sus víctimas; pero, como agudamente lo expresa Walker (2006, p. 8), la reparación moral es tan importante en nuestras vidas que sería injusto dejar esta responsabilidad exclusivamente en los ofensores, pues en este caso la sociedad a las que las víctimas pertenecen estarían expuestas a un doble riesgo: estar sujetas a un daño y luego al insulto de unos ofensores que podrían negar sus reprochables acciones y rechazar su obligación de repararlas.

Por esta razón, los roles de los diversos grupos sociales de una comunidad y los roles de sus instituciones son esenciales para validar y reivindicar los derechos que tienen las víctimas derivados de las ofensas que han padecido. Si la comunidad o la autoridad no responden a las demandas de validación y reivindicación de las víctimas, el daño que ha creado la ofensa se agrava, pues en estos casos:

---

[16] Compartimos la postura de Walker de que existen muchos casos en los que las víctimas no pueden condenarse por lo que les ha ocurrido. No obstante, existen casos en los que una misma persona puede ser tanto víctima como victimaria; en esta situación es importante entender que el sujeto es víctima de una ofensa en particular y a su vez perpetrador de otra, y por ello en una merece que sea reparado como víctima y en la otra se encuentra obligado a responder por lo que hizo como ofensor (p. 7). Esta aclaración que hacen Walker y otros autores que analizan situaciones de violencia generalizada es muy importante, pues se tiene la tendencia a considerar que los perpetradores no pueden ser sujetos de una ofensa grave o bien que las culpas de sujetos que han sido perpetradores y víctimas a la vez pueden compensarse mutuamente. En las narrativas de la historia del conflicto en Colombia, los grupos guerrilleros, los grupos denominados paramilitares y algunos agentes del Estado muchas veces han excusado o justificado sus graves acciones en los daños sufridos a manos de sus supuestos enemigos, como lo señalan Rodrigo Uprimny, Luz María Sánchez y Nelson Camilo Sánchez (2014, p. 35), con la noción de perdones recíprocos, en los que los actores armados, al ser víctimas y victimarios, se perdonan mutuamente y así supuestamente "compensan" sus ofensas sin aplicar medidas de justicia retributiva, tal como ocurrió en El Salvador.

Se pone en duda la credibilidad de la víctima, su petición es considerada como de poca importancia, y puede entenderse que se está protegiendo o poniéndose de lado del perpetrador o, aún peor, se condena a la víctima por lo que ocurrió. En estas situaciones la víctima se siente abandonada, y este abandono constituye una segunda ofensa, que puede ser muy humillante. (Walker, 2006, p. 20)

Esta segunda ofensa o daño es denominado *abandono normativo*, en el sentido en que la ausencia de validación o reivindicación por parte de la sociedad o de la autoridad es considerada como una incapacidad de nuestra parte para reconocer el daño que ha experimentado la víctima; y en este sentido el *abandono normativo* viola la expectativa de confianza moral que se supone se encuentra reconocida en las normas sociales y jurídicas que nos protegen y guían nuestras acciones (Walker, 2006, p. 20).

Por supuesto, como ya lo hemos expresado, Walker es consciente de que la mayoría de las relaciones morales en nuestras sociedades no responden a estos ideales. En efecto, en muchas sociedades existen relaciones jerárquicas, opresivas o represivas, en donde la igual dignidad de los miembros de la comunidad no es reconocida ni respetada. Esta situación se da particularmente en sociedades que padecen conflictos violentos. En estos casos, la reparación moral, más que para restaurar una relación en particular o cambiar una institución perversa, trata de reparar el orden social y moral, y las normas en las que ese orden debería fundamentarse. Es precisamente por esta razón que la reparación moral no puede tener como fin retornar al *statu quo*, sino ayudar a transformar las relaciones morales en unas que sean más adecuadas, en las que se reconozca la humanidad de todos (Walker, pp. 26-28).

En ese sentido, las comunidades, en relación con la responsabilidad que genera la reparación moral, tienen tres tareas: en primer lugar, deben defender y reivindicar los estándares de conducta ideales de una relación moral, en especial cuando estos estándares y la autoridad de los mismos ha sido puesta en cuestión; en segundo lugar, deben obligar a los diversos ofensores a admitir su responsabilidad respecto de los delitos en los que hayan participado y asegurar que estas personas realicen los actos restaurativos para responder a esas ofensas, al menos cuando es posible identificar a los responsables y estos pueden ser sometidos a cierto control por parte de la comunidad; la tercera tarea consiste en asegurar que la sociedad reconozca que la ofensa se cometió y que esta ofensa sea reprochada por la comunidad; esta tarea es un desarrollo de las dos anteriores pero cobra importancia cuando es imposible identificar al perpetrador cuando este ha huido o no quiere asumir su responsabilidad o su obligación de reparar (Walker, 2006, pp. 30-31). Cabe agregar que esta última situación se da cuando el perpetrador o perpetradores tienen el poder *de facto* o institucional para evadir su responsabilidad y la sociedad o las instituciones no cuentan con los instrumentos para obligarlo a cumplir o son indiferentes o, en el peor de los casos, avalan las acciones de los ofensores. Cuando no es posible encontrar o identificar al perpetrador, este tercer aspecto de la responsabilidad evita el *abandono normativo* y la segunda injuria que la víctima podría padecer, ya no por parte del ofensor sino por causa de la pasividad, indiferencia o complicidad social al no reconocer o reprochar la injusticia que sufrió la víctima.

Es importante entender que la reparación moral a la que se refiere Walker constituye un concepto mucho más general y amplio que el concepto de reparación[17] que se ha desarrollado

---

17. Según el *Informe de Joinet sobre la impunidad*: "Toda violación de los derechos humanos hace nacer un derecho a la reparación en favor de la víctima, de sus parientes o compañeros, que implica, por parte del Estado, el deber de reparar y la facultad de dirigirse contra el autor" (Principio 33). La reparación ha de poder ser ejercida por vías penales, civiles y administrativas, mediante recursos judiciales expeditos y eficaces que deben sujetarse a los criterios de publicidad e integralidad, esto es, que cubran íntegramente los perjuicios

en la justicia transicional, pues, como señala Walker, la reparación moral tiene como fin pasar de una situación de pérdida y daño a una en la que se logra adquirir de nuevo un cierto grado de estabilidad en una relación moral. Por tanto, muchos de los mecanismos creados por la justicia transicional que ya hemos enumerado pueden contribuir a lograr el restablecimiento o la instauración de una relación moral o a reforzar o reafirmar estándares de comportamiento e instituciones en las que el igual valor moral de las personas sea garantizado.[18] Adicionalmente, habría otro tipo de acciones por fuera de los tradicionales mecanismos de la justicia transicional que igualmente podrían contribuir a la reparación moral, como lo es el perdón, una práctica social que se da en muchas sociedades.[19]

EL PERDÓN EN CONTEXTOS DE JUSTICIA TRANSICIONAL

En este apartado nos referiremos a la práctica social del perdón, en especial al rol que tienen el ofensor y el ofendido y la

---

sufridos por la víctima. Para ello, el documento citado plantea la necesidad de que la reparación sea de carácter individual y colectivo, comprendiendo medidas de *restitución* —volver a la posición anterior a la violación—, *indemnización* —de perjuicios morales, físicos, psicológicos y materiales— y *readaptación* —atención médica—, así como *medidas de carácter simbólico* como formas de reparación en el plano colectivo (parágrafos 40 a 42).

[18] También cabe mencionar que la noción de perdón como acto privado con consecuencias públicas está contenida en el *Informe de Joinet* en los siguientes términos: "[...] el perdón, acto privado, supone, en tanto que factor de reconciliación, que la víctima conozca al autor de las violaciones cometidas contra ella y el opresor esté en condiciones de manifestar su arrepentimiento; en efecto, para que el perdón pueda ser concedido, es necesario que sea solicitado" (parágrafo 26).

[19] El perdón es una concepción que tiene un origen judeo-cristiano y, por tanto, existen otras tradiciones que son ajenas a este concepto. En Colombia hay grupos étnicos que piensan la reparación moral entre ofensores y ofendidos de otra manera; no obstante, en el discurso social, moral y político de las mayorías es común su uso. Agradecemos a Ángela Santamaría, del Grupo de Estudios Interdisciplinarios sobre Paz, Conflicto y Posconflicto-JANUS de la Universidad del Rosario por habernos señalado este punto.

comunidad en este proceso, con el fin de responder a la pregunta que nos hicimos, en el sentido de analizar cuáles serían las condiciones en las que una víctima estaría otorgando un perdón que es consistente con el reconocimiento y respeto de su propia dignidad en contextos de justicia transicional. Para proporcionar estas respuestas, consideramos necesario destacar dos de los aspectos desarrollados acerca del perdón. El primer aspecto, como lo mencionamos en el segundo apartado, consiste en que los principios morales que se transgreden en una ofensa son el mutuo respeto y el justo merecimiento, que se garantizan cuando el comportamiento de cada uno se guía por la máxima de cuidar a las otras personas a través de sus acciones. Por eso, cuando alguien ofende a otro lo está irrespetando y, por ello, el ofendido tiene derecho a protestar por el trato injusto que ha sufrido.

Como lo señala Walker (2006), en una sociedad cimentada en los principios de la democracia liberal, las relaciones morales estables se garantizan a través de ciertos estándares normativos de conducta que se reflejan en las instituciones sociales, políticas y jurídicas, que adicionalmente establecen mecanismos para responder a las ofensas que se producen. Esto significa que en una relación moral estable e igualitaria estos dos principios deberían guiar nuestro comportamiento, tanto para saber cómo debemos comportarnos con los demás, como para saber cómo debemos actuar una vez la agresión ha ocurrido. Entonces, lo que tenemos que analizar con respecto al perdón es si determinadas prácticas sociales reconocidas como perdón son moralmente adecuadas en una sociedad que defiende una teoría igualitaria de los seres humanos, como la que se pretende instaurar en las sociedades en las que se implementan los mecanismos de justicia transicional que se guían por principios propios de la democracia liberal.

En el caso del perdón interpersonal, a fin de que se pueda reparar moralmente el daño ocasionado con la ofensa, es indispensable que el mutuo respeto y el justo merecimiento sean nuevamente restablecidos; por ello, no cualquier práctica social que se dé entre el ofensor y el ofendido para tratar de lidiar con la ofensa puede ser moralmente aceptable, si ello implica instaurar o restaurar una relación moral completamente asimétrica en la que no se reconoce la ofensa que sufrió la víctima o en la que, si esta se reconoce, es la víctima la que debe asumir todos los efectos negativos que la ofensa conlleva.[20] Por eso consideramos que cuando el perdón se otorga por parte del ofendido sin que el ofensor se haya arrepentido no se está garantizando la dignidad de la víctima, ni los valores de una teoría igualitaria de los seres humanos. Un ofensor que no se ha arrepentido, especialmente cuando se trata de ofensas graves, que son las que ocurren por lo general en conflictos políticos violentos, no se está tomando en serio la humanidad de la víctima ni la responsabilidad que su ofensa genera. Dicho de otra manera, un ofensor no arrepentido, a través de su acción está no solo reafirmando que la víctima era merecedora de la ofensa, sino que además confirma que desconoce su valor como persona. En la vida real, muchas víctimas otorgan el perdón a ofensores que no se han arrepentido; en estos casos, el perdón puede producirse, pero las razones aducidas no serían compatibles con los fundamentos morales de una concepción igualitaria del valor de los seres humanos y por ello no sería deseable promover este tipo de prácticas en estas comunidades.

El segundo aspecto que queremos destacar del perdón interpersonal tiene que ver con su carácter volitivo. Como lo

---

[20] Cuando hablamos de instaurar o restaurar una relación moral, no necesariamente indicamos que las partes afectadas deben reconciliarse, en el sentido de iniciar una relación cercana o renovar la que tenían. Uno puede perdonar a alguien y no querer volver a reanudar una relación con esta persona, como sucedería en una pareja en la que la esposa perdona al esposo por golpearla, pero no continúa viviendo con él. Como señala Griswold, en muchos casos, el objetivo de renovar una relación puede no ser deseable (110) e incluso, agregaríamos nosotros, podría poner de nuevo al ofendido en una situación de vulnerabilidad y amenaza por parte del ofensor.

hemos explicado, en el acto de perdonar el ofendido, reconociendo la ofensa, concede *libremente* el perdón al ofensor, y este a su vez *voluntariamente* se arrepiente y emprende acciones para reparar al ofendido. Perdonar constituye un acto de infinita generosidad por parte de la víctima, y en este sentido, aun cuando el ofensor se ha arrepentido sinceramente, podría ocurrir que la víctima no conceda el perdón al ofensor. En general, en la discusión del perdón se encuentran algunas posturas que exigen el perdón después de un sincero arrepentimiento y otras —como la que nosotros defendemos— en las que el perdón es un acto de liberalidad de la víctima. Consideramos que luego de un daño, en especial causado por una ofensa grave, aun cuando el ofensor se haya arrepentido, es facultativo de la víctima el conceder o no el perdón.

Nos parece que en este punto la distinción que R. Jay Wallace (1998) hace entre obligaciones morales y virtudes morales puede ser esclarecedora. Cuando estamos frente a una obligación moral, la actitud reactiva que tenemos es exigir un determinado comportamiento por parte de quien debe cumplir la obligación, mientras que en el caso de las virtudes morales estas no son exigibles, pero sí son valores que nosotros admiramos en las personas, por ejemplo, el coraje o la humildad (p. 37). Aplicando esta distinción de Wallace al perdón, podemos afirmar que conceder el perdón luego del sincero arrepentimiento del ofensor no es una obligación que podamos exigir a una víctima, sino una virtud moral que admiramos en esta persona.

Es innegable que el perdón es una acción interpersonal de carácter privado que se da entre un ofensor y un ofendido, pero el hecho de que sea un proceso privado no significa que no tenga connotaciones sociales y efectos que trascienden la órbita personal, y que pueden ser influidos positiva o negativamente por el contexto social, político y jurídico circundante. Por ello, es muy importante, como lo señala Walker (2006), el rol que pueden desempeñar tanto la comunidad como las instituciones sociales, políticas y jurídicas de cada sociedad, pues la ofensa, en especial las ofensas graves, demandan por parte de la sociedad y de las instituciones respuestas que garanticen que la dignidad de la víctima y la responsabilidad del ofensor sean reconocidas. Es por esto que las comunidades políticas que usan los mecanismos de justicia transicional para lidiar con el pasado de violencia deben ser particularmente cuidadosas de las medidas, prácticas sociales y políticas que instauran con el deseo de alcanzar la paz, a fin de evitar situaciones en las que la sociedad y las instituciones, en vez de convertirse en garantes de las reparaciones morales se conviertan en cómplices de las ofensas perpetradas por los ofensores.

En los procesos de justicia transicional llevados a cabo en diversos países, es frecuente encontrar discursos del gobierno, de líderes políticos, sociales y de grupos de victimarios y de víctimas, que invitan a, e incluso exigen, solicitar y otorgar respectivamente el perdón como una condición para alcanzar la paz.[21] Esta posición, como lo veremos a continuación, no garantiza el justo reconocimiento de la dignidad de la víctima, ni la responsabilidad del victimario y de la sociedad ante la ofensa

---

[21] Desmond Tutu, en muchos de sus discursos públicos, consideró que el perdón interpersonal era apropiado para la reconciliación política en Sudáfrica. Él usó el término justicia restaurativa como sinónimo de perdón y lo contrastó con la justicia retributiva que consideró vengativa. En este sentido, parecía indicar que el perdón era una condición necesaria de la reconciliación (Griswold, 2007, pp. 156-160 y 180; Crocker, 2000). En Colombia, muchos líderes políticos y sociales han instado a las víctimas a otorgar perdón a los victimarios como una forma de contribuir a la paz. De otro lado, en la solicitud de perdón que realizan los desmovilizados, es decir, aquellas personas que abandonan voluntariamente un grupo armado ilegal con el fin de reincorporarse a la vida civil, de acuerdo con las leyes de justicia transicional colombianas, el perdón proviene generalmente de una orden judicial, en la que se les exige pedir perdón a su víctima. Esta noción de perdón conlleva ciertos cuestionamientos: por un lado, la solicitud de perdón que hacen los victimarios nace de una orden judicial y de ella dependen muchos de sus beneficios penales, con lo cual vale preguntarse acerca de la sinceridad que tiene dicho gesto ante las víctimas.

infligida. En primer lugar, como lo hemos analizado, el perdón constituye un acto de liberalidad que se da entre el ofensor y el ofendido; por eso, imponerle a la víctima el perdón o exigirle al victimario el arrepentimiento sería una intrusión indebida en este proceso. Se pueden presentar varios casos: 1) que se obligara a perdonar a la víctima sin que el ofensor se haya arrepentido, en cuyo caso la sociedad y las instituciones políticas y jurídicas no estarían tomando en serio la ofensa que se causó a la víctima, pues el ofensor no se reprocharía a sí mismo ni se tomarían medidas para que se responsabilice por esa trasgresión; 2) se podría obligar al victimario a pedir perdón a la víctima, en cuyo caso podría ocurrir que el ofensor, sin haberse arrepentido sinceramente, le pidiera perdón a la víctima, motivado por los posibles beneficios que pudiera obtener a través de las medidas de justicia transicional o simplemente para "congraciarse o liberarse" de su víctima. En estos dos casos, la sociedad, en vez de garantizar que los procesos de perdón respeten la dignidad de la víctima y la responsabilidad del ofensor, estaría, como señala Walker (2006), cayendo en un *abandono normativo*, ya que se rompería la expectativa de confianza moral que tiene la víctima en la sociedad y en sus instituciones, pues sería ella la que tiene que asumir todo el peso de la ofensa en aras de supuestamente contribuir a la reconciliación política.[22]

Queremos concluir señalando que es cuestionable que el perdón interpersonal sea una condición de la reconciliación política o un propósito directo de la misma. La reconciliación política[23] se produce en el espacio público y requiere un

---

[22] Esto no significa que muchas veces la actitud de la víctima o de personas cercanas al victimario puedan incidir positivamente en que este reflexione acerca de su comportamiento, con el fin de que se arrepienta sinceramente por la ofensa y esté dispuesto a responsabilizarse ante ella y ante la comunidad por los efectos de la trasgresión cometida.

[23] El propósito de este artículo no es analizar la reconciliación política, por lo que simplemente mencionamos algunas de sus características, según diferentes autores (May, 2012; Gibson, 2004; Long y Brecke, 2003).

esfuerzo colectivo que conlleva un conjunto de tareas y acciones políticas que respondan a las injusticias cometidas en el pasado para transformar las condiciones que permitieron que la violencia se generara y propagara, al igual que para instaurar o restaurar una serie de instituciones políticas y jurídicas que garanticen el Estado de derecho, el respeto a los derechos humanos de las personas y en las que sea posible que los ciudadanos acepten que los conflictos y los disensos puedan ser dirimidos no a través de la violencia política, sino de mecanismos institucionales democráticos y pacíficos. En este sentido, el perdón interpersonal, antes que ser una condición de la reconciliación política, es más bien una práctica social que se puede garantizar cuando la comunidad política realiza una serie de acciones y tareas que aseguran y posibilitan que el perdón se pueda dar en contextos en los que la sociedad haya reprochado las ofensas perpetradas por los grupos a los que pertenecían los ofensores, y a su vez haya eliminado o transformado a las instituciones sociales, políticas y jurídicas que avalaron o cometieron esas ofensas.[24]

Con esto no queremos señalar que los procesos de perdón interpersonal no se pueden dar sino hasta cuando las medidas de justicia transicional sean implementadas; lo que queremos advertir es que en contextos en los que la violencia aún está presente y no se han tomado medidas para rechazar individual y colectivamente y responsabilizarse por ese pasado de violencia, es muy necesario que tanto el gobierno de turno como los grupos de derechos humanos, las organizaciones no gubernamentales, los grupos de víctimas y victimarios garanticen las condiciones en las que esta práctica se da. Es por ello por lo que el perdón interpersonal no es incompatible con las sanciones

---

[24] Esto puede ocurrir cuando un Estado transforma las Fuerzas Armadas directamente involucradas en la violación de derechos humanos o cuando elimina instituciones que espiaban a los ciudadanos que no estaban de acuerdo con un sistema político represivo.

criminales para los más graves ofensores, ni con las medidas de reparación y de contribución a la verdad. Un ofensor dispuesto a contribuir en una sociedad que implementa la justicia transicional, cuando coopera con las medidas transicionales, podría demostrar a través de sus acciones su sincero arrepentimiento, su voluntad de asumir su responsabilidad y de garantizar que en el futuro no realizará este tipo de ofensas.[25]

REFERENCIAS BIBLIOGRÁFICAS

Arendt, Hannah (1961). What is authority? En: *Between Past and Future* (pp. 95-142). New York: The Viking.

Aristóteles (1941). *Ethica Nicomachea.* New York: Random House.

Bauman, Zygmunt (1991). *Modernity and the Holocaust.* Ithaca: Cornel University.

Broadie, Sarah (1991). *Ethics with Aristotle.* New York: Oxford University.

---

[25] El concepto de justicia transicional que defendemos se funda en una visión que denominamos integral de la justicia transicional, en la que los mecanismos de la JT se ven como complementarios, en el sentido de que los esfuerzos por proteger los derechos de las víctimas a la justicia, verdad, reparación y garantías de no repetición se ven vinculados entre sí, y por ello la idea de justicia no se alcanza solamente a través de uno de tales mecanismos, sino que el reconocimiento del daño sufrido por la víctima se logra, idealmente, mediante una sinergia entre todos ellos. Esto responde a las circunstancias fácticas en las que la JT se aplica en escenarios políticos trágicos en los que hay por lo general algunos de los siguientes elementos o una combinación de ellos: un universo muy grande de víctimas y victimarios; instituciones oficiales en algunos casos inexistentes y en otras muy débiles; actores del conflicto que tienen poderes legales o de facto y que hacen parte integrante de las negociaciones de paz; una sociedad indiferente frente a la violencia o polarizada. Todos estos factores se deben tener en cuenta al ponderar los valores de la justicia y de la paz, o al menos de la cesación de la guerra. Estos elementos condicionan el diseño de las medidas y por ello la idea de justicia no se puede ver exclusivamente desde el prisma de la justicia retributiva o como su componente principal (De Gamboa y Mahecha, 2014; Uprimny, Sánchez y Sánchez, 2014).

Butler, Joseph (1840). *The Works of the Right Reverend Father in God Joseph Butler D.C.L. Vol. II.* Oxford: Oxford University.

Card, Claudia (2003). *The Atrocity Paradigm: A Theory of Evil.* New York: Oxford University.

Corte Penal Internacional. A.CONF.138/9 (17 de junio de 1998). Estatuto de Roma. Recuperado de http://www.un.org/spanish/law/icc/statute/spanish/rome_statute(s).pdf

Crocker, David (2000). Retribution and reconciliation. *Philosophy and Public Policy,* 20 (1), pp. 1-6.

De Gamboa, Camila y Mahecha, Iván (2014). Análisis del Marco Jurídico para la Paz. ¿Una ley para quiénes? En: Uribe, María Victoria y Forero, Ana María (eds.). *Aristas del conflicto colombiano.* Bogotá, D. C.: Universidad del Rosario.

De Greiff, Pablo (2011). Algunas reflexiones acerca del desarrollo de la justicia transicional. *Anuario de Derechos Humanos de Chile,* 7, pp. 17-39. Recuperado de http://www.revistas.uchile.cl/index.php/ADH/article/viewFile/16994/18542

Dworkin, Ronald (2006). *Is Democracy Possible Here?: Principles for a New Political Debate.* Princeton: Princeton University.

El Espectador (2013, diciembre 10). Santos pide perdón a la comunidad de San José de Apartadó. Recuperado de http://www.elespectador.com/noticias/paz/santos-pide-perdon-comunidad-de-san-jose-de-apartado-articulo-463333

Gibson, James L. (2004). *Overcoming Apartheid. Can Truth Reconcile a Divided Nation?* Cape Town: HSRC.

Golding, Martin (1984). Forgiveness and Regret. *The Philosophical Forum,* XVI (1), pp. 121-137.

Griswold, Charles L. (2007). *Forgiveness, a Philosophical Exploration.* Cambridge: Cambridge University.

Haber, Joram Graf (1991). *Forgiveness.* Maryland: Rowman & Littlefield.

Hampton, Jean (1988). Forgiveness, Resentment and Hatred. En: Murphy, Jeffrie y Hampton, Jean. *Forgiveness and Mercy* (pp. 35-87). Cambridge: Cambridge University.

Herrera Romero, Wilson (2005). El perdón y la ética del discurso. *Estudios Socio-Jurídicos,* 7, pp. 250-302.

Horsbrugh, H. J. N. (1974). Forgiveness. *Canadian Journal of Philosophy*, IV (2), pp. 269-282.

Lear, Jonathan (1988). *Aristotle. The Desire to Understand.* Cambridge: Cambridge University.

Long, William y Brecke, Peter (2003). *War and Reconciliation. Reason and Emotion in Conflict Resolution.* Cambridge: MIT.

Margalit, Avishai (1997). *La sociedad decente.* Madrid: Paidós.

Margalit, Avishai (2010). *On Compromise and Rotten Compromises.* Princeton: Princeton University.

May, Larry (2012). *After War Ends: A Philosophical Perspective.* Cambridge: Cambridge University.

Murphy, Jeffrie (1988). Forgiveness and Resentment. En: Murphy, Jeffrie y Hampton, Jean. *Forgiveness and Mercy* (pp. 14-34). Cambridge: Cambridge University.

Organización de las Naciones Unidas (ONU) (2004). El Estado de derecho y la justicia de transición en las sociedades que sufren o han sufrido conflictos. Informe del Secretario General. S/2004/616. Recuperado de http://www.un.org/es/comun/docs/?symbol=S/2004/616

Organización de las Naciones Unidas (ONU), Consejo Económico y Social (Ecosoc). Distr. General E/CN. 4/Sub. 2/1997/20/Rev.1. (2 octubre de 1997). Informe de Joinet sobre la impunidad. Recuperado de http://www.derechos.org/nizkor/doc/joinete.html

Rincón Covelli, Tatiana (2012). La justicia transicional: una concepción de la justicia que se hace cargo de atrocidades del pasado. En: Rincón Covelli, Tatiana y Rodríguez Zepeda, Jesús (coords.). *La justicia y las atrocidades del pasado. Teorías y análisis de la justicia transicional.* México, D. F.: Universidad Autónoma Metropolitana y Porrúa.

Strawson, Peter (1982). Freedom and Resentment. En: Watson, Gary (ed.). *Free Will.* Oxford: Oxford University.

Uprimny, Rodrigo, Sánchez, Luz María y Sánchez, Nelson Camilo (2014). *Justicia para la paz. Crímenes atroces, derecho a la justicia y paz negociada.* Bogotá, D. C.: Dejusticia y Reino de los Países Bajos.

Walker, Margaret Urban (2006). *Moral Repair, Reconstructing Moral Relations after Wrongdoing.* Cambridge: Cambridge University.

Wallace, R. Jay (1988). *Responsibility and the Moral Sentiments.* Cambridge: Harvard University.

Wiesenthal, Simon (1976). *The Sunflower. On the Possibilities and Limits of Forgiveness.* New York: Schoken Books.

Young, Iris Marion (1990). *Justice and the Politics of Difference.* Princeton: Princeton University.

Young, Iris Marion (2000). *Inclusion and Democracy.* Oxford: Oxford University.

HERIDAS QUE DEJAN CICATRICES. ALGUNAS LECCIONES DEL CASO PERUANO SOBRE JUSTICIA TRANSICIONAL

Miguel Giusti
Pontificia Universidad Católica del Perú

RESUMEN

Tomando como referencia una metáfora hegeliana que alude a los procesos exitosos de reconciliación social en la historia, expongo las razones por las cuales dicha reconciliación no ha ocurrido en el caso del Perú luego de la finalización del conflicto armado interno. La sociedad peruana no se ha reconocido a sí misma en el *Informe final* que emitió su Comisión de la Verdad y Reconciliación, pese a que esta intentó ofrecer a la nación no solo una relación de los hechos de violencia, sino además un relato ético abarcador que sirviera de inspiración para llevar adelante un proceso de reconstrucción nacional. En la exposición se resaltan los puntos de contraste de la situación peruana respecto de la colombiana, en particular el hecho de que la reflexión y los acuerdos desplegados en el Perú sobre justicia transicional no procedieron de negociación alguna con los grupos armados.

*

Al finalizar la sección *Espíritu*, de la *Fenomenología del espíritu*, escribe Hegel (1966): "Las heridas del espíritu se curan sin dejar cicatrices. La acción realizada —*die Tat*— no es lo imperecedero, sino que ella es asumida por el espíritu, y es más bien el lado de la individualidad allí presente, ya sea como intención o como negatividad y límite existentes, lo que termina por desaparecer" (p. 390).[1] Tomo de allí el título de mi intervención y lo hago —dejando de lado naturalmente comentarios filológicos ahora inoportunos— con el propósito de aludir a la tesis de fondo, según la cual los procesos sociales verdaderamente fructíferos en la historia son aquellos que logran a la larga reconciliar a las partes comprometidas en un conflicto, por más doloroso que este haya podido ser, convenciéndose todos con el tiempo de haber hallado una forma de convivencia más justa y más razonable que la anterior. Eso es, piensa Hegel, lo que caracteriza al "espíritu": que la interpretación de su rumbo no se puede percibir, ni menos medir, por las "acciones realizadas" singularmente en medio de un conflicto sino por el resultado al que condujo, y que cuando este logra ser en verdad armonizador termina por ofrecerles a los individuos una conciencia y una perspectiva de más largo alcance, en la que también lo ocurrido en el pasado adquiere una nueva dimensión. Es en esos casos precisamente que puede entenderse que "las heridas del espíritu se curan sin dejar cicatrices".

Ese no es el caso de la sociedad peruana, tras el conflicto armado interno que padeció por dos décadas, ni luego del

---

[1] Traducción propia a partir de Hegel (1970, p. 492): "Die Wunden des Geistes heilen, ohne daß Narben bleiben; die Tat ist nicht das Unvergängliche, sondern wird von dem Geiste in sich zurückgenommen, und die Seite der Einzelheit, die an ihr, es sei als Absicht oder als daseiende Negativität und Schranke derselben vorhanden ist, ist das unmittelbar Verschwindende".

Informe final que publicó su Comisión de la Verdad y Reconciliación. Las heridas de aquella experiencia no han llegado a curarse, sus cicatrices son aún ostensibles. Ahora mismo, a casi quince años de la entrega de aquel *Informe final*, el Congreso de Perú tiene una amplia mayoría del partido político heredero del gobierno de Alberto Fujimori, que está pretendiendo llevar a cabo un proyecto de anulación de dicho informe o, al menos, de constitución de una comisión alternativa que elabore una nueva versión de la historia allí relatada.

No quiero decir, por cierto, que el caso de Perú sea el único en el que las heridas de un conflicto no se han curado o han dejado cicatrices. A lo mejor, podría pensarse, este es un rasgo de todos los procesos de construcción de justicia transicional en las últimas décadas. Pero me corresponde hablar aquí del caso de Perú y explicar qué lecciones nos deja esta experiencia particular. Insisto, sin embargo, en el hecho de que los acuerdos de paz y los resultados de los informes de las comisiones de la verdad ligados a ellos tienen la peculiaridad de que por buscar una solución a un conflicto esperanzadora, pero jurídicamente irregular, generan una reacción de insatisfacción de al menos una de las partes involucradas y mantienen viva la sensación de que no se llegaron a curar las heridas. Priscilla Hayner (2014) sostiene que las comisiones de la verdad afrontan siempre un dilema insoluble, porque o bien se crean en medio de un conflicto —y entonces deben ceder a las presiones de ambos bandos, con lo cual no llegan a la verdad o alcanzan solo una muy sesgada—, o bien se crean luego de un conflicto —y entonces llevan el sello de la verdad de la parte vencedora—. Este último es el problema que se debió afrontar en el caso peruano.

En Perú, a diferencia de lo ocurrido en Colombia, no hubo negociación alguna con los grupos subversivos Sendero Luminoso o el Movimiento Revolucionario Túpac Amaru (MRTA). La Comisión de la Verdad y Reconciliación de Perú fue creada después de la derrota de aquellos grupos y cuando sus principales líderes se hallaban ya en prisión. Esta diferencia es decisiva para entender el problema de la experiencia y la reflexión peruanas sobre justicia transicional. Igual de decisivo es que la derrota de los movimientos subversivos se produjera durante el gobierno autoritario de Alberto Fujimori. La captura del líder de Sendero Luminoso y la rápida detención de toda la cúpula dirigente de aquel movimiento se produjo en septiembre de 1992, mientras que la Comisión de la Verdad —con ese nombre— fue creada recién en junio de 2001, nueve años después, y naturalmente bajo otra autoridad presidencial. Esto quiere decir que para buena parte de la población peruana el mérito de la derrota del movimiento subversivo fue y sigue siendo atribuido al régimen autoritario de Fujimori, pese a los delitos o crímenes que fueron obra de su gobierno y que lo llevarían luego a la condena que aún sigue purgando en el país. Es claro que esta historia fue la causante de las distorsiones a las que se vería luego expuesta la comisión encargada de investigar los crímenes de aquel periodo.

No solo no hubo negociación con los movimientos subversivos, sino que se mezcló la historia de violencia de aquellos años con la historia de corrupción del régimen de Fujimori, así como con su política de lucha contra la subversión, alejada por completo de las normas internacionales de derechos humanos vigentes en aquel momento. Debemos recordar, porque es un hecho insólito, que Fujimori renunció a la presidencia del país cuando se encontraba en el exterior, a través de una carta al Congreso enviada por fax, y que ello desató una crisis sin precedentes en la historia de nuestra república. Como consecuencia de esa situación, el Congreso eligió a un presidente provisional, el abogado Valentín Paniagua, quien gobernó durante un año, y fue él precisamente quien tomó la decisión de crear una comisión de la verdad que se encargara de investigar los hechos y determinar las responsabilidades sobre el periodo de violencia vivido en los años anteriores; con el agravante peculiar de que esa comisión debía tener en cuenta, al menos implícitamente, la complicidad del régimen de Fujimori con la política sistemática de violaciones de derechos humanos por parte de las Fuerzas Armadas, aun a sabiendas de que bajo su gobierno se había producido la derrota de los movimientos subversivos.

Conviene recordar, rápidamente, cuáles fueron las atribuciones dadas a la Comisión de la Verdad creada durante el gobierno de Paniagua. La comisión fue oficialmente instalada en julio de 2001. El decreto que le dio origen le encargó varias tareas específicas destinadas a echar luz sobre los hechos de violencia padecidos por la sociedad peruana entre los años 1980 y 2000, tales como: investigar los atropellos y violaciones de los derechos humanos producidos entre esos años en el contexto de la violencia política; establecer la identidad de las víctimas y señalar a los responsables cuando hubiera indicios suficientes para hacerlo; ofrecer al país una interpretación de las causas o factores que hicieron posible la violencia; proponer al Estado medidas de reparación de daños y diseñar propuestas de reforma social, legal e institucional que impidieran un nuevo ciclo de violencia.

Hablaremos enseguida de las acciones adoptadas y del *Informe final* (CVR, 2003) de dicha comisión.[2] Pero es preciso advertir que solo un par de meses después de creada se produjo un cambio de gobierno en el Perú, y el nuevo presidente, Alejandro Toledo —hoy en día, por cierto, perseguido y con orden de detención por el caso de los sobornos de Odebrecht—, disgustado por no haber tenido protagonismo en la creación de dicha comisión, tomó la súbita decisión de modificar su nombre, su composición y sus tareas, añadiéndole el sustantivo "Reconciliación". Lo que había sido hasta el momento el resultado de un equipo jurídico profesional a cargo del entonces ministro de Justicia del gobierno de Paniagua, Diego García

---

2 Existe también una versión abreviada, en un solo volumen, titulada *Hatun Willakuy —Gran relato—* (CVR, 2004).

Sayán, años después presidente de la Corte Interamericana de Derechos Humanos, fue apresurada e improvisadamente complementado con una nueva función de la comisión que le traería muchísimas complicaciones al ejercicio y el cumplimiento del objetivo de su trabajo.

Que la comisión tuviese que ocuparse ya no solo de la *verdad*, sino además de la *reconciliación,* fue un problema que contribuyó a dificultar la recepción de su trabajo y que aún hoy suscita controversias innecesarias sobre el sentido de la tarea que debía realizar y por la que se le sigue pidiendo cuentas. En efecto, si no existía ya un grupo armado ilegal activo ni un sector de la población que le expresara apoyo en ningún sentido, resultaba abiertamente equívoco que se planteara la tarea de la "reconciliación". Tomada en sentido estricto, esa palabra presupone que hay partes en disputa entre las cuales precisamente se busca alcanzar una reconciliación. La CVR tuvo serios problemas para interpretar el sentido de este término añadido, y rechazó desde el inicio que con él se estuviera haciendo alusión a una reconciliación con los movimientos subversivos. En la parte conceptual del *Informe final*, se sostiene que "la CVR entiende por 'reconciliación' la puesta en marcha de un proceso de restablecimiento y refundación de los vínculos fundamentales entre los peruanos, vínculos voluntariamente destruidos o deteriorados en las últimas décadas por el estallido, en el seno de una sociedad en crisis, de un conflicto violento, iniciado por el PCP Sendero Luminoso" (CVR, 2003, tomo I, p. 36). Le da, pues, al concepto una interpretación global más amplia, vinculada con el proceso de deterioro de las relaciones sociales en el país; evita de ese modo la versión más inmediata sugerida por el término y añade que "el proceso de la reconciliación es hecho posible, y es hecho necesario, por el descubrimiento de la verdad de lo ocurrido en aquellos años —tanto en lo que respecta al registro de los hechos violentos como a la explicación de las causas que los produjeron— así como por la acción reparadora y sancionadora de la justicia" (CVR, tomo I, pp. 36-37).

Esta definición de "reconciliación" nos ayuda a comprender cómo concibió y ejecutó la CVR el encargo recibido del Gobierno. Vemos, por lo pronto, que fue muy ambiciosa en interpretar la tarea de "ofrecer al país una interpretación de las causas o factores que hicieron posible la violencia": no se restringió, en efecto, a investigar las denuncias puntuales de los crímenes cometidos —aunque tampoco dejó de cumplir esta tarea—, sino que se propuso enmarcar el periodo de violencia en el marco de la completa historia social del país y de la larga tradición de discriminación, racismo y explotación de las clases y los campesinos más pobres. Bajo semejante marco interpretativo, las causas de la violencia del conflicto armado interno no eran ya solo inmediatas, sino también mediatas y remotas, y permitían llegar a la conclusión de que el estallido de un conflicto se podría volver a producir en nuestra historia si no éramos capaces de reconocer la responsabilidad que todos compartimos por mantener aquella tradición de discriminación. La CVR hizo suya enfática y emblemáticamente la sentencia: "Un país que olvida su historia está condenado a repetirla". Está de más decir que para ofrecer una interpretación tan ambiciosa fue preciso contar con un numeroso equipo de científicos sociales comprometidos con la causa de la comisión, expresada en la tríada conceptual que acabamos de mencionar: verdad, justicia y reconciliación. Pero, como es obvio, a mayor ambición de miras, mayor es también la amplitud de los flancos expuestos a la crítica.

En los nueve gruesos volúmenes de su *Informe final*, la CVR cumple y consigna con detalle las tareas que le fueron asignadas: ofrece los resultados de sus investigaciones sobre las violaciones de los derechos humanos producidas en esos años; hace un recuento de las víctimas; atribuye responsabilidades inmediatas y mediatas sobre los crímenes cometidos; y propone al Estado medidas de reparación a las víctimas. Pero todo ello, como se ha dicho, intentando ofrecer al país una interpretación de largo alcance sobre las causas o los factores que hicieron posible la violencia, con el propósito de que esta no se repita.

Pero la publicación del *Informe final* se estrelló contra un muro denso de incomprensión, insatisfacción y protestas de parte —sobre todo— de la clase política del país y de amplios sectores de la sociedad civil. El propio Valentín Paniagua y ni qué decir de Alejandro Toledo y Alan García, además de muchos otros líderes políticos o empresariales, expresaron su desazón porque no se imaginaron que la CVR les atribuiría algún grado de responsabilidad en la generación de las condiciones de discriminación o en la comisión de los delitos por parte de las fuerzas del orden cuando sus propios partidos políticos ejercieron el poder en el periodo del conflicto armado, acaso demasiado confiados en que la comisión atribuiría toda la responsabilidad a los miembros de los movimientos subversivos, la gran mayoría ya derrotados y en prisión, y convencidos de que se había restablecido ya la paz social. En otras palabras, creyendo hallarse en esa situación que la CVR considera en su informe como el olvido de la historia que nos condena a repetirla, se dieron con la sorpresa de que el relato de la CVR sacudía las conciencias de todos los actores sociales y políticos involucrados y exigía de ellos el reconocimiento de su responsabilidad o su complicidad, con el propósito último, naturalmente, de corregir el rumbo ético de injusticia social que había sido y seguía siendo el causante más hondo de la violencia política de aquellos años. Digo de todos los actores sociales y políticos, porque la investigación de los episodios de violaciones de derechos humanos y la consiguiente atribución de responsabilidades no se restringe a la actuación de la clase política ni a la de las Fuerzas Armadas, sino que se extiende además al papel desempeñado por el empresariado, por la prensa, por las organizaciones de la sociedad civil y por las diferentes iglesias del país.

La CVR entregó el *Informe final* oficialmente en agosto de 2003. Han pasado ya casi quince años desde entonces y nos encontramos en este momento en la paradójica y desconcertante situación de que la mayoría fujimorista absoluta en el Congreso, que es sin duda la facción política más contraria al informe, no solo pretende desautorizar declaradamente sus resultados, sino que tiene incluso intenciones explícitas de crear una comisión alternativa de la verdad que ofrezca un relato diferente, que justifique en último término la violencia ejercida por las Fuerzas Armadas y exculpe de toda responsabilidad a su líder encarcelado, con el argumento de que la derrota de la subversión solo era posible, como de hecho ocurrió durante su gobierno, sin consideración alguna por limitaciones éticas o jurídicas. El gobierno del presidente Pedro Kuczynski tampoco tiene interés particular en que el país se reconozca en el relato de la CVR ni en defender sus resultados, como tampoco lo tuvieron los líderes políticos anteriores, la mayoría de los cuales no tuvieron reparos en obstruir incluso los ofrecimientos de ayuda de la comunidad internacional para respaldar las medidas de reparación de las víctimas o para construir memoriales que promovieran la reflexión de la sociedad civil sobre la experiencia vivida.

Pero en el análisis de esta experiencia, cuando las heridas siguen estando abiertas y no se han formado siquiera cicatrices, es fácil correr el riesgo de perder de vista por dónde seguirá el rumbo del espíritu. Hay todavía demasiada inmediatez en la percepción de los hechos y mucha insensatez en la conciencia cívica de la sociedad. Solo quisiera añadir, para cerrar este apretado y ligero análisis de la experiencia peruana, que, en mi opinión, el *Informe final* de la CVR de Perú es uno de esos documentos históricos, como las Constituciones políticas o las declaraciones universales de derechos, que no pierden su vigencia con el tiempo y más bien necesitan que el tiempo los ayude a alcanzar su verdadera relevancia. Estoy convencido de que, si los peruanos le prestáramos la atención debida y extrajéramos de él las lecciones que nos deja, nos acercaríamos a una comprensión práctica de lo que Hegel comentara sobre la posibilidad del espíritu de curar las heridas sin dejar cicatrices.

Referencias bibliográficas

Comisión de la Verdad y Reconciliación (CVR). (2003). *Informe final. Tomos I-IX.* Recuperado de http://cverdad.org.pe/ifinal/

Comisión de la Verdad y Reconciliación (CVR). (2004). *Hatun Willakuy.* Lima: CVR. Recuperado de http://www.dhnet.org.br/verdade/mundo/peru/cv_peru_hatun_willakuy_version_abreviada.pdf

Hayner, Priscilla B. (2014). *Verdades silenciadas. La justicia transicional y el reto de las comisiones de la verdad.* Barcelona: Bellaterra.

Hegel, Georg Wilhelm Friedrich (1966). Espíritu. En: *Fenomenología del espíritu.* Traducción de Wenceslao Roces. México D. F.: Fondo de Cultura Económica.

Hegel, Georg Wilhelm Friedrich (1970). *Werke in zwanzig Bänden. Theorie Werkausgabe. B. 3.* Frankfurt: Suhrkamp.

TRANSICIÓN A LA PAZ EN CONTEXTOS DE CONFLICTO ARMADO.
Perspectiva comparada sobre los casos de El Salvador y Guatemala para reflexionar sobre la experiencia colombiana

Gabriel Ignacio Gómez[*]
Universidad de Antioquia, Colombia

RESUMEN

Este capítulo propone el análisis comparado de dos experiencias de transición en casos de conflicto armado interno. Para tal efecto se formulan dos interrogantes que generan los actuales procesos de paz entre el Gobierno colombiano y las guerrillas de las FARC-EP y el ELN: ¿qué podemos aprender de las experiencias de otras sociedades que también han experimentado la transi-

---

[*] Este capítulo es resultado parcial de la investigación *Entre el castigo y la reconciliación: una perspectiva sociojurídica crítica sobre el proceso de paz y la justicia transicional en Colombia 2012-2016*, apoyado por el Comité para el Desarrollo de la Investigación (CODI), Universidad de Antioquia.

279

ción de la guerra a la paz en el contexto latinoamericano? y ¿en qué medida los mecanismos de justicia transicional diseñados podrían ser suficientes para enfrentar el reto de la reconstrucción de los lazos sociales en Colombia? Con el fin de darles respuesta se compararán los casos de El Salvador y Guatemala, teniendo en cuenta los siguientes aspectos: el contexto del conflicto, las negociaciones de paz, el diseño de los mecanismos de justicia transicional y los aprendizajes del posacuerdo. Asimismo, y con base en esta comparación, se hará una reflexión preliminar sobre el actual proceso de paz en Colombia.

Introducción

En la literatura internacional sobre justicia transicional, especialmente en áreas como Ciencia Política y Resolución de Conflictos, se han dado debates recientes sobre los estudios comparados, su metodología, su propósito. Durante algunos años los trabajos académicos sobre el tema se basaban en compartir experiencias y realizar reflexiones a partir de los diferentes estudios de caso. Con el paso de los años y en la medida en que crecía el campo académico de la justicia transicional, también surgieron algunos reclamos sobre la necesidad de realizar reflexiones quizás menos especulativas y con una vocación más generalizadora (Olsen, Payne y Reiter, 2016; Van der Merwe, Baxter y Chapman, 2009). Sin embargo, los debates metodológicos en ciencias sociales permiten encontrar que hay diversidad de tendencias con respecto al análisis comparado. Una primera tendencia, que responde a la necesidad de buscar teorías más generales, propone estudios comparados basados en estudios de variables y con un número amplio de casos; una segunda tendencia intenta balancear los estudios de variables con la especificidad de los casos; y una tercera opción metodológica, basada en los estudios de caso, busca lograr un conocimiento más profundo sobre los procesos sociales (Della Porta, 2013).

Un ejemplo del primer tipo de estudios, análisis comparado de un número amplio de casos, es *Justicia transicional en equilibrio* (Olsen, Payne y Reiter, 2016), publicado recientemente en español. Se trata de una investigación comparada en la que se contó con una base de datos sobre la utilización de los mecanismos de justicia transicional en 161 Estados. De acuerdo con las autoras, se identifican varias tendencias en el diseño de mecanismos de justicia transicional: en primer lugar, una tendencia maximalista, que busca privilegiar el uso de tribunales y sanciones penales; en segundo lugar, una orientación minimalista, que busca dar mayor peso a la salida realista a los conflictos y usar mecanismos políticos como las amnistías y los indultos; en tercer lugar, una postura intermedia, que busca establecer un balance entre la reconciliación y la justicia a través de mecanismos como las comisiones de la verdad y reconciliación; y finalmente, una tendencia holista, que combina múltiples mecanismos de manera integral y complementaria.

Adicionalmente, esta investigación también ha permitido establecer una diversidad de tendencias en el uso de los mecanismos de justicia transicional, según se trate de transiciones de la guerra a la paz en contextos de conflicto armado o de transiciones de las dictaduras a las democracias. Algunas de las características que se observan en los casos de conflicto armado interno se pueden resumir en las siguientes hipótesis: en primer lugar, se tiende a usar menos a los tribunales y se acude más a las amnistías y a las comisiones de la verdad; en segundo lugar, se distingue entre conflictos armados orientados a la toma del poder y conflictos armados por la secesión (en el caso de los conflictos armados por la toma del poder también se suele acudir menos a tribunales y más a amnistías); y en tercer lugar, cuando en el conflicto armado hay un vencedor y un vencido hay más probabilidad de que haya uso de tribunales, mientras que si hay una negociación política es más probable que haya uso de mecanismos políticos como las amnistías (Olsen, Payne y Reiter, 2016).

En un trabajo más reciente sobre las transiciones en América Latina, coordinado por Elin Skaar, Jemima García y Cath Collins (2016), se parte de una metodología diferente, en la que no se adopta el examen de un número amplio de casos, sino el de un pequeño grupo en el contexto latinoamericano. Una conclusión del estudio distingue tres grandes tendencias: primero, los países que hicieron una transición de las dictaduras a la democracia; segundo, los países que hicieron su transición de la guerra a la paz; y tercero, un caso especial, el colombiano, en el cual la transición aún no está concluida. Este estudio permite incluir nuevos elementos de reflexión que resultan significativos. Se destaca, por una parte, la reflexión sobre los diferentes momentos en el proceso de transición. La dinámica política e institucional no es igual en los momentos iniciales de las transiciones que en los momentos posteriores. Como lo han mostrado los diferentes casos, se trata de procesos dinámicos y cambiantes. Por otra parte, las tendencias no son homogéneas. Así como se ha dicho que los tribunales han emergido especialmente en el contexto de transiciones de dictaduras a democracia, también es cierto que en algunos de estos casos, como en Brasil, hubo condiciones políticas que impidieron que se acudiera a tribunales para el procesamiento de graves violaciones de los derechos humanos.

Finalmente, la tercera tendencia es la del análisis comparado basado en pocos estudios de caso y con criterios más cualitativos. Esa es la propuesta de este capítulo. Este texto busca promover una reflexión sobre los aprendizajes de otras sociedades afectadas por conflictos armados, para pensar en las políticas de justicia transicional y de construcción de paz en el contexto colombiano. En tal sentido, se propone un análisis comparado sobre dos experiencias de transición en casos de conflicto armado interno: las de El Salvador y Guatemala. Para tal efecto, se retoman algunos interrogantes que generan los actuales procesos de paz entre el gobierno colombiano y las guerrillas de las FARC-EP y el ELN, y que podrían resumirse en las siguientes preguntas: ¿qué podemos aprender de las experiencias de otras sociedades que también han experimentado la transición de la guerra a la paz en el contexto latinoamericano?, y ¿en qué medida los mecanismos de justicia transicional diseñados podrían ser suficientes para enfrentar el reto de la reconstrucción de los lazos sociales en Colombia?

LAS EXPERIENCIAS DE EL SALVADOR Y GUATEMALA

La comparación entre los casos mencionados se hará teniendo en cuenta los siguientes criterios: *el contexto del conflicto, las negociaciones de paz, el diseño de los mecanismos de justicia transicional* y *los aprendizajes del posacuerdo*. Para el estudio de los diferentes casos se ha acudido a material documental consistente en informes oficiales, reportes de organizaciones de derechos humanos y estudios académicos.

CONTEXTOS DEL CONFLICTO POLÍTICO ARMADO

En El Salvador y en Guatemala encontramos la existencia de conflictos políticos armados que emergieron en escenarios de exclusiones sociales históricas, muy asociadas a tensiones derivadas de la concentración de la propiedad de la tierra y el predominio de sectores terratenientes y minoritarios en la organización política, así como a la fragilidad del sistema democrático, al peso de los estamentos militares en el control del Estado y a una profunda debilidad institucional para establecer límites frente a expresiones de poder. A esto se agregaban, en el escenario internacional, las tensiones propias de la Guerra Fría y el apoyo del Gobierno norteamericano a las políticas contrainsurgentes en ambos países a partir de la década del sesenta (Burgerman, 2000; Fisas, 2010; Giraldo, 2004).

El de El Salvador fue uno de los conflictos más cruentos y fratricidas del continente, y se manifestó en una guerra civil que duró cerca de doce años (1980-1992). Se trató de una confrontación entre dos sectores políticos y sociales bien diferenciados: de un lado, el grupo subversivo Frente Farabundo Martí para la Liberación Nacional (FMLN), que contaba con un amplio respaldo popular y aglutinaba a diferentes fuerzas políticas de izquierda que optaron por la insurrección armada ante el incremento de la represión y la clausura de los espacios de participación; y del otro, el Gobierno salvadoreño, que representaba especialmente a sectores terratenientes, a las élites políticas conservadoras y a los militares, que habían gobernado durante décadas el país (Burgerman, 2000; Fisas, 2010; Giraldo, 2004). Esta guerra civil dejó un saldo catastrófico, con más de setenta mil muertos, más de treinta mil desaparecidos y miles de personas en situación de desplazamiento, muchas de las cuales tuvieron que emigrar de su país para buscar un mejor futuro. De acuerdo con la Comisión de la Verdad para el Salvador (1993), la mayor parte de las víctimas pertenecían a la sociedad civil.

Con respecto al caso de Guatemala, la guerra civil duró más de tres décadas, desde inicios de la década de 1960 hasta 1996, cuando se formalizó el Acuerdo de Paz. Sin embargo, la mayor parte del tiempo fue una guerra de baja intensidad. En la década del ochenta, la represión se hizo más fuerte y el conflicto se agudizó. A lo largo de ese periodo los diferentes gobiernos militares pusieron en marcha políticas contrainsurgentes de acuerdo con la Doctrina de la Seguridad Nacional que promovía el Gobierno de Estados Unidos en toda la región. Entre las prácticas más recurrentes estuvo la vinculación de la población civil al conflicto armado a través de figuras como los comisionados militares y las Patrullas de Autodefensa Civil (PAC). Igualmente, se desarrollaron prácticas consistentes en detenciones masivas y, posteriormente, acciones en contra de las poblaciones campesinas e indígenas, en las que predominaron las torturas, las ejecuciones extrajudiciales y las desapariciones. El conflicto armado en Guatemala dejó más de ciento cincuenta mil muertos, más de un millón de desplazados y el genocidio en contra de la población indígena. De acuerdo con los datos de la Comisión de Esclarecimiento Histórico, la mayor cantidad de los crímenes fueron cometidos por las Fuerzas Armadas y las PAC (Comisión para el Esclarecimiento Histórico, 1999).

LAS NEGOCIACIONES DE PAZ

Varias condiciones hicieron posible el inicio de las negociaciones de paz a finales de la década del ochenta y los inicios del noventa. Entre estas se puede mencionar el desgaste de la Guerra Fría y de la injerencia norteamericana en los asuntos internos de los países centroamericanos, así como la presión de los países de la región en promover las negociaciones de paz a través del Acuerdo Esquipulas II. Igualmente, fue decisiva la participación de varios actores no estatales, como la Iglesia católica, las organizaciones de derechos humanos y organizaciones intergubernamentales como la Organización de Naciones Unidas. Aun así, estas condiciones no eran suficientes para transformar las relaciones de poder o las orientaciones económicas y sociales.

En el caso de El Salvador, las Naciones Unidas, especialmente el despacho del secretario general, adquirieron un rol mucho más activo orientado hacia la mediación del conflicto armado (Burgerman, 2000). Adicionalmente, las organizaciones no gubernamentales, que ya venían haciendo denuncia internacional, se constituyeron en importantes aliados del proceso de negociación. Las conversaciones de paz duraron cerca de dos años, a lo largo de los cuales se adoptaron varios acuerdos en diferentes sesiones realizadas en Suiza, Venezuela, Estados Unidos y México, en donde se firmó el acuerdo final en 1992 (Giraldo, 2004).

A diferencia de El Salvador, en Guatemala la situación del conflicto armado no se encontraba en el "punto de saturación" que se dio entre el FMLN y el Gobierno salvadoreño. En Guatemala, para la década del noventa, la confrontación se daba entre el Ejército, muy fuerte en su capacidad bélica y en su influencia política, y la Unión Nacional Revolucionaria Guatemalteca (UNRG), muy descoordinada y con un reducido número de combatientes. Sin embargo, a pesar de la asimetría de poder entre las dos partes en contienda, las Fuerzas Armadas tampoco pudieron vencer a su contendor. El proceso de negociación de paz en Guatemala tomó casi dos años y se desarrolló en múltiples etapas que se llevaron a cabo entre el 10 de enero de 1994 y el 29 de diciembre de 1996 (Giraldo, 2004).

Las negociaciones de paz en El Salvador y Guatemala no encontraron un fuerte límite en el derecho internacional, sino que obedecieron más a consideraciones realistas en virtud de las cuales se consideraba como un imperativo ético y político la terminación del conflicto armado. Tales negociaciones resultaron ser un paso significativo, especialmente por la participación de la comunidad internacional y la mediación de Naciones Unidas. Sin embargo, en el mediano y largo plazo, no hubo condiciones para que las negociaciones de paz cumplieran con las expectativas creadas en términos de protección de derechos, de inclusión democrática y de transformación de las condiciones de vida de las personas.

LOS MECANISMOS DE JUSTICIA TRANSICIONAL

Es necesario aclarar que para la época en que se desarrollaron los procesos de paz en El Salvador y en Guatemala no había un consenso en la academia ni en la comunidad internacional sobre el concepto de justicia transicional. Con todo, durante estos procesos sí se diseñaron algunos mecanismos que han sido incorporados dentro del lenguaje de la justicia en situaciones de transición. Los mecanismos diseñados con ocasión de estos procesos de paz se pueden interpretar, en buena parte, como resultado del contexto propio del conflicto y de las negociaciones políticas. En tal sentido, las amnistías, en principio, eran percibidas por varios actores como la mejor opción para poner fin a la guerra en un escenario que no tenía vencedores ni vencidos. Pero, a su vez, en un ambiente en el que predominaba la perspectiva realista y, supuestamente, el principio de soberanía, no se establecían mecanismos de rendición de cuentas a cargo de las élites políticas ni de los responsables de graves violaciones de derechos humanos.

Tal como se hacía mención en la primera parte, en contextos de conflicto armado con actores no derrotados es muy improbable que los actores armados se sometan a mecanismos como los tribunales y que se impongan sanciones privativas de la libertad. Las amnistías diseñadas fueron, en el caso de El Salvador, bastante generosas, y en el caso de Guatemala, en términos prácticos, bastante favorables a los perpetradores de violaciones graves a los derechos humanos. Por su parte, las comisiones de la verdad, si bien contribuyeron a esclarecer los hechos e identificar patrones de victimización, no se pudieron traducir posteriormente en políticas que transformaran las condiciones que dieron lugar a las victimizaciones.

En 1992 se expidió en El Salvador una ley de amnistía condicionada, que beneficiaba a quienes no estuvieran vinculados en la comisión de graves violaciones de derechos humanos cometidos por la fuerza pública. Igualmente, se creó una Comisión de la Verdad, que funcionó con un mandato amplio por un periodo de ocho meses y dio cuenta de la violencia cometida entre 1980 y 1992 (Hayner, 2008; Comisión de la Verdad para El Salvador, 1992). La comisión, que entrevistó a cerca de dos mil personas, buscaba denunciar públicamente a los máximos responsables de las violaciones a los derechos humanos. A pesar de la oposición del entonces presidente, Alfredo Cristiani, y de los militares, el informe de la comisión incluyó los nombres de los principales responsables de tales violaciones.

De acuerdo con el informe de la comisión, titulado *De la locura a la esperanza. La guerra de 12 años en El Salvador*, se constató que el 85 % de los hechos de violencia fueron cometidos por las Fuerzas Armadas o por escuadrones de la muerte asociados con estas en contra de la población civil. Tal como lo expone el informe de la Comisión de la Verdad para El Salvador, los actos de violaciones a los derechos humanos más frecuentes fueron las ejecuciones extrajudiciales (60 %), las desapariciones (25 %) y las torturas (20 %) (Comisión de la Verdad para El Salvador, 1992). Con respecto a los patrones de violencia de los agentes del Estado, el informe sostenía:

> Las denuncias en forma coincidente indican que esta violencia se originó en una concepción política que había hecho sinónimos los conceptos de opositor político, subversivo y enemigo. Las personas que postularan ideas contrarias a las oficiales corrían el riesgo de ser eliminadas, como si fuesen enemigos armados en el campo de guerra. Epitomizan estas circunstancias las ejecuciones extrajudiciales, desapariciones forzadas y asesinatos de opositores políticos señalados en este capítulo. (Comisión de la Verdad para El Salvador, 199, p. 42)

El informe de la comisión no fue bien recibido por el Gobierno debido a la posibilidad de judicializar a los responsables. Pocos días después de su publicación, Alfredo Cristiani, en nombre de la "reconciliación nacional", promovió una nueva ley de amnistía,[1] mucho más generosa, en la medida en que no establecía excepciones y era concedida incluso para los responsables de graves violaciones de derechos humanos e infracciones al Derecho Internacional Humanitario (Braid y Roht, 2012).

En Guatemala, los mecanismos desarrollados inicialmente fueron la Comisión de Esclarecimiento Histórico (CEH) y las amnistías. La Comisión de Esclarecimiento Histórico se creó con base en el Acuerdo de Oslo del 23 de junio de 1994 y tuvo como principal referente la experiencia de la Comisión de la

---

[1] El Salvador. Asamblea Legislativa. Decreto 486 (20 de marzo de 1993). Ley de Amnistía General para la Consolidación de la Paz.

Verdad para El Salvador. Tal como lo expone Priscilla Hayner (2008), los negociadores del Gobierno guatemalteco y los grupos cercanos a las fuerzas militares no estaban de acuerdo con que se identificara a los responsables de las violaciones de derechos humanos ni con que los contenidos del informe tuvieran posibles consecuencias judiciales; por tal razón el mandato de la CEH resultó limitado en cuanto a sus consecuencias. Sin embargo, se estableció un periodo mayor para su funcionamiento, inicialmente de doce meses, pero que se extendió finalmente a dieciocho. La CEH, presidida por el profesor alemán Christian Tomuschat, contó con la participación de cerca de doscientas personas y abrió oficinas en múltiples localidades. De acuerdo con la CEH, el 93 % de las acciones de violencia que se documentaron fueron atribuidas al Estado o a grupos paramilitares apoyados por este. Estas agresiones consistieron especialmente en ejecuciones arbitrarias (38 %), privaciones de la libertad (22 %), torturas (19 %) y violaciones sexuales (2,3 %). El 81 % de las agresiones se dio en el periodo de intensificación de las violaciones de derechos humanos, comprendido entre 1981 y 1983. Igualmente, se documentó que la mayor parte de las víctimas fueron civiles y que en su mayoría (83 %) pertenecían a comunidades indígenas maya (Comisión de Esclarecimiento Histórico, 1999, pp. 320-222).

El 27 de diciembre de 1996, con ocasión del Acuerdo de Paz Firme y Duradera, el Congreso expidió el Decreto 145, o Ley de Reconciliación Nacional (LRN). De acuerdo con esta ley, se otorgó una amnistía bastante amplia, que eximía de responsabilidad penal, de una parte, a los funcionarios estatales que hubieran cometido delitos relacionados con la prevención o persecución de delitos políticos (artículos 5 y 6) y, de otra, a los integrantes de la UNRG por la comisión de delitos políticos y conexos (Artículo 7). Sin embargo, de acuerdo con el artículo 8 de la LRN, se estableció un límite a la amnistía en los siguientes términos:

La extinción de la responsabilidad penal a que se refiere esta ley, no será aplicable a los delitos de genocidio, tortura y desaparición forzada, así como [a] aquellos delitos que sean imprescriptibles o que no admitan la extinción de la responsabilidad penal, de conformidad con el derecho interno o los tratados internacionales ratificados por Guatemala.[2]

No obstante, si bien se establecían límites a la amnistía, los activistas de derechos humanos encontraban varias dificultades en la LRN, como la extensión de las amnistías a los agentes estatales por graves violaciones de derechos humanos que no estaban incluidas en el artículo 8 de la Ley. En consecuencia, se presentaron demandas ante la Corte Constitucional guatemalteca, con el fin de que la ley se declarara inconstitucional, pero en 1997 la Corte Constitucional consideró que la LRN se ajustaba a la Constitución y al derecho internacional, y que podría interpretarse y aplicarse de acuerdo con los postulados del derecho internacional de derechos humanos. Desde entonces, tal como lo exponen Braid y Roht (2012), los activistas de derechos humanos iniciaron acciones de movilización legal con el fin de combatir la impunidad favorecida por las interpretaciones laxas de la LRN. Aun así, los diferentes gobiernos guatemaltecos han evadido estas responsabilidades y han hecho poco esfuerzo por procesar a los responsables de graves violaciones de derechos humanos.

LECCIONES APRENDIDAS EN EL PERIODO DE POSACUERDOS

De alguna manera, las negociaciones de paz en El Salvador y Guatemala permitieron cerrar el ciclo de violencia derivado de la guerra civil. En tal sentido, resultaron ser un paso significativo, especialmente por la participación de la comunidad

---

[2] Guatemala. Congreso de la República. Decreto 145 (27 de diciembre de 1996). Ley de Reconciliación Nacional de Guatemala.

internacional y la mediación de Naciones Unidas. Sin embargo, en el mediano y largo plazo no hubo condiciones para que los acuerdos de paz cumplieran con las expectativas creadas en términos de protección de derechos, de inclusión democrática y de transformación de las condiciones de vida de la población. Más de dos décadas después de las negociaciones de paz en El Salvador y en Guatemala, estos países enfrentan una difícil situación social, que se manifiesta en la dificultad para establecer mecanismos adecuados de rendición de cuentas y promover transformaciones sociales sustanciales.

En el caso de El Salvador, luego de veinticinco años de los acuerdos de Chapultepec, la situación es compleja y contradictoria. De un lado, muchos analistas y actores políticos coinciden en que las negociaciones de paz representaron la posibilidad de poner fin a un cruento conflicto armado. Igualmente, se hizo un esfuerzo en la construcción de procesos como la institucionalización de los derechos humanos, así como en la profesionalización de las Fuerzas Armadas, la distensión de la confrontación política y la conformación de partidos que canalizaran los proyectos políticos en contienda.

Con respecto a la impunidad, las organizaciones de derechos humanos han denunciado desde hace varias décadas el efecto negativo que generó la Amnistía General de 1993 promovida por el entonces presidente Cristiani, cuando se incluyó en ella a todas aquellas personas comprometidas en la comisión de graves violaciones de derechos humanos. Con el fin de contrarrestar los efectos negativos de esta ley, durante años los activistas de derechos humanos han intentado acciones de movilización jurídica, con el fin de restringir el alcance de la amnistía y judicializar a los responsables de tales violaciones. No obstante, ha habido diferentes dificultades, como la debilidad institucional de la rama judicial, la existencia de amenazas en contra de jueces que inician investigaciones y el peso de jueces conservadores en las altas cortes, que bloquearon la posibilidad de crear sentidos más garantistas para las víctimas (Braid y Roht, 2012). Aun a pesar de las dificultades, los activistas de derechos humanos insistieron en las acciones de movilización orientadas a establecer límites a la política. Finalmente, en julio de 2016, la Ley de Amnistía General fue declarada inconstitucional por la Corte Suprema de Justicia de El Salvador (2016, julio 13).

En cuanto a la construcción de lazos sociales y de transformación de condiciones estructurales de inequidad, el panorama no es muy halagador. De acuerdo con varios analistas y antiguos militantes del FMLN y de organizaciones sociales, la situación social no presenta mejoras sustanciales puesto que la inequidad social, la violencia ciudadana y la percepción de inseguridad afectan notablemente a los salvadoreños. De acuerdo con Roberto Cañas, exmiembro del FMLN:

> Las causas estructurales que originaron el conflicto no se negociaron y no se resolvieron con la firma del acuerdo de paz. Ni siquiera 25 años después se han resuelto. La desigualdad, la exclusión social siguen estando presentes y son el caldo de cultivo de la conflictividad social que ahora vive el país. Fueron 5 000 muertos en el 2016, 14 diarios. Hay otro tipo de violencia, una delincuencial. No tenemos paz social en El Salvador después de 25 años de la firma. No es culpa del acuerdo sino que no se han resuelto las causas estructurales (*Semana,* 2017, enero 15).

Pero, además de ello, la vinculación de anteriores miembros de escuadrones de la muerte a las redes de narcotráfico y el crecimiento de las maras Salvatrucha y Barrio 18 durante las últimas décadas incrementaron notablemente las expresiones de violencia en la sociedad salvadoreña. En 2016, El Salvador tuvo un índice de 81 homicidios por cien mil habitantes, lo cual la convierte en una de las sociedades más violentas del continente (BBC, 2017, enero 13). Según el informe sobre juventud y violencia en El Salvador, la población juvenil, especialmente los hombres entre 15 y 29 años, son los sujetos más afectados por la violencia (Agencia de Cooperación Española y PNUD, 2015). Sin embargo, en lugar de asumir las nuevas expresiones de violencia como el resultado de condiciones de exclusión histórica y social, los gobiernos de derecha y de izquierda han desplegado un conjunto de políticas de seguridad que han privilegiado la "mano dura" y la represión, en lugar de políticas sociales más incluyentes (Hopper, 2013).

En cuanto a la experiencia de Guatemala, es de amplio conocimiento el hecho de que a pesar de que los acuerdos abordaron temas sensibles como los relacionados con derechos humanos y derechos de los pueblos indígenas, las élites conservadoras adoptaron una estrategia basada en bloquear la implementación de los acuerdos de paz mediante la promoción de un ambiente adverso y una campaña negativa en el referéndum de 1999 (Giraldo, 2004). Igualmente, los múltiples grupos de interés, élites políticas y actores armados se constituyeron en un factor que obstaculizó notablemente el inicio y el desarrollo de procesos judiciales en contra de responsables de graves violaciones de derechos humanos y crímenes de lesa humanidad. Al igual que en el caso de El Salvador, el periodo de posacuerdos ha tenido que enfrentar dos grandes desafíos: superar la impunidad y reconstruir el tejido social.

Con respecto a la percepción de impunidad, debe recordarse que si bien la amnistía previó unos límites para casos de graves violaciones de derechos humanos, en la práctica no se adelantó ningún proceso judicial serio en contra de los principales responsables. Como respuesta a estas políticas de impunidad, organizaciones sociales y de derechos humanos desplegaron acciones de movilización jurídica consistentes en la denuncia internacional y la activación de mecanismos como procesos penales ante la Audiencia Nacional de España, o el Sistema Interamericano de Derechos Humanos (SIDH).

Un ejemplo de movilización fue la acción interpuesta en 1999 por la Fundación Menchú ante la Audiencia Nacional Española en contra de los expresidentes Efraín Ríos Montt y

Óscar Humberto Mejía Victores, entre otros altos funcionarios del Gobierno guatemalteco. La Audiencia Nacional, que inició los procesos bajo el principio de jurisdicción universal, solicitó la extradición a España de varios de los procesados. Sin embargo, las capturas y extradiciones fueron bloqueadas en Guatemala por medio del uso de recursos de amparo y gracias también a la renuencia de la Corte Constitucional a reconocer la posibilidad del ejercicio de jurisdicción universal por parte de la Audiencia Nacional Española, debido a que se trataba de delitos políticos cobijados por la LRN (Braid y Roht, 2012).

Otro caso de movilización jurídica tiene que ver con acudir al Sistema Interamericano de Derechos Humanos. Desde el año 2000 el Estado guatemalteco hizo un giro en su relación con el SIDH, en el sentido de que comenzó a reconocer la responsabilidad estatal en las masacres y violaciones de derechos humanos; incluso estuvo dispuesto a pagar indemnizaciones a las víctimas. Sin embargo, lo que ha sido más difícil es el inicio de procesos judiciales en contra de los responsables del genocidio y las violaciones de derechos humanos (Braid y Roht, 2012). Uno de los casos más emblemáticos llevados por esta vía fue la masacre de Las Dos Erres, cometida en diciembre de 1982. A pesar de reconocer la responsabilidad estatal como parte de la solución amistosa ante la Comisión Interamericana de Derechos Humanos, los intentos por judicializar a los responsables encontraron grandes obstáculos en la rama judicial. Ante el fracaso de la solución amistosa, el Estado guatemalteco fue condenado en 2009 por la Corte Interamericana de Derechos Humanos por su responsabilidad en la masacre.[3]

Igualmente, como consecuencia de la movilización de las redes transnacionales de derechos humanos, se creó en 2006 la Comisión Internacional contra la Impunidad en Guatemala (CICIG), promovida por la ONU con el fin de apoyar a

---

[3]   Corte Interamericana de Derechos Humanos. Sentencia (24 de noviembre de 2009). Caso de la masacre de Las Dos Erres vs. Guatemala.

los organismos judiciales guatemaltecos en los procesos de investigación a actores estatales en la conformación y participación en grupos clandestinos de seguridad. La CICIG se ha constituido en un mecanismo híbrido de justicia transicional que, además de realizar investigaciones sobre la existencia de organizaciones paraestatales y actividades ilícitas dentro de las agencias estatales, también se ha constituido en una instancia intergubernamental de apoyo al fortalecimiento institucional en Guatemala.[4]

En lo relacionado con la construcción de convivencia en Guatemala ha habido múltiples dificultades. Si bien los acuerdos de paz representaron un punto de inflexión importante que se tradujo en la disminución de la violencia política, con el paso de los años las expresiones de violencia se intensificaron significativamente. Actualmente, la percepción de inseguridad ciudadana es una de las dificultades que más afecta a la población civil y que se relaciona con en el incremento de la mortalidad violenta y de la criminalidad en general. Por ejemplo, según el Programa de Seguridad Ciudadana y Prevención de la Violencia del PNUD Guatemala (2007), durante los primeros siete años de este siglo, el índice de homicidios creció el 12 % anual. En 2006 Guatemala tenía una tasa de 47 homicidios por cada cien mil habitantes, una de las más altas del continente. Este incremento de la violencia generó que la situación de seguridad ciudadana fuera percibida como una de las mayores preocupaciones de la sociedad guatemalteca.

Pero bajo este incremento de la violencia ciudadana subyacen condiciones de inequidad social que no cambiaron con el proceso de paz. En primer lugar, la situación de exclusión así como las tensiones con los pueblos indígenas continúan. Guatemala es un país multicultural en donde el 40 % de la población es indígena. Esta diversidad cultural, representada

---

4   Para mayor información sobre la CICIG, véase http://www.cicig.org/

en la existencia de un valioso conocimiento ancestral y en la existencia de veinticuatro lenguas indígenas, contrasta con la segregación y el marginamiento de las poblaciones indígenas (Comisión Interamericana de Derechos Humanos, 2015). A ello se agrega una situación similar a la de El Salvador, y que se relaciona con la persistencia de la desigualdad social y la carencia de oportunidades para sectores sociales marginados. La situación de pobreza ha aumentado durante los primeros quince años de este siglo en una sociedad en donde el 62,4 % de la población vive en situación de pobreza media (Comisión Interamericana de Derechos Humanos, 2015, p. 24). Ante esta situación de enorme desigualdad social, si bien la percepción de inseguridad se ha incrementado, también se ha manipulado políticamente, y tal como lo sostiene Angelina Godoy (2005), quienes antes fueron los perpetradores de graves violaciones de derechos humanos, paradójicamente comenzaron a reaparecer en el escenario político como los portaestandartes de las políticas de seguridad.

UNA REFLEXIÓN PRELIMINAR CON RESPECTO AL CASO COLOMBIANO

Para finalizar, quisiera retomar las preguntas formuladas inicialmente: ¿qué podemos aprender de las experiencias de otras sociedades que también han experimentado la transición de la guerra a la paz en el contexto latinoamericano? y ¿en qué medida los mecanismos de justicia transicional diseñados podrían ser suficientes para enfrentar el reto de la reconstrucción de los lazos sociales en Colombia? Algunas reflexiones iniciales, orientadas a promover un mayor debate público, pueden ser las siguientes:

A diferencia de las transiciones de la dictadura a la democracia, las transiciones de la guerra a la paz muestran especial complejidad, debido a que ya no se trata de un esquema político basado en la existencia de vencedores y vencidos, sino en un esquema basado en la existencia de contendores que deben llegar a acuerdos políticos sobre las posibilidades de lograr el cese de las hostilidades y el tránsito a una coexistencia pacífica. Por ello, tiene razón Iván Orozco (2005) cuando cuestiona que en los debates sobre justicia transicional en Colombia se haya acudido más a la analogía de la dictadura y a las categorías del derecho internacional de los derechos humanos, que a la analogía de la guerra y al lenguaje del Derecho Internacional Humanitario. En tal sentido, también resulta comprensible, como lo sugieren Tricia Olsen, Leigy Payne y Andrew Reiter (2016), que en sociedades con conflictos armados internos, en donde no ha habido vencedores ni vencidos, estas tiendan a desarrollar inicialmente mecanismos como las amnistías y las comisiones de la verdad, tal como se pudo observar en los casos de El Salvador y Guatemala durante la década del noventa.

Sin embargo, los casos de El Salvador y Guatemala nos dicen algo más de lo que los estudios comparados con un número amplio de casos nos pueden sugerir. A pesar de que en el contexto de estas negociaciones en la década del noventa las élites políticas buscaron evadir la rendición de cuentas, también es cierto que en un contexto más reciente, caracterizado por el declive de la Guerra Fría, por el ascenso de la conciencia humanitaria, por la participación de nuevos actores como activistas transnacionales, organizaciones intergubernamentales y organizaciones de víctimas, han emergido límites a las negociaciones políticas, así como actores capaces de construir sentidos gruesos sobre los derechos de las víctimas. Gracias a estas movilizaciones políticas y jurídicas es posible ver, tanto en Guatemala como en El Salvador, mecanismos y prácticas que desafían el establecimiento y las relaciones de poder.

En todo caso, los mecanismos conocidos como de justicia transicional, llámense amnistías, comisiones de la verdad o incluso tribunales, si bien son importantes, no son suficientes en sí mismos para transformar las condiciones estructurales de inequidad social, de exclusión y marginamiento, como tampoco resultan suficientes para reestablecer los lazos sociales fracturados por tantos años de violencia. Los casos de El Salvador y Guatemala muestran que los procesos de paz fueron relativamente significativos para cesar, o al menos disminuir, la violencia política en el corto plazo. No obstante, fueron menos eficaces al enfrentar dos grandes desafíos: de un lado, responder a las demandas de justicia frente a graves violaciones de derechos humanos; y del otro, transformar las condiciones estructurales de inequidad para construir una sociedad diferente en el mediano y largo plazo. Por el contrario, proteger a sectores de poder involucrados con antiguos actores armados y a grupos de interés económico en detrimento de sectores sociales que demandaban mayor inclusión social contribuyó significativamente para que se multiplicaran las expresiones de violencia durante las últimas dos décadas.

Esta última observación implica replantear entonces el alcance de la perspectiva liberal sobre la justicia transicional, de acuerdo con la cual esta busca fundamentalmente responder a unas demandas de justicia, entendida usualmente como justicia retributiva, y promover el afianzamiento del Estado de derecho y de la democracia liberal. Frente a estos presupuestos de la perspectiva liberal sobre justicia transicional, las experiencias de sociedades semiperiféricas que han padecido el rigor de conflictos armados internos, muestran que ante condiciones históricas de exclusión social se hace necesario pensar seriamente en la transformación de las condiciones socioeconómicas, de manera que los grupos sociales afectados por el conflicto y la exclusión puedan reconstruir sus proyectos de vida y potenciar sus capacidades individuales y colectivas.

En Colombia tendremos que ser muy imaginativos para ir más allá de las expresiones institucionales derivadas de los Acuerdos de Paz. Si bien el diseño de un conjunto de mecanismos como la Comisión de Esclarecimiento Histórico, la Unidad Especial para Búsqueda de Personas dadas por Desaparecidas y la Jurisdicción Especial de Paz ha intentado balancear las tensiones entre la búsqueda de la paz y las demandas de justicia, también es cierto que los acuerdos no se cumplen por sí solos. Tenemos muchos retos por delante. Uno de ellos tiene que ver con que los acuerdos de paz se conviertan en una prioridad política y en una realidad práctica. Pero, además, tenemos un desafío mayor: promover la construcción de la paz en un contexto adverso caracterizado por la oposición de sectores de derecha, que abusan de la construcción política del miedo y del odio, y en un escenario de economías ilegales y paralelas, que pueden perpetuar o alimentar nuevas expresiones de violencia.

REFERENCIAS BIBLIOGRÁFICAS

Agencia de Cooperación Española y PNUD (2015). *Entre esperanzas y miedo. La juventud y la violencia en El Salvador.* San Salvador: Cooperación Española y PNUD. Recuperado de http://juventudconvoz.org/archivos/ESPERANZAS-Y-MIEDOS-El-Salvador.pdf

BBC (2017, enero 13). El Salvador, uno de los países más violentos del mundo, registra su primer día sin homicidios en dos años. Recuperado de http://www.bbc.com/mundo/noticias-america-latina-38610302

Braid, Emily y Roht-Arriaza, Naomi (2012). *De Facto* and *De Jure* Amnesty Laws. The Central American Case. En: Lessa, Franchesca y Paine, Leigh (eds.). *Amnesty in the Age of Human Rights Accountability. Comparative and International Perspectives* (pp. 182-209). Cambridge: Cambridge University.

Burgerman, Susan D. (2000). Building the Peace by Mandating Reform: United Nations-Mediated Human Rights Agreements in El Salvador and Guatemala. *Latin American Perspectives*, 27 (3), pp. 63-87.

Comisión de la Verdad para El Salvador (1993). *De la locura a la esperanza. La guerra de 12 años en El Salvador.* El Salvador-Nueva York: Naciones Unidas. Recuperado de http://www.derechoshumanos.net/lesahumanidad/informes/elsalvador/informe-de-la-locura-a-la-esperanza.htm

Comisión Interamericana de Derechos Humanos (2015). *Situación de Derechos Humanos en Guatemala. Diversidad, desigualdad y exclusión.* Washington, D. C.: CIDH. Recuperado de http://www.oas.org/es/cidh/informes/pdfs/guatemala2016.pdf

Comisión para el Esclarecimiento Histórico (CEH) (1999). *Guatemala, memoria del silencio.* Ciudad de Guatemala: CEH. Recuperado de http://www.centrodememoriahistorica.gov.co/descargas/guatemala-memoria-silencio/guatemala-memoria-del-silencio.pdf

Corte Interamericana de Derechos Humanos. Sentencia (24 de noviembre de 2009). Caso de la masacre de Las Dos Erres *vs.* Guatemala. Recuperado de http://www.corteidh.or.cr/docs/casos/articulos/seriec_211_esp.pdf

Corte Suprema de El Salvador (2016, julio 13). Sala declara inconstitucional la Ley de Amnistía. Comunicado de Prensa. Recuperado de https://ciepunsam.files.wordpress.com/2016/07/comunicado-de-prensa-de-la-sala-de-lo-constitucional.pdf

Della Porta, Donatella (2013). Análisis comparativo: la investigación basada en casos frente a la investigación basada en variables. En: Della Porta, Donatella y Keating, Michael (eds.). *Enfoques y metodologías de las Ciencias Sociales.* Madrid: Akal.

El Salvador. Asamblea Legislativa. Decreto 486 (20 de marzo de 1993). Ley de Amnistía General para la Consolidación de la Paz. Recuperado de http://www.acnur.org/t3/fileadmin/Documentos/BDL/2002/1841.pdf?view=1

Fisas, Vincenç (2010). *Procesos de paz comparados.* Barcelona: Escola de Cultura de Pau.

Giraldo, Javier (2004). *Búsqueda de verdad y justicia. Seis experiencias en posconflicto.* Bogotá, D. C.: Cinep.

Godoy, Angelina (2005). Una perspectiva "invertida" de la justicia transicional: lecciones de Guatemala. En: Rettberg, Angelika (comp.). *Entre el perdón y el paredón: preguntas y dilemas de la justicia transicional* (pp. 283-313). Bogotá, D. C.: Universidad de los Andes.

Guatemala. Congreso de la República. Decreto 145 (27 de diciembre de 1996). Ley de Reconciliación Nacional de Guatemala.

Recuperado de http://www.acnur.org/fileadmin/scripts/doc.
php?file=fileadmin/Documentos/BDL/2002/0148

Hayner, Priscilla (2008). *Verdades innombrables*. México, D. F.:
Fondo de Cultura Económica.

Hopper-Flamig, Susan (2013). A Salvadoran Turnaround? The
FMLN's Response to Citizen Security Needs. En: Abello, Alexandra y Angarita, Pablo. *Nuevo pensamiento sobre seguridad en
América Latina. Hacia la seguridad como un valor democrático.*
Medellín: Clacso.

Olsen, Tricia; Payne, Leigy y Reiter, Andrew (2006). *Justicia transicional en equilibrio. Comparación de procesos, sopeso de su eficacia.*
Bogotá, D. C.: Pontificia Universidad Javeriana.

Orozco Abad, Iván (2005). *Sobre los límites de la conciencia humanitaria. Dilemas de la paz y la justicia en América Latina.* Bogotá,
D. C.: Universidad de los Andes, Temis.

Programa de Seguridad Ciudadana y Prevención de la Violencia
del PNUD Guatemala (2007). *Informe estadístico de la violencia
en Guatemala.* Ciudad de Guatemala: PNUD. Recuperado de
http://www.who.int/violence_injury_prevention/violence/national_activities/informe_estadistico_violencia_guatemala.pdf

Semana (2017, enero 15). "Después de 25 años no tenemos paz social": negociador de El Salvador. Recuperado de http://www.
semana.com/nacion/articulo/25-anos-de-los-acuerdos-de-paz-
en-el-salvador-roberto-canas/512331

Skaar, Elin; García-Godos, Jemima y Collins, Cath (2016). *Transitional Justice in Latin America.* New York: Routledge.

Van der Merwe, Hugo; Baxter, Victoria y Chapman, Audrey R. (eds.)
(2009). *Assessing the Impact of Transitional Justice: Challenges for Empirical Research.* Washington, D. C.: United States
Institute of Peace.

JUSTICIA TRANSICIONAL.
El caso de México

*Gustavo Leyva**
Universidad Autónoma Metropolitana-Iztapalapa, México

Resumen

Los problemas planteados por la justicia penal tienen que ver
con cuestiones tales como cuándo y sobre la base de qué clase
de razones se podría hablar efectivamente de un delito; quién o
quiénes pueden ser considerados como efectivamente responsables del mismo (si estos, por ejemplo, pueden ser solamente
individuos o también colectivos —sean grupos o incluso instituciones—); si el castigo puede o no ser considerado como una
medida justificada en contra de una acción —un crimen— que
ha violado una norma jurídica legítimamente establecida, cómo se ha de establecer y dirimir su conformidad (en calidad,

---

* Agradezco a los participantes del *Simposio Internacional Justicia Transicional y Derecho Penal Internacional. Dimensiones filosófica y jurídica* por las
observaciones y sugerencias que me hicieron en el marco de este encuentro.

duración y lugar de realización) con respecto al delito cometido; quiénes deciden qué castigo imponer; sobre la base de qué procedimientos se toma esta decisión y cómo se justifican dichos procedimientos, etc. En el presente trabajo me referiré solamente a dos de los problemas arriba mencionados: en primer lugar, al de los CLH cometidos por el Estado en el caso de violaciones a los derechos humanos de sus ciudadanos; y, en segundo lugar, a los problemas que ellos plantean cuando, en el interior del Estado en el que esos crímenes han sido cometidos, no parecen existir vías para juzgar conforme a derecho a los responsables de esos crímenes debido a un grave déficit en el Estado de derecho y en la democracia. Estos problemas, sin embargo, no serán abordados en abstracto, sino que me referiré a ellos en un marco específico: el de México. Para ello procedo en tres pasos: en primer lugar, hablaré del modo en que ha surgido y se ha desarrollado una espiral de creciente violencia en los últimos años en ese país; posteriormente, me referiré especialmente a un caso que ha conmocionado a la opinión pública en México y en el extranjero y que ha convertido a ese país en una nación tristemente célebre a nivel mundial: el de la desaparición de los estudiantes de Ayotzinapa en septiembre del 2014. Finalmente, plantearé la imperiosa necesidad de superar el grave déficit estructural en términos de Estado de derecho que ha caracterizado a un país como México, en donde la ausencia de una tradición democrática no ha hecho más que convertir a la justicia penal en un objetivo que aún dista mucho de haber sido alcanzado.

INTRODUCCIÓN

Desde la publicación de *A Theory of Justice* (1971 [1999]) de John Rawls, el tema de la justicia se ha convertido, con razón, en uno de los temas centrales —acaso *el* central— de la Filosofía Política en las últimas décadas. El propio Rawls señalaba —y con ello limitaba— el alcance de la investigación presentada en esa obra al tratamiento de los principios de justicia que regulan las instituciones básicas de una sociedad bien ordenada, indicando que había otros ámbitos o esferas de la justicia en las que esta debía ser ulteriormente analizada con una mayor precisión (Rawls, 1971 [1999], pp. 6-ss.). Rawls se refería específicamente a la justicia compensatoria, a la que se irían agregando posteriormente otras dimensiones de la justicia, como las de la justicia internacional, la justicia global o, para el caso que ahora nos ocupa, la justicia transicional[1] y la justicia penal. Los problemas planteados por esta última tienen que ver con cuestiones tales como cuándo y sobre la base de qué clase de razones puede hablarse efectivamente de un delito; quién o quiénes pueden ser considerados como efectivamente responsables del mismo —si estos, por ejemplo, pueden ser solamente individuos o también colectivos, sean grupos o incluso instituciones—; si el castigo puede o no ser considerado como una medida justificada en contra de una acción —un crimen— que ha violado una norma jurídica legítimamente establecida, cómo es que se ha de establecer y dirimir su conformidad —en calidad, duración y lugar de realización— con respecto al delito cometido; quiénes deciden qué castigo imponer: sobre la base de qué procedimientos se toma esta decisión y cómo se justifican dichos procedimientos, entre otros.

Desde luego que no pretendo referirme a todos estos problemas —todos ellos de enorme relevancia— en el marco de este trabajo. Me referiré solamente a algunos de ellos, a saber: en primer lugar, a los crímenes de lesa humanidad cometidos por el Estado en el caso de violaciones a los derechos humanos de sus ciudadanos; y en segundo lugar, a los problemas

---

[1] Entiendo por "justicia transicional" aquella propia de sociedades y regímenes que se encuentran en un proceso de transición política desde un régimen dictatorial o autoritario hacia la democracia y al modo en que se enfrentan las violaciones a los derechos humanos cometidas en el pasado (Paige, 2007; Bell, 2009; Moon, 2008; Teitel, 2003).

que ellos plantean cuando, en el interior del Estado en el que esos crímenes han sido cometidos, no parecen existir vías para juzgar conforme a derecho a los responsables debido a un grave déficit en el Estado de derecho y en la democracia. Estos problemas, sin embargo, no serán abordados en abstracto, sino que me referiré a ellos en un marco específico, el de México. Para ello procederé en tres pasos: primero, me referiré al modo en que ha surgido y se ha desarrollado una espiral de creciente violencia en los últimos años en ese país; segundo, trataré especialmente de un caso que ha conmocionado a la opinión pública en México y en el extranjero y que ha convertido a ese país en una nación tristemente célebre en el ámbito mundial: el de la desaparición de los estudiantes de Ayotzinapa en septiembre del 2014; y tercero, plantearé algunas reflexiones sobre la situación actual en que se encuentra ese caso y, en general, sobre el escenario de la violencia que prima en el país, ofreciendo algunas consideraciones sobre el modo en que la actividad de grupos dentro y fuera del Estado se ha entrelazado en forma indisoluble creando un clima de violencia —en unos casos abierta, en otros solo de modo latente— que se expresa en desapariciones forzadas, levantamientos, secuestros y asesinatos de periodistas frente al cual el Estado aparece o bien como débil o bien como corrupto y cómplice e incapaz de garantizar una justicia en el plano penal que permita castigar conforme a ley a los responsables de esas atrocidades.

Una tesis de fondo que recorre el presente texto es que en México no ha habido una justicia transicional en el sentido estricto de la palabra, porque en este país no se ha consolidado —menos aún concluido— la transición política y su cristalización en el imperio del Estado de derecho en un régimen democrático.

LA CRECIENTE ESPIRAL DE VIOLENCIA EN MÉXICO

Las diversas olas de violencia experimentadas en las últimas décadas en México, país que se pensaba pacificado por el régimen emanado de la Revolución mexicana, por medio de una densa red de instituciones basadas en un autoritarismo corporativo apoyado sobre un discurso y un proyecto nacionalistas, han conducido a un proceso de descomposición política y social sin precedente, que han convertido el país —como ha sido señalado con razón por algunos activistas y luchadores sociales— en un inmenso cementerio. Se pueden señalar varios puntos álgidos en estas oleadas de violencia, desde los últimos cincuenta años: la primera oleada corresponde al periodo que inició con la represión al movimiento estudiantil de 1968 y la llamada *guerra sucia*, entendida como un conjunto de estrategias, tácticas y acciones situadas al margen de la legalidad para combatir por medio de la violencia, tanto desde dentro como desde fuera del aparato del Estado, a determinados grupos políticos o a individuos en razón de sus convicciones ideológicas o políticas (Esparza, Huttenbach y Feierstein, 1990); la segunda puede ser situada en el marco de la represión al movimiento neozapatista y de los asesinatos políticos llevados a cabo durante el sexenio de Carlos Salinas de Gortari (1988-1994); y la tercera, en el marco del ascenso incontrolable del narcotráfico desde los años setenta y ochenta, y en el fracaso de las estrategias diseñadas por los sucesivos gobiernos en turno para enfrentarlo.

A pesar de sus diferencias en el orden del tiempo, es posible señalar conexiones entre estas oleadas de violencia y sus respectivos puntos culminantes. Así, por ejemplo, es posible ver un nexo entre la violencia emprendida en contra de la guerrilla y la protesta social en el marco de la *guerra sucia* que asoló al país, especialmente en los años setenta, y la violencia empleada en contra del movimiento neozapatista al inicio de 1994, y entre una y otra oleadas de violencia y la violencia emprendida en el marco de la llamada *guerra contra el narcotráfico*, iniciada por Felipe Calderón el 11 de diciembre del 2006, uno de cuyos rasgos definitorios ha sido ofrecer, de nuevo, una cobertura política a la represión en contra de diversos movimientos de protesta y crítica social y en contra de la propia población civil.

Rasgo común a todas estas ondas de violencia ha sido la violación sistemática a los principios elementales del Estado de derecho y de la convivencia democrática: ejecuciones extrajudiciales perpetradas por el propio Estado a través del Ejército federal, la Marina y los cuerpos policíacos; persecución política, judicial e incluso fiscal en contra de activistas y luchadores sociales, al igual que en contra de periodistas que investigan y denuncian tanto las masacres y violaciones a los derechos humanos y al Estado de derecho como las redes de corrupción establecidas entre el poder económico y el político en sus tres ámbitos —municipal, estatal y federal—; y la abierta impunidad que impera a lo largo y ancho del país. Como ejemplo de ello se pueden tan solo mencionar nombres de lugares dispersos en la geografía del país y fechas en el calendario que se han convertido en símbolos de la violencia, el crimen, la corrupción y la ausencia de ley en México: Aguas Blancas, Guerrero, donde diecisiete campesinos fueron asesinados por la Policía estatal el 28 de junio de 1995; Acteal, Chiapas, donde el 22 de diciembre de 1997 fueron masacrados cuarenta y cinco indígenas tzotziles, entre ellos niños y mujeres embarazadas; San Fernando, Tamaulipas, donde cincuenta y ocho hombres y catorce mujeres fueron ejecutados presuntamente por narcotraficantes entre el 22 y 23 de agosto de 2010 (Gil Olmos, 2010, agosto 29); Ayotzinapa, Guerrero, donde cuarenta y tres estudiantes de la Escuela Normal Rural *Raúl Isidro Burgos* fueron objeto de desaparición forzada durante la noche del 26 de septiembre del 2014; Tlatlaya, Estado de México, donde el 30 de junio del 2014 fueron ejecutados veintidós hombres por el Ejército mexicano; Apatzingán, Michoacán, donde el pasado 6 de enero del 2015 policías federales abrieron fuego en contra de la población civil, asesinando por lo menos a dieciséis personas.

Los casos mencionados anteriormente delinean la inmensa geografía del horror en que se ha convertido el territorio mexicano en los últimos lustros. Ellos expresan, como ya lo decía, los puntos álgidos —por desgracia no los únicos— de las oleadas de violencia e incluso de una guerra más o menos silenciosa y de contornos muy difusos que han caracterizado la historia reciente de México.[2] Los agentes que han perpetrado esta violencia han sido cuerpos policíacos, como el Ejército o la Marina, y grupos paramilitares y brazos armados de cárteles de narcotraficantes con la participación —sea directa o indirecta, activa o por omisión basada en la complicidad— del Ejército, la Marina y los cuerpos policíacos federales, estatales y municipales.

Los grupos e individuos sobre los que ha sido ejercida esta violencia han sido también variados: comprenden diversos sectores de la población civil, sin distinción de género ni edad —en el caso de la matanza de Acteal, mencionado más arriba, había mujeres embarazadas y niños—, indígenas —de nuevo, como en el caso de Acteal—, estudiantes y activistas sociales —como en el caso de Ayotzinapa, al que a continuación me referiré— y presuntos delincuentes que, contrariando todo principio elemental de un Estado de derecho, en lugar de haber sido presentados ante las autoridades correspondientes para deslindar su participación y responsabilidad en

---

[2] Tradicionalmente se ha entendido por "guerra" un conflicto desarrollado por medio de las armas y el recurso a la violencia en el que participan al menos dos grupos en disputa, uno —o varios— de los cuales busca imponer sus intereses. En el marco de la guerra los grupos participantes recurren al empleo de la violencia para dañar la integridad psíquica o física —llegando incluso a la muerte— de los miembros del otro o a dañar su infraestructura material y cultural, y con ello los fundamentos de reproducción de las condiciones de vida de aquellos que en el conflicto se definen como oponentes o enemigos. Las formas que puede asumir la guerra son, como lo hemos experimentado en los últimos lustros del siglo XX y en los primeros del XXI, diversas; y algunas de ellas no son entre Estados propiamente dichos. Así, al lado de las guerras interestatales, pueden localizarse también guerras en el interior de los Estados —por ejemplo, guerras civiles— y guerras que se desarrollan entre colectivos que atraviesan varios Estados y que tienen como oponente no a un Estado o Estados en particular —por ejemplo, el *Estado Islámico*— (Gat, 2006; Beyrau, Hochgeschwender y Langewiesche, 2007).

actos criminales, fueron ejecutados extrajudicialmente por el Ejército o por los cuerpos de seguridad federales, estatales o municipales, en complicidad más o menos abierta con grupos paramilitares al servicio de distintos cárteles del narcotráfico.

LA DESAPARICIÓN DE LOS ESTUDIANTES DE AYOTZINAPA

Para los propósitos del presente trabajo es preciso reconstruir, así sea en forma muy breve, la tragedia que ha envuelto a ese pequeño punto perdido en el sur de la geografía del país, que es Iguala, una población que se localiza a tan solo 220 kilómetros de Ciudad de México. Durante la noche del 26 de septiembre de 2014 varios estudiantes de la Escuela Normal Rural *Raúl Isidro Burgos* de Ayotzinapa organizaron una colecta de recursos y tomaron varios autobuses con el propósito de dirigirse a Ciudad de México para participar en la marcha conmemorativa por la matanza de Tlatelolco del 2 de octubre de 1968. En un punto de su trayecto los estudiantes fueron atacados por fuerzas de seguridad —policías municipal, estatal y federal y, presumiblemente, también por el Ejército— que actuaron en forma coordinada con grupos armados al servicio del narcotráfico en esa región del país (Red de Intelectuales, Artistas y Movimientos Sociales en Defensa de la Humanidad, 2015; Illades, 2015; González Villarreal, 2015; González Rodríguez, 2015; Colectivo Marchando con Letras, 2015; Hernández, 2016; Gibler, 2016). El resultado fueron seis personas salvajemente asesinadas, veinticinco heridas y 43 estudiantes cuyo paradero se desconoce hasta el día de hoy (Hernández, 2014, septiembre 30).

En enero del 2015, el fiscal general de México, Jesús Murillo Karam, ofreció la explicación oficial de los eventos de esa noche, que caracterizó como la "verdad histórica". De acuerdo con ella, los 43 estudiantes desaparecidos habrían sido secuestrados por la Policía municipal de Iguala para ser entregados a un grupo armado perteneciente a un cártel de drogas de la región, el cual los habría incinerado en un basurero para posteriormente arrojar sus restos en un río de la zona. Inmediatamente después de haber sido dada a conocer, esta "verdad histórica" planteó diversas preguntas, entre ellas: cuánta gente se habría requerido para transportar e incinerar al aire libre a 43 personas bajo una pertinaz lluvia, por qué no fue encontrado rastro alguno de la incineración en los basureros de la región ni tampoco en el río en el que presuntamente se habrían depuesto los restos humanos o por qué la Policía estatal y la Policía federal y, sobre todo, el Ejército, no intervinieron activamente para rescatar a los estudiantes secuestrados.

La desaparición de los estudiantes desató una ola masiva de indignación y protestas a lo largo y ancho del país, y los padres de los estudiantes desaparecidos, al ver la falta de voluntad política de las autoridades del gobierno a cargo de Enrique Peña Nieto para realizar una investigación seria e imparcial de los acontecimientos anteriormente referidos, comenzaron a organizar, con ayuda de diversas organizaciones de derechos humanos, una amplia difusión internacional de la desaparición forzada de los estudiantes de Ayotzinapa. Esto los condujo a hablar el 18 de febrero del 2015 ante el Parlamento Europeo en Bruselas (*La Jornada*, 2015, 18 de febrero) e incluso ante el Comité de Desapariciones Forzadas de la Organización de las Naciones Unidas en Ginebra a inicios de febrero del 2015 (Roy, 2015, enero 31) para, de ese modo, ejercer presión internacional sobre el Gobierno mexicano e impulsar una investigación independiente sobre los hechos. Gracias a esta presión lograron que el prestigioso Equipo Argentino de Antropología Forense (EAAF), una organización no gubernamental con amplia experiencia en pesquisas sobre violaciones a derechos humanos, desapariciones forzadas y personas asesinadas por la acción del Estado durante las dictaduras militares en el Cono Sur (EAAF, s. f.), se hiciera cargo de las investigaciones. El informe final de este grupo, presentado el 9 de febrero del

2016, cuestionó radicalmente la llamada "verdad histórica", al establecer que no había ninguna evidencia científica de que en el lugar indicado por las autoridades hubieran sido incinerados los 43 estudiantes desaparecidos (Nájar, Alberto y Paullier, Juan, 2015, septiembre 6).[3]

La presión ejercida sobre el Gobierno mexicano, tanto en el plano nacional como en el internacional, condujo al establecimiento de un acuerdo firmado en noviembre de 2014 por la Comisión Interamericana de Derechos Humanos (CIDH), el Estado mexicano y representantes de los 43 estudiantes desaparecidos en Ayotzinapa, para formar el Grupo Interdisciplinario de Expertos Independientes (GIEI) cuyas actividades fueron: 1) elaborar planes de búsqueda en vida de las personas desaparecidas; 2) realizar un análisis técnico de las líneas de investigación; 3) hacer un análisis técnico de la atención a víctimas y sus familiares; y finalmente, 4) recomendar políticas públicas frente a la desaparición forzada (GIEI, s. f.).

Los miembros del GIEI designados por la CIDH fueron: Carlos Martín Beristain, Angela Buitrago, Francisco Cox Vial, Claudia Paz y Paz y Alejandro Valencia Villa (GIEI , s. f.; OEA, s. f.). Se trataba de un grupo internacional interdisciplinario formado por juristas de Chile, Guatemala y Colombia y por un médico español, todos ellos con un significativo trabajo y experiencia en la investigación de desapariciones forzadas, víctimas de la violencia, violaciones a los derechos humanos, criminalidad organizada y solución de conflictos. Este grupo viajó por vez primera a México en enero de 2015, con un mandato para la realización de las labores arriba mencionadas, limitado inicialmente a seis meses a partir de marzo de 2015.

---

[3] Inclusive la prestigiosa revista *Science* publicó un artículo en el que, sobre la base de evidencias científicas, se puso en duda la posibilidad de que los cuerpos de los 43 estudiantes desaparecidos hubieran sido incinerados en el lugar en donde las autoridades indicaron (Wade, 2016).

Prácticamente desde el inicio, las investigaciones de este grupo de expertos comenzaron a cuestionar la congruencia de aquella que las autoridades habían convertido en la "verdad histórica", esto es, la versión oficial de los hechos de Ayotzinapa. Así, con el propósito de investigar las terribles omisiones del Ejército mexicano durante la noche de la desaparición de los 43 estudiantes, solicitaron interrogar al 27 regimiento del Ejército destacado a pocos metros del lugar de los hechos; además, señalaron que no había evidencias sustentadas científicamente de que los estudiantes desaparecidos hubieran sido incinerados en el lugar que la Fiscalía General había señalado en su versión oficial.

El GIEI hizo dos informes sobre sus investigaciones. En su informe final, presentado el 24 de abril de 2016, en un acto al que no asistieron representantes del Gobierno federal mexicano, mostró la incompetencia, falta de voluntad política y corrupción imperante en diversos ámbitos del Estado mexicano para esclarecer la verdad de los hechos. Como ejemplos, se adujeron la negativa a facilitar la interrogación de actores centrales —concretamente de los responsables del Ejército—, la falta de atención a las víctimas —e incluso su criminalización—, el encubrimiento de hechos, la deformación de pruebas, la utilización de la tortura para fabricar pruebas y culpables, la lentitud procesal, la burocracia y el excesivo formalismo, la falta de pruebas objetivas, el apresuramiento en las detenciones, la ausencia de garantías, las carencias periciales, la debilidad de los indicios incriminatorios, las filtraciones interesadas, entre otros. En alguno de sus pasajes, el informe señala lo siguiente:

> La investigación tuvo dificultades que no son imputadas de manera exclusiva a la simple complejidad del caso. La lentitud en las respuestas a las solicitudes del GEIE, la demora en la práctica de muchas pruebas, las respuestas formales y no sustanciales a muchas de las inquietudes, la no investigación de otras líneas de

investigación, no pueden leerse como simples obstáculos improvisados o parciales. Muestran barreras estructurales (GIEI, 2016).

El mandato de los integrantes del GIEI concluyó el 30 de abril de 2016, y dentro y fuera de México una multitud de voces exigían prorrogarlo para que este grupo de expertos pudiera continuar con sus investigaciones, pero el Estado mexicano no quiso extender el plazo establecido. No obstante, hacia finales del mes de julio de 2016, después de una semana de reuniones en Washington, la Comisión Interamericana de Derechos Humanos (CIDH) aprobó la creación de un equipo —aunque no con la misma relevancia y envergadura en su actividad que el GIEI— encargado de proseguir con las investigaciones sobre los 43 estudiantes desaparecidos y de vigilar que se atendieran las recomendaciones dadas por el Grupo Internacional de Expertos Independientes (Ferri, 2016, julio 30).[4]

ALGUNAS REFLEXIONES SOBRE LA SITUACIÓN ACTUAL

El balance final sobre la desaparición de los 43 estudiantes de Ayotzinapa y las investigaciones realizadas por el GIEI es realmente estremecedor. El Estado mexicano ha sido expuesto no solamente como incompetente sino, aun más, como terriblemente omiso y manifiestamente cómplice al no poder ofrecer un esclarecimiento de las condiciones de esta desaparición y de las vías para resolverla. En este punto, hay quienes han comparado su papel con el del gobierno de Nigeria frente al secuestro de doscientos estudiantes por Boko Haram (Meyer, 2016, mayo 5). Ello permite establecer un paralelismo con Guatemala en la lucha contra la corrupción, si se tiene en cuenta que, en este último país, al encontrarse prácticamente todo el aparato judi-

---

[4] Hoy se sabe que los miembros del GIEI fueron sometidos a un intenso proceso de espionaje por parte de las autoridades mexicanas (Ahmed, Azam, 2017, julio 10).

cial del país carcomido por la corrupción, se buscó un apoyo desde el exterior, a saber: en la Comisión Internacional Contra la Impunidad en Guatemala que puso en marcha un proceso que condujo finalmente a la cárcel al propio Presidente de ese país, el general Otto Pérez Molina, en 2015.[5]

En lugar de esclarecer la verdad, el Estado mexicano se ha aferrado a mantener una "verdad histórica" insostenible a la luz de las investigaciones imparciales realizadas por los expertos del GIEI. Es así como el editorial de *The New York Times* del 26 de abril del 2016 llegó a señalar que el gobierno de EPN está "huyendo de la verdad"; *The Economist* apuntaba, en su edición del 30 de abril de ese mismo año, que "los mexicanos se pregunta[ba]n a quién está protegiendo el gobierno". Investigaciones realizadas por reporteros mexicanos independientes han mostrado con pruebas irrefutables que la "verdad histórica" propagada por el Gobierno federal se construyó a partir de pruebas convenientemente fabricadas, declaraciones bajo tortura y ocultamiento sistemático de información relevante. Una de esas investigaciones ha revelado la responsabilidad directa del Ejército mexicano —bajo cuyo mando se encontraban aquella noche tanto la Policía municipal como la Policía federal, al igual que los militares del 27 Batallón localizado en Iguala— en la desaparición de los 43 estudiantes.[6] Así, como fue señalado en un comentario escrito por un columnista de un periódico tan influyente como el *New York Times*, el informe final presentado por el GIEI muestra varios grados de complicidad con el crimen, desde el nivel más bajo de los policías municipales acusados de haber secuestrado a los estudiantes, hasta el propio Ejército y altos funcionarios del Gobierno federal (Goldman, 2017, marzo

---

[5]   Sobre esta Comisión, véase CICIG, s. f.

[6]   Me refiero específicamente a la investigación realizada por la periodista Anabel Hernández en la *Revista R* del periódico diario *Reforma* aparecida el 30 de diciembre del 2016 (Hernández, 2016).

2). Todo esto muestra un sistema de investigación de delitos e impartición de justicia altamente deficiente, caracterizado por la destrucción de pruebas, la persecución y criminalización —y no la defensa— de las víctimas, las amenazas a los testigos, el encubrimiento de policías y soldados corruptos y abusivos, la fabricación de culpables, entre otros.

La desaparición forzada de los estudiantes de Ayotzinapa constituye, dentro del ámbito del derecho interamericano, una grave violación a los derechos humanos. La Convención Americana sobre Derechos Humanos —también llamada *Pacto de San José de Costa Rica*— suscrita el 22 de noviembre de 1969, que entró en vigor el 18 de julio de 1978 y de la que México es parte firmante, establece las bases de un sistema interamericano de promoción y protección de los derechos humanos que contempla en sus Artículos 5, 7 y 8 el derecho a la integridad personal, el derecho a la libertad personal y las garantías judiciales, respectivamente, todos ellos violados en el caso de la desaparición de los estudiantes de Ayotzinapa (OEA, 1969, 7-22 de noviembre).

Como lo demuestran las investigaciones realizadas tanto por los expertos de la GIEI como por periodistas independientes, la responsabilidad de este atroz caso de desaparición forzada apunta al propio Estado como principal responsable, esto es, a la institución que tiene como propósito justamente velar por el mantenimiento y el respeto a los derechos humanos de los ciudadanos. Esto, a su vez, revela un grave déficit del Estado de derecho en México, donde los opositores y críticos en particular, y los ciudadanos en general, se encuentran expuestos a la persecución y hostigamiento por parte de los aparatos del Estado. Sin remediar este grave déficit del Estado de derecho en México no puede existir ni ser garantizada una justicia penal que asegure por principio al detenido el derecho a ser llevado sin demora ante un juez, a interponer los recursos adecuados para controlar la legalidad de su arresto y a llevar un juicio conforme a los principios elementales establecidos en el derecho penal en un régimen de Estado de derecho (García Gárate, 2015). Por el contrario, la desaparición forzada conlleva un acto de violencia —perpetrado, y esto es lo grave, por el propio Estado, o al menos tolerado por él— lesivo de la libertad y dignidad humanas, que les cancela a los individuos la posibilidad misma de ejercer en forma efectiva sus derechos, lo que debería ser una de las bases de cualquier forma de justicia penal. Así, las instituciones encargadas de impartir justicia, en lugar de actuar para investigar el crimen en forma expedita e imparcial, más bien se dedicaron a la destrucción de pruebas, a la desaparición de evidencias, a tácticas para encubrir a los responsables y a dejar sin protección de ningún tipo a las víctimas —incluso, como ya se ha dicho, criminalizándolas—, mostrando con ello las profundas deficiencias del sistema de justicia penal mexicano.

No obstante, las desapariciones forzadas en México y la consecuente violación a los derechos humanos de quienes las sufren no se han restringido a los estudiantes de Ayotzinapa. Por lo menos desde 1968, en el marco de la represión al movimiento estudiantil y de la llamada *guerra sucia*, las desapariciones forzadas por parte de los aparatos del Estado han sido practicadas de forma selectiva en contra de disidentes políticos. De hecho, en los últimos diez años, en el marco de la llamada *guerra contra el narcotráfico* impulsada por Felipe Calderón (2006-2012) y apoyada por la administración del presidente George W. Bush, las desapariciones forzadas, asesinatos y secuestros se incrementaron de forma alarmante. En efecto, se estima que en este periodo hubo alrededor de 70 000 muertos, entre 115 000 y 160 000 desplazados y cerca de 24 000 desapariciones forzadas (Comer *et al.*, 2015, p. 70). A ello habría que agregar el secuestro y asesinato de migrantes, con la abierta participación de funcionarios públicos del Instituto Nacional de Migración vinculados a los cárteles del narcotráfico,[7] al igual que la persecución judicial e incluso el asesinato de periodistas.[8]

Estas oleadas de violencia han conducido a una situación en la que la violencia social y política parece haberse convertido, por desgracia, en un trazo constitutivo de la historia reciente de México. El resultado ha sido un proceso de descomposición en los planos tanto económico como social y político, que ha llevado a una suerte de fractura del Estado como poder centralizado que detenta el monopolio de la violencia legítima, debido al surgimiento y gradual consolidación de poderes fácticos regionales de carácter criminal, que funcionan como cuasi Estados paralelos con cuerpos paramilitares altamente organizados, que en algunos casos trabajan asociados con las respectivas policías estatales y municipales, y con el apoyo incluso del Ejército y las autoridades federales.

Las formas de articulación e hibridación entre el poder político formal y los diversos poderes informales basados en la criminalidad son muy variadas: van desde la complicidad y la colaboración conjunta, hasta la abierta oposición y el enfrentamiento, y pasan por la tolerancia y la franca omisión. En el primer caso, los poderes formales e informales actúan juntos en el combate contra grupos criminales rivales, al igual que contra activistas y luchadores sociales, haciendo pasar a estos últimos como si fueran miembros de los primeros, en una inédita forma de criminalización y persecución policíaca

---

[7] Como ejemplo, el asesinato de 74 migrantes provenientes de Centro y Sudamérica el 22 y 23 de agosto de 2010 en San Fernando, Tamaulipas (Pérez, 2015, agosto 21).

[8] Con once asesinatos de periodistas y profesionales de los medios de comunicación solamente en 2016, México se ubicó en el tercer lugar mundial, solamente por debajo de Irak y Afganistán, de acuerdo con cifras de la Federación Internacional de Periodistas (FIP) (*Proceso*, 2016, diciembre 31). En mayo del 2017 *The Washington Post* se refirió en forma estremecedora a la impunidad en los asesinatos a periodistas en México (Wootson Jr., 2017, mayo 3).

y militar de las diversas formas de protesta y luchas sociales. En el segundo caso, los poderes formales se dirigen en contra de aquellos grupos criminales que se dedican a depredar a las propias comunidades de las que provienen, y ponen así en peligro la existencia misma de los poderes formales. En el tercer caso, los poderes formales mantienen una suerte de tolerancia cómplice con los grupos criminales que, por su parte, asumen labores centrales de seguridad, creación de infraestructura material, entre otros, en algunas regiones en donde el Estado no ha sido capaz de realizarlas.

Esta connivencia no se restringe, sin embargo, tan solo al poder formal del Estado, sino que abarca también a grupos empresariales y financieros, tanto nacionales como internacionales, como lo demuestran las declaraciones del director de un prominente grupo canadiense dedicado a la industria minera en México,[9] dando lugar a una situación en la que la economía de mercado se articula en formas inéditas con la economía criminal basada en el narcotráfico, en el marco de un proyecto neoliberal implantado en el país desde hace ya más de treinta años, que reproduce en forma continua la expoliación de comunidades y pueblos originarios.

En un interesante trabajo escrito hace ya algunos lustros, Marcos Kaplan (1996) analizaba en detalle los nexos económico-financieros que, por lo menos desde la década de 1980 y en el marco de la implantación de los proyectos neoliberales en América Latina, habían sido tejidos entre la economía formal, la informal y la del narcotráfico en esta región del mundo. En efecto, Kaplan señalaba cómo se había instalado el tráfico de drogas en América Latina desde la segunda mitad del siglo pasado, inicialmente en los países andinos, para extenderse

---

[9] Ver a este respecto las declaraciones a la televisión canadiense de Rob McEwen, dueño de 25 % de la empresa que opera la mina El Gallo 1, quien dijo tener buena relación con los cárteles de Sinaloa, a los que solicita su aval para explorar en la región que está bajo su control (*Reforma*, 2015, abril 10).

posteriormente hacia Centro y Sudamérica. Ya desde entonces era claro cómo la producción y comercio de drogas se desarrollaba bajo la forma de una actividad económica organizada y en una escala que iba más allá de las fronteras de los Estados y aun de la propia región latinoamericana. Ello daba lugar —afirmaba Kaplan con razón— a una "constelación integrada por una economía criminal, una microsociedad, una narcocultura y una narcopolítica que apunta al Estado mismo" (p. 217). En el plano económico, esto daba lugar a un proceso en el interior del cual:

> Un número creciente de grupos, sectores, procesos, países, espacios y circuitos son incorporados a la órbita del tráfico y sus organizaciones. Son especializados en la producción de la materia prima y en la elaboración industrial de las drogas, el transporte y las comunicaciones, la distribución, la comercialización, la violencia de autoprotección y agresión, la prestación de servicios conexos, el lavado de dólares, las reinversiones ilícitas, las nuevas inversiones en la economía formal. El narcotráfico atribuye diferentes papeles y tareas a los países de su órbita, de producción, tránsito, consumo, lavado de dinero que, con el tiempo y cambio de situaciones, pueden reasignarse y recombinarse de manera diferente (Kaplan, 1996, pp. 217-218).

Para poner un ejemplo de la intrincada red establecida entre el narcotráfico, la economía —en este caso específico, el sector de la minería—, la política, la expoliación y violencia sobre comunidades y pueblos originarios y la corrupción, véase, por ejemplo, Luis Hernández Navarro (2017, mayo 9).

El resultado de todo esto, lo vemos hoy en día, ha sido un sistema económico basado en el nepotismo, el lucro económico, la desigualdad, la desregulación financiera y laboral, articulado con redes financieras, comerciales y políticas basadas en la criminalidad en el interior de un sistema político que se apoya en densas redes de corrupción e impunidad, de la que forman parte —en mayor o menor medida— los partidos políticos mexicanos. Todo ello tiene lugar en el contexto de una globalización salvaje, al margen de toda regulación económica, jurídica y política, que ha llevado a una suerte de diversificación de las actividades criminales que ahora se extienden también al tráfico y secuestro de personas, y a la llamada economía informal más allá de las fronteras del Estado-nación, insertándolas en redes criminales en Centro y Sudamérica, al igual que en Asia, Australia y Europa. Tristes ejemplos de ello son la ya mencionada masacre de San Fernando, Tamaulipas, en agosto del 2010, en la que entre los asesinados se encontraban veintiún hondureños, catorce salvadoreños, diez guatemaltecos, cuatro brasileños y un ecuatoriano, todos ellos de paso por México en busca de mejores oportunidades de trabajo y de vida en Estados Unidos.

Se podría mencionar también la poca información existente sobre las redes de corrupción del interior del vecino país del Norte, que es hoy en día el principal mercado de venta y consumo de drogas, o bien el empleo de armas de fabricación alemana por la empresa Heckler & Koch —cuya matriz se localiza en la idílica ciudad de Oberndorf am Neckar en Baden-Württemberg, Alemania— para la represión y desaparición forzada de los estudiantes de Ayotzinapa (Peteranderl, 2014, diciembre 27; Coen y Brennecke, 2015, mayo 13). Con ello se delinea de forma más o menos clara una suerte de curiosa división de las ventajas y desventajas de la globalización a escala planetaria: sus beneficios, logros y aspectos positivos en términos de bienestar, libre circulación de personas y mercancías se concentran en los países del llamado Primer Mundo —específicamente, en ciertos sectores—, mientras que sus lados oscuros vinculados a las formas de violencia más brutal, a la pobreza y a la descomposición política y social parecen desplazarse exclusivamente a amplias zonas de los países del Tercer Mundo.

La Suprema Corte de Justicia de la Nación de México tiene, al menos formalmente, entre sus responsabilidades: defender el orden establecido por la Constitución Política de los Estados Unidos Mexicanos, mantener el equilibrio entre los distintos poderes y ámbitos de gobierno, a través de las resoluciones judiciales que emite, y solucionar de manera definitiva asuntos que sean de gran importancia para la sociedad (Suprema Corte, s. f.). No obstante, su papel como garante fundamental de los derechos humanos ha estado en todos estos casos muy por debajo de su responsabilidad, y su acción se encuentra aún muy subordinada a las decisiones del Ejecutivo. Es ella la que tendría que haber intervenido en forma decidida para determinar dónde hubo violaciones a los derechos humanos, establecer quiénes son los responsables de estas violaciones y los castigos que les corresponden, indicar los mecanismos para investigar y localizar el paradero de las víctimas y diseñar medidas que impidan la repetición de eventos similares en el futuro. Su falta de una acción más decidida no hace sino confirmar el grave déficit que tiene México en términos de Estado de derecho. Para ello no habría más que atender a los altos índices de impunidad que priman en el país, que se convierten en un combustible que aviva aún más la espiral de violencia en la que se mueve el país.

La tarea que se plantea en el corto plazo no puede ser por ello más que la de continuar sin restricciones con las investigaciones sobre los asesinados, secuestrados y desaparecidos en el país —sean o no de nacionalidad mexicana— en los últimos lustros. Si esta tarea no puede ser realizada en forma imparcial y con el cuidado que se requiere por parte de las autoridades nacionales —por desgracia, este ha sido hasta ahora el caso en México—, hay que seguir entonces por la vía planteada por diversas organizaciones civiles en México, a saber: solicitar a instancias supranacionales como la Comisión de Derechos Humanos de la ONU la creación de la figura de un relator especial para México —similar a los que tienen Somalia, Camboya,

Sudán y Haití— para dar seguimiento de forma permanente a todos estos casos y obligar al Estado mexicano a actuar en consecuencia. Como resultado de estos esfuerzos y luchas, en febrero del 2015 el Comité Contra la Desaparición Forzada de la ONU le ha recomendado a México la creación de una unidad fiscal especializada en investigar desapariciones forzadas (*La Jornada*, 2015, febrero 13)[10] y la formación de una comisión de la verdad que investigue las violaciones a los derechos humanos —por lo pronto, en el periodo bien delimitado que va desde el inicio de la llamada *guerra contra el narcotráfico* hasta la actualidad—, que determine la cantidad e identidad de las víctimas, esclareciendo las condiciones en que fueron asesinadas o desaparecidas, que señale a los responsables —sean individuales o colectivos, estableciendo las cadenas y grados diferenciados de responsabilidad— de los crímenes que las privaron de sus vidas, que ofrezca a la sociedad una explicación de la forma como surgió y se reprodujo el ciclo de violencia que ha consumido a México en ese periodo, que proponga vías para la reparación de los daños y que presente, además, una reforma institucional y social que impida el resurgimiento del ciclo de violencia anteriormente descrito.

Seguramente, al esclarecimiento de las violaciones a los derechos humanos en este periodo le seguirán otros ciclos orientados a investigar y delimitar responsabilidades en periodos que han marcado de forma igualmente aguda la historia de México por lo menos desde los años setenta. Ello exigiría muy probablemente diseñar mecanismos de investigación transnacional, con protocolos para buscar a los desaparecidos con la colaboración de los familiares y deudos de las víctimas; localizar a los asesinados y secuestrados; castigar a los responsables —dentro y fuera del aparato del Estado—; y, a partir

---

[10] El plazo que se le impone al Gobierno mexicano para brindar información concreta y actualizada acerca de la aplicación de todas sus recomendaciones es el 13 de febrero de 2018.

de allí, proceder a la promulgación de leyes en contra de las desapariciones forzadas, los secuestros y los asesinatos extrajudiciales. Esto implicaría para el Gobierno de México cesar la estrategia que lo ha llevado a confrontarse en los últimos años con al menos quince organismos y organizaciones civiles de derechos humanos internacionales, entre los que se encuentran Open Society Justice Initiative, la Comisión Interamericana de Derechos Humanos, Amnistía Internacional y la Organización de las Naciones Unidas, y más bien atender a todas las recomendaciones y señalamientos que se le han planteado.

Creo que ningún argumento a favor de una pretendida soberanía nacional en el proceso de impartición de justicia penal en casos como los anteriormente considerados tiene algún valor. Después de todo lo anteriormente expuesto debe ser claro que la tarea a largo plazo es, desde luego, la de superar el déficit estructural en términos de Estado de derecho que ha caracterizado a un país como México, que ha vivido de espaldas a la tradición democrática y más bien se ha regocijado en una suerte de autocomplacencia nacionalista tan retórica como indefendible, que no ha hecho más que convertir a la justicia penal en un objetivo que aún dista mucho de haber sido alcanzado. Esta tarea debe ir acompañada —o de lo contrario no podrá tener lugar— de la radicalización de la transición democrática hasta ahora malograda, y que ha conducido, más bien, a un régimen político en el que se mezclan elementos de lo peor de la tradición del autoritarismo, la corrupción, la impunidad, los pactos de silencio y la violencia, con otros que expresan débiles trazos de un incipiente pluralismo democrático.

REFERENCIAS BIBLIOGRÁFICAS

Ahmed, Azad (2017, julio 10). Spyware in Mexico Targeted Investigators Seeking Students. *The New York Times*. Recuperado de https://www.nytimes.com/2017/07/10/world/americas/

mexico-missing-students-pegasus-spyware.html?ref=nyt-es&mcid=nyt-es&subid=article

Bell, Christine (2009). Transitional Justice, Interdisciplinarity and the State of the "Field" or "Non-Field". *The International Journal of Transitional Justice*, 3, pp. 1-27.

Beyrau, Dietrich; Hochgeschwender, Michael y Langewiesche, Dieter (2007). *Formen des Krieges: Von der Antike bis zur Gegenwart.* Paderborn: F. Schöningh.

Coen, Amrai y Brennecke, Fabian (2015, mayo 13). Die Zeugen von Iguala. *Zeit Online.* Recuperado de http://www.zeit.de/feature/mexiko-iguala-studenten-mord-buergerwehr

Colectivo Marchando con Letras (2015): *Ayotzinapa. La travesía de las tortugas.* México: Proceso.

Comer, Carrie A. *et al.* (2015). Humanitarian Law at Wits' End: Does the Violence Arising from the "War on Drugs" in Mexico Meet the International Criminal Court's Non-International Armed Conflict Threshold? En: Gill, Terry D. (ed.) (2015). *Yearbook of International Humanitarian Law*, vol. 18 (pp. 67-89). The Hague: T.M.C. Asser.

Comisión Internacional contra la Impunidad en Guatemala (CICIG). (s. f.). Sobre CICIG. Recuperado de http://www.cicig.org/index.php?page=sobre

Equipo Argentino de Antropología Forense (EAAF). (s. f.). Recuperado de http://www.eaaf.org/

Esparza, Marcia; Huttenbach, Henry R. y Feierstein, Daniel (ed.) (1990). *State Violence and Genocide in Latin America: The Cold War Years.* New York: Routledge.

Ferri, Pablo (2016, julio 30). La CIDH crea otro equipo para seguir el caso de los 43 estudiantes de México desaparecidos. *El País.* Recuperado de https://elpais.com/internacional/2016/07/30/mexico/1469832617_451500.html

García Gárate, Iván (2015). La desaparición forzada de estudiantes de Ayotzinapa. *Foreing Affaires*, 15 (1). Recuperado de http://revistafal.com/la-desaparicion-forzada-de-estudiantes-de-ayotzinapa/

Gat, Azar (2006). *War in Human Civilization*. Oxford: Oxford University.

Gibler, John (2016). *Una historia oral de la infamia. Los ataques contra los normalistas de Ayotzinapa*. México, D. F.: Grijalbo.

Gil Olmos, José (2010, agosto 29). La matanza de Tamaulipas, solo una muestra. *Proceso*, Recuperado de http://www.proceso.com.mx/81128/la-matanza-de-tamaulipas-solo-una-muestra

Goldman, Francisco (2017, marzo 2). La investigación de Ayotzinapa en tiempos de corrupción. *The New York Times*. Recuperado de https://www.nytimes.com/es/2017/03/02/la-investigacion-de-ayotzinapa-en-tiempos-de-corrupcion/?emc=eta1-es

González Rodríguez, Sergio (2015). *Los 43 de Iguala, México. Verdad y reto de los estudiantes desaparecidos*. Barcelona: Anagrama.

González Villarreal, Roberto (2015). *Ayotzinapa. La rabia y la esperanza*. México, D. F.: Terracota.

Grupo Interdisciplinario de Expertos Independientes (GIEI) (2016). Informe Ayotzinapa. Investigación y primeras conclusiones de las desapariciones y homicidios de los normalistas de Ayotzinapa. Recuperado de https://drive.google.com/file/d/0B1ChdondilaHNzFHaEs3azQ4Tm8/view

Grupo Interdisciplinario de Expertos Independientes (GIEI) (s. f.). Ayotzinapa. Recuperado de http://prensagieiayotzi.wixsite.com/giei-ayotzinapa

Hernández Navarro, Luis (2014, septiembre 30). Ayotzinapa y la matanza de Iguala. *La Jornada*. Recuperado de http://www.jornada.unam.mx/2014/09/30/opinion/021a2pol

Hernández Navarro, Luis (2017, mayo 9). Minería, narco y comunidades indígenas. *La Jornada*. Recuperado de http://www.jornada.unam.mx/2017/05/09/opinion/017a2pol

Hernández, Anabel (2016). *La verdadera noche de Iguala. La historia que el gobierno trató de ocultar*. México, D. F.: Grijalbo.

Illades, Esteban (2015). *La noche más triste: la desaparición de los 43 estudiantes de Ayotzinapa*. México, D. F.: Grijalbo.

Kaplan, Marcos (1996). Economía criminal y lavado de dinero. *Boletín Mexicano de Derecho Comparado*, XXIX (85), pp. 217-241.

La Jornada (2015, febrero 13). ONU exhorta a México a crear unidad fiscal contra desapariciones forzadas. Recuperado de http://www.jornada.unam.mx/ultimas/2015/02/13/onu-exhorta-a-mexico-crear-fiscalia-de-desapariciones-forzadas-6669.html

La Jornada (2015, febrero 18). Parlamento Europeo ofrece apoyo a padres de normalistas de Ayotzinapa. Recuperado de http://www.jornada.unam.mx/ultimas/2015/02/18/parlamento-europeo-ofrece-apoyo-a-padres-de-normalistas-de-ayotzinapa-874.html

Meyer, Lorenzo (2016, mayo 5). Ahora, investigar la investigación. *Reforma*. Recuperado de http://www.reforma.com/aplicaciones/editoriales/editorial.aspx?id=87795

Moon, Claire (2008). *Narrating Political Reconciliation: South Africa's Truth and Reconciliation Commission*. Lanham: Lexington.

Nájar, Alberto y Paullier, Juan (2015, septiembre 6). México: informe de expertos desmiente la versión oficial de que los estudiantes de Ayotzinapa fueron incinerados. *BBC*. Recuperado de http://www.bbc.com/mundo/noticias/2015/09/150906_mexico_informe_expertos_giei_cidh_estudiantes_ayotzinapa_jp

Organización de los Estados Americanos (OEA) (1969, 7-22 de noviembre). Convención Americana sobre Derechos Humanos (Pacto de San José). OEA. Recuperado de https://www.oas.org/dil/esp/tratados_b-32_convencion_americana_sobre_derechos_humanos.htm

Organización de los Estados Americanos (OEA) (s. f.). Grupo Interdisciplinario de Expertos Independientes (GIEI). Recuperado de http://www.oas.org/es/cidh/actividades/giei.asp

Paige, Arthur (2007). How Transitions Reshaped Human Rights: A Conceptual History of Transitional Justice. *Human Rights Quarterly*, 31, pp. 321-367.

Pérez Salazar, Juan Carlos (2015, agosto 21). Así ocurrió la peor matanza de inmigrantes en México. *BBC*. Recuperado de http://www.bbc.com/mundo/noticias/2014/08/140828_mexico_matanza_inmigrantes_centroamericanos_aniversario_jcps

Peteranderl, Sonja (2014, diciembre 27). Aufrüstung des Verbrechens. *Zeit Online*. Recuperado de http://www.zeit.de/politik/

ausland/2014-12/mexiko-gewalt-waffenlieferungen-deuts-
chland

Proceso (2016, diciembre 31). México es tercer lugar mundial de periodistas asesinados en 2016: FIP. Recuperado http://www. proceso.com.mx/468158/mexico-tercer-lugar-mundial-perio-distas-asesinados-en-2016-fip

Rawls, John (1971 [1999]). *A Theory of Justice.* Cambridge: Harvard University.

Red de Intelectuales, Artistas y Movimientos Sociales en Defensa de la Humanidad (2015). *Ayotzinapa: Un grito desde la humanidad.* México, D. F.: Ocean Sur.

Reforma (2015, abril 10). Cede minera ante crimen. Recuperado de http://www.reforma.com/aplicacioneslibre/articulo/default. aspx?id=614176&md5=e11189fcddae5f7dd46630d0cb3e47 2f&ta=0dfdbac11765226904c16cb9ad1b2efe&lcmd5=e62a 9a8327ff57c664ca12cb4aa4bfc0

Roy, Laura (2015, enero 31). Padres de normalistas viajan a Ginebra; presentarán caso a comité de la ONU. *La Jornada.* Recuperado de http://lajornadasanluis.com.mx/nacional/padres-de-norma-listas-viajan-a-ginebra-presentaran-caso-a-comite-de-la-onu/

Suprema Corte de Justicia de la Nación (s. f.). ¿Qué es la Suprema Corte de Justicia de la Nación? Recuperado de https://www. scjn.gob.mx/conoce-la-corte/que-es-la-scjn

Teitel, Ruti (2003): Transitional Justice Genealogy. Harvard Human Rights Journal, 16, pp. 69-94.

The Economist (2016, April 30). The Great Mystery. Recuperado de https://www.economist.com/news/americas/21697882-grisly-crime-and-possible-cover-up-remind-mexicans-what-they-most-dislike-about-their

The New York Times (2016, April 26). Mexico Runs Away from the Truth. Recuperado de https://www.nytimes.com/2016/04/27/ opinion/mexico-runs-away-from-the-truth.html?_r=0

Treviño Rangel, Javier (2014). Gobernando el pasado: el proceso de justicia transicional en México, 2001-2006. *Foro Internacional,* 54 (1 [215]), pp. 31-75.

Wade, Lizzie (2016). Experimentos de quema de cuerpos siembran dudas sobre la suerte de los estudiantes mexicanos desaparecidos. *Science.* Recuperado de http://www.sciencemag.org/news/2016/09/experimentos-de-quema-de-cuerpos-siembran-dudas-sobre-la-suerte-de-los-estudiantes

Wootson Jr., Cleve R. (2017, mayo 3). The most common punishment for killing a journalist in Mexico: Nothing. *The Washington Post.* Recuperado de https://www.washingtonpost.com/news/worldviews/wp/2017/05/03/the-most-common-punishment-for-killing-a-journalist-in-mexico-nothing/?utm_term=.b2b-79df35b22

Cuarta parte
REPARACIÓN, RESPONSABILIDAD Y RECONCILIACIÓN

JUSTICIA COMO TRÁNSITO O TRANSICIÓN HACIA LA JUSTICIA.
Más allá de la reparación

Gianfranco Casuso
Pontificia Universidad Católica del Perú

RESUMEN

En la primera parte del presente trabajo articularé algunas ideas en torno a la definición, los instrumentos y las metas de la justicia transicional. Partiendo de posibles objeciones a algunas conclusiones derivadas de las versiones más tradicionales de este concepto, en la segunda parte defenderé cuatro tesis complementarias con el propósito de esclarecer algunos malentendidos e imprecisiones relativas al significado de la justicia y su rol en los procesos de democratización social.

UNA BREVE CARACTERIZACIÓN DE LA JUSTICIA TRANSICIONAL

Como es sabido, el concepto de justicia transicional más próximo al que empleamos en la actualidad surgió en el contexto de la segunda posguerra. Los juicios de Núremberg representan, en ese sentido, un hito importante en la historia de dicho concepto. En la mayoría de sus versiones, la aplicación de la justicia transicional describe la necesidad de corregir los efectos negativos de ciertas acciones en torno a las cuales cobran protagonismo distintos agentes que se pueden agrupar en al menos tres grandes categorías analíticamente distinguibles pero que, en los casos concretos, suelen traslaparse de modo que su identificación y distinción se vuelve una parte constitutiva del ejercicio mismo de la justicia transicional. Siguiendo parcialmente a Jon Elster (2004, pp. 99-116), podemos llamar a estas tres categorías *victimario, víctima* y *beneficiario indirecto*. La mayoría de ejemplos históricos utilizados en el análisis y conceptualización de tal forma de justicia comparten, además de estos, algunos otros elementos básicos que quiero detallar a continuación.

En primer lugar, de modo similar a los casos de violaciones a los derechos humanos, se dice que las acciones que constituyen el objeto de evaluación por parte de la justicia transicional son cometidas por un agente gubernamental en representación de un Estado en contra de parte de la ciudadanía —sea esto por motivos políticos, religiosos, culturales, raciales, entre otros—.[1] Fuera de estos dos agentes, como también sucede en relación con los derechos humanos, existe siempre una masa de beneficiarios indirectos que suelen representar intereses económicos privados —y que van, según el tipo de conflicto, desde pequeñas o grandes empresas perfectamente institucionalizadas hasta traficantes de drogas o armas, o incluso gobiernos extranjeros—, los cuales, sin ser perpetradores o estar directamente involucrados, cumplen un rol más o menos

---

[1] Sobre la tesis de que solo se puede hablar en sentido estricto de violación a los derechos humanos cuando hay involucrado algún agente que actúa en nombre de un gobierno, Véanse Thomas Pogge (2006) y Arnd Pollman (2008).

parasitario que favorece el recrudecimiento del conflicto. En estos casos, las responsabilidades son más difíciles de conferir.[2]

En segundo lugar, se trata de acciones cuya ilegitimidad no siempre es evidente en el momento de su realización. En muchos casos ni siquiera están sancionadas por el derecho positivo, pues la posibilidad de su ejecución sistemática radica precisamente en estar amparadas y justificadas por la Ley —al nivel de algún principio o norma de segundo orden—, aunque bien pueden ser moralmente cuestionables en distintos niveles. La idea es que dichas acciones, si bien pueden contar con cierto respaldo institucional, suelen contradecir, de manera más o menos explícita, uno o más valores que, al menos tácitamente, son aceptados por la comunidad política al formar parte de su concepción compartida del mundo. En las aproximaciones más habituales se trata de acciones cuyos criterios de evaluación *a posteriori* pueden ser extrajudiciales y, no obstante, atentar contra la humanidad en la persona de particulares —aunque su reparación requiera también medidas jurídicas—. De ahí su necesario vínculo con los derechos humanos como referente último de evaluación moral y su tendencia a calificar los crímenes perpetrados como de lesa humanidad. Se trata, en otras palabras, de fundamentar moralmente los derechos humanos, de modo que puedan constituir un límite externo y, simultáneamente, un criterio indiscutible y de carácter universal para juzgar lo que se puede hacer o no dentro de un ordenamiento jurídico particular.

Las acciones referidas, en tercer lugar, involucran aquellos elementos propios de la agencia racional que, como bien recuerda John Searle (2010, pp. 144-155), se cumplen en todo ejercicio del poder —legítimo o no—. Estos elementos son la

---

[2] Cristina Lafont (2015) ha investigado de manera muy sugerente el papel que pueden cumplir agentes no estatales, como las corporaciones multinacionales, en la violación de derechos humanos a escala global y su relación con la soberanía nacional.

intencionalidad propia de la acción racional y la posibilidad de identificación de los agentes y sus actos, los cuales se constituirán posteriormente en el objeto del juicio moral y penal. En otras palabras, el daño no puede ser atribuido simplemente a una estructura social, sino que debe existir la posibilidad de arrogar propósito y responsabilidad a un agente que, por lo demás, esté en capacidad de reconocer sus acciones como orientadas a la realización de algún fin.

Finalmente, el daño cometido se suele ver como una interrupción en un orden institucional dado. Por ello no es de extrañar que, casi por sentido común, la noción de justicia que se aplica en estos casos se suela entender bajo la forma de un castigo y esté asociada a la necesaria reparación y el consecuente restablecimiento de prácticas sociales e instituciones que puedan volver a corresponderse con las normas e ideales de derechos humanos reconocidos por la ciudadanía como transgredidos. Con ello se presupone tanto la validez de aquel contenido normativo vulnerado como la posibilidad de su reconstrucción mediante un ejercicio colectivo de autodescubrimiento que, idealmente, debe incorporar diversos relatos sobre los sucesos.[3] El acento que en relación con la aplicación de la justicia transicional usualmente se pone sobre la necesidad de pesquisas judiciales apunta, pues, al requerimiento de explicitar tales contenidos de modo que, previa identificación de los agentes involucrados, se pueda *castigar* al culpable y *resarcir* a la víctima. Ello con el propósito de superar la interrupción del proceso "normal" de integración y reproducción de la sociedad. En este esquema, por lo demás, las figuras del

---

[3] Esto es lo que se suele entender como una reconstrucción hermenéutica, es decir, aquel proceso colectivo de autodescubrimiento por el que pasa una comunidad ética relativamente homogénea y que conduce a la revelación y a la práctica consciente de ciertos valores fundamentales tácitamente compartidos. Este proceso sería la garantía de una integración armónica. Para una crítica de esta lectura aristotélico-republicana de la integración social, véase Jürgen Habermas (1999) y Axel Honneth (2009b).

castigo y la reparación van indisolublemente ligadas y se refieren, respectivamente, a un componente retrospectivo y a otro prospectivo, ambos constitutivos de toda noción compleja de justicia (Teitel, 2000).

Este esquema básico se suele emplear en la mayoría de aproximaciones a la justicia transicional, ya que parece haberse repetido, con ligeras variaciones, en países y situaciones en apariencia tan disímiles como la Alemania nazi, los países de la ex Unión Soviética, Sudáfrica o incluso en las dictaduras latinoamericanas de los años setenta y ochenta. En estos casos paradigmáticos la justicia transicional se refiere al conjunto de medidas a ser implementadas para reforzar normas de derechos humanos masivamente transgredidas. Entre estas medidas —como es fácil de comprobar observando el trabajo realizado por las distintas comisiones de la verdad— suelen encontrarse: 1) la recabación de testimonios, 2) los enjuiciamientos criminales, 3) las reparaciones a las víctimas y 4) las reformas institucionales. En ese sentido, los instrumentos de la justicia se centran en las acciones que favorecen el tránsito progresivo desde un estado de violencia, arbitrariedad y represión política a uno de derecho, donde se restablezca el imperio de la ley. En dicho contexto, las comisiones de la verdad suelen ser las encargadas de iniciar tales acciones sirviendo como agentes mediadores entre tal pasado y un futuro caracterizado por la recuperación de la institucionalidad en sus dimensiones legal, política, social e interpersonal.

Ahora bien, las medidas señaladas están orientadas a la realización de una serie de metas internamente vinculadas e igualmente necesarias. En lo que sigue voy a basarme, solo parcialmente, en la aproximación holista de Pablo de Greiff (2012, pp. 13-29) para presentar un cuadro articulado de los fines que la justicia transicional persigue.

Por un lado, dichas medidas apuntan a reconocer a las víctimas, lo cual significa no solo el respeto a su condición de víctimas —por ejemplo, concediendo veracidad a sus testimonios—, sino principalmente el *reconocimiento* de todas aquellas dimensiones necesarias para la autorrealización personal que, al haberles sido negado en primer término, hizo posible el daño cometido en su contra. Estas dimensiones —esta es mi lectura— deben abarcar desde la consideración de la igualdad jurídica aplicable a las víctimas como portadores de derechos hasta el reconocimiento de sus especificidades y funciones individuales y de grupo.

Consecuentemente, las medidas mencionadas se orientan a reforzar las expectativas recíprocas de comportamiento, las cuales se sostienen en virtud de un marco normativo institucional coherentemente articulado y guiado por el cumplimiento de las normas de reconocimiento indicadas. Estas expectativas —se puede decir— representan para los agentes un conjunto de buenas razones que guían y regulan su comportamiento en sociedad. En otros términos, las personas, al menos intuitivamente, saben qué pueden esperar de sus conciudadanos y, dado el caso, se pueden sentir autorizados para reclamarse recíprocamente el no cumplimiento de ciertos valores transgredidos. Como dicho conocimiento no siempre es así de claro, los mecanismos de la justicia transicional deben ayudar a que los involucrados —tanto victimarios como víctimas— lleguen a ser cada vez más conscientes de dichos valores para poder exigir su mejor cumplimiento.

Esta construcción progresiva de confianza institucional debe, a su vez, contribuir a la integración de una sociedad que ha experimentado la traición sistemática de expectativas normativas. Esto es, aquella situación en que las instituciones, normas y prácticas han dejado de fomentar la realización de los valores que supuestamente deberían encarnar, obstaculizándose con ello la posibilidad de realización de los miembros de la sociedad. Si bien habitualmente —y como he indicado líneas arriba— se toman como referente principal de aquellos valores las normas universales de derechos humanos ampliamente admitidas, lo cierto es que los valores pueden estar representados por cualquier principio normativo históricamente creado y aceptado —por lo general, de manera tácita— como parte de las narrativas de una comunidad dada (Honneth, 2014a, pp. 13-25).

Finalmente, tales prácticas de integración y reconciliación deben formar parte de un proceso más amplio de democratización, entendido, en primer término, como la generación de los fundamentos institucionales que posibiliten relaciones basadas en la confianza en una estructura normativa compartida, a cuya edificación permanente, por otro lado, debe servir precisamente el diálogo basado en el reconocimiento mutuo. La idea de democracia —o de *ethos* democrático— debería, de este modo, integrar las tres primeras metas de la justicia de manera coherente. Partiendo de estas consideraciones, yo propongo entender la justicia como el principio rector que orienta todo este camino —o tránsito— hacia una sociedad reconciliada, esto es, democrática.

LA TRANSICIÓN HACIA LA JUSTICIA

De acuerdo con lo dicho, en esta segunda parte ahondaré en una idea de justicia transicional que se aparta, en ciertos aspectos clave, de las nociones más tradicionales. Esto lo haré a partir de cuatro objeciones a algunas conclusiones erróneas que se pueden extraer de las ideas antes expuestas.

En primer lugar, habíamos visto que la aplicación del tipo más común de justicia transicional —aquel que la comprende como castigo y reparación— exige la identificación precisa de los agentes relevantes, tanto de los victimarios como de las víctimas. Según esto, la justicia solo se puede entender en relación con un esquema estratégico-instrumental, de modo que para que exista atribución de responsabilidad penal o moral es necesario determinar primero una intención clara por parte del agente, esto es, se deben conocer sus móviles y saber en función de qué él mismo justifica sus acciones. Como es sabido, la justificación de toda acción individual se basa en su concordancia con un conjunto de creencias y valoraciones que se articulan coherentemente dentro de un sistema que opera ofreciendo al agente "buenas razones" para sus decisiones.[4] Ahora bien, según la definición tradicional de la justicia transicional, el agente actúa en representación de una organización estatal centralizada. En ese sentido, el fin de sus acciones debería coincidir con los propósitos del Estado que, en última instancia, es el que le ofrece el contexto de justificación requerido, así como las razones válidas —que en estos casos son las mismas en las que se sustenta su rol de funcionario y los deberes que se derivan de este—. Este esquema, no obstante, genera dos graves problemas metodológicos que, en contra de sus propósitos, dificultan la realización de la justicia:

1. Por un lado, se debe enfrentar un viejo dilema del derecho penal, consistente en tener que adjudicar responsabilidad a acciones realizadas "en cumplimiento del deber", donde el deber y la función a este asociada proporcionan el contexto de justificación —casos como el de Adolf Eichmann son paradigmáticos de esto—. Para solucionar dicho entrampamiento se suele recurrir entonces a principios morales independientes del contexto jurídico, y es ahí donde los derechos humanos, de pretensión universalista a pesar de su contenido particular y específico, comienzan a cobrar importancia. Es decir, puesto que por lo general los crímenes de lesa humanidad se dan con el consentimiento y bajo el amparo de los gobiernos, se asume la necesidad de una normatividad moral de orden superior a cuya luz se pueda juzgar el derecho positivo y cuya validez raramente es puesta en duda.[5] Pero esto tampoco soluciona

---

[4] Sobre el modo en que las buenas razones operan sobre la base de un sistema pretendidamente coherente de creencias, véanse Robert Brandom (2000) y Rainer Forst (2015). He desarrollado con detalle este tema en relación con el poder constitutivo y la exclusión en Casuso (2017).

[5] Sobre la problemática subordinación del derecho a la moral universalista

el problema, ya que, como se ha visto anteriormente, dicha normatividad superior representa una restricción de otra clase, al constituir un límite externo y pretendidamente infalible a los ordenamientos político-jurídicos reales. Al final, se termina fluctuando entre dos órdenes normativos distintos —uno jurídico y otro moral— difíciles de reconciliar.

2. Por otro lado, las acciones individuales siempre involucran el seguimiento de valores subyacentes articulados en un orden normativo pretendidamente coherente. En tal sentido, el análisis no se puede restringir a las acciones individuales ni concentrarse exclusivamente en la búsqueda de todos los responsables para castigarlos individualmente —bajo el supuesto de que ello es requisito para que la "justicia transicional" se cumpla—. Como se verá más adelante, esta última es una tarea infinita que no corresponde a una adecuada definición de la justicia. Lo que habría que examinar es más bien *cómo se constituyen los órdenes de justificación* que hicieron posible la realización de tales actos, por qué aparecieron como legítimos en su momento y qué permite que luego puedan ser cuestionados. Para ello es necesario detectar fisuras e inconsistencias en el orden social, las cuales son imperceptibles en su momento, puesto que precisamente sirven para crear la apariencia de orden y coherencia que justifica todo tipo de acción.

En segundo lugar, contrariamente a lo que se podría asumir, ninguno de los elementos indicados en la primera parte implican necesariamente un orden social justo que es interrumpido y que deba restablecerse. Casos como el peruano muestran, por un lado, que el daño puede producirse en sociedades donde no se han alcanzado las condiciones institucionales para la realización sostenida de la democracia. Por otro lado,

---

que se halla en la base de esta comprensión de los derechos humanos, véase Habermas (1998, capítulos 3 y 4). Sobre una crítica a esta forma de constructivismo kantiano en consonancia con la aproximación que defiendo en el presente artículo, véase Honneth (2014a, pp. 13-25).

y en ese mismo sentido, no se trata tampoco únicamente del *des-cubrimiento* de un contenido normativo preexistente que haya sido transgredido y cuya validez se deba dar por supuesta. En efecto, el daño no consiste simplemente en la violación de normas explícitas —comúnmente asociadas, como hemos visto, a los derechos humanos—, cuyo contenido represente un referente ético último.

Los criterios para evaluar los problemas sociales son, en realidad, mucho más formales. En ese sentido, la verdad que suelen buscar las comisiones de la verdad está menos relacionada con la descripción de un orden específico preexistente que con la edificación progresiva y colectiva de una mejor coherencia entre ideales válidos —aunque indeterminados, como la libertad o la igualdad— y las instituciones y prácticas que deben hacerlos realidad. Dicho de otro modo, toda sociedad se sustenta sobre ciertos ideales compartidos que sus miembros aceptan tácitamente, pero cuya comprensión precisa rara vez dominan al nivel de un saber explícito. Esto quiere decir que los significados de dichos ideales no se encuentran saturados ni son completamente unívocos. No existe, en otras palabras, una única verdad acerca de ellos: su univocidad semántica es solo aparente. Más bien ocurre que, con base en su esencial indeterminación, estos se van resignificando a partir de las experiencias de los actores y grupos sociales. Así, por ejemplo, el significado de ser libre o ser tratado igual ha ido variando según se han consolidado las demandas históricas de aquellos que padecen a causa de una "incorrecta" o distorsionada lectura de la libertad o la igualdad. A la comprensión de dichos ideales se tiene acceso, pues, solo de manera parcial, desde las particulares perspectivas y experiencias sociales de los actores y grupos. Esto da como resultado una multiplicidad de posibles interpretaciones que muchas veces pueden resultar en competencia (Honneth, 2014b; Zurn, 2016). Es por ello que el modo como se deben comprender y realizar estos ideales constituye, en sí mismo, un objeto de desacuerdo y conflicto social latente (Honneth, 2014b, pp. 822-824).

Tomando en cuenta los dos primeros puntos, se puede decir —en tercer lugar— que para cumplir con los fines de la justicia no se requieren únicamente pesquisas judiciales enfocadas en el análisis de acciones individuales. Una noción ampliada de justicia aplicable a situaciones de desintegración social extrema involucra, más bien, un tipo mucho más complejo de actividad epistémica que compromete a toda la sociedad en una labor de crítica permanente orientada a la mejor comprensión y a la realización de ideales de orden superior. En ese sentido, los periodos de violencia extrema, que luego serán objeto de análisis para la justicia transicional, representan únicamente *casos límite* que revelan momentos de crisis en procesos que son consustanciales a toda sociedad. Por su magnitud, estos periodos de desorientación social son hitos que se revelan a los miembros de la sociedad como lo que Honneth (2009a, pp. 39-43) llama una *pérdida de rumbo*, aunque en un sentido radical. De este modo, se puede hablar de una auténtica regresión definida, como vimos anteriormente, no en términos materiales —como la simple transgresión de normas explícitas y claramente tipificadas— sino como la imposibilidad de percibir y superar pacíficamente inadecuaciones entre valores en apariencia compartidos y sus encarnaciones institucionales (Allen y Jaeggi, 2016, pp. 239-244).

Como también he sugerido, precisamente sobre el contenido y los modos de realización institucional de estos valores es que suele haber desacuerdos y potenciales conflictos. La guerra iniciada por Sendero Luminoso en contra del Estado peruano, por ejemplo, es un claro caso en el que no se sigue el esquema unidireccional de victimarios gubernamentales contra víctimas civiles descrito en la primera parte. Se trata, más bien, de distintos grupos de victimarios que operan en el contexto de un enfrentamiento entre facciones. La lucha por el poder que ello involucra es, principalmente, una lucha por la mejor realización de un proyecto inspirado en una concepción particular del mundo con pretensiones de racionalidad. Es decir, por la manera más adecuada y consistente de asociar ciertos valores e ideales —que son comúnmente aceptados, aunque en realidad se hallan semánticamente indeterminados— con sus encarnaciones institucionales. Es por ello que tampoco se suele tratar de un enfrentamiento entre principios opuestos, sino de una pugna por la interpretación correcta del contenido y los medios de realización de ideales históricamente construidos y mayoritariamente aceptados, tales como la libertad, la igualdad, la autonomía y todo aquello que se halla inevitablemente comprendido en la noción moderna de sociedad justa.

Lo dicho hasta el momento conduce, finalmente, a la idea de que la justicia transicional no es un tipo especial de justicia ni puede ser pensada como una simple etapa de tránsito. En efecto, entendida de este último modo, la justicia conlleva la siguiente paradoja: junto a sus dos componentes básicos —el *castigo* y la *reparación*—, se concibe como el requisito previo de la integración social. Este estatus de medio le reclama que se ejecute en un tiempo limitado, finito. No obstante, la necesidad de identificación exacta de todos los agentes involucrados, de definición de criterios cuantitativos para evaluar las distintas etapas de su realización, de determinación de las instancias que deben llevar esto a cabo y otras exigencias similares, sumadas a la indeterminación del tiempo de ejecución de todas estas condiciones, pueden dilatar indefinidamente la realización de una justicia así entendida, de modo que la meta de castigar a los culpables y resarcir a las víctimas corre el riesgo de no ser alcanzada nunca. Considero que la salida a esta paradoja pasa por aceptar precisamente dicha indeterminación como constitutiva de la justicia antes que considerarla un obstáculo para su cumplimiento.

Volviendo ahora a lo visto en la primera parte, esto significa comprenderla en función de los complejos procesos de constitución progresiva de relaciones de reconocimiento y confianza. Dicha constitución debe estar institucionalizada de tal manera que la justicia aparezca como el principio que guía dichos procesos y no como un simple medio. Es por ello que la sociedad necesita garantizar mecanismos que permitan explicitar las contradicciones e inconsistencias entre los ideales sociales y las instituciones que deberían realizarlos. O en otras palabras, que permitan desbloquear los procesos de acumulación de las experiencias de los diferentes grupos y actores sociales concernidos, favoreciendo así un pluralismo democrático (Jaeggi, 2016). Puede decirse, entonces, que la justicia tiene efectivamente ambos componentes: uno retrospectivo —representado por la indagación o reconstrucción colectiva del contenido de ideales imperfectamente encarnados— y otro prospectivo —representado por el proyecto siempre abierto de interpretación y realización de aquellos ideales con la participación de múltiples experiencias sociales—.

Según lo visto, el término "transición" se refiere, entonces, a situaciones extremas donde las usuales contradicciones se exacerban y se hacen manifiestas a través de sus efectos en las víctimas, las cuales se convierten en agentes privilegiados para identificarlas, revelarlas al resto de la sociedad y ayudar a superarlas. En efecto, los procesos de reconciliación, los de reconocimiento a las víctimas en sus distintas dimensiones, así como la confianza para generar el cumplimiento de las expectativas normativas de los ciudadanos —es decir, todo aquello que en la primera parte de este artículo habíamos dicho que constituye la democratización— son tareas permanentes cuya necesidad solo se enfatiza en los momentos de crisis.

Es en estos momentos que la justicia se muestra con mayor claridad como la otra cara de la democracia, donde el predicado "transicional" describe un determinado momento histórico en el que su aplicación se revela como más urgente. No en vano, tras periodos sostenidos de violencia, las comisiones de la verdad suelen recomendar la creación de organismos permanentes que se encarguen, precisamente, de la puesta en marcha y del seguimiento de políticas de reparación y mecanismos de reconciliación nacional a largo plazo. Con ello se busca, mediante la vía institucional, insertar los procedimientos de la justicia transicional en un proyecto mayor de reconciliación y democratización sostenida. De esta manera, es posible entender la justicia transicional no como una simple etapa previa, de tránsito hacia algún *telos* predeterminado, sino como el principio rector que guía la siempre inacabada transición hacia una sociedad reconciliada y normativamente consistente.

REFERENCIAS BIBLIOGRÁFICAS

Allen, Amy y Rahel Jaeggi (2016). Progress, Normativity, and the Dynamics of Social Change: An Exchange Between Rahel Jaeggi and Amy Allen. *Graduate Faculty Philosophy Journal,* 37 (2), pp. 225-251.

Brandom, Robert (2000). *Articulating Reasons: An Introduction to Inferentialism.* Cambridge: Harvard University.

Casuso, Gianfranco (2017). Power and Dissonance. Exclusion as a Key Category for a Critical Social Analysis. *Constellations,* 24(4), pp. 608-622.

De Greiff, Pablo (2012). Theorizing Transitional Justice. *Nomos,* 51, pp. 31-77.

Elster, Jon (2004). *Closing the Books: Transitional Justice in Historical Perspective.* Cambridge: Cambridge University.

Forst, Rainer (2015). Noumenal Power. *Journal of Political Philosophy,* 22 (2), pp. 111-127.

Habermas, Jürgen (1998). *Facticidad y validez. Sobre el derecho y el Estado democrático de derecho en términos de teoría del discurso.* Madrid: Trotta.

Habermas, Jürgen (1999). Inclusión: ¿Incorporación o integración? Sobre la relación entre nación, Estado de derecho y democracia. En: *La inclusión del otro. Estudios de teoría política* (pp. 107-135). Barcelona: Paidós.

Honneth, Axel (2009a). Una patología social de la razón. Sobre el legado intelectual de la teoría crítica. En: *Patologías de la razón. Historia y actualidad de la teoría crítica* (pp. 27-51). Buenos Aires: Katz.

Honneth, Axel (2009b). Crítica reconstructiva de la sociedad con salvedad genealógica. Sobre la idea de la "crítica" en la Escuela de Frankfurt. En: *Patologías de la razón. Historia y actualidad de la teoría crítica* (pp. 53-63). Buenos Aires: Katz.

Honneth, Axel (2014a). *El derecho de la libertad. Esbozo de una eticidad democrática.* Buenos Aires: Katz.

Honneth, Axel (2014b). The Normativity of Ethical Life. *Philosophy and Social Criticism*, 40 (8), pp. 817-826.

Jaeggi, Rahel (2016). "Resistance to the Perpetual Danger of Relapse": Moral Progress and Social Change (manuscrito inédito).

Lafont, Cristina (2016). Human Rights, Sovereignty and the Responsibility to Protect. *Constellations*, 22 (1), pp. 68-78.

Pogge, Thomas (2006). Derechos humanos y responsabilidades humanas. *Ius et Veritas*, 33, pp. 367-386.

Pollmann, Arnd (2008). *Filosofía de los derechos humanos. Problemas y tendencias de actualidad.* Lima: Idehpucp.

Searle, John (2010). *Making the Social World.* Oxford: Oxford University.

Teitel, Ruti (2000). *Transitional Justice.* Oxford: Oxford University.

Zurn, Christopher (2016). The Ends of Economic History: Alternative Teleologies and the Ambiguities of Normative Reconstruction. En: Schmidt am Busch, Hans-Christoph (Hrsg.). *Die Philosophie des Marktes* (pp. 289-323). Hamburg: Meiner.

RESPONSABILIDAD SIN CULPA.
Una indagación filosófica al acuerdo de paz colombiano de 2016

Jorge Giraldo Ramírez
Universidad EAFIT, Colombia

Resumen

Este capítulo cuestiona la prioridad que la justicia transicional colombiana acordada en 2016 le da al enfoque penal y punitivo, y señala la necesidad de abordar un aspecto marginado de los procesos de paz, cual es la dilucidación social de las responsabilidades de tipo político en el desencadenamiento y desarrollo de la guerra.

RESPONSABILIDAD SIN CULPA

Si hacemos caso a un somero ejercicio con el visor de n-gramas de Google el término *responsabilidad* logra su mayor difusión en los últimos dos siglos entre 1945 y 1988, aunque su tendencia creciente se remonta a 1928. No especularé con estas

349

fechas, cuya relevancia para el derecho de la guerra debe saltar a la vista. Esta recurrencia se expresa bien en los principales instrumentos internacionales producidos desde el fin de la Segunda Guerra Mundial en esta área. En los Convenios de Ginebra (1949) el sustantivo *responsabilidad,* con sus variantes, encabeza siete numerales y en el Estatuto de Roma (1998), aunque apenas encabeza tres de los 128 artículos, aparece en la mitad de las páginas. En tanto dispositivos legales, en ellos la responsabilidad está simétricamente acompañada de la culpa en sus distintas modulaciones, en especial aquellas que buscan producir un efecto —culpabilidad— o valorar —culpable—.[1]

Observemos y analicemos los contextos en los que aparece el término *responsabilidad* y comparémoslo con el de *culpa.* Pero antes una anotación: el Estatuto tiene 31 713 palabras y el texto de los Convenios está compuesto por 77 888; esto quiere decir que el Estatuto es 40,7 % menos extenso en relación con el número de palabras que conforman los Convenios; sin embargo, en el Estatuto se hace mayor referencia a la responsabilidad en 0,09 %, y a la culpa en 0,07 % que en los Convenios, donde responsabilidad aparece 0,06 % y culpa 0,04 %. A primera vista, esta leve diferencia puede parecer poco importante, pero nos muestra que hay una correlación en el uso de los dos términos tanto en el Estatuto como en los Convenios.[2] Véase en la tabla 1 una comparación de ocurrencias de responsabilidad y culpa en los Convenios y en el Estatuto, y en la que se incluyen las ocurrencias en el *Acuerdo final para la terminación del conflicto y la construcción de una paz estable y duradera* del Teatro Colón.

---

[1] Convenios de Ginebra: 38 veces responsable, 11 las formas de culpa; Protocolos Adicionales: 8 responsable, 6 culpable; Estatuto de Roma: 29 formas de responsabilidad, 23 de culpabilidad.

[2] Los textos de estos instrumentos internacionales se midieron por su traducción oficial al español.

TABLA 1. FRECUENCIA DE RESPONSABILIDAD Y CULPA (MODULACIONES)
EN LOS CONVENIOS DE GINEBRA, EN EL ESTATUTO DE ROMA
Y EN EL ACUERDO FINAL

Término	Convenios	Estatuto	Acuerdo
Responsabilidad	38	19	131
Responsable	9	9	14
Responsables	4	1	35
Culpabilidad	2	14	-
Culpa	1	-	-
Culpable	1	9	-
Culpables	1	-	1

Fuente: elaboración propia.

No sé si nos pueda decir algo el examen del *Acuerdo final* que se firmó el 24 de noviembre en Bogotá pero que está fechado doce días antes y que, a estas alturas, no sabemos todavía si incluye o no unas erratas extemporáneas. El término *responsabilidad* es dominante, excediendo en mucho a los sustantivos nucleares *verdad, justicia, reparación* y *no repetición*; aparece menos que *conflicto*, pero excede a *víctimas* como sujeto colectivo beneficiario de las medidas acordadas y definido como centro de la negociación.[3] Como se puede ver en la tabla 1, es asombrosa la asimetría entre responsabilidad y culpa en la superficie del texto. La culpa solo aparece una sola vez adjetivada en el terrible *culpable*, a propósito de aquellas personas que "no reconozcan verdad y responsabilidad [ante] el Tribunal

---

[3] Por prurito de precisión: *responsabilidad* 237 iteraciones, *conflicto* 178, *víctimas* 168. El análisis fue realizado por el profesor Heiner Mercado, usando el *software* Cratilo 2.1 (2003) desarrollado por el profesor Jorge Antonio Mejía de la Universidad de Antioquia. Por su parte, en el Estatuto de Roma de la Corte Penal Internacional el término *responsabilidad* aparece 19 veces, mientras que el término *responsable(s)* aparece 13 veces.

para la Paz y resulten declarados culpables por este" (Mesa de Conversaciones, p. 175).

A diferencia de los Convenios de Ginebra, de sus Protocolos adicionales de 1977 y del Estatuto de Roma, en los que hallamos una transitividad fluida entre responsabilidad y culpa, el acuerdo colombiano nos deja ante una curiosa situación gramatical derivada de un esfuerzo, a todas luces consciente, de eludir sistemáticamente la palabra *culpa*, excepto en el caso particular de quienes no la reconozcan de antemano en un ejercicio de verdad y se les logre comprobar la comisión de algún crimen de guerra. Sin duda, la excepción refuerza la intuición de que la omisión literal de la culpa corresponde a alguna concepción de la guerra y de sus contingencias, que no vienen al caso.

Es probable que el hombre práctico responda que tal sutileza carece de interés, pues en todos los casos relacionados con el capítulo de justicia la responsabilidad implicada es penal,[4] en el mismo sentido, por ejemplo, que se explicita en el Estatuto de Roma. Pero no debemos ir tan rápido puesto que, según el Acuerdo y su reglamentación en curso, solo serán responsables en ese sentido penal quienes hayan tenido "una participación activa y determinante en los delitos más graves y representativos", es decir, "los delitos de lesa humanidad, el genocidio, los graves crímenes de guerra —esto es— toda infracción del Derecho Internacional Humanitario cometida de forma sistemática o como parte de un plan o política" (Mesa de Conversaciones, p. 151). Esto quiere decir que el universo de los responsables se reducirá drásticamente en un país en el cual los cálculos conservadores llegan a siete millones de

---

[4]   En la mayoría de los casos se refiere a responsabilidad y determinación de hechos (17 veces); responsables de homicidios y masacres (7 veces); corresponsabilidad de los mandos (2 veces); responsabilidad colectiva (4 veces) y responsabilidad compartida (1 vez); responsabilidad de funcionarios públicos (2 veces).

víctimas y en el cual solo los combatientes de los distintos bandos, oficial e irregulares, deben acumular en 35 años una cifra no inferior a dos millones. Volveré más tarde sobre esto.

Si los discursos jurídicos identifican responsabilidad y culpa no pasa lo mismo con los abordajes a partir de la filosofía práctica y de la filosofía de la acción. En aquellos años de la década de 1940, tan definitivos en este campo, hubo esfuerzos seminales para quebrar esta sinonimia y con ello problematizar una conclusión legal que tenía la consecuencia de tratar las atrocidades ya sabidas como desviaciones de grupos más o menos numerosos, pero siempre precisos y acotados de individuos. Menciono dos de los más conocidos. En *Culpa organizada y responsabilidad universal* Hannah Arendt (1945) separa responsabilidad y culpa para esbozar una tipología simple de responsables culpables y responsables sin culpa. Karl Jaspers (1947), en un texto más famoso, *El problema de la culpa*, eleva la culpa a categoría de segundo nivel y la clasifica como culpa criminal, moral, política y metafísica.[5] Especialmente, Arendt (2005a; 2005b) refinó desde entonces su reflexión sobre el tema pero, en lo que nos corresponde, basta con retener la diferencia entre responsabilidad y culpa en su versión, o entre culpa criminal y culpa política en la de Jaspers.

Arendt (2005, p. 158) llama responsables y culpables a un grupo específico —"relativamente pequeño"— constituido por "quienes no solo tomaron sobre sí responsabilidades, sino que además provocaron todo este infierno". Del otro lado, "hay muchos que comparten responsabilidad sin que exista ninguna prueba visible de su culpabilidad"; las masas de señoras y señores de alta sociedad, de padres ocupados solo por el bienestar de su grupo familiar, de individuos comunes y corrientes convertidos en hombres del populacho. No es

---

[5] El trabajo de Arendt se publicó en alemán como *Culpa alemana*; tanto en inglés como en español se publicó con el título citado; el de Jaspers se publicó en alemán como *Die Schuldfrage* y en inglés como *The German Guilt*.

necesario desplegar mucho la imaginación para ver cuántos tipos de personas pueden ocupar el espacio entre el criminal de guerra y el hombre de la calle. Sin embargo, este análisis surge de la preocupación por la percibida intención del régimen nazi de crear una culpa generalizada a partir de la identificación entre nazis y alemanes y de borrar "las líneas divisorias entre criminales y personas normales, entre culpables e inocentes". Jaspers, si se quiere, amplía mucho más esta brecha al señalar que el culpable criminal es quien ha violado deliberadamente las leyes domésticas y las normas del derecho natural y de la ley internacional, mientras la culpa política recae sobre todos los ciudadanos de la sociedad democrática que entronizó a Hitler en el poder y consintió que llevara a cabo sus planes.

Una aclaración importante para mis propósitos consiste en señalar que, contra cualquier supuesto, Arendt caracterizó la Segunda Guerra Mundial y el problema alemán, entre otras cosas, como una guerra civil continental, en coincidencia con otros contemporáneos suyos, harto disímiles, como Eric Hobsbawm o Carl Schmitt. Detrás de la introducción de una diferencia entre responsabilidad y culpa —extraña al derecho penal para efectos prácticos— puede estar la conservación de la línea divisoria clásica entre combatientes y no combatientes, propia del derecho de gentes y de sus herederos, el moderno *Ius Publicum Europaeum* y el contemporáneo derecho de guerra. No sería extraño que dos pensadores europeos respondieran así a una tradición bien afirmada teórica y prácticamente, más allá de sus diferencias y polémicas, por ejemplo, en torno a la posibilidad de que exista una culpa colectiva. Aquí hallo un punto de apoyo para predicar la plausibilidad de introducir esa distinción durante la implementación del acuerdo entre el Gobierno y las FARC-EP.

A diferencia de Jaspers, el jurista inglés Herbert Hart (1968) no se dejó guiar por la analogía judicial para hacer su análisis de la responsabilidad. Fiel a la escuela analítica de pensamiento, se orienta por el estudio de la acción y de los usos del lenguaje y encuentra, sin pretensiones exhaustivas, cuatro sentidos principales de responsabilidad que denomina responsabilidad por rol, responsabilidad causal, responsabilidad vinculante y responsabilidad por capacidad. La responsabilidad causal carece de sentido evaluativo pues se limita a determinar un eslabonamiento causa-efecto que incluso puede partir de un evento sin origen humano directo. La responsabilidad por capacidad es netamente humana y su asignación depende de la manera como se califiquen las capacidades exigidas para que una acción se considere responsable —entendimiento, razón y control de la conducta—. Las valoraciones son centrales en la definición de la responsabilidad por rol, al considerar las funciones y competencias que están al alcance de un cargo. La responsabilidad vinculante se evalúa por la infracción a una ley, sea moral o legal y, por ello, se subdivide en responsabilidad moral y responsabilidad legal. Para Hart es claro que hay diferencia entre responsabilidad y culpabilidad: "la declaración de que un hombre es responsable por sus actos, o por algún acto o algún daño, no es usualmente idéntica en su sentido a la declaración de que está sujeto a castigo" (p. 226). Tampoco debe entenderse que sea necesaria la coincidencia entre responsabilidad legal y culpa moral.

La filósofa neoyorquina Iris Marion Young (2011) discute y reformula la distinción de Arendt entre culpa y responsabilidad. Podemos restituir los elementos arendtianos de la culpa a partir de la interpretación de Young: la culpa es individual, exige una participación evidente del individuo como agente de una falta, dicha falta opera como causa identificable de un daño que —al final— demanda la aplicación de un sanción (pp. 90-91). La culpa tiene que ver con las consecuencias objetivas de actos que operan como causas. Esto significa que "aquellos miembros de la sociedad alemana que no constituyeron una parte causal directa del mecanismo criminal en virtud de sus actos no son culpables" (p. 98). Tiene que existir un alineamiento entre los actos de la persona y el daño cuya responsabilidad se quiere atribuir.

Nótese que no puede haber culpa sin causa, y que aquí, en el campo de la filosofía práctica, como en el de la filosofía de la acción, la causa es siempre agencial, corresponde a una persona o grupo de personas y no a potencias extrañas como el destino, deudas metafísicas como el pecado original —o una condena genérica a un siglo de soledad— o los saldos que quedan de la contradicción entre entidades totémicas tales como las fuerzas productivas y las relaciones de producción.[6] Si no fuera así no podríamos hablar en ningún caso de culpables o de responsables. Nótese también que la intención no aparece como elemento imprescindible de la culpa, cosa que se entiende cabalmente a pesar de que la autorrepresentación de los protagonistas de crímenes de guerra y de lesa humanidad se haya investido de propósitos meritorios como la defensa de la democracia o la liberación del pueblo.

Continuemos con la interpretación que Young (2011, pp. 94-105) hace de Arendt, esta vez para poner sobre la mesa una probable tipología de los agentes individuales o colectivos de acuerdo con su relación con los crímenes que se produjeron en Alemania bajo el régimen nacionalsocialista, en particular los que conocemos bajo el nombre de holocausto judío. Ella identifica cuatro tipos: 1) los culpables de los crímenes; 2) los que no son culpables pero sí responsables por apoyo pasivo a los culpables; 3) los que se distanciaron, actuando para evitar el mal o retirándose; 4) los que se opusieron públicamente o se negaron a cometer crímenes. Dicho de otra manera: de un lado, los culpables y los responsables; del otro, los portadores de dos formas distintas de resistencia activa: la moral, porque se llevó a cabo en la esfera privada; y la política, representada por aquellos que ejecutaron una oposición activa y pública.

---

6   O las "causas históricas" que las FARC consignaron como versión propia en los considerandos del acuerdo sobre tierras (Mesa de Conversaciones, p. 10).

Todavía no estamos ante una descripción completa del repertorio efectivo de conductas asumidas por miembros de una comunidad política como aquella. La clasificación nos deja ante dos pares de conductas que están en las antípodas de un espectro político y moral, esto es, un par de tipos reprobables y otro de admirables. En medio de ellos podemos suponer una variedad de comportamientos distintos, mucho más opacos para el ojo valorativo, pero suficientes para ejemplificar la distinción entre responsabilidad y culpa.

Volvamos al escrutinio del principio de esta disertación sobre el texto del acuerdo del Teatro Colón, a su completa evasión de la noción de culpa y de sus determinaciones como culpable o inculpado, tan abundantes en el Estatuto de Roma y siempre presentes en los instrumentos del derecho internacional relativos a la guerra o a los conflictos armados, para usar la escrupulosa convención de los textos de la posguerra. Para ello debemos tener en mente que la negociación y redacción del acuerdo en su capítulo de justicia —titulado *Acuerdo sobre las víctimas del conflicto*— se hizo con la premisa de que fuera congruente con las normas internacionales del derecho humanitario y de los derechos humanos y, con ello, posibilitara una solución que aunque no fuera plenamente satisfactoria para la Corte Penal Internacional lograra, al menos, que este organismo se inhibiera de intervenir en la implementación del arreglo logrado entre las partes colombianas.

Convengamos en que siempre —casi siempre, con más precisión— que el texto del Acuerdo dice *responsable* podemos leer *culpable*. Para desazón del hombre práctico, insistiría en preguntar por qué se eludió el léxico habitual del derecho internacional, incluso de la sociología contemporánea de la guerra. Mientras no contemos con los testimonios precisos de los negociadores, solo nos queda la especulación. Puede haberse tratado de la elusión pragmática de un asunto polémico y moralmente embarazoso que asume como premisa que los propios negociadores eran voceros de dos entidades que cobijan a numerosos potenciales culpables. De todos modos, una apreciación general es que el texto del acuerdo pretende atender el espíritu de la legislación universal contemporánea sobre la guerra mientras su letra, parcialmente, evoca la vieja nomenclatura westfaliana que empezaba a perder validez ya desde la firma del Tratado Briand-Kellog de 1928.

Lo paradójico de esta equivalencia que se hace desde la perspectiva penal entre *responsable* y *culpable*, omitiendo siempre este último término, es que —a la luz de la distinción que hemos ofrecido antes entre responsabilidad y culpa— en el resultado final de la justicia transicional colombiana solo habrá culpables pero no responsables, es decir, solo se expondrán aquellos que hayan participado en los crímenes. Qué tan perfecto resulte este futuro probable dependerá de los términos en que se apruebe la reforma que busca incorporar el acuerdo de justicia a la Constitución política, de cómo se reglamente mediante una eventual Ley Estatutaria y, sobre todo, de cómo sea interpretado el corpus resultante por parte de los magistrados de la Jurisdicción Especial para la Paz.

Por ahora, la disputa en torno a la dimensión del ámbito de los culpables está sujeta a dos tensiones contrarias: de un lado se quiere reducir el alcance de la culpabilidad cuando se especifican unas condiciones que debilitan las imputaciones por responsabilidad del mando (Uprimny, 2017, febrero 27). En este caso nos encontramos ante una aporía: que se niegue la amnistía a todo crimen de guerra cometido "de forma sistemática" (Mesa de Conversaciones, p. 151), cuando la sistematicidad suele implicar dirección, estrategia, decisión jerárquica. Del otro lado, se quiere ampliar el alcance de la culpabilidad extendiéndola a individuos no combatientes mediante el artilugio de convertir el delito de "concierto para delinquir agravado" en crimen de lesa humanidad.[7]

---

[7] La Fiscalía General de la Nación (2017, febrero 2), a través de su Dirección Nacional Especializada de Justicia Transicional, emitió una resolución en

Paso a ocuparme de la responsabilidad. Empiezo por aclarar que casi todas las connotaciones del vocablo *responsabilidad* en el Acuerdo se refieren al *ius in bello*, es decir, a las injusticias cometidas durante el desarrollo de la guerra. Al terminar me ocuparé de aquellos casos en los que se refieren a la justicia del posconflicto.[8]

Las primeras preguntas son responsabilidad de quién y responsabilidad acerca de qué (Bethke-Elshtain, 2012, p. 124). La respuesta a la segunda pregunta es básica e ineludible: proteger a la población;[9] la segunda —según la familia de la teoría de la guerra justa— se ocupa de los ejecutores directos de las violaciones al derecho de guerra y también de la responsabilidad de los estadistas y dirigentes políticos que decidieron ir a la guerra y en cuyas manos estuvo siempre la posibilidad de detenerla.

Me apoyaré provisionalmente en Bernard Williams (2006, p. 174) para exponer lo que llama "elementos básicos de cualquier concepción de responsabilidad": 1) alguien hizo algo que produce una situación mala o daño; 2) ese individuo tiene intención de provocar la situación; 3) además está en condiciones mentales normales; y 4) por lo tanto, está obligado a ofrecer una compensación. Digo provisionalmente, pues Williams es renuente a aceptar un elemento clave de la concepción de Arendt y que Young enfatiza; a saber, que la responsabilidad no está sujeta a la intención y que, en consecuencia, debemos contemplar la presencia de *responsabilidad sin culpa* en los campos político y moral, no solo como existe en algunas jurisdicciones domésticas. El modo como Arendt (2003) la enuncia posee una fuerza que nos enmudece: "Existe

---

tal sentido, refiriéndose a la relación entre empresarios bananeros y organizaciones paramilitares.

[8]   Para un examen de la responsabilidad en el *ius ad bellum* y el *ius post bellum*, véase Jean Bethke-Elsthain (2012).

[9]   Un esquema básico sobre el tema puede hallarse en ICISS (2001).

una responsabilidad por las cosas que uno no ha hecho; a uno le pueden pedir cuentas por ello" (p. 151). Para un corazón republicano como el suyo, tal tipo de responsabilidad se deriva de la pertenencia a la comunidad y de una obligación de participar en los asuntos públicos de la que uno no puede eximirse esgrimiendo razones morales.

Aunque a primera vista luzca contraintuitiva, la responsabilidad sin culpa puede ejemplificarse en "las personas no maliciosas que simplemente se atienen a la forma de hacer las cosas de su sociedad" (Nussbaum, 2011, p. 16), cuando esa forma de hacer las cosas es desconsiderada con los derechos de las demás personas y configura una sociedad indecente. La propuesta que Young (2011) hizo sobre la responsabilidad sin culpa incluye cuatro criterios de evaluación que son: 1) el poder del agente; 2) una situación privilegiada; 3) el interés; y 4) su capacidad colectiva. Ella entiende que el poder es plural y está difuminado en la sociedad y, también, que existen motivos y capacidades de acción que, en conjunto, hacen que la responsabilidad se distribuya asimétricamente en una sociedad pero que, a su vez, no se concentre solo en los más poderosos. Este planteamiento nos ayuda a responder la pregunta sobre de quién es la responsabilidad.

Me parece que la aplicación de la responsabilidad sin culpa puede funcionar bien en una sociedad, como la colombiana, caracterizada por la debilidad del Estado y que trata de salir de una guerra en la que predominó la victimización horizontal. Además, porque nos permite enfocar la construcción de Estado y de ciudadanía y la atención a las injusticias en la estructura básica de la sociedad como tareas que competen más a unos que a otros pero, a fin de cuentas, a todos. Tareas que sobrepasan los marcos del acuerdo de paz de 2016.

REFERENCIAS BIBLIOGRÁFICAS

Arendt, Hannah (2003). "Responsabilidad colectiva". En: *Responsabilidad y juicio* (pp. 151-160). Barcelona: Paidós.

Arendt, Hannah (2005a). Aproximaciones al "problema alemán". En: *Ensayos de comprensión 1930-1954* (pp. 135-152). Madrid: Caparrós.

Arendt, Hannah (2005b). Culpa organizada y responsabilidad universal. En: *Ensayos de comprensión 1930-1954* (pp. 153-166). Madrid: Caparrós.

Bethke-Elsthain, Jean (2012). *Just War and Ethics of Responsibility*. En: Patterson, Eric (ed.). *Ethics: Beyond War's End* (pp. 123-144). Washington, D. C.: Georgetown University.

Comité Internacional de la Cruz Roja (2012). *Los convenios de Ginebra del 12 de agosto de 1949*. Ginebra: CICR.

Comité Internacional de la Cruz Roja. Protocolo adicional I a la Convención de Ginebra (8 de junio de 1977). Relativo a la protección de las víctimas de conflictos armados internacionales. Recuperado de https://www.icrc.org/spa/resources/documents/misc/protocolo-i.htm

Comité Internacional de la Cruz Roja. Protocolo adicional II a la Convención de Ginebra (8 de junio de 1977). Relativo a la protección de las víctimas de conflictos armados internacionales. Recuperado de https://www.icrc.org/spa/resources/documents/misc/protocolo-ii.htm

Corte Penal Internacional. A.CONF.138/9 (17 de junio de 1998). Estatuto de Roma. Recuperado de http://www.un.org/spanish/law/icc/statute/spanish/rome_statute(s).pdf

Fiscalía General de la Nación (2017, febrero 2). Financiación de empresas bananeras a grupos paramilitares es delito de lesa humanidad. Recuperado de http://www.fiscalia.gov.co/colombia/noticias/financiacion-de-empresas-bananeras-a-grupos-paramilitares-es-delito-de-lesa-humanidad/

Hart, Herbert L. A. (1968). *Punishment and Responsibility: Essays on the Philosophy of Law*. Oxford: Oxford University.

International Commission on Intervention y State Sovereignty (ICISS). (2001). *The Responsability to Protect.* Ottawa: IDRC.

Jaspers, Karl (1998). *El problema de la culpa.* Barcelona: Paidós. Trad. Román Rodríguez Cuartango.

Mejía, Jorge Antonio (2003). Cratilo (2.1). [Software de cómputo]. Medellín: Universidad de Antioquia.

Mesa de Conversaciones (2017). *Acuerdo final para la terminación del conflicto y la construcción de una paz estable y duradera.* Bogotá: Oficina del Alto Comisionado para la Paz.

Nussbaum, Martha (2011). Prólogo. En: Young, Iris Marion. *Responsabilidad por la justicia* (pp. 11-25). Madrid: Morata.

Young, Iris Marion (2011). *Responsabilidad por la justicia.* Madrid: Morata.

Uprimny, Rodrigo (2017, febrero 27). Responsabilidad del mando y JEP: un debate complejo y polarizado. *La Silla Vacía.* Recuperado de http://lasillavacia.com/blogs/responsabilidad-del-mando-y-jep-un-debate-complejo-y-polarizado-59906

Williams, Bernard (2006). El reconocimiento de la responsabilidad. En: Platts, Mark (comp.). *Conceptos éticos fundamentales.* México, D. F.: UNAM.

RECONCILIACIÓN CON CUERPO

Luis Eduardo Hoyos
Universidad Nacional de Colombia

RESUMEN

En el artículo se defiende que una genuina reconciliación debe tener cuerpo, es decir, debe estar caracterizada por algo más que la voluntad de reconciliación de las partes en un conflicto. La "reconciliación con cuerpo" debe estar basada en la reparación material, la contribución a la verdad y el reconocimiento de lo hecho (con su consiguiente aceptación de responsabilidad). El artículo enuncia una situación paradójica para el caso colombiano: aunque muchos elementos de la JEP y del Acuerdo de Paz del Teatro Colón permitirían pensar que hay conciencia sobre el hecho de que la reconciliación en Colombia ha de tener cuerpo, la complejidad y amplia expansión de la victimización, así como también la incapacidad de muchos sectores de la sociedad de abandonar el unilateralismo sobre esta última, hacen muy difícil que se dé dicha reconciliación.

INTRODUCCIÓN

La justicia transicional, como es bien sabido, está más enfocada en la reparación de las víctimas que en el castigo a los victimarios. Se orienta más al futuro y a la restauración que al pasado, y exige de los participantes en el conflicto, o en la situación que ha sido abandonada, una disposición constructiva, una renuncia a los ánimos de venganza y al resentimiento. En el caso colombiano, la situación de la que se ha de salir a través del tránsito negociado —no impuesto por una de las partes tras una capitulación— es un conflicto altamente degradado y persistente, en el que han sido inoperantes los mínimos principios de un Estado de derecho. La justicia transicional está, además, movida por un ánimo pragmático, pues ella misma es parte del incentivo que mueve a los agentes comprometidos en la situación que ha de ser abandonada. Pero no por ello ha de carecer de un fundamento normativo aceptable. Tanto su enfoque prospectivo como su consideración de las víctimas son los que, justamente, brindan ese fundamento.

Infortunadamente, cada día se van sumando en Colombia más razones para no ser muy optimista con respecto a esa disposición constructiva y reconciliadora que es necesaria en un proceso transicional de justicia. Más de cien asesinatos de líderes comunitarios y reclamantes de tierra en el último año y medio (2016-2017), y una sociedad y un Estado impotentes frente al hecho, no nos permiten sonreír.[1]

Hay muchas otras razones para, cuando menos, moderar el optimismo: la aparente desidia y negligencia del Estado en la implementación, y el incremento de los cultivos de coca. Por sí mismo no sería tan grave esto último si no fuera porque se volvió estribillo atribuir ese crecimiento a los acuerdos con

---

[1] Los datos de la Defensoría del Pueblo dados a conocer a mediados de 2017 hablan de 186 muertos entre el primero de enero de 2016 y el 5 de julio de 2017 (Negret, 2017, julio 13).

las FARC. Ahora que el tema ha vuelto a la agenda pública, no se oye a casi nadie relacionar ese incremento con la brutal revaluación del dólar; aunque haya algunas excepciones, como Mauricio Cabrera Galvis (2017, julio 24) y una que otra voz solitaria. El peso colombiano ha caído con respecto al dólar desde 2013 en más del 50 %. Mientras que, en íntima conexión con eso, el barril de petróleo ha pasado, en el mismo periodo, aproximadamente de 100 dólares a 40 y algo por barril. No considerar ese contexto en el aumento de los cultivos de coca es inexplicable. Atribuirlo al acuerdo de paz es, a mi parecer, un acto de mala fe… y de ceguera, ante lo que seguirá siendo una de las fuentes más nefastas de nuestras tragedias: la política prohibicionista internacional, que es la que ocasiona la altísima rentabilidad del negocio.

Vale la pena mencionar, por otra parte, que en Colombia, en el 2016, o sea sin conflicto armado con las FARC, "murieron 22 254 personas de manera violenta". El homicidio es la principal causa de muerte en el país, la segunda son los accidentes de tránsito (*El Tiempo,* 2016, febrero 6). Por último, se ha de tener en cuenta que, según el Observatorio de Desplazamiento Interno (IDMC) y el Consejo Noruego para Refugiados (NRC) (2017), Colombia registró en 2016 el mayor número de desplazados internos del mundo (7.2 millones de personas), por encima de Siria (6.3 millones), Irak (3.0) y Sudán (3.3). Hay que advertir, por supuesto, que de los mencionados el nuestro es el único país con cifras oficiales.

Esto genera confusión y desconcierto. Y es que, para empezar, el conflicto con las FARC es tan solo una parte —no despreciable, ciertamente, pero solo una parte— de los conflictos que han campeado en este país en los últimos cincuenta años, y también ha sido, entre otras cosas, un conflicto muy confuso, desarrollado en contextos violentos muy enrarecidos, más de lo que usualmente pensamos. Uno de los síntomas de esa confusión, no el único, pero sí uno muy importante, es la dificultad de establecer en el contexto de ese conflicto el estatus de las víctimas.

Muchos investigadores y analistas del conflicto y de la violencia en Colombia se han enfrentado a esta dificultad y han propuesto darle diversas salidas. De acuerdo con algunos de estos puntos de vista, se pueden establecer al menos tres modos de considerar la victimización en Colombia, como se muestra a continuación.

VICTIMIZACIÓN HORIZONTAL E IRREGULARIDAD SIMÉTRICA

Se denomina así para distinguirla de la "victimización vertical", en la que claramente hay un agresor y un violador determinable y muy visible de los derechos humanos —normalmente el Estado y sus agentes, como en los modelos dictatoriales del Cono Sur en los años setenta y ochenta—. El concepto de "irregularidad simétrica" es introducido por Stathis Kalyvas y ha sido usado también en relación con guerras intercomunales. En nuestro medio, ha sido defendido por Iván Orozco (2005; 2011), y es indispensable, según él, para establecer "una adecuada distribución de responsabilidades por los crímenes perpetrados" (pp. 173-174). La irregularidad simétrica permitiría definir, "a través de una larga y difícil negociación política, múltiples centros colectivos de imputación de responsabilidades de toda índole, políticas, legales y morales" (p. 174).

Es más o menos evidente que esta caracterización está apuntando a la formación de ejércitos privados que se han enfrentado por su cuenta —sin negar que hayan recibido apoyo de agentes estatales— a los ejércitos insurgentes. Característico de esta "victimización horizontal" es que se produce en ambas direcciones y que en muchas ocasiones ocurre que el que fue víctima también se hace victimario y viceversa, en círculos más o menos demenciales.

Victimización múltiple

Contra esta forma de ver el asunto, Rodrigo Uprimny y María Paula Saffon (2005) han propuesto que es más adecuado hablar de lo que llaman una "victimización múltiple":

> En Colombia en lugar de formas de victimización simétrica u horizontal de los diversos actores armados y sus bases sociales de apoyo, el conflicto produce una victimización múltiple de la sociedad civil por parte de los actores armados. De hecho, la guerra colombiana no se caracteriza por una movilización ciudadana masiva a favor de o en contra de los actores armados. La sociedad civil no apoya activamente a uno u otro bando, sino que sufre indiscriminadamente los ataques de todos. (p. 227)

Concordante con esta idea es la imagen de una sociedad civil inerme y más o menos ajena al conflicto que se halla atrapada en medio de él.

Unilateralismo

Se trata, fundamentalmente, de dos posturas: por una parte, la de aquella que solo ve la victimización en consideración a crímenes de Estado, como es el caso de los tristemente célebres "falsos positivos", pero también el de la ignominiosa persecución en contra de los militantes de la Unión Patriótica (Cepeda y Girón, 2005; 2006). De acuerdo con esta postura el paramilitarismo está directa y fundamentalmente asociado en Colombia a un fomento estatal de la autodefensa armada. Ese fomento no sería episódico sino estructural. La actitud de las FARC suele estar también muy inclinada a abrazar esta visión unilateral de la victimización.

La otra forma de unilateralismo está encarnada en una posición duramente enfrentada a esta última y se detiene principalmente en los crímenes de las FARC y de las guerrillas de izquierda en contra de la sociedad y del Estado. Las fuerzas políticas de derecha, representadas emblemáticamente por el uribismo, son quizás las principales defensoras de esta tesis unilateral sobre la victimización. No cabe duda que el gobierno de Álvaro Uribe Vélez se presentó siempre como el gobierno de las víctimas del secuestro, asociado este último principalmente a las FARC y al alto nivel de degradación de la lucha de la insurgencia armada.

Creo que ninguna de estas tres maneras de considerar la victimización es aceptable por sí sola, pero pienso que todas ellas aportan algo para la comprensión del complejo, múltiple y pluridimensional fenómeno de la victimización en este país.

VICTIMIZACIÓN MÚLTIPLE, COMPLEJA Y GENERAL

La victimización ha sido en Colombia muy compleja y variada, y seguramente una completa caracterización de ella ha de tener en cuenta forzosamente mucho de lo que cada una de las posiciones mencionadas defiende.

En Colombia, efectivamente, puede hablarse de vastas zonas en las que ha primado la llamada "victimización horizontal y simétrica", pero también es evidente que hay sectores políticos y sindicales que han padecido abusos y violencia de parte de representantes del Estado, esto es, que son claramente "víctimas verticales y asimétricas". Así mismo, es innegable que ha habido víctimas directas de la barbarie guerrillera que no han tenido nada que ver con el paramilitarismo o con posiciones ideológicas contrarias a los idearios de la insurgencia de izquierda, es decir, que no podrían ser llamadas sin más "víctimas horizontales". Otro tanto puede decirse de los excesos que trajo consigo la función de "vigilancia" social —y no solo contraguerrillera— que asumió el paramilitarismo en muchas zonas del país (CMH, 2012, p. 119).

Tampoco se puede desatender el hecho de que en Colombia ha habido "victimización múltiple". Aunque tal vez no se pueda sostener sin más que los actores armados en Colombia han emprendido una "guerra contra la sociedad", como lo sostuvo el historiador Daniel Pécaut (2001), sí es importante tener en cuenta que la victimización en Colombia es múltiple y compleja. Es justamente esta complejidad la que permite apreciar que en Colombia no es nada infrecuente que las víctimas suelan ser también victimarios y que estos, a su vez, se tornen con facilidad en víctimas. Pero no solo eso: es a tal punto compleja la victimización en Colombia que se puede afirmar que todos los agentes sociales han sido en mayor o menor medida, directa o indirectamente, víctimas del conflicto. Lo cual no vale, por supuesto, para el estatus de victimario.

Pese al riesgo de abstraer demasiado, de incurrir en un relativismo que llevaría a eludir las responsabilidades por los desmanes, hay que reconocer que en Colombia todos hemos sido, en mayor o menor medida, víctimas del conflicto armado. La sociedad colombiana en su conjunto ha sido víctima del conflicto. Porque debido a él se ha retrasado su desarrollo cultural y político, se han roto los lazos sociales, se ha vivido en el miedo y en el dolor, se ha debilitado el Estado de derecho y se ha frenado el desarrollo económico. De modo que la victimización no ha sido únicamente múltiple, diversa y compleja, sino también general.

Es justamente con miras a no incurrir en un relativismo o en una generalización que lleven a la disolución de las responsabilidades que hay que determinar los diferentes tipos de víctimas en el conflicto colombiano. Pero sin negar que también ha habido victimización y afectación generales. Siendo así, la reparación también deberá ser concebida como compleja y general.

El conflicto colombiano ha arrojado muy diversos tipos de víctimas directas: hay víctimas del paramilitarismo, de la guerrilla, víctimas de agentes del Estado. Y no se trata siempre, por supuesto, de víctimas que han tenido directa participación en el conflicto. Sabido es que en la estrategia arrasadora del paramilitarismo, que propició el mayor número de masacres, cayó mucha gente que no solo no tenía participación directa en el conflicto en el que aquel se ha trenzado con las guerrillas, sino que no tenía ninguna. A su vez, muchas, quizás la mayoría, de las víctimas del secuestro, crimen perpetrado principalmente por las guerrillas de izquierda —aunque también, claro, por la delincuencia común—, eran totalmente ajenas al conflicto mismo. En los crímenes de lesa humanidad perpetrados por fuerzas del Estado, como los llamados "falsos positivos", también cayeron muchas personas que no pueden ser consideradas como agentes activos del conflicto. Todo lo contrario, incluso, se trataba de personas que por su indefensión y por ser poco visibles socialmente fueron asesinadas con uno de los propósitos más perversos que puede mostrar la historia del desangre colombiano en toda su historia.

Si la victimización es tan compleja, evidentemente también lo será la reparación. El no reconocimiento del carácter múltiple y complejo de la victimización y sobre todo la incapacidad de desprenderse del unilateralismo pueden impedir que se dé en Colombia lo que denomino la "reconciliación con cuerpo". Al mismo tiempo, empero, la complejidad y la amplia expansión de la victimización son las que hacen muy difícil que se dé dicha reconciliación. Una paradoja trágica.

¿QUÉ ES LA "RECONCILIACIÓN CON CUERPO"?

He querido presentar un panorama muy básico y esquemático de la victimización en Colombia, hasta la actualidad. Ahora lo que deseo es que confrontemos este panorama con lo que, siguiendo una sugerencia de Martha Minow (2002, p. 25), puede llamarse "reconciliación sin cuerpo", de suerte que podamos ver de qué modo podría el acuerdo de paz del Teatro Colón en general y la JEP en particular promover una "reconciliación con cuerpo", o si ella es posible en Colombia. Para aclarar el concepto de "reconciliación sin cuerpo" voy a servirme de una ilustración, que es a su vez una estilización de una que presenta Minow:

Un chico —digamos Juan— ha tomado prestada de otro chico del vecindario —Pedro— su bicicleta, pero no se la ha devuelto en el día que habían estipulado. Pedro le pide reiteradamente a Juan que le devuelva su bicicleta, pero Juan inventa múltiples pretextos para aplazar dicha devolución. Y el tiempo pasa. En Pedro empieza a crecer la indignación, sobre todo porque puede ver que Juan utiliza su bicicleta. Al comprender Pedro que el objetivo de Juan es robarle su bicicleta corta toda relación de amistad con él, le niega el saludo, lo mira con recelo cada vez que lo ve, lo amenaza incluso con contarles a sus padres. Para ejercer más presión aun, acude al recurso de la sanción social: cuenta a todos sus amigos lo que Juan ha hecho, entre otros. Todo esto hace efecto sobre Juan, lo mortifica. Entonces un buen día se le acerca a Pedro y le dice: "Oye, quisiera que habláramos. Esta situación de los dos es insostenible. Tú no me saludas, me miras cada vez que me ves de modo incluso amenazante y además estás hablando mal de mí por todo el barrio. Te propongo de buen grado que busquemos llegar a un fin de este conflicto y que hablemos de una reconciliación. ¿Qué te parece?" Y le tiende la mano. Pedro le responde: "Me parece bien, pero, ¿y qué de la bicicleta?". A lo que Juan responde: "No. No. Tú no has entendido, quiero que hablemos de reconciliación, no de la bicicleta".

Lo que quiere Juan es una "reconciliación sin cuerpo", que podría ser incluso insultante. Para cualquiera es evidente que el tema de la reconciliación y de la reparación entre Juan y Pedro pasa por la devolución de la bicicleta. Pero no solo eso: es esencial que Juan reconozca lo que ha hecho y que acepte que ha violado un derecho, en este caso, el derecho de propiedad de Pedro sobre su bicicleta. Basta con dar un par de vueltas a algunas de las intuiciones morales que el ejemplo activa para poder considerar al menos dos cosas: primero, que si la reconciliación ha de ser más que una mera voluntad de reconciliarse, de acabar con un problema, es decir, más que una "reconciliación sin cuerpo", esta debe ser el resultado de un efectivo reconocimiento de lo hecho y de que lo hecho no es aceptable; por tanto, y en esa medida, ese reconocimiento ha de llevar consigo una garantía de no repetición; segundo, una efectiva reconciliación; una reconciliación con cuerpo, debe tener como uno de sus ejes el "asunto de la bicicleta". Una intuición moral muy elemental nos dice que si no hay devolución de la bicicleta no tiene sentido hablar de reconciliación.

Supongamos ahora que el "conflicto" entre Pedro y Juan ha escalado, ha seguido pasando el tiempo y el resentimiento de Pedro ha ido creciendo, al punto que un buen día, cansado de que sus reclamos sobre el derecho de propiedad sobre su bicicleta no han surtido ningún efecto, toma la decisión de ir a la acción, y entonces hace un daño en la casa de Juan, digamos que rompe los vidrios de la sala, con tan mala suerte que hay testigos que le cuentan a Juan lo sucedido.

Viene entonces la reclamación de Juan. Ahora asume él el papel de víctima y llega incluso a decir que los gastos por la reparación del ventanal superan en mucho el valor de la bicicleta. Para aumentar la dificultad, supongamos que antes de decidirse por agredir a Juan, o a su propiedad, Pedro acudió a la Policía, pero esta no respondió efectivamente ninguna de las veces que él puso la queja, y fue eso, según él, lo que lo llevó a ejercer justicia por su propia cuenta.

Podemos seguir complejizando y estilizando la ilustración al punto que lleguemos a una situación en que la idea de una reconciliación con cuerpo se nos haga muy difícil o no aparezca tan claramente como en la situación original, la que nos permitía activar con relativa sencillez intuiciones morales básicas y más o menos aceptables. Pasaría eso si suponemos, por ejemplo, que las familias de Juan y Pedro intervienen y después los amigos de cada uno, tomando partido los unos por Juan y los otros por Pedro, al punto que forman bandos o pandillas que guerrean entre sí cada vez que pueden. Entre otros.

Creo que, bien guardadas las proporciones, algo así ha ocurrido en Colombia. La situación es paradójica. Por una parte, es necesario que la reconciliación tenga cuerpo, es decir, que tenga al menos dos ejes básicos: reparación material, por un lado, y contribución a la verdad y reconocimiento de lo perpetrado, por el otro. Seguramente será también de mucho contenido simbólico algún tipo de petición de perdón. Pero no me quiero meter aquí con un tema que me parece muy delicado y que, por lo pronto, no toca el punto que quiero subrayar en esta presentación. En todo caso, lo que sí parece necesario a la posibilidad de una reconciliación con cuerpo es el reconocimiento de algún tipo de responsabilidad. Pero, por otra parte —esta es la otra punta de la paradoja—, la escalación, la expansión de la victimización y la complejización del conflicto, hacen muy difícil la reconciliación con cuerpo, al menos en lo que a la contribución de los agentes participantes se refiere.

¿Cómo salir de esa dificultad? No quiero poner mis manos en el fuego para defender a toda costa que se puede; sin embargo, si consideramos un par de elementos importantes del acuerdo de paz del Teatro Colón en general y de la JEP en particular, podremos quizás señalar algunas claves de solución.

La Jurisdicción Especial para la Paz prevé, en efecto, dos asuntos clave: la reparación material y la contribución a la reconstrucción de la verdad —junto con el reconocimiento de responsabilidades— para acceder a la alternatividad penal contemplada en ella. Es común creer que para que la reparación tenga efectos de justicia debe formar parte de un proceso de rendición de cuentas de los victimarios, de suerte que ellos sientan, de algún modo, que están formando parte de un proceso de justicia (De Greiff, 2006). Esto parece estar propiciado por la JEP. Si a ello añadimos que ella fomentaría la reparación en muchos sentidos —material, restaurador de vínculos sociales y dignificador de la memoria—, podría afirmarse que contribuye a un proceso de reconciliación efectiva.

Sin embargo, una reconciliación con cuerpo como la que requerimos, pero que se hace tan difícil dado el carácter difuso y el grado de complejidad del conflicto, y sobre todo de la victimización, necesita forzosamente políticas de transformación institucional que conduzcan a hacer desaparecer muchas de las causas que han provocado el conflicto y muchos de los incentivos para la acción violenta, para lo que algunos han llamado "violencia pública",[2] pero también social y organizada. Ese elemento de transformación institucional no concierne, en principio, a los participantes directos del conflicto —y de la negociación— sino que se refiere a condiciones institucionales más básicas para la desincentivación del crimen y la facilitación de la no repetición.

Es más o menos claro que el acuerdo de paz con las FARC está atravesado por este espíritu. La reforma rural integral y la articulación a esta de las políticas de sustitución de cultivos de drogas son un buen ejemplo de ello. Para todos es también evidente que se trata de proyectos limitados, y así y todo se han enfrentado a la más acérrima oposición de derecha, una oposición que recuerda los días del Pacto de Chicoral[3] en los años setenta.

Lo importante del asunto, en todo caso, es que la posibilidad de una reconciliación con cuerpo en Colombia pasa necesaria-

---

[2] El concepto es de Marco Palacios (2012) y "denota toda forma de acción social o estatal por medios violentos que requiera un discurso de autolegitimación" (p. 25). La noción me parece muy útil, pues permite cobijar el alto grado de generalización y expansión de la violencia en Colombia. Sin embargo, creo que es importante expandir en la definición el concepto de "autolegitimación" o de "discurso autolegitimador", de suerte que no se reduzca únicamente a los discursos de tipo político o con pretensiones de ser tales.

[3] El Pacto de Chicoral tuvo lugar en 1972 y fue una concertación entre los dos partidos tradicionales colombianos, el Conservador y el Liberal, para abandonar o hacer inviables muchas de las políticas propuestas por el proyecto de reforma agraria del gobierno de Lleras Restrepo (1966-1970) y del Frente Nacional (Villamil Chaux, 2015).

mente por una articulación entre las políticas de Estado y la dinámica social, de suerte que tenga lugar una transformación institucional en dirección a una expansión de los derechos, y no en último término de los de propiedad, y a una mayor inclusión. Me parece clave de ese proceso que no se lo vea como algo que viene desde arriba, sino que surge desde abajo, desde las comunidades, acompañadas y protegidas por el Estado. Si no se puede ser medianamente optimista en este punto en Colombia, no se podrá serlo de ningún modo.

REFERENCIAS BIBLIOGRÁFICAS

Cabrera Galvis, Mauricio (2017, julio 24). La coca y las exportaciones. *Portafolio.* Recuperado de http://www.portafolio.co/opinion/mauricio-cabrera-galvis/la-coca-y-las-exportaciones-508057

Centro de Memoria Histórica (CMH) (2012). *Justicia y Paz. ¿Verdad judicial o verdad histórica?* Bogotá, D. C.: CMH, Semana, Taurus.

Cepeda, Iván y Girón C., Claudia (2005). La segregación de las víctimas de la violencia política. En: Rettberg, Angelika (ed.). *Entre el perdón y el paredón: preguntas y dilemas de la justicia transicional* (pp. 259-282). Bogotá, D. C.: Uniandes.

Cepeda, Iván y Girón C., Claudia (2006). Testigos históricos y sujetos de justicia. En: De Gamboa, Camila (ed.). *Justicia transicional: teoría y praxis* (pp. 375-187). Bogotá, D. C.: Universidad del Rosario.

De Greiff, Pablo (2006). Enfrentar el pasado: reparaciones por abusos graves a los derechos humanos. En: De Gamboa, Camila (ed.). *Justicia transicional: teoría y praxis* (pp. 204-241). Bogotá, D. C.: Universidad del Rosario.

El Tiempo (2016, febrero 6). En el 2016 murieron 22 254 personas de manera violenta. Recuperado de http://www.eltiempo.com/justicia/cortes/muertes-violentas-en-2016-en-colombia-segun-medicina-legal-28797

Minow, Martha (2002). *Breaking the Cycles of Hatred. Memory, Law and Repair.* Princeton, Oxford: Princeton University.

Negret, Carlos Alfonso (2017, julio 13). Van 186 líderes sociales asesinados en Colombia. *Caracol Radio.* Recuperado de http://caracol.com.co/radio/2017/07/13/nacional/1499969113_783056.html

Observatorio de Desplazamiento Interno (IDMC) y el Consejo Noruego para Refugiados (NRC) (2017). *Informe global de desplazamiento interno.* Geneva: IDMC, NRC. Recuperado de http://www.internal-displacement.org/global-report/grid2017/pdfs/2017-GRID.pdf

Orozco, Iván (2005). Reflexiones impertinentes: sobre la memoria y el olvido, sobre el castigo y la clemencia. En: Rettberg, Angelika (ed.). *Entre el perdón y el paredón: preguntas y dilemas de la justicia transicional* (pp. 171-210). Bogotá, D. C.: Uniandes.

Orozco, Iván (2011). Derechos humanos, justicia transicional y bandas emergentes. En: Restrepo Elvira María y Bagley, Bruce (comps.). *La desmovilización de los paramilitares en Colombia. Entre el escepticismo y la esperanza* (pp. 159-193). Bogotá, D. C.: Uniandes.

Palacios, Marco (2012). *Violencia pública en Colombia: 1958-2010.* Bogotá, D. C.: Fondo de Cultura Económica.

Pécaut, Daniel (2001). *Guerra contra la sociedad.* Bogotá, D. C.: Espasa.

Uprimny, Rodrigo y Saffon, María Paula (2005). Justicia transicional y justicia restaurativa: tensiones y complementariedades. En: Rettberg, Angelika (ed.). *Entre el perdón y el paredón: preguntas y dilemas de la justicia transicional* (pp. 211-232). Bogotá, D. C.: Uniandes.

Villamil Chaux, Carlos (2015). *La Reforma Agraria del Frente Nacional. De la concentración parcelaria de Jamundí al Pacto de Chicoral.* Bogotá, D. C.: Universidad Jorge Tadeo Lozano.

MEMORIA, INTELECTUALES Y POLÍTICA

Gustavo Duncan y Valeria Mira
Universidad EAFIT, Colombia

RESUMEN

La memoria, entendida como la narración de sucesos pasados, es un territorio de reivindicaciones y disputas, y su construcción es un ejercicio político. En el ámbito del posacuerdo en Colombia es inevitable que este ejercicio tenga una relación directa en la asignación de responsabilidades de los diferentes actores del conflicto armado colombiano y en la definición de políticas y decisiones de gobierno. El análisis de las consecuencias de este proceso en un escenario de posiciones en disputa como el que actualmente se vive en el país, es necesario para abordar de forma comprensiva las implicaciones políticas de la construcción de memoria histórica. Este capítulo, a través de un análisis bibliográfico y de coyuntura, busca poner de manifiesto la importancia de los intelectuales y científicos sociales en la construcción de memoria histórica en Colombia. La conclusión es que la reconciliación como fin último de los procesos de transición exige realizar un esfuerzo por la construcción de un relato mínimamente justo y equilibrado con las responsabilidades que le puedan caber a cada quien. Los intelectuales y científicos sociales serán los responsables de construir las narrativas sobre lo ocurrido durante el conflicto y de presentarlas a la sociedad. En ese sentido, les cabe una enorme responsabilidad en la actual coyuntura histórica.

INTRODUCCIÓN

La construcción de la memoria histórica, como un ejercicio que asigna las responsabilidades en el conflicto y define la naturaleza de las víctimas y de los victimarios, dista de ser un ejercicio pasivo en términos políticos. Incluso la construcción de memoria es en esencia un ejercicio político. Por simple sentido de justicia, la asignación de responsabilidades implica que unos sectores de la sociedad, por los daños causados, se deberán comprometer con concesiones que incluyen cambios en la distribución de obligaciones y recursos en el orden social. Pero, además, necesariamente conduce a procesos de legitimación y reivindicación de unos actores, al tiempo que deslegitima y cuestiona a otros.

En efecto, los actores que en la elaboración de la memoria queden retratados como responsables, en mayor o menor grado, estarán obligados a ceder influencia política; mientras que quienes tengan habilidades para ser retratados como víctimas y, sobre todo, quienes sepan asumir el papel de jueces morales y públicos de las actuaciones de terceros durante el conflicto, tendrán una oportunidad de oro para reclamar posiciones de poder en el Estado y en los partidos políticos.

Por esta razón para las FARC es tan importante situar la discusión de las responsabilidades en el conflicto en la definición de los perpetradores más allá de los combatientes y de los ejecutores directos. Es una victoria política porque borra la distinción entre las élites políticas y económicas y quienes ejecutaron la violencia contrainsurgente, bien fueran militares o paramilitares, y de paso equipara su situación a la de la jefatura de las FARC que, como se sabe, tuvo una responsabilidad directa por haber dirigido el ejército insurgente sobre el terreno. Es, en últimas, una estrategia dirigida a poner en el mismo nivel al Estado y a la guerrilla, con el argumento de que se trataba de dos bandos con intereses políticos y económicos contrapuestos que, con sus respectivos ejércitos, se enfrentaron en una guerra llena de excesos y brutalidades.

La otra cara de la moneda son los ejercicios de memoria histórica que retratan a la insurgencia como un actor descompuesto por la codicia; la ideología insurgente es una mera fachada de organizaciones terroristas para legitimar la acumulación de riqueza privada desde el narcotráfico y demás economías criminales. Por supuesto, bajo esta versión la legitimidad de las FARC es mínima, así como su viabilidad como un actor que reclama espacios políticos dentro de las instituciones de la democracia y que se proclama como el verdadero representante de los intereses de los sectores más desfavorecidos en el orden social. El objetivo es neutralizar cualquier aspiración política de los jefes de las FARC y de los sectores ideológicos afines.

En este ensayo proponemos que, entre estos dos extremos, más allá de que los autores sean conscientes o no de sus sesgos ideológicos, se mueve y se moverá la producción científica sobre el conflicto colombiano y será inevitable que, como cualquier producto de investigación social sobre un tema políticamente tan delicado, tenga efectos en la forma como la sociedad interpreta el conflicto y, por consiguiente, en la forma como se elabora la memoria histórica. Por consiguiente, los resultados de la Comisión de la Verdad y de la construcción de narrativas sobre el conflicto a cargo de intelectuales y científicos sociales tendrá, en últimas, y de acuerdo con su impacto en la opinión, efectos políticos.

Esto es inevitable *per se*, pero una cosa son los académicos con sesgos ideológicos y otra los académicos con una agenda política, cuyo propósito es acomodar la interpretación de lo sucedido para que un grupo político en particular salga favorecido en la redistribución del poder. De este detalle dependerá el papel de la academia colombiana en los ejercicios de memoria durante el posconflicto.

EL SENTIDO POLÍTICO DE LA MEMORIA

La memoria, entendida como la narración de sucesos pasados, es un territorio de reivindicaciones y disputas. En ella se evidencia la lucha de poder entre los distintos sectores que pretenden inscribir en el recuerdo de las comunidades símbolos e interpretaciones determinadas (Isla, 2003). El establecimiento de la memoria oficial se convierte entonces en una pugna de intereses por la definición de lo que será o no será recordado. Esta definición exige llevar a cabo un ejercicio interpretativo de los hechos que originarán la narración que se convertirá en memoria, y sus resultados estarán marcados por las formas de entender el mundo de las personas que lo realicen. La tarea de construir la memoria oficial estará determinada necesariamente por los individuos que la asuman, toda vez que narrar el pasado en tercera persona del plural implica, ante todo, una reflexión personal de los hechos que pasará necesariamente por el tamiz de las experiencias y las convicciones del narrador.

En ese escenario es importante preguntarse por el sentido político de la construcción de memoria en el ámbito del posacuerdo, dado que inevitablemente este ejercicio tendrá un impacto directo en la asignación de responsabilidades de los diferentes actores del conflicto armado colombiano y en la definición de numerosas políticas y decisiones de gobierno. La memoria oficial será la pauta de creación e interpretación de normas de conducta y el criterio de asignación de recursos y obligaciones en el nuevo escenario que surja de la reconciliación de las distintas fuerzas, así sea una reconciliación meramente formal sin verdadera aceptación entre las partes.

Lo anterior pone de manifiesto la necesidad de analizar detenidamente las consecuencias de la construcción de memoria en un escenario en disputa, no necesariamente violento, pero sí de constante disputa política para imponer a la contraparte una interpretación de los hechos con sus consecuentes efectos en la distribución de responsabilidades y toma de decisiones de gobierno.

Si partimos de entender la memoria como un campo de juego en el que diferentes actores políticos compiten abiertamente, y no como un concepto elaborado por intelectuales y transmitido a las comunidades a través de las autoridades (Moreno, 2007), debemos aceptar su carácter político e integrarlo a las discusiones que surgen en este momento en el país alrededor de la memoria histórica del conflicto armado. Javier Moreno (2007) utiliza una expresión que consideramos acertada para acercarnos a este análisis: *memorial agenda*, que se puede traducir con mayor precisión como "agenda política de la memoria". La fórmula de agenda de la memoria es un punto de partida para la reflexión sobre su sentido político, tal como lo hace Moreno cuando analiza la derrota de España durante la guerra colonial de 1898, conocida como El Desastre. El autor afirma que este suceso impulsó la agenda de la memoria de los nacionalistas españoles que vieron la oportunidad de revivir antiguas glorias bélicas con la celebración del centenario de la Guerra de la Independencia en 1908. Este suceso muestra cómo la narración de los sucesos del pasado —memoria— sirve a los fines políticos de cierto sector de la sociedad, en este caso los nacionalistas españoles, en contraposición a los intereses de otros grupos, por ejemplo, los nacionalistas vascos o catalanes.

Otro momento histórico de España ilustra el asunto en cuestión: la transición a la democracia luego de la muerte de Franco. Durante este periodo se instauró la llamada "política del consenso", que implicaba un "acuerdo sobre el pasado", en el cual se pactó no rendir cuentas al respecto y que derivó, posteriormente, en una amnistía para los delitos cometidos durante la dictadura (Cuesta, 2007). Sin embargo, este pacto de silencio no trascendió a la esfera social y cultural y se limitó mayoritariamente al campo político (Juliá, 2003). Se puede decir, entonces, que fue un acuerdo de élites que buscaba la no repetición de un pasado indeseable a partir de su propia negación como estrategia para superar conflictos pasados que aún no habían sido resueltos entre algunas fuerzas sociales. Esta dicotomía muestra la ruptura entre la construcción de la memoria oficial y la no oficial. La primera marcada por el olvido y el silencio y promovida por las autoridades, y la segunda alentada por los recuerdos personales y colectivos de sectores de la sociedad, de ambos bandos, que no estaban dispuestos a olvidar.

Más adelante, en la historia de España se evidencian esfuerzos por recuperar la memoria histórica de la dictadura y, nuevamente, en el campo de juego de los poderes políticos e ideológicos se abre la competencia. Ahora los contrincantes, además de buscar una reivindicación a la memoria de las víctimas, buscan, a través de la narración de los hechos del pasado, imponer una versión favorable a sus intereses y a su agenda política. Los movimientos sociales que buscaban la recuperación de la memoria histórica de la dictadura no tuvieron mucho eco durante el conservador gobierno del Partido Popular (PP) y fueron revitalizados con la llegada al poder del Partido Socialista Obrero Español (PSOE) (Escudero, Campelo, Pérez y Silva, 2013). Tres sucesos políticos muestran la pugna en el campo de juego de la memoria en este periodo: la creación de la comisión interministerial para el estudio de la situación de las víctimas de la Guerra Civil y del franquismo, la declaración del Parlamento de nombrar el año 2006 como el de la memoria histórica y la proclamación de la Ley 52 en diciembre de 2007. Luego de años de silencio oficial, el gobierno empieza tímidamente a retomar la cuestión de la memoria. Sin embargo, la "línea editorial" de la Transición Democrática subyace en la narración de los hechos de la dictadura. Para el PP y la derecha española una concesión en ese sentido implicaría abrir una caja de Pandora que se les devolvería en términos de los conflictos que se podrían revivir y de las responsabilidades que se les podrían atribuir a sus cuadros políticos.

Pero más allá de analizar las consecuencias que pudo o no tener la eventual aplicación de la Ley 52, queremos evidenciar la pugna ideológica entre los partidos políticos que se da en el escenario de la discusión sobre la memoria histórica. Por algo el entonces candidato presidencial, Mariano Rajoy, afirmó en la campaña de 2008 que en caso de llegar al poder derogaría la Ley de Memoria Histórica (Escudero, Campelo, Pérez y Silva, 2013), cosa que efectivamente no realizó, pero cuyo poder discursivo nos lleva a corroborar el sentido político de la construcción de memoria y la importancia del mismo a la hora de establecer compromisos y responsabilidades para ciertos sectores de la sociedad.

En consecuencia, quien dicte la memoria oficial tendrá el poder de asignar responsabilidades a los diferentes actores del proceso que se quiera recordar; es decir, la manera como se recordarán estos actores definirá su rol dentro del escenario del posacuerdo, no solo en materia de asignación de recursos y responsabilidades sino también en cuanto a su reposicionamiento en las escalas del poder. El caso español sirve como ejemplo para entender que más allá de un esfuerzo conceptual, la construcción de memoria histórica implica un ejercicio de poder y, como tal, tendrá un impacto directo en la arena política. Las etiquetas de víctima, victimario, patrocinador, cómplice o cooperador no son simples categorías de análisis; son marcas de poder dentro de una compleja red de intereses y agendas políticas. La responsabilidad que implica narrar el pasado de una nación se enmarca indudablemente dentro del espectro de las decisiones políticas, y como tal debe ser asumida de manera sensata dentro de un contexto de reconciliación que, a fin de cuentas, es el fin último de los procesos de transición.

EL EJERCICIO DE CONSTRUCCIÓN DE MEMORIA
EN LA ACTUAL COYUNTURA COLOMBIANA

Si algo se puede predecir en la actual coyuntura política colombiana es que muy difícilmente las FARC volverán a la confrontación armada. Los principales mandos de las FARC ya han hecho en la práctica su tránsito a la vida pública, lo que incluye una participación activa en la política así por ahora sea solo en el escenario del debate público.[1] Sin embargo, la paz finalmente alcanzada con las FARC está lejos de traer la paz política. El uribismo, del mismo modo que otros tantos sectores de derecha, han expresado abiertamente que no reconocen los acuerdos. Algunos han llegado al extremo de afirmar que si llegaran al poder los "harían trizas" (*Semana,* 2017, 8 de mayo).[2] En conversaciones informales con cuadros más moderados del uribismo su postura es menos radical. Sostienen que en caso de llegar al poder no destruirían todo lo acordado, tan solo replantearían ciertos compromisos pactados que son inconvenientes para sectores cercanos a ellos y seguirían comprometidos con temas

---

[1] Según el artículo transitorio 20 del Artículo 1.° del Acto Legislativo 01 de 2017, las imposiciones de sanciones en la Jurisdicción Especial para la Paz (JEP) no inhabilitará la participación política ni limitará el ejercicio de ningún derecho, activo o pasivo, de participación política. En ese mismo sentido, el Artículo 2.° de dicha norma aclara que los miembros de los grupos armados organizados al margen de la ley condenados por delitos cometidos por causa, con ocasión o en relación directa o indirecta con el conflicto armado, que hayan suscrito un acuerdo de paz o se hayan desmovilizado, siempre que hayan dejado las armas y acogido al marco de justicia transicional respectivo, estarán habilitados para ser designados como empleados públicos, trabajadores oficiales cuando no estén privados de la libertad; asimismo, podrán suscribir contratos con el Estado. En ambos casos, los beneficiados no podrán haber sido condenados por delitos dolosos posteriores al acuerdo o a la desmovilización.

[2] Es el caso de Fernando Londoño, quien durante la convención del Centro Democrático afirmó que "el primer desafío del CD será el de volver trizas ese maldito papel que llaman el acuerdo final con las FARC".

como la reinserción de los excombatientes rasos de las FARC (Asesor 1, comunicación personal, julio de 2017).

Sea como fuere, se imponga la línea dura de la derecha o la visión de los moderados, lo cierto es que si aquellos ganan las elecciones en 2018 tienen el suficiente respaldo de opinión y condiciones políticas favorables para proceder a una revisión de los acuerdos. Disponen de un argumento poderoso con el triunfo del *No* en el plebiscito. En todo momento dijeron que los nuevos términos acordados luego de la derrota del *Sí* no eran suficientes para aceptar una firma final. Por consiguiente, tienen cómo argumentar que el acuerdo tal como está redactado no los compromete. Y eso no es todo. Hay un argumento más poderoso que llevaría al uribismo a replantear los términos del acuerdo de paz: es que pueden hacerlo sin que las FARC tengan cómo impedirlo. Dentro de un año, luego de las elecciones presidenciales y legislativas, será casi imposible para la jefatura guerrillera volver a organizar un ejército insurgente. La capacidad de respuesta frente a una alteración arbitraria de los acuerdos será exclusivamente política, es decir, de la protesta que puedan hacer líderes de izquierda como Iván Cepeda o Piedad Córdoba y de las movilizaciones de la Marcha Patriótica, lo que es muy poco en términos de influencia social, si se tiene en cuenta el respaldo electoral del uribismo y la antipatía de la sociedad hacia las FARC.

Peor aún, las FARC no contribuyen en sus actuaciones cotidianas y en su tránsito hacia la legalidad a relajar el actual clima de polarización. La resistencia inicial a asumirse como victimarios y al tiempo reclamar el papel de víctimas, la caleta con armas descubierta por el ejército en Puerto Leguízamo, Putumayo (Sánchez Á., abril 20, 2017) y la foto de Jesús Santrich volando en primera clase que se difunde en las redes sociales[3] (*El Colombiano*, 2017, abril 20) son detalles insignificantes en

---

[3] Esta fotografía permite apreciar a Santrich ocupando un puesto de clase ejecutiva en un vuelo entre Bogotá y Barranquilla.

el proceso hacia una desmovilización definitiva, pero contienen un profundo impacto simbólico. Son los hechos que confirman que el discurso uribista y de la derecha basado en la desconfianza y en el miedo tienen fundamento. Puede que ni la caleta ni la foto sean en realidad una entrega del país al "castrochavismo", como recurrentemente se invoca, pero a una inmensa mayoría de ciudadanos así podría parecerle. La consecuencia obvia es la deslegitimación de los acuerdos alcanzados y la posibilidad de reversarlos mediante la elección de candidatos presidenciales y congresistas que prometan incumplirlos.

Ahora bien, que no pase mayor cosa si se reversan los acuerdos, sobre todo que no se reactive la insurgencia armada, no quiere decir que el camino del incumplimiento sea el más adecuado; todo lo contrario. Se agudizaría una guerra política tan intensa, al punto que podría poner en riesgo las mismas instituciones liberales —en el sentido filosófico, no partidista del término— que rigen el país. La coyuntura actual es de una pugnacidad peligrosa, casi insana. Amplios sectores de la política no reconocen la legitimidad del otro como adversario. Una parte de la izquierda y de la coalición política que rodea a Juan Manuel Santos considera al uribismo como sujeto de tratamiento por la justicia y no como un movimiento político que, para bien o para mal, representa las preferencias de casi la mitad de la población. Los más extremistas sueñan con llevar a Álvaro Uribe Vélez a los tribunales internacionales, al tiempo que claman por un espíritu reconciliatorio para facilitar la reinserción de las FARC, sin mayores sanciones ni penas reales. Es un absurdo porque en la práctica sería inaceptable para la población un acuerdo que conduzca a que genocidas que ordenaron delitos de lesa humanidad como Timochenko e Iván Márquez no paguen un día de cárcel y vayan al Congreso sin necesidad de ganarse la curul mediante la votación de la población, mientras un expresidente que goza de amplia popularidad es enviado a un tribunal internacional.

Por el lado del uribismo y la derecha la pugnacidad es igual de intensa, agravada además por la disputa entre Uribe y un sector de la justicia al que se asocia como instrumental al presidente Santos. Es una situación delicada a la que no se le ha prestado suficiente atención y que, en caso de no resolverse, podría llevar a un enfrentamiento peligroso entre la élite política. Toda la persecución de figuras cercanas a Uribe se traduce en que en la contienda electoral de 2018 se va a definir, entre tantas cosas, la posibilidad del uribismo de tomar represalias por lo sucedido en los últimos años. Es cierto que muchos de los funcionarios y políticos uribistas investigados por la justicia eran culpables, pero también es cierto que sus faltas son prácticas corrientes en Colombia. Miembros de la élite política y funcionarios de alto nivel cercanos a Santos, a su gobierno y a otras figuras de poder cometen sistemáticamente las mismas faltas, sin que la justicia tome acciones en igual proporción. Por esa razón, los uribistas consideran a Santos un traidor a la patria (*El Espectador*, 2017, febrero 7), a la democracia y al sistema capitalista, y merece, en consecuencia, ser tratado como un enemigo en el momento en que vuelvan a acceder al poder.[4]

En un escenario así, las elecciones no se ganan para gobernar o para hacer oposición, como es la dinámica corriente de las democracias, sino para cambiar las reglas de juego de la sociedad, de modo que se destruyan las garantías básicas de los contradictores políticos. El poder es para retaliar a los competidores en las urnas, desde quitarles toda legitimidad política hasta enviarlos a prisión. Y ganar, en esas condiciones, puede terminar convirtiéndose en una condición para sobrevivir; nada más contrario a los principios democráticos de mutuo reconocimiento de derechos y respeto mínimo entre gobierno

---

[4] Algunos en el uribismo y la derecha están convencidos de que él es alias Santiago, un agente infiltrado del comunismo, de acuerdo con la versión de un texto apócrifo atribuido al periodista Juan Gossaín, también ampliamente difundido en las redes sociales.

y oposición. Esta situación se encuentra agravada por el hecho que no existe una mayoría que se sienta tranquila e imponga unas condiciones de tratamiento suave a unas minorías que, en caso de llegar al poder, no tendrían compasión. Las preferencias de la población están distribuidas muy equitativamente. Por ejemplo, mediciones realizadas por Jennifer Cyr y Carlos Meléndez (2016) a través de encuestas representativas en el ámbito nacional, muestran que en Colombia la sociedad está aún más polarizada que en Perú. El centro entre uribistas y antiuribistas es más pequeño proporcionalmente que el centro que hay entre fujimoristas y antifujimoristas. Es así como Colombia está partida en más de dos partes. Hay una derecha, un centro y una izquierda de dimensiones relativamente similares que, para efectos de las elecciones —sobre todo de las presidenciales— se alinean en torno a Uribe y en contra de Uribe. Basta recordar que el centro santista y la izquierda se unieron para atajar al candidato de Uribe en las elecciones de 2014, y para intentar que Uribe no ganara en las urnas el plebiscito de los acuerdos de paz en 2016.

En este escenario de polarización en magnitudes similares del electorado lo más probable es que quien llegue al poder, por pura lógica preventiva, castigue duro a su oponente, mediante la utilización de las instituciones y agencias estatales, para debilitarlo en la mayor medida posible. Uno de los campos de batalla para castigar al opositor será precisamente la lucha por la construcción de la memoria histórica del conflicto colombiano. Imponerse en las urnas en las presidenciales de 2018 significará también la posibilidad de imponer una narración de los hechos pasados que favorezcan una determinada corriente ideológica o grupo político sobre las otras. Si gana la derecha, muchos de los medios del Estado para fabricar la memoria serán utilizados para construir una versión del conflicto en que las FARC pasen a la historia como un grupo de narcotraficantes y terroristas cuyo propósito era enriquecerse y que, si bien en algún momento tuvieron motivaciones ideológicas y reivindicativas de los más pobres, ahora están absolutamente corrompidos. Si gana la izquierda, los medios del Estado buscarán una justificación de la insurgencia armada en causas estructurales relacionadas con los privilegios de sectores oligárquicos —pobreza, abandono estatal, desigualdad en la distribución de la riqueza—. En consecuencia, la memoria debe dar cuenta de las responsabilidades de estos sectores oligárquicos y los compromisos que deberán asumir para aliviar su responsabilidad en el conflicto. Y si no fuera suficiente la dicotomía derecha-izquierda, hay que agregar las retaliaciones que podrían darse entre santistas y uribistas.

Pedir objetividad en el campo de batalla de la arena política puede resultar ingenuo, no obstante, si una sociedad como la colombiana quiere alcanzar la reconciliación debe realizar un esfuerzo por la construcción de un relato mínimamente justo y equilibrado con las responsabilidades que le puedan caber a cada quien. De modo que se consideren las circunstancias y el contexto en que los diferentes actores se desempeñaron en el conflicto, muchas veces como actores que fueron víctimas y victimarios al mismo tiempo. Esta tarea es doblemente compleja si se tiene en cuenta que los responsables de fabricar la memoria histórica del conflicto pueden ser intelectuales con un sesgo ideológico y con su propia agenda política. Pero si la sociedad no logra poner límites a los sesgos y a las agendas de los intelectuales y científicos sociales encargados de construir el relato del conflicto colombiano, muy seguramente el país no alcanzará una reconciliación sino que, por el contrario, se estancará en una disputa interminable por achacar la culpa a la contraparte como estrategia de legitimación en el poder.

EL PAPEL DE LOS INTELECTUALES Y LOS CIENTÍFICOS SOCIALES

Dada la coyuntura política descrita no sorprende que los intelectuales y los científicos sociales vayan a desempeñar un papel importante en el posconflicto. Serán, ni más ni menos, los responsables de construir las narrativas sobre lo ocurrido durante el conflicto y de presentarlas a la sociedad. Si logran construir versiones comprensivas, que den cuenta de las razones que motivaron ciertas conductas, y si hacen justicia a las actuaciones de aquellos a quienes les cabe algún grado de responsabilidad, los intelectuales podrán aportar mucho a la reconciliación; de lo contrario, si sus versiones atizan los odios y en vez de reivindicar a las víctimas las victimizan nuevamente, se pueden convertir en responsables de nuevos ciclos de odios y revanchas.

Muy seguramente, como se sostuvo en el apartado anterior, las revanchas no llegarán al terreno de la violencia, o al menos no a los niveles de las décadas anteriores, pero se trasladarán al terreno de la política, lo que impedirá llegar a un acuerdo mínimo de aceptación entre gobierno y oposición, algo esencial en una democracia. Las narrativas de los intelectuales y los científicos sociales opuestos a la reconciliación serán el material perfecto para que los sectores extremistas en la política atraigan en las elecciones los votos de quienes se sienten agraviados por las condiciones de la paz. Víctimas y agravios de un lado y del otro es lo que hay luego de una guerra tan larga, por lo que el material producido por ellos será ideal para construir campañas propagandísticas en contra de la asimilación institucional de un grupo u otro.

Una narrativa basada en la revancha puede llegar a ser el pretexto y la justificación perfecta para cambiar las reglas de juego e imponer nuevas instituciones afines a sus intereses. Los políticos extremistas, bien sea por sus convicciones o por mantener contentos y leales a sus votantes, al llegar al poder podrán utilizar el control del Estado para retaliar a la oposición y a sus contrarios ideológicos. Es fácil imaginarse a extremistas de derecha haciendo uso de una narrativa que deslegitime cualquier aspiración política de las FARC, para imponer vetos a la participación política de los antiguos comandantes guerrilleros y para imponer castigos judiciales por encima de los pactados dentro de la aplicación de la justicia transicional de los acuerdos. Del mismo modo, es fácil imaginarse a la extrema izquierda en el poder justificando todo tipo de abusos con los principios básicos de la democracia a partir de una versión de la historia colombiana que deslegitime cualquier proyecto de las élites políticas por construir una democracia liberal. Como lo señala Eduardo Posada Carbó (2006), en Colombia ha existido una tendencia a señalar la vida republicana del país como un recorrido marcado por los abusos, la barbarie y la violencia de las élites, pero poco se han referenciado las tradiciones democráticas y liberales que permitirían analizar la realidad colombiana desde otra perspectiva.

En ese sentido, a los intelectuales y a los científicos sociales les cabe una enorme responsabilidad en la actual coyuntura histórica. De su trabajo va a depender el material con que dispongan los actores políticos para definir las reglas de juego en la arena política del posconflicto. El problema no es que intelectuales y científicos sociales tengan un sesgo ideológico; de hecho, es imposible que exista un pensador, académico o analista sin ningún tipo de afinidad política; lo grave es que en su trabajo, en sus contenidos y en su presentación al público pierdan cualquier tipo de rigor frente a los hechos del pasado y se conviertan en un vehículo de propaganda del más puro activismo; en particular, de un activismo concebido como parte de un proyecto político excluyente de las demás fuerzas políticas, los sectores sociales y las reglas mismas de la democracia. Es decir, de un activismo que justifica que principios básicos, como el respeto a los contradictores, la libertad y la pluralidad de expresión y los derechos a la disidencia pacífica no tengan lugar en los principios y normas del régimen político.

Muchos intelectuales y científicos sociales son activistas de la paz, al punto de que sus análisis pueden incluso caer en la ingenuidad y en la tontería al suponer que los efectos de sus actos no entrañan *per se* posiciones políticas que favorecen a unos y desfavorecen a otros. Desconocen hasta lo elemental que sus actos en la interpretación del conflicto y en la asignación de las responsabilidades, propias de cualquier narrativa, necesariamente implican ventajas y desventajas en la competencia política. Sin embargo, sus interpretaciones no hacen tanto daño porque, como la motivación es la superación del conflicto, ni los buenos son tan buenos ni los malos tan malos sino que son actores sujetos a un tratamiento por la justicia transicional. Las injusticias e inexactitudes que puedan expresar sus narrativas no conducen necesariamente a retaliaciones políticas.

Pero cuando el activismo de los intelectuales y los científicos sociales implica un compromiso con un sector extremista los resultados pueden ser graves para la democracia. Las narrativas enfocadas en construir la versión de un lado bueno, en el que los excesos y la victimización son eludidos o justificados, sobre todo a la luz de la evidencia disponible, y de otro lado malo, en donde todas las actuaciones tenían como telón de fondo la codicia y la falta de escrúpulos, justifican cualquier arbitrariedad en el futuro. Son la base para la elaboración de una propaganda política dirigida a la exclusión política de los otros, en el sentido de negar sus derechos políticos en la democracia.

No se trata de cortar libertades a los intelectuales en su oficio. El asunto es la necesidad de exigir rigor y responsabilidad en la construcción de las narrativas, en particular sobre los siguientes temas: en primer lugar, en la extensión de las responsabilidades, al generalizar acusaciones a todo un sector de la sociedad. Para las FARC es clave extender la dirección directa de la guerra a las élites políticas y económicas del país. De ese modo, logran dos objetivos: por un lado, al estar al frente del manejo de la guerra la dirigencia de las FARC equipara sus responsabilidades a las de los líderes y dirigentes civiles y no a las de los comandantes militares del Estado; por otro lado, asigna responsabilidades directas a las élites en la conformación y dirección de los grupos paramilitares. En el otro extremo, la generalización lleva a vincular como parte orgánica de la guerrilla a toda una serie de activistas políticos, líderes sociales, defensores de los derechos humanos y organizaciones no gubernamentales que, aunque puedan tener posiciones ideológicas de izquierda, no tienen ningún vínculo con grupos armados o responsabilidades directas en el conflicto. El propósito de esta narrativa es adjudicar responsabilidades directas a terceros en la sociedad de manera generalizada, sin considerar la verdadera magnitud de sus actuaciones y el contexto de su participación.

En segundo lugar, en la banalización de las responsabilidades al justificar la victimización en causas estructurales. Para muchos propagandistas de izquierda radical, los excesos cometidos por las guerrillas, que se expresaron en violaciones sistemáticas de los derechos humanos y en la práctica masiva de secuestros, masacres y desplazamientos, pueden ser justificados por la exclusión política, las desigualdades sociales o la represión cometida por los aparatos de seguridad del Estado. Si se quiere juzgar a los comandantes guerrilleros por estos hechos, de acuerdo con la lógica de las narrativas extremistas, es necesario primero juzgar al Estado y a las élites por tantos agravios cometidos previamente. En el otro extremo está la justificación de todos los excesos del paramilitarismo en la falta de protección del Estado. Es debatible la responsabilidad de actores como empresarios y habitantes de las regiones que pagaron a los grupos paramilitares, en muchas ocasiones de manera coaccionada, para proteger su capital y para poder sobrevivir. Pero no tiene ninguna justificación el enriquecimiento y la acumulación de tierras y el poder político adquirido a partir de la organización de ejércitos privados como pretexto del derecho a la defensa.

Finalmente está la negación de ciertos hechos, así como la invención de hechos que no tuvieron lugar en la realidad. Un ejemplo de la tergiversación que hizo carrera en la historia de Colombia fueron las masacres de las bananeras. Dentro de la literatura y los estudios sociales de Colombia fue tomado como un símbolo de la opresión y de la intervención de Estados Unidos, con evidentes propósitos políticos. Hoy se sabe que el suceso tal como ocurrió no tiene mucho que ver con la forma como ha sido presentado (Connor, 2009). Al igual que este episodio, muchas versiones del conflicto reciente son exageradas. Acerca de la masacre de Mapiripán, que recibió un amplio despliegue mediático, se sabe que muchas víctimas están vivas y que sus familiares reclamaron indemnizaciones al Estado (*El Espectador,* 2017, mayo 22). También fue diciente, en este orden de ideas, que un asesor del gobierno de Uribe negara la existencia de desplazados en Colombia y se refiriera a ellos como migrantes (Castrillón, 2009).

UN CASO PARA ILUSTRAR EL PUNTO ANTERIOR

Al margen de sus preferencias políticas, Alfredo Molano es un clásico en las ciencias sociales colombianas. Ha escrito textos como *Trochas y fusiles* y *Selva adentro,* que son indispensables para comprender la historia reciente del país. Por eso es tan importante discutir las implicaciones de varias de sus columnas publicadas en el último año con el claro propósito de justificar las actuaciones de las guerrillas en el conflicto.

En la primera, *La última lágrima de "Pablo Catatumbo"* (Molano, 2017, febrero 4), se refiere a los secuestros de los familiares de los jefes guerrilleros por los grupos paramilitares. Molano retrata la crueldad de esa práctica como retaliación por los secuestros de familiares de los narcotraficantes. Incluso rescata la reputación de una hermana de Catatumbo asesinada por Carlos Castaño y de la que se dijo que había sido su amante. Niega la veracidad de esta versión y acusa a un coronel de inteligencia militar de fabricarla. En la columna no menciona, ni mucho menos condena, la práctica del secuestro de manera masiva por las FARC. No hay ninguna alusión a las "pescas milagrosas" de finales de la década del noventa, cuando las

FARC hacían retenes y se llevaban secuestrado a cualquiera que sospecharan que tuviera con qué pagar un mínimo rescate.[5]

La segunda columna causa aún más desconcierto. Molano argumenta que como en el campo colombiano los niños deben trabajar desde muy temprano es justificable que sean reclutados desde edades muy tempranas. Dice cosas del siguiente calibre:

> Los niños no se hacen guerrilleros a la fuerza, su mundo se vuelve guerrillero y ellos en él, ocupan el lugar que les toca. [...] Hay niños y niñas cuyo único refugio amoroso son sus hermanos mayores guerrilleros; los admiran y quieren ser como ellos. Y en lugar de hacer mandados en su casa, buscan las filas para hacerse grandes. (Molano, 2017, febrero 11)

No hay ninguna mención a que en muchos casos el reclutamiento es forzado y a que es una obligación para las familias campesinas colaborar con uno de sus hijos para la revolución.

En una columna anterior, a raíz del aniversario de los lamentables sucesos del Palacio de Justicia, Molano expuso una teoría bien particular. Según su versión, la toma del Palacio fue inducida por el Ejército colombiano que, ni más ni menos, "emboscó a la guerrilla, la dejó entrar a la ratonera para liquidarla y de paso liquidar como autoridad el gobierno de Belisario" (Molano, 2015, noviembre 7). Por más que se quieran estirar los hechos, es muy difícil aceptar la idea de una operación de semejante magnitud que haya sido una conspiración del enemigo. La decisión era del resorte exclusivo de la jefatura del M-19, de sus cálculos políticos y militares con los recursos disponibles.

---

[5] Las "pescas milagrosas" consistían en el levantamiento de retenes en las carreteras del país en las que la guerrilla retenía a cualquier ciudadano para posteriormente averiguar quién era y cuánto dinero podía cobrar por su rescate. Esta práctica popularizó el secuestro dentro de esta organización (*El Tiempo*, 1998, diciembre 26).

Más bien habría que preguntarse qué persigue Molano con la teoría de la ratonera. Sin duda, aliviar la responsabilidad que le cabe al M-19 en los sucesos. Si la toma fue inducida, entonces las muertes y la destrucción son culpa casi exclusiva de los miembros de las Fuerzas Armadas que la indujeron y de quienes dirigieron la retoma. El propósito de esta versión es, en consecuencia, político. Palabras más palabras menos, busca cargar la responsabilidad de los hechos en la derecha y aliviar la carga de la izquierda. Lo lamentable es que en vísperas del posconflicto se pretenda construir versiones tan inverosímiles de lo ocurrido, como lo son las versiones exculpatorias del secuestro y de los niños reclutados por las guerrillas.

A algunos sectores de intelectuales y científicos sociales responsables de la fabricación de memoria y de narrativas históricas no pareciera importarles las atrocidades cometidas por la guerrilla. Que un intelectual como Molano desprecie tanto dolor causado es una advertencia de que, en la competencia por imponer una versión de lo ocurrido, los intelectuales afines a las FARC poco van a hacer para reconocer a sus víctimas. Es de esperar que esas versiones sean rechazadas por las víctimas, como los familiares de los once diputados del Valle del Cauca y de todos los secuestrados de las FARC que murieron en cautiverio. ¿Qué actitud hacia la reconciliación tomarán al leer a Molano compadeciéndose de Pablo Catatumbo, uno de los grandes responsables de la práctica masiva del secuestro en Colombia? Ni qué decir de todas las madres y padres que fueron obligados a entregar por la fuerza a un hijo menor de edad a la guerrilla. Bajo esa premisa, la de una narrativa que busca posicionar una de las partes, el dolor de los victimarios estará por encima de los reclamos de las víctimas.

Las versiones inverosímiles y exculpatorias de lo ocurrido contra lo que más atentan es, precisamente, contra la construcción de una memoria histórica que permita sanar las heridas y los agravios de tantas décadas en guerra. El equivalente de Molano en el otro extremo del espectro ideológico sería que algún analista de derecha radical, como Fernando Londoño o Plinio Apuleyo, defendiera la versión de que los excesos y las desapariciones de la retoma del Palacio fueron inducidos por el M-19 para postrar a las fuerzas militares ante el tribunal de la historia. ¿Estarían los familiares de las víctimas dispuestas a perdonar teniendo que aceptar semejante versión sobre lo que pasó con sus seres queridos?

LA RESPUESTA NO PUEDE SER EL CIERRE DE LA LIBERTAD DE EXPRESIÓN

El conflicto colombiano no resiste una categorización tan tajante entre víctimas y victimarios o, para efectos de la asignación de un juicio histórico, entre responsables y virtuosos. Ciertamente algunos actores cometieron excesos que deberán ser material de la justicia, sea transicional u ordinaria, pero la mayoría de actores en cierto sentido fueron víctimas porque se vieron arrojados a circunstancias en las que, sin proponérselo, les tocó tomar partido por alguno de los bandos para poder sobrevivir en medio del conflicto. Su colaboración pudo haber sido funcional para propiciar hechos de victimización y de acumulación de recursos y de poder político por parte de las organizaciones armadas; sin embargo, no fue un beneficio que se trasladó directamente a ellos más allá de la protección recibida en un momento dado frente a un actor armado rival.

Pretender determinar si la colaboración se dio por razones ideológicas o si fue fruto de la coacción o por compromiso genuino es, además, un ejercicio demasiado complicado de determinar, que al final va a llevar a numerosas injusticias. No solo en los tribunales de la JEP sino también en el juicio de la memoria histórica y de las narrativas de los intelectuales y científicos sociales se afrontarán estos problemas. La diferencia es que mientras en los tribunales, en principio, se necesitan pruebas para juzgar a los responsables y existen garantías para evitar sindicaciones injustas, en las narrativas las acusaciones generales pueden llevar a asignar responsabilidades a amplios sectores sociales sin mayor consistencia con los hechos. Pero, aunque suene irónico, la democracia requiere que, cualquiera sea la versión planteada, sin importar el compromiso político y el activismo de quien la haga, se reivindique la libertad de expresión. Cerrar las libertades en la elaboración de versiones de memoria y de narrativas a intelectuales y científicos sociales es, de por sí, cambiar una de las reglas básicas de la democracia; es decir, es la imposición de uno de los extremos en la política.

La única respuesta coherente para evitar que el conflicto se traslade del campo armado a una lucha por la destrucción de las garantías políticas entre las partes es la construcción de versiones de lo ocurrido basadas en una gran rigurosidad y despojadas de algún tipo de compromiso con un sector político en particular. Los intelectuales y científicos sociales extremistas se neutralizan como herramienta de propaganda en el momento en que la producción de narrativas por sectores tendientes a la reconciliación deje sin piso las versiones con dobles intenciones políticas. Los extremistas entonces solo tendrán audiencia entre sectores radicales, dispuestos de antemano a escuchar solo las versiones que se ajusten a sus prejuicios y prevenciones ideológicas. Si estos sectores no constituyen una proporción significativa de la población no deben constituir una fuerza que ponga en riesgo la reconciliación en la vida política durante el posconflicto.

Otro elemento de perturbación es el desbalance entre el uribismo y la izquierda radical antiuribista. El primero goza de un respaldo político entre la población, muy superior, sobre todo si se considera la proporción del electorado de izquierda radical. Por su parte, la capacidad de construir memoria y narrativas de la izquierda radical es muy superior, en particular de aquellas versiones que tienen impacto en instancias judiciales. Es una combinación de desbalance peligrosa porque el sector que tiene los votos se puede ver impulsado a vetar los acuerdos para evitar ser juzgado en condiciones de desventaja.

Una parte importante del país no va a tolerar que, al tiempo que se da un tratamiento laxo a las FARC, se juzguen y responsabilicen con severidad otros actores, como resultado de los sesgos ideológicos de los magistrados que fueron elegidos en la JEP y por el contexto fabricado por una serie de ONG. Ya un sector de las fuerzas políticas, lideradas por los expresidentes Uribe y Pastrana, ha denunciado los acuerdos como ilegítimos como consecuencia de la derrota del plebiscito. Han anunciado, además, que de ganar las elecciones de 2018 replantearán lo negociado. Por eso las próximas presidenciales serán, en la práctica, un nuevo plebiscito.

En este ambiente político, intelectuales y científicos sociales deberán cumplir su tarea de construir una narrativa para el posconflicto. El gran desafío es ¿cómo construir una versión coherente con los hechos que, al mismo tiempo, no lleve a una profundización de la desconfianza, los odios y las retaliaciones de sectores tan polarizados?

REFERENCIAS BIBLIOGRÁFICAS

Castrillón, Alberto (2009). ¿Migrantes o desplazados? *Revista de Economía Institucional*, 11 (20), pp. 445-451. Recuperado de http://www.scielo.org.co/scielo.php?script=sci_arttext&pid=S0124-59962009000100019&lng=en&tlng=es

Colombia. Congreso de la República. Acto Legislativo 01 (4 de abril de 2017). Por medio del cual se crea un título de disposiciones transitorias de la Constitución para la terminación del conflicto armado y la construcción de una paz estable y duradera y se dictan otras disposiciones. Recuperado de http://es.presidencia.gov.co/normativa/normativa/ACTO%20LEGISLATIVO%20N%C2%B0%2001%20DE%204%20DE%20ABRIL%20DE%202017.pdf

Connor, Laura F. (2009). Entre la verdad y la realidad: lo "real-maravilloso" de la masacre bananera en *Cien años de soledad*. *Divergencias*, 7 (2), pp. 34-42.

Cuesta, Josefina (2007). Recuerdo, silencio y amnistía en la transición y en la democracia españolas (1975-2006). *Studia Histórica. Histioria contemporánea*, 25, pp. 125-165.

Cyr, Jennifer y Meléndez, Carlos (2016). Una exploración de la identidad (y la anti-identidad) política a nivel subnacional: el fujimorismo y el chavismo en perspectiva comparada. En: Tuesta Soldevilla, Fernando (ed.). *Representación política en América Latina: Partidos políticos, elecciones y reglas*. Lima: Jurado Nacional de Elecciones.

El Colombiano (2017, abril 20). ¿Quién paga los desplazamientos de los jefes guerrilleros? Recuperado de http://m.elcolombiano. com/indignacion-porque-jefe-guerrillero-viajo-en-primera-clase-EA6367170

El Espectador (2017, febrero 7). Avanza denuncia contra Santos por "traición a la patria". Recuperado de https://www.elespectador. com/noticias/politica/avanza-denuncia-contra-santos-por-traicion-la-patria-articulo-678680

El Espectador (2017, mayo 22). "Falsas víctimas" de Mapiripán deberán pasar más de ocho años en la cárcel. Recuperado de http://www.elespectador.com/noticias/judicial/falsas-victimas-de-mapiripan-deberan-pagar-mas-de-ocho-anos-de-carcel-articulo-694993

El Tiempo (1998, diciembre 26). Pescas milagrosas: terror en carreteras. Recuperado de http://www.eltiempo.com/archivo/documento/MAM-815983

Escudero, Rafael; Campelo, Patricia; Pérez, Carmen y Silva, Emilio (2013). ¿Qué hacemos por la memoria histórica? Madrid: Akal.

Isla, Alejandro (2003). Los usos políticos de la memoria y la identidad. *Estudios Atacameños*, 26, pp. 35-44. Recuperado de http://www.jstor.org/stable/25671213

Juliá, Santos (2003). Echar al olvido. Memoria y amnistía en la transición. *Claves de Razón Práctica*, 129, pp. 14-24.

Molano, Alfredo (2015, noviembre 7). Toma de posición. *El Espectador*. Recuperado de http://www.elespectador.com/opinion/opinion/toma-de-posicion-columna-597778

Molano, Alfredo (2017, febrero 11). Los niños y la guerra. *El Espectador*. Recuperado de http://www.elespectador.com/opinion/columna-48

Molano, Alfredo (2017, febrero 4). La última lágrima de "Pablo Catatumbo". *El Espectador*. Recuperado de http://www.elespectador.com/opinion/ultima-lagrima-de-pablo-catatumbo-0

Moreno Luzón, Javier (2007). Fighting for the National Memory: The Commemoration of the Spanish. *History and Memory*, 19(1), pp. 68-94. Recuperado de http://www.jstor.org/stable/10.2979/his.2007.19.1.68

Posada Carbó, Eduardo (2006). *La nación soñada: violencia, liberalismo y democracia en Colombia*. Bogotá, D. C.: Norma.

Sánchez Á., Óscar Andrés (2017, abril 20). Ejército halló arsenal y dinero en caleta de las FARC en Putumayo. *El Colombiano*. Recuperado de http://www.elcolombiano.com/colombia/paz-y-derechos-humanos/caleta-de-las-farc-fue-encontrada-por-el-ejercito-CY6364703

Semana (2017, 8 de mayo). "Hacer trizas" el acuerdo con las FARC: ¿es posible?. Recuperado de http://www.semana.com/nacion/articulo/uribismo-hara-trizas-acuerdo-acuerdo-con-farc-establindado/524529

LOS AUTORES

Kai Ambos

Profesor Catedrático de Derecho Penal, Derecho Procesal Penal, Derecho Comparado y Derecho Penal Internacional y director del Departamento de Derecho Penal Internacional y Extranjero de la Georg-August-Universität Göttingen (GAU); director general del Centro de Estudios de Derecho Penal y Procesal Penal Latinoamericano (CEDPAL); magistrado del Tribunal Especial para Kosovo, La Haya, Países Bajos, y *amicus curiae* de la Jurisdicción Especial para la Paz, Colombia.

Alejandro Aponte

Director del Departamento de Derecho Penal y Justicia Transicional, Facultad de Derecho y Ciencias Políticas, Universidad de La Sabana. Doctor en Derecho de la Universidad del Estado del Saarland.

Christoph Burchard

Catedrático de Derecho Penal, Derecho Procesal Penal, Derecho Comparado y Teoría del Derecho en la Goethe Universität Frankfurt am Main.

Gianfranco Casuso

Profesor Ordinario de tiempo completo e investigador del Departamento Académico de Humanidades de la Pontificia Universidad Católica del Perú. Doctor en Filosofía por la Universidad de Frankfurt am Main.

Francisco Cortés Rodas

Profesor Titular del Instituto de Filosofía de la Universidad de Antioquia y actual director del mismo. Doctor en Filosofía de la Universidad de Konstanz, Alemania.

Camila de Gamboa Tapias

Profesora Asociada, Facultad de Jurisprudencia, Universidad del Rosario; directora del Área de Teoría Jurídica y del Grupo de Investigación de Derecho Público. Abogada de la Universidad del Rosario, con maestría y doctorado en Filosofía de Binghamton University (SUNY).

Gustavo Duncan

Profesor de la Universidad EAFIT en el Departamento de Gobierno y Ciencias Políticas. Doctor en Ciencia Política, Universidad de Northwestern.

Jorge Giraldo

Profesor e investigador de la Universidad EAFIT, miembro de la Sociedad Colombiana de Filosofía, Doctor en Filosofía por la Universidad de Antioquia.

Miguel Giusti

Profesor Principal del Departamento Académico de Humanidades de la Pontificia Universidad Católica del Perú, donde ejerce asimismo el cargo de Director del Centro de Estudios Filosóficos. Doctor en Filosofía por la Eberhard-Karls-Universität Tübiengen (Alemania).

Gabriel Ignacio Gómez

Profesor de la Facultad de Derecho y Ciencias Políticas de la Universidad de Antioquia. Investigador del grupo Derecho y Sociedad de la misma Universidad.

Luis Greco

Profesor Catedrático de la Universidad Humboldt de Berlín (Alemania). Miembro del Consejo Científico del Centro de Estudios de Derecho Penal y Procesal Penal Latinoamericano (CEDPAL) de la Georg-August-Universität Göttingen (Alemania).

Luis Eduardo Hoyos

Profesor Asociado al Departamento de Filosofía de la Universidad Nacional de Colombia. Doctor en Filosofía y Romanística por la Georg-August-Universität de Göttingen (Alemania) y Filósofo de la Universidad Nacional de Colombia.

Gustavo Leyva

Profesor e investigador de tiempo completo del Departamento de Filosofía de la Universidad Autónoma Metropolitana-Iztapalapa. Cursó estudios de Doctorado en Filosofía en la Eberhard-Karls-Universität Tübingen (Alemania).

Juan Felipe Lozano

Profesor de cátedra, Facultad de Jurisprudencia, Universidad del Rosario. Abogado y estudiante de la Maestría en Filosofía de la Universidad del Rosario.

Valeria Mira

Investigadora del Centro de Análisis Político de la Universidad EAFIT. Abogada de la Universidad de Antioquia.

Cornelius Prittwitz

Catedrático de Derecho Penal, Derecho Procesal Penal, Criminología y Filosofía del Derecho en la Goethe Universität Frankfurt am Main.

John Zuluaga

Profesor asociado de la Universidad Sergio Arboleda (Colombia). Abogado de la Universidad de Antioquia (Colombia); Dr. iur y Master of Laws (LL.M.) de la Georg-August-Universität Göttingen (Alemania). Miembro fundador e investigador adscripto al Centro de Estudios de Derecho Penal y Procesal Penal Latinoamericano (CEDPAL) de la Georg-August-Universität Göttingen.